CHINESE YEARBOOK OF PRIVATE INTERNATIONAL

LAW AND COMPARATIVE LAW
2011
(第十四卷)

# 中国国际私法与比较法年刊

黄进 肖永平 刘仁山 主编

北京大学出版社
PEKING UNIVERSITY PRESS

图书在版编目(CIP)数据

中国国际私法与比较法年刊.第 14 卷,2011/黄进,肖永平,刘仁山主编.—北京:北京大学出版社,2012.9
ISBN 978-7-301-09437-2

Ⅰ.①中… Ⅱ.①黄…②肖…③刘… Ⅲ.①国际私法-中国-2011-年刊②比较法-中国-2011-年刊 Ⅳ.①D997-54

中国版本图书馆 CIP 数据核字(2012)第 208215 号

| | |
|---|---|
| 书　　　名: | 中国国际私法与比较法年刊·2011(第十四卷) |
| 著作责任者: | 黄　进　肖永平　刘仁山　主编 |
| 责 任 编 辑: | 李燕芬 |
| 标 准 书 号: | ISBN 978-7-301-09437-2/D·3176 |
| 出 版 发 行: | 北京大学出版社 |
| 地　　　址: | 北京市海淀区成府路 205 号　100871 |
| 网　　　址: | http://www.pup.cn |
| 电　　　话: | 邮购部 62752015　发行部 62750672　编辑部 62752027 |
| | 出版部 62754962 |
| 电 子 信 箱: | law@pup.pku.edu.cn |
| 印　刷　者: | 北京中科印刷有限公司 |
| 经　销　者: | 新华书店 |
| | 890 毫米×1240 毫米　A5　17.75 印张　440 千字 |
| | 2012 年 9 月第 1 版　2012 年 9 月第 1 次印刷 |
| 定　　　价: | 50.00 元 |

未经许可,不得以任何方式复制或抄袭本书之部分或全部内容。
版权所有,侵权必究
举报电话:010-62752024　电子信箱:fd@pup.pku.edu.cn

# 《中国国际私法与比较法年刊》
# 编辑委员会名单

**顾　问**　费宗祎

**主　编**　黄　进　肖永平　刘仁山

**编　委**（按姓氏笔画为序）

丁　伟　　王　瀚　　王红松　　卢　松　　刘卫翔
刘仁山　　吕岩峰　　肖永平　　李玉泉　　杜新丽
沈　涓　　宋连斌　　段洁龙　　屈广清　　金彭年
张明杰　　赵相林　　徐　宏　　徐冬根　　徐国建
郭玉军　　高　菲　　黄　风　　黄　进　　黄　瑞
黄丹涵　　蒋新苗　　谢石松　　韩　健

**执行编委**　郭玉军　宋连斌

**本期编辑**　宋连斌　董海洲　颜杰雄　刘元元　李何佳

# 目　录

## 专　论

得于宏旨,失于细节
　——评《涉外民事关系法律适用法》中的侵权
　　冲突法 ………………………………… 许庆坤(3)
学术之争还是信仰之争？
　——对《涉外民事关系法律适用法》中属人法原则的
　　几点反思 ……………………………… 杜　涛(22)
评《涉外民事关系法律适用法》之知识产权条款……… 徐　祥(55)
Comments on the Chinese New Statute on Conflict of Laws:
　A European Perspective …………………… Nicolas Nord(70)
Conflict of Law Rules and the Protection of the Weaker Party in
　EU Private International Law and in Chinese New
　Private International Law: Consumer Contracts and
　Employment Contracts ………… Danièle ALEXANDRE(102)
关于涉外民事法律适用立法内容和体系问题的研讨
　——对我国"涉外民事关系法律适用法"的几点
　　意见 …………………………………… 张仲伯(125)

## 冲突法研究

Exceptions Based on Public Policy and Overriding Mandatory Provisions in EU and Chinese PIL
　　　…………………… Lucille Molerus　Nicolas Nord(133)
May Comparative Law Help to Find an Answer?
　　—The Example of the (Worldwide) Search for a Fair Scope of Liability in Cases of Professional Negligence
　　　…………………… Thomas KADNER GRAZIANO(158)
"冲突法理论"的第一形态
　　——"国际礼让说"的学术史地位论略 ………… 周　江(182)
刍议外逃腐败资产非法处分引发的冲突法问题 …… 陆　静(195)
国际私法上公共秩序含义的模糊问题 ……………… 孙　建(210)
强制性规则新探
　　——从我国《法律适用法》第4条和欧盟《罗马第一条例》
　　第9条谈起 …………………………………… 阎　愚(221)

## 国际民商事争议解决

BITs与RTAs投资规范比较：目标与政策
　　　………………………………… 张庆麟　李成娇(237)
CISG公约中的交易惯例问题探究 ………… 姜世波　王晓玮(259)
美国法院承认伊斯兰宗教离婚的实践研究 ………… 黄世席(286)
论调解中的骗术及其规制 …………………………… 王　钢(300)
商业例外之例外
　　——"国家豁免"中一个也许因中国而创的立场
　　　………………………………………………… 潘　灯(318)

## 国际私法教学

国际私法多元化教学方法研究 ……………… 王祥修(339)

## 评介与资料

2010年中国国际私法司法实践述评
　　……………………… 黄　进　李何佳　杜焕芳(355)
论外国法的查明方法
　　……………〔德〕Thomas Pfeiffer 著　王葆莳　译(408)
荷兰《民法典》第10卷(国际私法)
　　……………… 马泰斯·田沃德　龙威狄　赵　宁　译(427)
欧盟理事会2010年12月20日关于在离婚与
　　司法别居的法律适用领域实施强化合作的
　　第1259/2010号(欧盟)条例(罗马III)……刘元元　译(471)
《乌兹别克斯坦共和国民法典》(节录)
　　(1997年文本)……………………………邹国勇　译(483)
格鲁吉亚关于调整国际私法的法律 ………邹国勇　译(494)
韩德培法学教育理念及其方法研究 ………郭玉军　王斐斐(514)
2010年中国国际私法学会年会暨
　　《涉外民事关系法律适用法(草案)》研讨会综述
　　………………………………………郭玉军　车　英(547)

# Contents

## Reviews

Grasped the Spirit, but Failed in Details—Comments on
 Conflicts Law in Torts of Applicable Law of
 Foreign-Related Civil Relations Act ············ Xu Qingkun(3)
Nationality or Habitual Residence: A Question of Science or
 A Question of Belief? ······························ Du Tao(22)
Comments on Intellectual Property Rights Clause of Law of
 the People's Republic of China on Application of Laws to
 Foreign-Related Civil Relations ···················· Xu Xiang(55)
Comments on the Chinese New Statute on Conflict of Laws:
 A European Perspective ···················· Nicolas Nord(70)
Conflict of Law Rules and the Protection of the Weaker Party in
 EU Private International Law and in Chinese New Private
 International Law: Consumer Contracts and Employment
 Contracts ······························ Danièle ALEXANDRE(102)
Studies on the Legislation Substance and System Concerning
 Foreign Civil Law — Suggestions to Chinese "Application
 of Law Concerning Foreign Civil Law" ··· Zhang Zhongbo(125)

## Conflicts Law Studies

Exceptions Based on Public Policy and Overriding Mandatory Provisions in EU and Chinese PIL ............... Lucille Molerus(133)

May Comparative Law Help to Find an Answer? —The Example of the (Worldwide) Search for a Fair Scope of Liability in Cases of Professional Negligence ... Thomas KADNER GRAZIANO(158)

On the Original Pattern of Conflict-of-laws Theory—the Scholar Historical Position of Comity ......... Zhou Jiang(182)

On the Issue of Conflicts Law from Illegal Disposition of Flight Corruptive Assets ............................ Lu Jing(195)

The Public Order Implications of the Ambiguity in Private International Law ....................... Sun Jian(210)

A New Probe into Mandatory Rules: On the Comparison of Law of the Application of Law of China, Section 4 and Rome I Regulation, Section 9 ............................ Yan Yu(221)

## Resolution of International Civil and Commercial Disputes

A Comparison of Investment Rules in BITs and RTAs: Objective and Policy ....................................................... Zhang Qinglin & Li Chengjiao(237)

Exploration on Trade Usage in CISG ................... Jiang Shi-bo & Wang Xiao-wei(259)

The Issues of the Recognition of Islamic Divorce in
　America Courts ················ Huang Shixi(286)
On Mediation Deception and the Rules of
　Regulation ···················· Wang Gang(300)
The Exception of "Commercial Exception"—A Viewpoint for
　China in Sovereign Immunity ············ Pan Deng(318)

## Teaching of International Private Law

Study on Diversified Teaching Methods of Private
　International Law ·············· Wang Xiangxiu(339)

## Comment and Information

Review of Judicial Practice in the Chinese Private International Law in
　2010 ········ Huang Jin & Li Hejia & Du Huanfang(355)
Methods of Proof of Foreign Law ············ Wang Baoshi(408)
Book 10 Civil Code on the Dutch Conflict of Laws
　················ translated by M.H. ten Wolde &
　　　　　　　　　　Long Weidi & Zhao Ning(427)
COUNCIL REGULATION (EU) No. 1259/2010 of 20 December
　2010 Implementing Enhanced Cooperation in the Area of
　the Law Applicable to Divorce and Legal Separation
　················ translated by Liu Yuanyuan(471)
Civil Code of the Republic of Uzbekistan (Abstract)
　················ translated by Zou Guoyong(483)

Georgian Act on the Regulation of Private International Law
　·················· translated by Zou Guoyong(494)
Ideology and Methodology in Legal Education of
　Pro. Han Depei ············ Guo Yujun & Wang Feifei(514)
A Summary of 2010 Annual Meeting of the Chinese Society of
　Private International Law ······ Guo Yujun & Che Ying(547)

专论

# 得于宏旨,失于细节

## ——评《涉外民事关系法律适用法》中的侵权冲突法[*]

许庆坤[**]

我国《涉外民事关系法律适用法》立法者敏锐地捕捉到世界冲突法的发展趋势,新潮别致地规定了意思自治基本原则、最密切联系补漏原则和"直接适用的法"制度,紧随实践之需制定了产品责任、通过网络侵害人格权和侵犯知识产权的冲突法。但由于立法者未充分重视冲突法的专业性,吸纳专家意见不足等,该法"得于宏旨"而"失于细节",具体规定简陋缺失、乏善可陈。一般侵权行为的冲突法未区分"责任的认定"和"损害赔偿"的争点,产品责任冲突法未适当平衡被侵权人和侵权人的利益,侵害人格权冲突法过于僵硬,而侵犯知识产权的冲突法则过分超前。我国最高人民法院应充分运用司法能动主义,回应学界良善之见,通过精细司法解释练就补天彩石,将我国冲突法立法推进到世界一流水平。该司法解释一方面应规定"一般规定"适用于涉外侵权的具体方法,另一方面应使具体侵权冲突法明确可行。

---

[*] 本研究获得"中国博士后科学基金特别资助项目"(China Postdoctoral Science Foundation funded project)(项目编号201003493)和山东省社科规划项目"美国冲突法的本土化及其对中国的启示"(项目编号08JDC 016)的资助。

[**] 武汉大学博士后研究人员,山东大学法学院副教授。

"千呼万唤始出来",作为我国国际私法立法里程碑的《涉外民事关系法律适用法》历经 8 年坎坷①,终于在 2010 年 10 月获得通过。立法过程貌似精雕细琢,其实散漫仓促。② 因此,执立法之牛耳者虽心怀广采欧美立法精华之美意,但立法目的与最终结果的"龙种跳蚤"之别恐难避免。③

本文将以该法的"侵权冲突法"部分为例力求证成,其"得于宏旨"而"失于细节"。既然立法者声称该法着力吸纳了世界立法精华,则本文将主要以欧盟 2007 年《关于非合同之债准据法的第 864 / 2007 号(欧共体)规则》(下文简称《罗马条例 II》)和俄勒冈州 2009 年《侵权和其他非合同请求法律适用法》(下文简称《俄勒冈州立法》)为参照分析该法的得与失。④ 由于"一般规定"部分理所当

---

① 2002 年 12 月提交第 9 届全国人大常委会第 31 次会议初次审议的《民法(草案)》第 9 编是《涉外民事关系法律适用法(草案)》的初稿。参见全国人大常委会的官方网站:http://www.npc.gov.cn/ huiyi /cwh /1116/2010-08/28/content_1593162.htm,2011 年 1 月 9 日访问。

② 《民法(草案)》第 9 编仓促出台,没有充分吸纳中国国际私法学会的《中华人民共和国国际私法示范法》之长,饱受学者诟病。其后,《涉外民事关系法律适用法》的起草工作长期停滞,中国国际私法学会多次组织的相关研讨几乎为立法者视而不见。在 2010 年初步建成社会主义法律体系的压力下,起草工作多年后重新启动,立法过程局促封闭。据全国人大常委会法制工作委员会副主任王胜明在 2010 年南开大学承办的中国国际私法年会上所言:他们用了 3 个月左右的时间研究了 20 多部冲突法立法,并完成了对 2002 年初稿的修改工作。在年会上,王胜明副主任恳请与会专家提出宝贵意见,言之凿凿,恳切动容,但在众多学者提出大量修改意见后,最后文本与草案相比,吸收的专家意见有限。"二次审议稿"于 8 月 28 日至 9 月 30 日征求意见,10 月 28 日该法即获得通过。参见中国人大网 http://www.npc.gov.cn/huiyi/lfzt/swmsgxflsyf/node_14074.htm,2011 年 4 月 17 日最后访问。

③ 在"二次审议稿"后所附的"关于《涉外民事关系法律适用法(草案)》主要问题的汇报"中,起草者明确宣称草案力求"体现国际上通行做法和新的发展成果"。目的虽美,但若无适当手段辅助,则难免为空中楼阁。对此,美国法律现实主义者早就有至理名言:"手段和目的不可分割"。参见 W. Cook, *My Philosophy of Law in My Philosophy of Law*, Boston: Boston Law Book Co., 1941, p.61。

④ 下文将这两部法律概称为"欧美最新立法"。

然适用于涉外侵权,因此下文的分析不仅针对关于涉外侵权的直接规定(第 44 条至第 46 条以及第 50 条),而且涵盖密切相关的"意思自治原则"(第 3 条)、"最密切联系原则"(第 2 条第 2 款)和"直接适用的法"(第 4 条)制度。需要指出的是,本文的善意批评并非意在苛责参与立法的个人,笔者相信他们也应在为中国法治进步殚精竭虑。虽然该法粗陋简略,但既然木已成舟,笔者寄望于身处法治前线的最高人民法院能妙手回春,回应学界良善之见,通过精细司法解释练就补天彩石,将我国冲突法立法推进到世界一流水平。因此,下文在论证该法的成就和不足之后,提出了笔者对于司法解释的管窥之见。

**一、新潮别致的宏观制度**

在起草中,全国人大常委会法制工作委员会广泛研究了诸多先进国家和国际组织的冲突法立法,并赴港澳地区听取意见,力求使该法既立足中国实际,又吸纳世界最新立法成果。① 开放的姿态和与世界立法接轨的思路使得该法在宏观制度上已与世界最新一流立法可相提并论,但冲突法的博大奥妙显然为立法者力所不逮,其具体内容的科学性尚有值得商榷之处。

**(一)首开先河的意思自治基本原则**

作为起始于 16 世纪的一项法律适用制度,如今意思自治原则不仅在理论界获得普遍认可,而且在国内和国际立法中成为合同冲突法的首要原则,并逐步扩展到侵权、继承、婚姻家庭和信托等领域。② 我国《涉外民事关系法律适用法》顺应历史潮流,在十四个条文中广泛采用意思自治原则,遍及代理、婚姻家庭、继承、物权、债权和知识产权六大领域,并将该原则史无前例地作为基本原则列入总则中,

---

① 关于立法过程和思路的简单介绍,请参见中国人大网 http://www.npc.gov.cn/huiyi/lfzt/swmsgxflsyf/ node_14074. htm,2011 年 4 月 17 日最后访问。

② 参见肖永平:《肖永平论冲突法》,武汉大学出版社 2002 年版,第 186—198 页。

可谓新潮前卫,一步跃入世界最前沿。不过,作为基本原则的意思自治原则因受"依照法律规定"的限制,除了"明示选择"可以限定具体规则外,将其删除并不会影响其他相关条文的适用。① 该基本原则的宣示意义大于实际效用。

该原则在侵权领域的运用不乏特色。侵权行为的偶然性导致意思自治原则在侵权冲突法中的适用不仅长期面临理论困境,而且在立法上亦经历了循序渐进的过程。1987年瑞士《联邦国际私法》首开先例,规定当事人事后可选择法院地法。② 1999年修订后的德国《民法典施行法》将当事人事后法律选择的范围扩及于法院地法之外的法律。③ 2007年的《罗马条例 II》又向前一步,允许"从事商业活动"的当事人可以事先选择准据法。④ 但《罗马条例 II》的突破和创新在理论界尚有争议,其合理性有待实践检验。2009年的《俄勒冈州立法》依然沿袭了允许当事人事后明示或默示选择的稳健模式。⑤ 我国侵权冲突法没有急躁冒进,限定当事人事后只得以明示的方式选择法律,可谓新潮而不失中庸之道。⑥

---

① 我国《涉外民事关系法律适用法》法第3条:"当事人依照法律规定可以明示选择涉外民事关系适用的法律。"

② 瑞士《联邦国际私法》第132条:"当事人可以在损害事件发生后的任何时候约定适用法院地法。"

③ 1999年德国《民法典施行法》第42条:"导致非合同之债的事实发生之后,双方当事人可以选择适用于该债务的法律,第三人的权利不受影响。"但该条在2008年修订时被《罗马条例 II》中的规则所取代。

④ 《罗马条例 II》第14条第1款:"双方当事人可以通过以下方式选择非合同之债的准据法:……b) 双方当事人均从事商业活动的,通过在损害的原因事实发生前自由地商定的协议。……"

⑤ 《俄勒冈州立法》第6条第1款第1项:"不管本法第8、9、11条如何规定,俄勒冈州法适用于下列诉讼中的非合同赔偿性请求:(1)当事人在导致纠纷的事件发生后同意适用俄勒冈州法的诉讼。"第11条要求当事人选择外法域法律的协议"签订于当事人获悉导致纠纷的事件发生之后"。

⑥ 我国《涉外民事关系法律适用法》第44条第2句:"侵权行为发生后,当事人协议选择适用法律的,按照其协议。"

## (二) 富有特色的最密切联系补漏原则

美国法院基于冲破传统冲突法樊篱和追求实质正义的需要,率先在判例法中引入最密切联系原则,后为里斯(W. Reese)加以理论论证并用于1971年《冲突法重述(第二次)》的编撰。① 基于对传统冲突法的反思和美国冲突法革命的影响,其他一些国家纷纷引入该原则。1978年奥地利《联邦国际私法》将其作为基本原则,1987年瑞士《联邦国际私法》将其作为一般例外原则,还有一些国家将其用于合同和侵权等领域。② 就最近的欧美立法而言,《罗马条例Ⅱ》将该原则作为侵权冲突法的例外原则③,《俄勒冈州立法》将该原则作为"一般方法和补充方法"④。相对而言,我国《涉外民事关系法律适用法》既未将其作为一般指导原则,也未将其作为矫正具体规则的例外原则,而是相对谨慎地将其作为整部法律的一般补漏原则。⑤ 在晚近立法中,此种立法虽非首开先河,但也颇有特色。⑥

最密切联系原则的本质是法官选法,对于立法者无法确定法律选择规则时又无法交由当事人选择或当事人没有行使法律选择权的涉外民事关系时,由法官根据个案分析灵活寻找最佳方案。这决

---

① 参见许庆坤:《美国冲突法中的最密切联系原则新探》,载《环球法律评论》2009年第4期,第70—77页。

② 参见肖永平:《肖永平论冲突法》,武汉大学出版社2002年版,第199—203页。

③ 《罗马条例Ⅱ》第4条第3款:"如果从全部情况来看,侵权行为与第4条第1款或第2款所指定的国家以外的另一国家有显然更密切的联系,则应适用该另一国家的法律。与另一国家显然有更密切的联系,尤可基于当事人之间先存在的关系(诸如与所称侵权行为有密切联系的合同)得出。"

④ 《俄勒冈州立法》第9条:"除非本法第5、6、7、8和11条另有规定,在非合同赔偿性请求中当事人关于特定争点的权利和义务适用如下法域的法律,其与当事人和纠纷的联系以及其关于特定争点的政策使得适用其法律对于这些争点最为适当。确定最适当的法律应……"

⑤ 我国《涉外民事关系法律适用法》第2条第2款:"本法和其他法律对涉外民事关系法律适用没有规定的,适用与该涉外民事关系有最密切联系的法律。"

⑥ 1999年白俄罗斯《民法典》第1093条第3款将该原则确立为一般补漏原则。

定了该原则适宜作为冲突法演变中的过渡方法和补充方案。因此,《罗马条例Ⅱ》和《俄勒冈州立法》均对具体规则浓墨重彩,详细规定立法者胸有成竹的固定规则和当事人自主选法的情形。我国《涉外民事关系法律适用法》对一般侵权行为、产品责任、侵犯人格权和侵犯知识产权分别规定了相对固定的规则,同时规定了当事人法律选择的事项,最密切联系原则只有在上述规定之外的问题上方发挥作用。此种立法基本上切中了该原则的肯綮。由于我国《涉外民事关系法律适用法》中侵权冲突法的条文甚少,该原则在实践中可能有广阔的适用空间。

(三)简单明了的"直接适用的法"制度

萨维尼(Savigny)早在其19世纪的著作中就简单谈及"直接适用的法"对冲突法的排除。[1] 弗朗西斯卡基斯(Francescakis)归纳了萨维尼的理论和法国判例法,于1958年提出"直接适用的法"理论。这一理论是对国家干预主义和经济立法日益增多的回应[2],其目的在于诠释"直接适用的法"和既存冲突规范之间的紧张关系。20世纪后半叶,瑞士、意大利、委内瑞拉和俄罗斯等国以及一些国际公约纷纷将其制定成文。[3] 我国《涉外民事关系法律适用法》顺应世界立法潮流,以简单明了的方式规定了"直接适用的法"制度。[4]

---

[1] F. Savigny, *Private International Law and the Retrospective Operation of Statutes, A Treatise on the Conflict of Laws, and the Limits of Their Operation in Respect of Place and Time*, trans. by W. Guthrie, 2nd Edition, London: Stevens & Sons. 1880, Reprinted in 1972, p.77.

[2] F. Juenger, General Course on Private Int'l Law, 193 *Recueil des Cours*, 1985, p.201.

[3] 1987年瑞士《联邦国际私法》第18条和第19条,1991年《魁北克民法典》第3076条,1995年《关于改革意大利国际私法制度的第218号法律》第17条,1998年委内瑞拉《国际私法》第10条,2001年俄罗斯《民法典》第1192条,1994年《泛美国际合同法律适用公约》第11条和2008年《欧洲议会和欧盟理事会关于合同之债法律适用的第593/2008号〈欧共体〉条例(〈罗马条例Ⅰ〉)》第9条等。

[4] 我国《涉外民事关系法律适用法》第4条:"中华人民共和国法律对涉外民事关系有强制性规定的,直接适用该强制性规定。"

此外,伴随国际贸易渗入百姓生活引发跨国产品责任纠纷增多的趋势,晚近诸多立法基于此类纠纷的复杂性对其作出特殊规定,《罗马条例Ⅱ》第5条和《俄勒冈州立法》第7条为此类立法的范例。我国《涉外民事关系法律适用法》第45条亦因应时代趋势为此专门立法。知识经济时代的到来使得不少国家重视知识产权的跨国保护,《罗马条例Ⅱ》第8条对此作出回应。我国《涉外民事关系法律适用法》第50条亦紧随时代之需规定了涉外知识产权侵权的法律适用。在网络无处不在的时代,最近的《罗马条例Ⅱ》和《俄勒冈州立法》均对借网络侵犯人格权的法律适用沉默不语,而我国《涉外民事关系法律适用法》第46条领先一着率先作出规定。

**二、简陋缺失的微观规定**

就制度的类型而言,我国《涉外民事关系法律适用法》可谓琳琅满目、新潮别致;而就制度的细节而言,我国《涉外民事关系法律适用法》却简陋缺失、乏善可陈。欧美先进冲突法通常定义关键术语,广泛采用互见条文[①],我国《涉外民事关系法律适用法》者却视此等通行立法技术于不顾,恪守传统立法的陈规陋习,整部法律无一术语定义和互见条文。除了立法技术的落伍,其具体内容亦简陋缺失。

(一)一般规定的简陋

意思自治原则应在分则中详尽规定。意思自治原则的本质决定了其不可能彻底摆脱任何限制而成为"高空中的浮云"。意思自治并非当事人的天然权利,也远未作为国际习惯法得到广泛认同[②];相反,它是国家赋予当事人的权利,当事人自由选择法律的前提是,

---

① 《俄勒冈州立法》第1条定义了8个术语;第1条和第6至11条均为互见条文,占第1—12条的近3/5。

② 洛文菲尔德(Lowenfeld)是主张意思自治已成为国际习惯法的少数学者之一,但尼格(Nygh)证实了这种主张的逻辑错误。P. Nygh, *Autonomy in International Contracts*, Oxford University Press, 1999, pp.35-37.

限于当事人自由支配的私人事项,并且"当事人双方谈判实力对等,也不触犯第三方或国家的利益"①。在错综复杂的涉外民事关系中,当事人能自主支配的事项主要限于债权,在其他个别领域即便可行使意思自治权,但往往受到诸多限制;即使在债权领域,立法者也会对于双方实力失衡以及侵犯第三人权利和社会公共利益的情形出手干预。因此,此前堪称"最自由地采用意思自治原则"之国——瑞士的1987年《联邦国际私法》也没有将其提升为基本原则。② 我国《涉外民事关系法律适用法》不宜标新立异,突兀地将其列入一般原则,而应在分则中针对不同事项分别规定该原则的适用范围和限度。

侵权冲突法中采用意思自治原则本应更加慎重。侵权实体法的"责任认定"和"损害赔偿"均非当事人随意自主支配事项,而是更多地体现了国家政策。在涉外侵权关系中,为保护受害人和方便商务交往,部分冲突法立法虽采用了意思自治原则,但对其规定亦谨小慎微。《罗马条例 II》要求当事人选择法律不得妨碍案件全部要素所在国和欧共体法中的强制性规定;当事人不得选择适用于不正当竞争和限制自由竞争行为以及知识产权侵权的准据法;当事人事前选择法律时必须限于商业活动,且当事人实力均等以确保自由商定准据法,不得侵害第三人权利。③《俄勒冈州立法》区分对法院地法和外法域法律的选择,对外法域法律的选择要受到合同冲突法规

---

① F. Vischer, General Course on Private International Law, 232 *Recueil Des Cours*, 1992, pp. 126-127.

② 该法除在普通合同领域采用意思自治原则外,还在以下领域采用该原则:自然人姓名(第37条,在住所地法和本国法之间选择);婚姻财产制度(第52条,婚前或婚后的共同住所地法和配偶一方的本国法);继承(第90条第2款和第91条第2款,立遗嘱人的住所地法和本国法);财产(第104条,对于动产,在装运地法、到达地法和支配潜在交易关系的法律之间选择);侵权(第132条,选择法院地法);公司(第154条,成立地法)。参见 S. Symeonides, Private International Law at the End of 20th Century: Progress or Regress? in *Private International Law at the End of 20th Century: Progress or Regress* (ed. S. Symeonides), Hague: Kluwer Law International, 2000, p.40.

③ 参见《罗马条例 II》第6条、第8条和第14条。

则的限制。① 我国《侵权冲突法》简单赋予当事人法律选择权过于草率,未来当事人借该权利侵犯第三人权利或社会公共利益的情形恐怕在所难免。

我国《涉外民事关系法律适用法》中的最密切联系原则可谓得其形骸而失其精髓。该原则的来源地——纽约州晚近的涉外侵权判例法逐渐将该原则具体化为规则,其在理论奠基者里斯的冲突法思想中只是一种过渡性方案,其实里斯更侧重于政策分析和规则细化。② 在采用该原则的美国侵权冲突法最新立法中,政策分析是基础,适用步骤是关键,连结点列举是指南。③《罗马条例II》对多种具体侵权行为规定了明确的规则,因此该法虽然泛泛规定了最密切联系原则,但仅将其作为实现个案公平的矫正手段,而且该例外条款的采用必须限于涉外侵权与另一国家存在"显然"联系更密切的情形,并要求重点考虑"当事人之间事先存在的关系(诸如与所称侵权行为有密切联系的合同)"。④ 我国《涉外民事关系法律适用法》对该原则的规定粗放简略,且对具体侵权行为的规定寥寥无几,这为

---

① 参见《俄勒冈州立法》第6条第1至2项和第11条。
② 参见许庆坤:《美国冲突法中的最密切联系原则新探》,载《环球法律评论》2009年第4期,第70页以下。
③ 参见《俄勒冈州立法》第9条:"除非本法第5、6、7、8和11条另有规定,在非合同赔偿性请求中当事人关于特定争点的权利和义务适用如下法域的法律,其与当事人和纠纷的联系以及其关于特定争点的政策使得适用其法律对于这些争点最为适当。确定最适当的法律应:
(1)查明与纠纷有关联的法域,比如导致损害的行为发生地,损害结果地,各人的住所地、惯常居所地或相关的营业地,或者当事人法律关系的重心地;
(2)查明关于特定争点的这些法域的法律中包含的政策;并且
(3)权衡这些政策的相对强度和关联度,其中应当考虑:
① 鼓励负责任行为的政策、遏制损害行为的政策以及对损害提供充分救济的政策;以及
② 州际和国际秩序的需要和政策,包括对其他法域强烈坚持的政策造成的负面效果最小化的政策。"
④ 参见《罗马条例II》第4条第3款。

法官的任意滥用埋下了伏笔。

我国《涉外民事关系法律适用法》中的"直接适用的法"制度的简明亦蕴含一定的风险。"直接适用的法"的范围模糊使其适用犹如打开了"潘多拉之盒",众多冲突法规则可能消失于该制度的"黑洞"中。因此,晚近立法多对该制度谨慎限制与调和。《俄勒冈州立法》未采用模糊的"直接适用的法"制度,而是将该制度明确为适用法院地法的具体规定,将强制适用该州法律的情形限定在以该州公共机构为被告、有关该州不动产、服务地在该州的该州专业人士工作失职以及主要受雇地和损害地均在该州的雇主和雇员之间的非合同请求。① 《罗马条例 II》为了协调法院地法与他国法、共同体法之间的关系,一方面规定允许法院地"不可贬抑的强制性规定"的适用,另一方面要求当事人选择法律时不得妨碍案件全部要素所在国和欧共体法中的"不可贬抑的规定"的适用。② 因此,我国这一制度有待最高人民法院将来在司法解释中进一步完善以发挥其积极作用。

(二) 具体侵权冲突法规则的缺失

我国《涉外民事关系法律适用法》的一大失误在于未对现代生活中众多具体侵权行为全面作出明确的规定。诸多侵权行为的特殊性决定了其需要具体规则另外调整,因此《罗马条例 II》在一般规则之外分别为产品责任、不正当竞争和限制自由竞争的行为、对环境的侵害、对知识产权的侵害、因罢工或封闭工厂而引起的责任等分别规定了特别规则,而《俄勒冈州立法》同样为针对本州公共机构的诉讼、对位于本地不动产之诉、雇佣中的损害、专业服务中的损害和产品责任等作出明确规定。我国《涉外民事关系法律适用法》仅对产品责任、侵害人格权、知识产权侵权三种具体侵权行为规定了特别规则,加上一般规则共有 4 条具体规则。即便这些寥寥数条规

---

① 参见《俄勒冈州立法》第 6 条。
② 参见《罗马条例 II》第 14 条和第 16 条。

定,其缺失和悖理处亦昭然若揭。

第 44 条的一般侵权冲突法规则中除了意思自治原则之外的内容,让人有穿越历史时空之感。涉外侵权适用侵权行为地法在欧洲大陆已有数百年的历史,属人法例外规则也经历了半个多世纪的风雨洗礼。① 我国最新立法依然坚守陈旧的简陋规定,而欧美最新一般侵权冲突法规则已经精细到令人惊叹的地步。以《俄勒冈州立法》为例,该法用了四款规定受害人与侵害人之间关系的法律适用。首先,若受害人与侵害人在同一法域有住所,则适用其共同住所地法;即便双方的住所不在同一法域,但只要这些法域的法律适用于特定争点的结果相同,则视当事人在同一法域有共同住所。不过,适用"共同住所地法"有一种例外情况,这就是行为的谨慎标准在行为地和结果地均处于同一法域时适用行为地法,在行为地和结果地不一致时适用行为人可以预见并且受害人请求适用的结果发生地的法律。此处区分了"规范行为"(conduct-regulating)的规则(例如道路交通法)和"分担损失的"(loss-distributing)规则(例如对最高赔偿额的规定);对于前者该法采用了"场所支配行为原则",而对于后者该法采用了"共同属人法原则"。其次,若受害人和侵害人的住所不在同一法域,而且这些法域的法律适用结果不同,但行为实施地和结果发生地位于同一法域,则适用该同一法域的法律;在行为实施地和结果发生地所处的法域不同时,则适用行为实施地法,除非侵害人能预见到损害结果发生在另一法域,而且受害人通过诉状请求适用该法域的法律,这时适用损害结果发生地法。上述规定有一种例外情况,即若任一方当事人能表明对于某一争点适用另一法域的法律"显然更加适当",则适用另一法域的法律。②

---

① 参见许庆坤:《论传统国际私法》,载《中国国际私法与比较法年刊》(第 9 卷),北京大学出版社 2007 年版,第 13—16 页。
② 参见《俄勒冈州立法》第 8 条。

美国最新立法的一大特色是将侵权责任细分为责任的认定和责任的内容,前者主要适用行为地法,而后者主要适用共同属人法。此种二分法早在纽约州的"贝柯克(Babcock)案"中就已被采用①,可谓美国"冲突法思想中的重要突破"和美国"对国际冲突法思想的主要贡献之一"②。《罗马条例 II》虽然没有对此全盘照收,但也吸收了其中的重要成分,要求在认定行为性质时,应考虑行为地的"安全规则和行为规则"。③ 我国《涉外民事关系法律适用法》对欧美这一最新立法成果置若罔闻,依然恪守西方半个多世纪前的陈规陋习。

对侵权行为地细分为侵权行为实施地和损害发生地并进而选择其一作为连结点是欧美一般侵权冲突法的另一大特色。《罗马条例 II》在合理平衡了受害人和被告的利益以及侵权责任法的发展之后,审慎选择了"损害发生地国法"作为一般侵权行为的准据法,以更好地维护欧盟各国国民的利益。④《俄勒冈州立法》则在斟酌了行为实施地和损害发生地以及当事人住所地不同连结点的分布情形,分别规定适用行为实施地法或损害发生地法。⑤ 我国《涉外民事关系法律适用法》固守陈旧的侵权行为地这一模糊概念,好似时光依然停留在第二次世界大战之前。

鉴于现代侵权的纷繁复杂,欧美最新立法在对一般侵权行为作了详细规定以后,仍然谨小慎微地为法官适用其他法律留下出口,采用最密切联系原则作为例外规则。⑥ 这为实现个案公平和侵权冲

---

① Babcock v. Jackson, 12 N. Y. 2d 473, 483 (1963).

② S. Symeonides, Problems and Dilemmas in Codifying Choice of Law for Torts: The Louisiana Experience in Comparative Perspective, 38 *Am. J. Comp. L.* 1990, p.441.

③ 参见《罗马条例 II》第 17 条:"在认定被指称承担责任者的行为时,应当作为事实和在适当范围内,考虑导致责任的事件发生地当时有效的安全标准和行为标准。"

④ 参见宋晓:《侵权冲突法一般规则之确立——基于罗马 II 与中国侵权冲突法的对比分析》,载《法学家》2010 年第 3 期,第 156—158 页。

⑤ 参见《俄勒冈州立法》第 8 条第 3 款。

⑥ 参见《罗马条例 II》第 4 条第 3 款和《俄勒冈州立法》第 8 条第 4 款。

突法的未来发展提供了制度保障。我国《涉外民事关系法律适用法》中的最密切联系原则仅作为一般补漏原则,在第44条明确调整范围内显然无法适用。至少从字面而言,第44条的一般侵权冲突规则不容许最密切联系原则涉足一般侵权行为。我国《涉外民事关系法律适用法》者似乎已经穷尽一般侵权法律适用的终极真理,其傲慢自负之态令人惊叹。

在生产全球化的今天,产品责任往往涉及众多责任人、受害人和法域,在产品的不同部件在多个国家生产时情况尤为复杂,因此欧美的产品责任冲突法通常精致细密。我国的产品责任冲突法却欲对本应复杂的规则删繁就简,造成现有规则貌似先进实则落伍。首先,它违反了结果中立原则,过分偏袒受害人。由于产品责任保险业的危机和律师界对产品责任制度的滥用,晚近美国诸多州的实体法和法学界均反对偏袒缺陷产品受害人,偏重赔偿受害人的趋势已发生逆转或受挫;与之相适应,欧美产品责任冲突法普遍不以支持受害人获得赔偿为导向。① 《罗马条例 II》和《俄勒冈州立法》亦沿袭了这一新趋势。我国《涉外民事关系法律适用法》有违世界立法趋势,赋予受害人单方面的法律选择权,将侵权人置于不利的地位。其次,未全面采用重叠连结点,有违最密切联系原则。由于产品责任案件的连结点可能分布在多个法域,因此《罗马条例 II》和《俄勒冈州立法》均全面采用了重叠连结点确定准据法,以体现最密切联系原则。② 我国《涉外民事关系法律适用法》在受害人选择适用侵权人主营业地法律或损害发生地法律时,未有连结点重叠的要求。再

---

① P. J. Kozyris, Values and Methods in Choice of Law for Products Liability: A Comparative Comment on Statutory Solutions, 38 *Am. J. Comp. L.* 1990, pp.494, 496.

② 《俄勒冈州立法》第7条第1款要求受害人住所地与损害地重叠,受害人住所地或损害地与产品制造地、生产地或新产品交付地重叠;《罗马条例 II》第5条第1款要求受害人惯常居所地、产品购买地或损害发生地与产品实际销售地和加害人合理预见的产品销售地相重叠。

次,未全面保护侵权人的合理预期。保护侵权人的合理预期是欧美最新立法的共同特点①,但我国《涉外民事关系法律适用法》规定当事人可选择损害发生地法时未考虑侵权人合理预期的保护。最后,我国《涉外民事关系法律适用法》未规定例外条款。鉴于产品责任冲突法的理论成果和实践经验,欧美立法者均惮于为所有涉外产品责任纠纷规定明确规则,因此其最新立法均采用了开放性规定,允许例外情况下采用最密切联系原则。② 我国《涉外民事关系法律适用法》者却以大无畏的姿态采用了封闭性规定。

我国的人格权侵权冲突法同样思虑不周。侵害人格权包括诽谤、侵犯隐私权等多种侵害无形利益的行为,损害结果地可能分布在多个法域或难以确定;在通过广播、报纸和互联网等大众媒体实施侵权行为时,侵害行为实施地同样遍及多个法域或难以确定。对于如此复杂的侵权行为,《罗马条例 II》态度谨慎,仅要求欧共体委员会在 2008 年底以前提交一份有关侵犯隐私权和人格权法律适用的报告,而未仓促应对。③《俄勒冈州立法》同样对此未制定明确的成文法规则,而是将其交予"一般方法"解决,由法官根据个案公平探求"最适当的法律"。英国 1995 年的《国际私法(杂项规定)法》虽然整体上在侵权冲突法领域废除了"双重可诉原则",但出于保护言论自由的考虑对于诽谤依然保留严格的普通法规则。④ 为美国大多数法院所采用的《冲突法重述(第二次)》将诽谤和侵犯隐私权细分为非通过大众传媒和通过大众传媒实施侵权行为两种情况分别规定了通常情况下的法律适用,同时准许法官根据最重要关系原则

---

① 《罗马条例 II》第 5 条第 1 款第 2 项和《俄勒冈州立法》第 7 条第 2 款均要求准据法所属法域处于加害人合理预期的范围。
② 参见《罗马条例 II》第 5 条第 2 款和《俄勒冈州立法》第 7 条第 3 款。
③ 参见《罗马条例 II》第 30 条第 2 款。
④ J. MacClean, K. Beevers, *Morris*: *The Conflict of Laws*, London: Sweet & Maxwell, 2009, p.419.

尝试个案中的其他适当准据法。① 我国《涉外民事关系法律适用法》第46条将复杂问题简单化，规定各种侵害人格权的行为只能适用"被侵权人经常居所地法律"，一方面排除了被侵权人根据侵权行为实施地法获得高额赔偿的可能性，对我国受害人不利，另一方面剥夺了法官根据个案公平尝试其他合理规则的自由裁量权，对该领域冲突法的发展不利。同时，该条正式文本相对于草案增加的"通过网络或者采用其他方式"之表述实属"为赴新潮强添足"，因为其他侵权行为前也可加上此等貌似时髦的多余修饰语。

我国知识产权侵权冲突法存在重复表述的错误。学者热心知识产权冲突法是20世纪90年代的新鲜事物，尽管已出现一些突破性的尝试和主张，但囿于知识产权的属地性，适用被请求保护国法依然是普遍的共识和实践。② 《罗马条例II》坚持了普遍认可的"保护国法原则"，并且不允许当事人自由选择准据法。③ 我国《涉外民事关系法律适用法》第50条一方面允许当事人选择准据法，另一方面又将选择限定在法院地法，而被请求保护国法其实即为法院地法，因此该条后半部分其实并无存在的必要。

### 三、司法解释的回春之道

由上述分析可以看出，我国《涉外民事关系法律适用法》者虽胸怀世界冲突法大势，但在具体操作中却左支右绌，外行操刀的痕迹明显。外行擅入如此高深的领域，犹如"大象闯进瓷器店"，具体规定的简陋缺失在所难免。"细节决定成败"，若放任此等缺陷而不修补，我国《涉外民事关系法律适用法》的水平着实让人难以恭维。

不过，我国最高人民法院尚可亡羊补牢。起草者制定简略"框架

---

① Restatement, Second, Conflict of Laws, §§149-150, 152-153, (1971).
② G. Dinwoodie, Developing a Private International Intellectual Property Law: The Demise of Territoriality? 51 *Wm. & Mary L. Rev.* 2009, pp.713, 729.
③ 参见《罗马条例II》"序言"部分第26项以及正文第8条。

法"的考虑因素之一是由最高人民法院将来制定详尽的细则。[①] 在司法能动主义盛行的今天,最高人民法院有能力完成此举。2007 年该院曾根据《合同法》第 126 条等的简单规定制定出多达 12 条的详尽司法解释。[②] 我国《涉外民事关系法律适用法》中先进的原则性规定也为最高人民法院一展身手提供了广阔的空间。下文主要就该院拟定涉外侵权法律适用司法解释的方法和具体内容提出笔者的管窥之见。

(一) 由国际私法专家民主参与

国际私法涉及众多相关领域,深奥复杂,非苦读精研者无法窥其奥妙。精通欧美国际私法的艾伦茨威格(A. Ehrenzweig)教授甚至宣称:"……冲突法根本就不是一个法律学科,……它其实只是国内法每一个分支的特别部分。"[③]国际私法的错综复杂和晦涩难懂在美国亦人所周知,美国学者称"冲突法王国是一片令人沮丧的沼泽地"。[④] 因此,国际私法立法任务必须由国际私法专家来担当。《俄勒冈州立法》是由熟稔该领域的知名冲突法教授作为报告人负责其起草工作,并由其他熟悉冲突法的司法界、律师界和学界的其他多位专业人士共同协助,先后修改 12 稿方大功告成。[⑤]

最高人民法院拟定司法解释应力戒非专家主导的立法舛误,而应遵循国际惯例,将解释权切实下放给国际私法专家。最佳的做法是成立专家小组和实行报告人制度,并且区分不同领域分批出台司法解释,以发挥不同领域国际私法专家的特长。侵权冲突法错综复

---

[①] 全国人大常委会法工委副主任王胜明曾在 2010 年中国国际私法年会上表达过这一立法意图。

[②] 参见 2007 年《最高人民法院关于审理涉外民事或商事合同纠纷案件法律适用若干问题的规定》。

[③] A. Ehrenzweig, Lex Fori in the Conflict of Laws, 32 *Rocky Mntn. L. Rev.* 1959, p. 14.

[④] W. Prosser, Interstate Publication, 51 *Mich. L. Rev.* 1953, p.971.

[⑤] S. Symeonides, Oregon's New Choice-of-Law Codification for Tort Conflicts: An Exegesis, p. 9, available at http://ssrn.com/abstract = 1529501, vistied on Aug. 14, 2010.

杂,这是欧盟和美国俄勒冈州为此制定单行法的重要原因,我国最高人民法院也应为此出台专门司法解释。报告人在起草中应广泛征求国际私法和相关领域的学者和实务界人士的真知灼见,并及时公开其草案以及具体理由和讨论情况,以增强工作的透明度和民主化。

(二)"一般规定"适用于涉外侵权的具体方法

1. 将"直接适用的法"转化为涉外侵权适用法院地法的具体情形

"直接适用的法"制度的模糊使其难以操作,我国最高人民法院可结合国外先进立法和我国司法实践将其具体化为涉外侵权适用法院地法的情形。《俄勒冈州立法》基于该州适用法院地法的司法实践,在其第 6 条和第 7 条规定了涉外侵权适用法院地法的具体情况。这种立法不仅可以提高司法效率、保障实现该州的立法政策,而且符合当事人对该州法律的正当期望。① 法官偏爱适用法院地法在我国涉外审判中同样客观存在。② 最高人民法院应以我国《涉外民事关系法律适用法》第 5 条为依据将事关我国重大利益、基本法律政策以及有必要特别保护的中方当事人的情形具体化。为促进涉外民商事交往和防止他国报复,我国司法解释应同时规定考虑与案件有密切联系的他国"直接适用的法",但其适用应受到适当限制。

2. 将最密切联系原则适用于涉外侵权的方法具体化

最密切联系原则"几乎不是一条规则(hardly a rule),本质上更是一种解决问题的方法(an approach to the problem)。"③鉴于该原则

---

① S. Symeonides, J. Nafziger, Oregon Law Commission, Choice-of-Law for Torts and other Non-contractual Claims: Report and Comments (2009), p.16.

② 在黄进教授等学者精选的 2008 年 69 件典型涉外民商事案件中,适用中国法的占到 97%。参见黄进、胡炜、杜焕芳:《2008 年中国国际私法司法实践述评》,载《中国国际私法与比较法年刊》2009 年卷(总第 12 卷),北京大学出版社 2009 年版,第 438—439 页。

③ W. Reese, Discussion of Major Areas of Choice of Law, 111 *Recueil des Cours*, 1964, p.375.

的适用可能导致判决不一,我国最高人民法院应将该条运用于涉外侵权领域的方法具体化。首先明晰应考虑的连结点,包括但不限于侵权行为实施地、损害结果地、当事人的住所地、惯常居所或营业地等;其次应要求法官考虑相关法域的侵权实体法政策;最后应阐明法官在判定最密切联系地时考虑的冲突法政策,包括但不限于遏制侵权行为的政策、对受害人提供充分救济的政策和促进涉外民商事交往的政策等。鉴于该原则只是从个案分析到规则细化的过渡方案,我国最高人民法院应密切关注涉外侵权的审判实践,将法院的成熟做法提炼为具体冲突法规则。

3. 明确涉外侵权领域当事人意思自治的限度

意思自治原则是否合理取决于能否保证当事人平等自由地选择法律并不侵犯第三人的权利和社会公共利益。我国对于该原则适用于涉外侵权的司法解释首先应区分选择法院地法和外国法两种情况,对于前者可准许法院从案件具体情况推导出当事人明示选择法律的意图,对于后者则限于当事人书面选择法律;其次应要求强势一方不得滥用其优势地位,同时当事人的法律选择不得损害第三人权益;最后应要求当事人的法律选择不得妨碍全部案情均位于他国时该国强行法的适用。

(三) 具体侵权冲突法的司法解释

鉴于诸多具体侵权冲突法的空白,最高人民法院可根据我国《涉外民事关系法律适用法》第2条第2款的最密切联系原则补充规定涉外环境侵害、不正当竞争行为、专业服务中的侵权等法律适用的规则。对于现有侵权冲突法规则,最高人民法院的司法解释同样可大有作为。

1. 一般侵权行为冲突法的司法解释

在当事人没有共同选择法律的情况下,最高人民法院应明确适用侵权行为地法或当事人共同住所地法的具体情形。侵权责任的认定适用侵权行为地法;若侵权行为实施地和损害结果发生地不同,则通常适用行为实施地法,除非侵权人能预见到损害结果发生在另一地且受害人选择适用该地法律,方适用损害结果地法。侵权责任的其他问题在当事人有共同住所时适用共同住所地法;若当事人双方的住所虽位于不同法域,但侵权行为实施地和损害结果地位于同一法域,且侵权人或被侵权人的住所位于该法域,则适用侵权行为地法;若当事人双方的住所不在同一法域,侵权行为实施地和损害结果地也不在同一法域,则适用侵权行为实施地法,除非侵权人能预见到损害结果发生在另一地且受害人选择适用该地法律,方适用损害结果地法。

2. 特殊侵权冲突法的司法解释

产品责任的法律适用应平衡被侵权人获得合理赔偿和保护侵权人的可预见性的双重政策目标。产品责任适用被侵权人经常居所地法的前提是侵权人在该地从事了相关经营活动;若不存在这一前提条件,则适用侵权人主营业地法。产品责任纠纷中的被侵权人选择适用损害发生地法同样应符合这一前提条件;若不存在这一前提条件,则产品责任同样适用侵权人主营业地法。除此之外的其他情况应属于我国《涉外民事关系法律适用法》第2条第2款的调整范围,此时产品责任适用与案件和当事人存在最密切联系地的法律。

最高人民法院对于涉外侵害人格权的法律适用可结合我国《涉外民事关系法律适用法》第5条的规定予以限制性解释。在我国国民侵犯经常居所地在外国的他人人格权时,若该外国规定了惩罚性赔偿,则我国国民将可能面临难以承受的赔偿责任。对此,司法解释可将外国过高惩罚性赔偿制度解释为有违我国民法补偿性赔偿基本原则,不予适用。对于知识产权的侵权冲突法,最高人民法院应明确被请求保护地法即为法院地法。

# 学术之争还是信仰之争？

## ——对《涉外民事关系法律适用法》中属人法原则的几点反思

杜 涛*

在国际私法的属人法问题上，历来有国籍原则和住所原则的分歧。二战以后，特别是冷战结束以后，随着全球化进程的深入，在国际上有人呼吁告别国籍原则，以习惯居所原则取而代之。海牙国际私法公约也大量采用习惯居所原则。在欧盟内部围绕国籍原则和住所原则也发生了一场大辩论。但国籍原则并没有因此而衰落。国籍原则与住所和经常居所原则之争不仅仅是学术之争，更多的是一种信仰和价值观之争。近年来各国国际私法立法中，国籍原则仍然得到广泛沿用。这反映了当代国际社会发展中的一体化趋势和文化多元趋势的并行而立。完全抛弃国籍原则并未得到多数国家接受。鉴于国籍原则在我国国际私法中已有百年历史，而且与我国传统文化相贴切，我国《涉外民事关系法律适用法》放弃国籍原则绝非明智之举。

属人法（Personal statute）是指支配自然人的人身关系的法律规范，比如支配人的人格权、权利能力、行为能力、婚姻家庭关系等。

---

* 法学博士，复旦大学法学院副教授，中国国际私法学会理事。Email：tdu@fudan.edu.cn。

对于属人法的确定,国际上有两大不同制度:本国法(lex patriae)和住所地法(lex domicilii)。本国法就是当事人国籍所属国法律;住所地法就是当事人的住所所在国法律。前者被称为国籍原则,后者被称为住所原则。19世纪以前,欧洲普遍采用住所地法作为自然人的属人法。将国籍作为属人法的连结点要追溯到1804年《法国民法典》,在意大利法学家孟西尼等人的鼓吹之下,国籍原则逐渐代替了住所地原则成为大多数大陆法系国家采用的属人法连结点。英美法系国家则继承了传统的住所原则。

我国现行法主要采国籍原则。我国《民法通则》第143条规定:"中华人民共和国公民定居国外的,他的民事行为能力可以适用定居国法律。"该规定虽然没有明确说明自然人的行为能力适用本国法,但从其立法意图来说,显然是隐含着这一规定。否则,如果我国采用住所地法主义,该条规定就没有必要单独规定了。我国《票据法》第97条对此做了更为明确的规定:"票据债务人的民事行为能力,适用其本国法律。"

然而近年来,我国国际私法学界兴起了一股否定国籍原则的潮流。近二十年来国际私法学者所发表的几乎所有论及属人法问题的论文和著作,都一边倒地对国籍原则提出批判,主张采用经常居所原则。[①] 我国国际私法学界联合起草的《中华人民共和国国际私

---

① 肖永平:《国际私法中的属人法及其发展趋势》,载《法学杂志》1994年第1期,第11—12页;宋航:《属人法的发展趋向及其在中国的适用》,载《安徽大学学报》(哲学社会科学版)1997年第1期,第64页;刘益灯:《惯常居所:属人法趋同化的必然选择》,载中南工业大学学报(社会科学版)2002年第3期,第304页;王霖华:《关于我国自然人属人法制度的思考》,载《广州大学学报》2004年第3期,第68页;江茹娇:《从国际属人法的发展谈我国有关冲突规范的完善》,载《铜陵学院学报》2005年第2期,第41页;单海玲:《论涉外民事关系中住所及惯常居所的法律适用》,载《比较法研究》2006年第2期,第96页;杜焕芳:《论惯常居所地法及其在中国的适用》,载《政法论丛》2007年第5期,第82页;贺连博:《两大法系属人法分歧及我国属人法立法完善》,载《烟台大学学报》(哲学社会科学版)2008年第2期,第21页;袁发强:《属人法的新发展:当事人所在地法》,载《法律科学》2008年第1期,第110页。

法示范法》、全国人大常委会法工委委托起草的《民法典》草案第九编以及全国人大常委会法工委内部起草的《涉外民事关系法律适用法(草案)》都试图改变我国传统的国籍原则,转而采用经常居所原则。① 2010年8月28日通过的《涉外民事关系法律适用法》最终也大势所趋,经常居所②终于取代国籍,成为我国国际私法中新的属人法连结点。

国籍原则真的已经过时了吗？住所或经常居所原则真的已经成为国际主流趋势了吗？要想弄清这个问题,我们首先需要厘清国籍原则在西方国家产生的历史背景以及发展过程;其次,要弄清楚国外围绕着国籍原则和住所(经常居所)原则发生的争论的本质,了解争论双方的观点及其理由;再次,我们要对国外最新的国际私法立法进行逐一审查,看看到底国籍原则是否真的如有些学者所说的那样遭到抛弃;最后,也是最重要的,我们需要通过实证分析,弄清楚我国到底有没有必要抛弃国籍原则以及抛弃国籍原则之后所可能带来的一系列问题。本文将按照这个顺序逐一论证。

## 一、属人法原则的历史

### (一)19世纪以前的住所原则

属人法中的住所原则起源于公元10世纪的法则区别理论。公

---

① 《中华人民共和国国际私法示范法》(2000年版)第65条:"自然人权利能力,适用其住所地法或惯常居所地法";第67条:"自然人行为能力,适用其住所地法或惯常居所地法。"《民法典》草案第九编(2002年版)第20条规定:"自然人的民事权利能力和民事行为能力,适用其住所地法律或者经常居住地法律";2010年10月28日通过的《涉外民事关系法律适用法》第11条:"自然人的民事权利能力,适用经常居所地法律。"第12条:"自然人的民事行为能力,适用经常居所地法律。"《涉外民事关系法律适用法》其他条文中凡是涉及自然人属人法的,均以经常居所作为首要连结点,国籍几乎被全部取代。

② 我国国际私法学界多将 habitual residence 译为"惯常居所",《涉外民事关系法律适用法》采用"经常居所"这一用语,为统一起见,本文均使用"经常居所",其含义等同于"惯常居所"。

元476年,西罗马帝国灭亡,欧洲进入民族大迁移时期。从此时起一直到公元10世纪,属于属人法(部族法)原则占统治地位的时代。根据这种属人法原则,所有部族的法律制度只对其成员有效,原则上,每个人都依照其出生地法(部族法)进行判决。[①] 因此,当时的法律并不是以地域,而是以部族来划分的。这个时候的欧洲,各种部族法林立。各种族人民之间在相互交往中产生的涉及外族的法律关系均依照各种族人自己的法律判决。本种族的法律也不适用于外族人。[②]

自公元10世纪以后,欧洲社会发生剧烈动荡,逐渐进入封建社会。在后法兰克时代,旧的部落联盟逐渐解体,取而代之的是以地域为单位的统治权的建立。[③] 领土的观念渐次加强,上至王公贵族,下至平民百姓,均以占有土地的多少来决定社会地位。这个时期的法律也与领土建立了密切的关系,法律的适用范围开始以领土为界限。法律从而开始属地化(territorializing),法律的适用不再依照人的种族归属来决定,法律的属地性取代了属人性。属地原则(principle of territoriality)开始成为决定法律适用的主导原则。[④] 根据属地原则,不管诉讼当事人是什么人,所涉及的财产是什么财产,也不管所涉及的行为是什么行为,在每一个领土上都只适用一种法律,即当地当局所颁布或承认的法律。[⑤] 在整个欧洲,一直到《法国民法

---

[①] Max Gutzwiller, Geschichte des Internationalprivatrechts, Basel and Stuttgart: Helbling & Lichtenhahn, 1977, S.7.

[②] Christian von Bar, Internationales Privatrecht, I, Muenchen: C.H. Beck, 1993, S.362.

[③] Hermann Conrad, Deutsche Rechtsgeschichte, Band I, Karlsruhe: Verlag C.F. Müller, 1962, S.346.

[④] Christian von Bar, IPR, Band I, S.364.

[⑤] Christian von Bar, IPR, Band I. S.365.

典》颁布前,法律的属地性都占统治地位,而域外效力只是例外。①

12世纪,巴托鲁斯等人发展出"法则区别理论"②。他提出了所谓的"巴托鲁斯规则",即原则上将法则区分为人的法则和物的法则,分别探讨其域外效力。③ 后世学者对法则区别理论进一步细化。法国学者达让特莱进一步将所有的法律、法则和习惯划分为属人的、属物的和混合的。他认为,物的法则(statuta realia)只限于在地域内有效,即物受物之所在地法(les rei sitae)支配;人的法则(statuta personalia)是关于人的权利、地位和身份以及关于动产物的法则,它随人所至及于一切,因此属人问题应当适用人的住所地法。④ 与达让特莱同时代的杜摩兰进一步发展了住所原则。住所不仅在婚姻财产制问题上,而且第一次在合同问题上获得了重要地位,成为一个日益重要的连结点。杜摩兰还对"人的法则"这一概念进行了突破。他抛弃了巴托鲁斯从词语结构来划分人的法则和物的法则的方法,认为物的法则并不是所有在词语结构上将物放在首位的法则,而是那些能够使在地域内拥有的财产从立法目的上予以承认的规范;而人的法则就是所有与物无关而与人有关的法则。⑤

正如19世纪美国法学家斯托雷(Story)所言,在罗马法上,每个人都拥有一个住所,"住所是指每个人的家庭所在地和商业所在地,除了商业的需要以外,他一般不会离开该地;一旦离开该地,他就成为一个流浪者(wanderer);而一旦他返回该地,他就不再是外来

---

① G. R. Delaume, Les Conflits de Lois a la Veille du Code Civil dans les Traites diplomatiques, Paris: Sirey, 1947, p.8.
② 巴托鲁斯著作的英译本参见:Smith, American Journal of Legal History, vol. 14 (1970), pp.174-183, 247-275。
③ Max Gutzwiller, Geschichte des Internationalprivatrechts, S.37.
④ Christian v. Bar, IPR, Band I, S.379-380.
⑤ Max Gutzwiller, Geschichte des Internationalprivatrechts, S.80.

者。"①由于住所与一个人联系如此密切,所以在法国大革命之前的500年里,以住所作为属人法则的连结点就成为欧洲国家普遍接受的原则。

即使在16世纪以后主权概念兴起,现代国际法诞生,也没有打破住所原则的统治。17世纪荷兰学者胡伯在《论罗马和现代市民法》一书提出了著名的冲突法三原则:第一,任何主权者的法律必须在其境内行使并且约束其臣民,但在境外则无效;第二,凡居住在其境内的人,包括常住的与临时的,都可视为主权者的臣民;第三,每一国家的法律已在其本国的领域内实施,根据礼让,行使主权权力者也应让它在自己境内保持其效力,只要这样做不至于损害自己的主权权力及臣民的利益。在这里,胡伯开始从国际法的角度来解释法律的域外和域内效力问题。但是,胡伯仍然没有突破住所原则,因为根据他的第二项原则,主权者的法律仍然是根据住所来约束其臣民的。②

1756年的《巴伐利亚民法典》在属人法上仍然坚持住所原则。该法第一编第二章《法律的差异》中第17条第2款规定:"对于人的身份问题应考虑住所地法"。③ 1794年6月1日在德国大部分地区生效的《普鲁士普通邦法》也规定:"人的身份及人的权利依照该人拥有住所的法院地法律,无论其居所地是否临时发生改变;如果有两个住所,则行为能力依照最有利于行为有效的那一法律确定。"

(二)萨维尼与住所原则

萨维尼被视为现代国际私法之父,他所提出的"法律关系本座

---

① Joseph Story, Commentary on the Conflict of Laws, Morris L. Cohen et al. eds., New York: Arno Press, 1972, p.40.

② Ernest G. Lorenzen, "Huber's de conflictu legum", Illinois Law Review, Vol. 13 (1918-1919), p.375.

③ Kegel/Schurig, Internationales Privatrecht, Muenchen: C. H. Beck, 2000, S. 159-160.

说"被认为是"划时代的理论"①,实现了国际私法方法论上的"哥白尼转折"(kopernikanische Wende)②。虽然萨维尼的《现代罗马法体系》第 8 卷出版于法国民法典颁布 40 年之后,但在属人法问题上,萨维尼却仍然坚持了传统的住所地法原则。对于这个问题,要从两个方面来理解。

首先,萨维尼的理论被称为"法律关系本座说",而萨维尼所谓的"本座"的德语原文"Sitz"本身就有"座位、场所和住所"等含义。萨维尼提出的解决法律冲突问题的基本公式为:"为每一种法律关系找到其在本质上所归属的地域(法律关系的'本座'所在地)"。③这里的本座同时也可以被理解为"住所"。因此,很自然地,属人法问题的本座也就是人的住所地法。

其次,也是最重要的,住所原则更为符合萨维尼理论的核心价值取向。萨维尼是一位具有崇高世界主义理想的学者。萨维尼认为:"总的来说,所有民族和个人的共同利益决定了各国在处理法律关系时最好采取互惠原则以及由此而产生的在判决中平等对待本国人和外国人的原则"。④萨维尼相信:"这一原则的充分采纳不仅会使外国人在每一国家都跟其本国国民一样,而且,在发生法律冲突时,无论案件在此国或彼国判决,都能得到相同的判决结果"。⑤ 从这一前提出发,萨维尼提出了他为国际私法确立的新的基础:"通过这一考虑我们得出的观点是,存在着一个由相互交往的民族构成的国际法共同体,这一观点一方面由于基督教普遍教义的影响,一方

---

① Geoges S. Maridakis, Die internationalprivatrechtliche Lehre Savignys im Lichte seiner Rechtsentstehungstheorie, in Festschrift Lewald, Basel: Topos Verlag, 1953, S.309f.

② Paul Heinrich Neuhaus, "Savigny und die Rechtsfindung aus der Natur der Sache", in: RabelsZ, vol. 15 (1949-1950), S. 366.

③ Savigny, System des heutigen Römischen Rechts, Band VIII, Berlin: Veit und Comp. 1849, S. 108.

④ Savigny, System des heutigen Römischen Rechts, VIII, S. 27.

⑤ Savigny, System des heutigen Römischen Rechts, VIII, S. 27.

面由于由此产生的对各个组成部分的真正的利益,将随着时间的推移而得到越来越广泛的承认"。①在此基础上,萨维尼大力支持国际私法的国际统一。而在当时,由于住所原则仍然是大多数国家在属人法上广泛采用的原则,所以住所原则显然更有利于属人法连结点的国际统一。

**二、欧洲大陆的国籍取代住所运动**

在属人法上采取革命性变革的是法国民法典。1804年的《法国民法典》第3条第1款规定:"有关人的身份和能力的法律适用于所有法国人,即使其位于外国也不例外。"该条规定废除了长期以来在属人法上的住所地法原则,代之以国籍原则。② 不过这种替代还只是单边的,只规定了法国法在身份和能力问题上适用于所有法国人,但是对于外国人的身份和能力问题未作规定。《法国民法典》影响到同时期多数国家立法。1811年《奥地利民法典》虽然继续坚持了属人法上的住所地法原则,但同时规定对奥地利人只能适用奥地利法律。

国籍原则的广泛传播同时得益于意大利著名政治家和法学家孟西尼的极力倡导。孟西尼(Mancini)于1851年在就任都林大学国际法教授时发表了一篇讲演,即《论国籍作为国际法的基础》。孟西尼从国际法的角度提出要把国际法建立在"各民族根据法律的共存"的基础之上,而国籍是国家存在的基础,也是国际法的基础。对于国际私法而言,既然国籍是国际法的基础,那么它也是国家确定其法律管辖范围的基础。由于意大利法律是为意大利民族所制定的,因此意大利法律应当适用于生活在任何地方的意大利人,并且

---

① Savigny, System des heutigen Römischen Rechts, VIII, S.27.
② Delaume, The French Civil Code and the Conflict of Laws: One Hundred and Fifty Years After, Geo. Wash. L. Review, vol. 24 (1956), p.499, 503.

只适用于意大利人。这样一来,人的本国法,即国籍国法律,就成为人的属人法。孟西尼在其负责起草的1865年《意大利民法典》中,进一步将属人法的适用范围扩大到所有人身关系,包括身份、能力、夫妻财产制甚至动产和不动产的继承等领域。这样,国籍原则或本国法原则就打破了传统的属人法上的住所地原则。①

由于孟西尼所处的时代正是民族觉醒和民族国家形成的时代,它的国籍原则符合了意大利、德国等许多民族国家争取独立、要求实现统一的愿望,因此很快成为当时占主流的理论,逐渐征服了大陆法系几乎所有国家的学者和立法。本国法原则被认为有以下优越性②:

1. 国籍更能反映一个人的身份归属和文化认同。属人法所要解决的是一个人的身份问题,而身份问题与文化密切相关。一个在特定文化背景下成长起来的人,无论其居住在何方,其内心更加认同的往往是其母国的文化。比如很多定居于外国的中国人在身份问题上更认同中国文化;定居于西方国家的伊斯兰教徒也更认同他们的穆斯林身份。在涉及这些人的属人问题时,适用住所地或经常居所地法律会让他们很不适应。

2. 国籍原则有利于保持一个人身份的稳定性。一个人的住所经常发生变化,但一个人的国籍相对固定,有利于保护一个人的身份不会因住所的变化而变化。

3. 国籍原则可以减少当事人进行法律规避和欺诈的可能性。各国对国籍的取得和丧失一般都规定了非常严格的条件和程序,而住所或经常居所的获得则要容易得多。因此,当事人有可能利用改变住所或居所来达到规避法律的目的;而要通过改变国籍来规避法律则困难得多。

---

① Kurt A. Nadelmann, Mancini's Nationality Rule and Non-Unified Legal Systems: Nationality versus Domicile, American Journal of Comparative Law, vol. 17 (1969), p.418.

② von Hoffmann/Thorn, Internationales Privatrecht, 8. Aufl., München: C. H. Beck 2005, S.189-191.

4. 国籍更容易确定。确定一个人的国籍相对容易,只要看一下他的护照就可以了。而要查明一个人的真实住所有或居所则需要进行许多调查和举证工作,费时费力。

5. 国籍原则有利于实现判决的国际一致性。一个人无论居住在哪国,其身份都受其本国法支配,这样他无论在哪里进行诉讼,都能得到同样的判决;住所或经常居所具有更大的流动性,会导致在不同住所地的诉讼判决不同。

6. 国籍原则不会限制国际交往。住所或经常居所原则的一个优势被认为是有利于国际交往的进行。但国籍原则并不会限制国际商业交往。因为属人法一般只用来确定当事人的个人身份,在其他方面仍然可以采用其他连结点。另外,可以通过公共秩序保留或强行规范的适用来达到保护住所或居所地国家利益的效果,而不必通过排斥国籍原则来实现。

在德国1871年统一之后,负责起草民法典冲突法部分的格普哈特(Gebhard)[1]虽然在很多地方接受了萨维尼的理论,但在属人法上却采用了孟西尼的国籍原则。1896年颁布的《德国民法典施行法》第7条也明确规定:"人之行为能力,依该人所属国法律"。北欧五国中,丹麦、挪威和冰岛采用住所原则,而瑞典和芬兰采用国籍原则。为了协调二者之间的矛盾,这五个国家于1931年订立一项条约,规定在五国之间采用住所作为统一的连结点。[2]

不过,国籍代替住所的运动没有在英美国家发生,这主要是历史的原因。英国直到18世纪末才出现第一起冲突法案例[3],并且一开始就受到荷兰礼让学说的影响。在上述第一起冲突法案例中,尤

---

[1] 格普哈德1832年出生于巴登公国,1854年获海德堡大学法学博士学位,曾任巴登司法部委员。1871年德国统一后被委任为德国民法典冲突法部分的起草人。

[2] Schmidt, Nationality and Domicile in the Swedish Private International Law, International Law Quarterly, vol. 4 (1951), p. 44.

[3] (1760) 1 W. Bl. 234, 2 Burr1077. In: Cheshire and North, Private International Law, 13. ed., London: Butterworths 1999, p. 17.

利希·胡伯的名字便被曼斯菲尔德法官作为权威引用。① 从此,胡伯的理论就成为英国乃至其他普通法国家法院审理冲突法案件的主导理论,几乎被每一个冲突法案例所引用。根据胡伯的理论,每一政府的法律只在其权限范围内有效,并支配在其境内的所有人,无论是其属民还是临时居民。它们对其他政府的人民没有直接效力;但通过国家间的礼让,在每一政府领域内有效的法律在其他地方也可以有效。② 在英美法院普遍被接受的胡伯的理论最终被美国国际私法之父斯托瑞(Story)系统整理,并通过他的巨著《冲突法评论》而发扬光大,成为此后一个世纪美国冲突法的主导理论。胡伯理论中的住所原则也自然被英美国家普遍接受。

英美国家采用住所原则的另一个重要的原因在于英美国家的具体国情。19世纪的英国是一个全球帝国,号称"日不落帝国"。当时全世界大半陆地都是处在大英帝国统治之下。因此,对于英国来说,所谓的法律冲突,只不过是大英帝国内部不同领土之间的区际冲突。在解决这种冲突时,根本无法用国籍来区分位于不同领地上的人。而在美国、澳大利亚和加拿大这些国家,由于它们最早是英国的殖民地,因此从当时的法律上讲,这些国家的人都是英国国王的子民,因而也就没有必要用国籍来区分英格兰人、美国人、加拿大人和澳大利亚人。这些国家都接受了英国的普通法制度,因此住所是这些国家属人法的主要连结点。更为重要的是,美国、加拿大和澳大利亚等国即使在摆脱英国统治独立之后,也都不是法律统一的国家,它们国内都存在不同的法律区域。对于一国内部不同地域之间的法律冲突问题,如果用国籍来作为连结点,就无能为力了,因为这些地域的人都拥有同一个国籍。

---

① (1760) 1 W. Bl. 234, 2 Burr1077. In: Cheshire and North, Private International Law, 13. ed., London: Butterworths 1999, p. 4.

② 2 Fed. Cas. 756, No. 959 (CC. D. Va. 1799); in: Nadelmann, "Some Historical Notes on the Doctrinal Sources of American Conflicts Law", in: Nadelmann, Conflict of Laws: International and Interstate, the Hague: Matinus Nijhoff 1972, pp. 5-6.

出于同样的考虑，南美洲一些国家也采用了住所地法为属人法，如秘鲁《民法典》第 2068 条、乌拉圭《民法典》第 2393 条、巴拉圭《民法典》第 11 条和第 12 条、委内瑞拉 1998 年《国际私法》第 16 条等。南美洲有些国家历史上受法国民法典和意大利民法典的影响，曾采用国籍原则，比如阿根廷(1857—1869)、巴西(1917—1942)、危地马拉(1894—1926)等，后来都转向了住所原则。有些南美国家出于保护本国人的目的，对于在本国居住的外国人适用住所地法，而对于在外国定居的本国人则适用本国法律，比如玻利维亚、智利、厄瓜多尔、哥伦比亚和墨西哥等。①

### 三、对国籍原则的批判和经常居所原则的兴起

二战后，由于跨国移民和跨国婚姻的大量涌现，无国籍人和多国籍人成为国际社会普遍现象。属人法上继续采用单一的国籍原则遇到了很大障碍。大陆法国家牵起了一股批判国籍原则的潮流。② 对国籍原则的批判主要基于以下理由：

第一，属人法所解决的是自然人的身份、能力等私人事项，而国籍作为一种政治纽带，不如根据作为本人生活中心的家庭这一永久所在地的住所地法更为适当，因为住所与一个人的民事身份联系更为密切。国籍主要体现的则是政治权利。

第二，住所更有利于促进跨国民商事交往。当今世界上越来越多的人并不居住于国籍国，改变国籍又非常困难，因此适用国籍国法律不利于保护这些人的权利。而通过变更住所的个人行为来取得属人法的变更，这是更自由的个人主义制度，符合世界发展潮流。

第三，在没有统一法律制度的国家，住所是唯一可行的标准，

---

① Kegel/Schurig, Internationales Privatrecht, S. 387-388.
② 对国籍原则的兴起和衰落分析得最为透彻的是荷兰阿姆斯特丹大学的德温特教授，参见 de Winter, Nationality or Domicile?, Recueil des Cours, vol. III, (1969), pp. 347-503。

因为这些国家包含着许多不同的法律制度,"本国法"对这些国家是没有意义的。比如在美国,每个州都有独立的法律体系,因此,冲突法既用于解决不同国家间的法律冲突问题,也用于解决不同州之间的法律冲突问题。对于后者而言,用国籍作为连结点就无能为力了。

第四,在采取住所地法主义的国家,规定人只有一个住所,因而较之导致双重国籍或无国籍的本国法主义优越。

受此影响,在海牙国际私法会议上,也出现了一股"回归住所"(a return to domicile)的呼声。但是,住所原则也具有难以克服的缺陷,主要是各国法律对住所的定义差别巨大,而且难以统一。有鉴于此,海牙国际私法会议开始引入一个新的连结点:经常居所。早在1902年和1905年关于监护问题的两个国际私法公约中,经常居所就已经作为辅助性连结点被采用。1956年关于儿童抚养义务的法律适用公约第一次把经常居所设置为首要连结点。此后,一系列海牙国际私法公约都相继跟进,经常居所原则由此成为海牙国际私法公约在属人法上的首选连结点。[1]

然而,海牙国际私法公约并没有否定国籍原则,只是不再像早期那样将国籍原则作为属人法的唯一连结点。具体而言,就是把国籍和经常居所同时作为属人法的连结点,综合两大原则各自的优点,取长补短。这实际上是国籍原则和住所原则在长期争论基础上的一种妥协(accommodation)[2],并非是国籍原则的衰落。经常居所原则的主要目的是为了吸引更多地采用住所原则的国家加入到海牙公约中来。国籍原则从来都没有从海牙国际私法公约中消失。1956年的《海牙儿童抚养义务法律适用公约》第1条规定儿童经常居所地法律为抚养准据法,但第2条同时规定:"各缔约国可以声明

---

[1] David F. Cavers, Habitual Residence: A Useful Concept? American University Law Review, vol. 21 (1971-1972), p.475.

[2] Kurt A. Nadelmann, Habitual Residence and Nationality as Tests at the Hague: The 1968 Convention on Recognition of Divorces, Texas Law Review, vol. 47 (1968-1969), p.766.

不适用第1条规定而适用其本国法"。1961年《海牙保护未成年人管辖权和法律适用公约》第3条、1965年《海牙收养管辖权、法律适用和判决承认公约》第4条和第5条、1973年《海牙扶养义务法律适用公约》第5条、2000年《海牙关于成年人国际保护公约》第13条等也都国籍原则列为与经常居所原则同等重要的连结点。另外需要注意的是,采用经常居所原则的主要是一些国际家庭法领域的海牙公约,而且,经常居所更多的是作为管辖权的连结点来使用的。①

## 四、欧盟关于国籍原则的大辩论

国籍原则和住所(经常居所)原则的争论在欧盟冲突法中也成为一个广为关注的问题。二战后在整个欧洲范围内,掀起了一场关于国籍原则和住所原则的大讨论。② 传统上,欧洲大陆多数国家都

---

① Ruth Lamont, Habitual Residence and Brussels II bis: Developing Concepts for European Private International Family Law, Journal of Private International Law, vol. 3 (2007), p. 261.

② 有关这场大讨论的各种观点参见: Sevold Braga, Staatsangehörigkeits oder Wohnsitzprinzip?, RabelsZ, vol. 18 (1953), S. 227; Nadelmann, Manncini's Nationality Rule and Non-Unified Legal Systems, Nationality versus Domicile, American Journal of Comparative Law, vol. 17 (1969), p. 418-451; Drobnig, Verstößt das Staatsangehörigkeitsprinzip gegen das Diskriminierungsverbot des EWG-Vertrages?, RabelsZ, vol. 34 (1970), S. 636-662; de Winter, Nationality or Domicile?, Recueil des Cours, vol. III (1969), pp. 347-503; Kropholler, Vom Staatsangehörigkeits-zum Aufenthalsprinzip, Juristische Zeitung (1972), S. 16f; Bucher, Staatsangehörigkeits-und Wohnsitzprinzip, Eine rechtsvergleichende übersicht, Schweizerisches Jahresbuch für Internationales Recht, vol. 28 (1972), S. 76-160; Graue, Domicil, Nationality and the Proper Law of the Person, German Yearbook of International Law, vol. 19 (1976), pp. 254-277; Mansel, Personalstatut, Staatsangehörigkeit und Effektivität, München (1988), S. 56-82; Jayme/Mansel (Hrsg.), Nation und Staat im IPR, 1990; Westenberg, Staatsangehörigkeit im schweizerischen IPRG, Zürich (1992); Fischer, Die Entwicklung des Staatsangehörigkeitsprinzips in den Haager übereinkommen, RabelsZ, vol. 57 (1993), S. 1-25; Schockweler, Habitual Residence as a Connecting Factor in questions of Personal Status under Luxembourg Law, Netherlands International Law Review 1993, pp. 115-128; Rohe, Staatsangehörigkeit oder Lebensmittelpunkt? Anknüpfungsgerechtigkeit im Lichte neuerer Entwicklungen, FS Rothoeft (1994), S. 1-39. 在德国,Kegel、Jayme、Mansel、Kropholler、Rauscher 等著名学者都是国籍原则的坚定支持者;汉堡马普所所长 Basedow 教授支持经常居所原则,参见 J. Basedow, Das Staatsangehörigkeitsprinzip in der EU, IPRax 2011, Heft 2, S. 109.

采用国籍原则作为属人法连结点。随着欧盟境内人员流动自由,欧盟很多国家的外来移民日益增多,采用国籍作为属人法可能会出现对境内不同国籍人的差别对待。这就有可能与欧盟《关于建立欧共体的条约》第 12 条所规定的禁止国籍歧视原则发生抵触。[1] 欧洲法院(ECJ)已经有判例涉及这方面问题。在 Konstantinidis 案[2]中,涉及当事人的希腊文名字,在德国该名字必须转化为拉丁字母拼写,但转化后该名字的发音发生变化并给当事人带来不便,法院认为这有悖于欧盟的非歧视原则。在 Garcia Avello 案[3]中,涉及的问题是住所位于比利时的儿童的姓名,该儿童拥有比利时和西班牙双重国籍。法官最终适用了西班牙法律,认为该法不会产生歧视性后果。

鉴于国籍原则引发的问题,一些国际私法学者提出了"告别国籍原则"的口号。[4] 在欧盟有关婚姻家庭领域的国际私法立法中,越来越多的学者倾向于采纳经常居所作为属人法的连结点来替代国籍。在德国 1998 年的国际私法改革中,经常居所原则也被引入到亲子关系领域。[5]

然而并非所有学者都赞成经常居所取代国籍原则。[6] 在很多传

---

[1] 欧盟《关于建立欧洲共同体的条约》第 12 条:"在本条约适用范围内,在不损害其中任何特别规定的情况下,禁止因国籍原因而给予任何歧视。"

[2] Case C-168/91 Christos Konstantinidis, ECR 1993, I-1191.

[3] Case C-148/02 Garcia Avello v Etat belge, ECR 2003, I-11613.

[4] Heinrich, Abschied von Staatsangehörigkeitsprinzip, in Festschrift von Hans Stoll (2001), S. 437.

[5] 《德国民法典施行法》第 19—21 条。

[6] P. Lagarde, Developpements futures du droit international prive das une Europe en voie d'unification: quelques conjectures, RabelsZ, vol. 68 (2004), p. 225; Mansel, Das Staatsangehörigkeitsprinzip im deutschen und gemeinschaftsrechtlichen Internationalen Privatrecht: Schutz der kulturellen Identität oder Diskriminierung der Person? In: Jayme (ed) Kulturelle Identität und Internationales Privatrecht (2003), p. 119; Ballarino/Ubertazzi, On Avello and other Judgments: A New Point of Departure in the Conflict of Laws? Yearbook of Private International Law, vol. 6 (2004), p. 85.

统大陆法国家特别是中东欧国家甚至引起了普遍反对。国籍作为属人法、家庭法和继承法中的连结点在很多大陆法国家看来已经构成民族法律文化的一部分,说它造成歧视是难以让人信服的。鉴于此,有学者提出一种折中的解释:《欧共体条约》第12条规定的只是一种相对的(relative)禁止歧视,而非绝对的(absolute)禁止歧视。①也就是说,国籍作为连结点本身并不构成歧视,只有当具体案件中当事人的权利因为他的国籍而受到歧视对待时,才可能违背非歧视原则。② 这种解释方法为国籍作为连结点的继续存在提供了理由。

围绕着欧盟正在起草的关于跨国离婚和跨国继承问题的新的条例,有关国籍原则的辩论也逐渐升级。目前欧盟27个成员国中,在跨国继承领域采用国籍原则的有16个国家,分别是德国、爱沙尼亚、芬兰、希腊、意大利、立陶宛、奥地利、波兰、葡萄牙、罗马尼亚、瑞典、斯洛伐克、斯洛文尼亚、西班牙、捷克和匈牙利;而采住所或经常居所原则的有10个国家,即英国、爱尔兰、马耳他、塞浦路斯、比利时、保加利亚、法国、丹麦、卢森堡和荷兰。只有拉脱维亚采用的是遗产所在地法原则。支持住所原则的一方主张欧盟统一冲突法中应该取消国籍原则,因为随着欧盟的统一化进程,应当用统一的"欧盟籍"取代传统的"国籍",欧盟内部已经不需要国籍原则;但另一方主张,欧盟的统一化并没有消除各成员国之间在文化上的差异,婚姻家庭和继承领域是各国传统文化最集中的体现,为了尊重各国的

---

① Mansel, Das Staatsangehörigkeitsprinzip im deutschen und gemeinschaftsrechtlichen Internationalen Privatrecht: Schutz der kulturellen Identität oder Diskriminierung der Person? In: Jayme (ed), Kulturelle Identität und Internationales Privatrecht (2003), p.148.

② Thomas Rauscher, Heimatlos in Europa? —Gedanken gegen eine Aufgabe des Staatsangehörigkeitsprinzips irn IPR, in H. P. Mansel (ed), *Festschrift für Erik Jayme*, (Heidelberg, Sellier European Law Publ. (2004), S. 719.

文化认同,不能强制性地取消国籍原则。① 欧盟委员会于 2009 年 10 月 14 日通过的一项有关跨国继承的管辖权、法律适用和判决承认的条例草案中,一方面将经常居所作为首要连结点(第 16 条),但同时也规定被继承人可以选择其本国法作为继承准据法(第 17 条)。②

德国海德堡大学曼泽尔(Mansel)教授更从现代民主政治的高度对国籍原则提出了辩护。③ 属人法问题虽然是私法问题,但大都和公民的基本人权密不可分。比如,自然人权利能力和行为能力涉及公民权利和政治权利,而夫妻关系、亲子关系、扶养关系等也涉及社会弱者权利的保护。因此,属人法问题必然地与宪法权利和民主政治制度相关联。虽然当代世界经济已经全球化,然而现代民主政治并没有超越国家边界,仍然是以民族国家为单位的。也就是说,一个人不管居住于何处,他的基本人权和基本政治权利仍然只能由其本国法提供保护。更重要的是,现代民主国家的法律制度都是公民意志的体现,各国法律都是由选民选举出的立法机关制定出来的,而选举权仍然是以公民的国籍为基础。所以原则上,一国法律,尤其是涉及基本权利的法律,所反映的只是该国公民的意志,而无法反映居住于该国的外籍人士的意志。在国际法上,以中国为代表的广大发展中国家都认为,基本人权因各国的政治、经济、文化、宗

---

① Veronika Gaertner, European Choice of Law Rules in Divorce (Rome Ⅲ): An Examination of the Possible Connecting Factors in Divorce Matters against the Background of Private International Law Developments, Journal of Private International Law, vol. 2 (2006), p. 99; Peter Kindler, Vom Staatsangehörigkeits zum Domizilprinzip: das Künftige internationale Erbrecht der Europäischen Union, IPRax 2010, Heft 1, S. 44.

② Proposal for a Regulation of the European Parliament and of the Council on Jurisdition, Applicable Law, Recognition and Enforcement of Decisions and Authentic Instruments in Matters of Succession and the Creation of a European Certificate of Succession (COM [2009] 154 final 2009/0157 [COD]).

③ Mansel, Vereinheitlichung des Internationalen Erbrechts in der europäischen Gemeinschaft-Kompetenzfragen und Regelungsansätze, in: Festschrift fuer Tugrul Ansay, (Ankara 2006), S. 185.

教和历史传统的不同而应有不同形式和内容。有鉴于此,与基本人权密不可分的属人法问题也只能受本国法的支配。

德国国际私法一代宗师克格尔教授对国籍原则和住所原则之争做了精辟的总结。他指出,国籍原则和住所原则(包括经常居所原则)从理论上看并没有孰优孰劣的问题,二者之间的争论说到底是一场信仰之争(Glaubenskampf)。[1] 这种信仰之争就如同一些国家信仰基督教,而另一些国家信仰伊斯兰教一样,你无法从学术上证明哪一种信仰更好。克格尔指出,没有统计学上的资料能够说明一个国家到底更适合采用哪一原则,只能从当事人利益的角度来做具体的分析。不同利益群体对于这一问题的答案肯定会有不同的选择。他还举例说,对于一个长期派驻乌干达的德国工程师而言,他的答案和一个在德国出生的土耳其人肯定是完全不同的。克格尔本人倾向于采用国籍原则,他用自己所创立的利益分析法学理论对此做了详细的论证。[2]

**五、近年来各国立法趋势**

自冷战结束以来,全世界范围内兴起了一股国际私法立法浪潮,迄今已有数十个国家或地区修订或重新制定了国际私法法规。[3] 在属人法问题上,上述各国立法可以归纳为以下三种类型:(1)继续保留国籍原则的国家或地区(表1);(2)继续采用住所原则的国家或地区(表2);(3)从国籍原则改为住所(经常居所)原则的国家或地区(表3)。

---

[1] Kegel/Schurig, Internationales Privatrecht, 8. Aufl. (C. H. Beck 2000), S. 389.

[2] Kegel/Schurig, Internationales Privatrecht, 8. Aufl., S. 386—394;关于 Kegel 教授的利益法学理论参见杜涛:《利益法学与国际私法的危机和革命》,载《环球法律评论》2007年第6期,第63—74页。

[3] 参见杜涛:《国际私法的现代化进程:中外国际私法改革比较研究》,上海人民出版社2007年版,第1页以下。

表1 继续采用国籍原则的国家和地区①

| 国家或地区 | 立法名称 | 颁布或生效日期 | 属人法原则 | 法律条文 |
| --- | --- | --- | --- | --- |
| 奥地利 | 国际私法的联邦法律 | 1979年6月15日颁布，2004年修订 | 国籍原则 | 第9条 |
| 德国 | 民法典施行法 | 1986年颁布，1994年、1998年，2009年修订 | 国籍原则 | 第7条、第9—10条、第13—15条 |
| 捷克共和国 | 国际私法和国际民事诉讼法；2006年国际私法草案 | 1963年颁布，1992年修订； | 国籍原则 | 第3条 |
| 罗马尼亚 | 国际私法 | 1992年9月22日 | 国籍原则 | 第11条 |
| 朝鲜 | 涉外民事关系法 | 1995年9月6日 | 国籍原则 | 第17—19条 |
| 意大利 | 国际私法改革法 | 1995年5月31日 | 国籍原则 | 第20—24条 |
| 列支敦士登 | 国际私法 | 1996年9月19日 | 国籍原则 | 第12条 |
| 亚美尼亚 | 民法典第12编 | 1998年5月5日 | 国籍原则 | 第1262条 |
| 吉尔吉斯斯坦 | 民法典第七编 | 1998年1月5日 | 国籍原则 | 第1177条 |
| 突尼斯 | 国际私法 | 1998年11月27日 | 国籍原则 | 第39—44条 |
| 白俄罗斯 | 民法典第七编 | 1999年7月1日 | 国籍原则 | 第1103条 |
| 斯洛文尼亚 | 国际私法与国际诉讼法 | 1999年7月8日 | 国籍原则 | 第13条 |

① 需要说明的是，继续采用国籍原则的国家或地区中，有一部分国家或地区也引入了经常居所原则作为辅助连结点，如德国、比利时、意大利等，但总体上它们仍然坚持采用国籍原则作为属人法的主导原则。

(续表)

| 国家或地区 | 立法名称 | 颁布或生效日期 | 属人法原则 | 法律条文 |
| --- | --- | --- | --- | --- |
| 哈萨克斯坦 | 民法典第七编 | 1999年7月1日 | 国籍原则 | 第1094条 |
| 阿塞拜疆共和国 | 阿塞拜疆国际私法 | 2000年6月6日 | 国籍原则 | 第9条 |
| 俄罗斯 | 民法典第六编 | 2001年11月26日 | 国籍原则 | 第1195条 |
| 蒙古 | 民法典第六编 | 2002年1月10日 | 国籍原则 | 第543条 |
| 摩尔多瓦共和国 | 民法典第五编 | 2002年6月6日 | 国籍原则 | 第1587条 |
| 比利时 | 国际私法典 | 2004年7月16日 | 国籍原则为主,经常居所原则为辅 | 第34条; |
| 保加利亚 | 国际私法 | 2005年5月4日 | 国籍原则 | 第48条 |
| 日本 | 法律适用通则法 | 2006年6月15日 | 国籍原则 | 第4条 |
| 马其顿 | 国际私法 | 2007年7月4日 | 国籍原则 | 第15—19条 |
| 土耳其 | 国际私法与国际民事诉讼法 | 2007年11月27日 | 国籍原则 | 第9,10,11,12,13,14,16,17,18,19条 |
| 匈牙利 | 国际私法 | 1979年颁布,2009年修订 | 国籍原则 | 第11条 |
| 台湾地区 | 涉外民事法律适用法 | 2010年4月30日 | 国籍原则 | 第9,10条,第45—60条 |
| 荷兰 | 民法典第十编(草案) | 2009年9月18日提交议会,预计2011—2012年出台① | 国籍原则 | 第11条 |

---

① See Maria Susana Najurieta/Maria Blanca Noodt Taquela, National Report Republica Argentina, International Academy of Comparative Law, 18th International Congress of Comparative Law, Washington, July 25-Aug. 1, 2010, Topic II B, Private International Law, Recent Private International Law Codifications.

表 2 继续采用住所原则的国家和地区

| 国家或地区 | 立法名称 | 颁布或生效日期 | 属人法原则 | 法律条文 |
|---|---|---|---|---|
| 加拿大魁北克 | 魁北克民法典第十编 | 1991年12月18日 | 住所原则 | 第3083条 |
| 美国路易斯安那州 | 路易斯安那州民法典第四编 | 1992年1月1日 | 住所原则 | 第3519条 |
| 阿根廷 | 国际私法典（草案） | 2003年5月14日司法部起草完毕，2004年提交国会① | 住所原则 | |

表 3 从国籍原则转向住所或经常居所原则的国家和地区

| 国家或地区 | 立法名称 | 颁布或生效日期 | 属人法原则 | 法律条文 |
|---|---|---|---|---|
| 瑞士 | 国际私法 | 1987年12月18日 | 住所原则 | 第35—42条 |
| 委内瑞拉 | 国际私法 | 1998年8月6日 | 住所原则 | 第16条 |
| 澳门 | 民法典 | 1999年 | 经常居所原则 | 第30条 |
| 立陶宛 | 民法典第一编 | 2000年7月18日 | 住所原则 |第15条 |

① See K. Boele-Woelki & D. van Iterson, The Dutch Private International Law Codification: Principles, Objectives and Opportunities, International Academy of Comparative Law, 18th International Congress of Comparative Law, Washington, July 25-Aug. 1, 2010, Topic II B, Private International Law, Recent Private International Law Codifications, Dutch Report.

通过上面三个表格我们可以得出以下结论：

第一，绝大多数大陆法系国家都继续沿用了传统的国籍原则。

第二，经常居所得到广泛接受，但大都是作为国籍原则的辅助连结点，比如对于多国籍人或无国籍人采用经常居所原则。有些国家出于对妇女和儿童的保护，在亲子关系和婚姻领域采用经常居所原则作为主要连结点，比如德国和比利时等。另一些国家由于签署了一些海牙国际私法公约，在公约所涉及的婚姻、继承等领域内接受了经常居所原则。但在权利能力、行为能力以及人格权等主要领域，还是国籍原则占主导地位。

第三，原先采用住所原则的国家和地区也继续采用住所原则。特别是拉美国家，现在都普遍采用住所原则。一些原先采用国籍原则的拉美国家，如委内瑞拉，现在也改用住所原则。这是美洲国际私法统一化运动的成果。

第四，从国籍原则转变为住所或经常居所原则的国家为数甚少，主要是拉美国家。瑞士1987年国际私法被认为是开创了欧洲大陆国家从国籍原则向住所原则转变的先例。但对此要具体分析。其实，瑞士在属人法上长期以来就是以住所原则为主。在1987年国际私法立法之前，瑞士国际私法主要是1891年《关于定居的或暂住的公民的民法关系的联邦法》，该法在属人法上就兼采住所原则和国籍原则。[①] 1987年的国际私法改革，只是进一步扩大了住所原则的适用范围，缩小了本国法适用的空间。所以，严格而言，这并非什么变革。

第五，最值得我们注意的是，目前仅有我国澳门特别行政区新颁布的《民法典》将经常居所作为属人法的首要连结点，其背景乃在于澳门回归中国后，所面临的大都为与中国内地或香港之间的区际法律冲突问题，用经常居所作为连结点更为方便。其他国家中，尚

---

① 参见陈卫佐：《瑞士国际私法法典研究》，法律出版社1998年版，第57页。

无以经常居所作为首要连结点的先例。以瑞士为例,该国1978年提出的"专家草案"中曾把经常居所地法作为自然人民事行为能力准据法。但有人批评认为,当事人可以轻易地改变其经常居所,因此一个无民事行为能力的人就可以到外国去并在那里设立经常居所从而取得民事行为能力。该当事人回到瑞士后,就可能利用其在外国取得的民事行为能力从事民事行为以规避瑞士法律。为避免此类情形的出现,瑞士1982年政府草案和最后通过的法律都将经常居所改为住所。委内瑞拉和立陶宛也同样只是将原来的国籍原则改为住所原则,而没有采用经常居所原则。德国、比利时等国虽然在某些属人法问题上采用经常居所作为主要的或唯一的连结点,但在自然人的人格权和行为能力等关键问题上仍然坚守本国法主义。

由于采用经常居所原则作为属人法主要连结点的国家或地区如此稀少,如果我国国际私法立法采用经常居所为主要连结点,就可能产生一个严重的问题:我国法院对于同一属人问题作出的判决结果与其他大多数国家都不相同,这一方面会更加促使当事人挑选法院,另一方面也会使我国法院判决在国外的承认和执行面临更大障碍。很多国家,比如法国和西班牙等国,在审查是否承认和执行外国法院判决时,有一个特殊的要求:如果外国法院在审理案件时没有适用依被请求国冲突规则应当适用的法律,被请求国就可以拒绝承认和执行该判决。这种特殊要求尤其针对的是有关自然人身份或能力等事项的判决。比如在1987年签署的《中华人民共和国和法兰西共和国关于民事、商事司法协助的协定》第22条中就规定:"在自然人的身份和能力方面,请求一方法院没有适用按照被请求一方国际私法规则应适用的法律"的,不予承认和执行。中国与西班牙1993年签订的《民商事司法协助条约》第22条也有相同规定。由于法国和西班牙国际私法都是采用国籍原则,如果我国采用经常居所原则,则我国法院据此作出的判决即使在双边司法协助条约框架下也得不到法国和西班牙承认。

### 六、国籍原则和经常居所原则之间的价值观分歧

所谓的"告别国籍原则",是与全球化背景下的"去国家化运动"紧密联系在一起的。一些论者认为,全球化就是指一种经由一定程度或一定方面的去国家化而形成的社会、经济、政治、军事、文化和法律的多元化开放性进程,是一种以实现人类共同利益为目的的市场、法律和政治的多元化进程,它服务的对象是整个人类共同利益。① 一些学者进一步提出"法律全球化"的概念,认为法律全球化包括法律的去国家化、法律的标准化、法律的趋同化和法律的一体化等趋势。② 在"去国家化"的口号下,主权、国家、国籍等概念都应当被扫入"历史的垃圾堆"。

对于这个问题,我们应当从政治上给予清醒的认识。当今世界是一个全球化的世界,然而全球化不等于"去国家化"。全球化在带来世界一体化的同时,也加剧了地方性的自我认同,激发了异质性。"全球化不是一个单一的过程,而是各种过程的复合,这些过程经常相互矛盾,产生了冲突、不和谐以及新的分层形式。例如,本土民族主义的复活以及本土认同的增强,直接与那些相对立的全球化的力量交织在一起。"③在全球化进程中,一股潮流是所谓的政治经济一体化背景下的"去国家化"(denationalizing),另一股潮流则是后现代主义背景下的文化认同(cultural identity)。"去国家化"表现在全球从空间上日益超越地域分割,国家的地域边界逐渐被打破,世界越

---

① Jost Delbrück, Globalization of Law, Politics and Markets Implications for Domestic Law, 1 *Indiana Journal of Global Legal Studies*, 1993, pp.1-26;另见何增科:《全球化对国家权力的冲击与回应》,载《马克思主义与现实》2003年第3期。

② Gunther Teubner (ed.), Global Law without a State, Brookfield: Dartmouth Publishing Company 1997, pp.3-28.另见邓正来:《谁之全球化?何种法哲学?》,商务印书馆2009年版,第70—93页。

③ 〔英〕安东尼·吉登斯:《超越左与右——激进政治的未来》,李惠斌等译,社会科学文献出版社2000年版,第5页。

来越平坦化；而文化认同则表现为世界上的人群越来越强调自己的文化身份或文化特征。与去国家化相对应的是一种所谓的后民族结构，它要求打碎传统民族国家的藩篱，实现一种超越民族国家的治理。① 按照这种世界观，国籍原则就是过时的，需要被抛弃的。反之，与文化认同相伴随的则是一种文化间结构，它倡导文化多元主义，要求保留人们内心的民族认同。② 按照这种世界观，国籍原则就没有过时，甚至在某种程度上应当被强化。

我们要对所谓的"去国家化"思潮保持政治上的警惕。去国家化是部分欧洲学者在冷战结束后提出来的一种理论，其背景是迅速发展的欧洲一体化进程。随着欧盟的成立，欧洲国家开始寻求一种超国家的治理结构。但是，去国家化对于像中国这样的发展中国家很可能是一剂毒药。我们知道，欧洲现代民族国家的形成早在17—19世纪末就已完成。而中国则是在20世纪初才开始现代民族国家的建构，这个过程直到现在仍然没有彻底完成。中国仍然是当代大国中唯一没有实现领土统一的国家，而且还面临着严重的分裂主义威胁。中国现在需要继续加强国家认同的建设。在国家建构尚未完成之前就轻言民族国家的衰亡，很可能是走向灾难的前兆。③

在法律适用问题上提出这一命题并非没有现实意义。我们以《法律适用法》第15条有关人格权的规定为例加以说明。该条规定，人格权的内容适用权利人经常居所地法律。人格权（personality rights, Persönlichkeitsrecht）是指以权利主体的身体或人格利益

---

① 〔德〕尤尔根·哈贝马斯：《后民族结构》，曹卫东译，上海人民出版社2002年版，第83页。

② 〔美〕塞缪尔·亨廷顿：《文明的冲突与世界秩序的重建》，周琪等译，新华出版社2002年版，第129页以下。

③ 〔美〕弗朗西斯·福山：《国家建构：21世纪的国家治理与世界秩序》，黄胜强等译，中国社会科学出版社2007年版，第114页。

(Persönlichkeitsgüter)为客体的人身权。① 人格权是私权,但属于特殊的私权。人格权本身就是在西方天赋人权思想影响下诞生的法律制度,人格权的具体内容大都与宪法上的公民基本权利相关联,如生命健康权、人身自由、人格尊严等。② 正因如此,绝大多数国家都不在民法典中规定人格权。《法国民法典》没有人格权的条款;《德国民法典》也没有规定一般人格权,只在第823条笼统规定侵犯生命、健康、自由和身体应当承担民事责任,另外单独规定了姓名权。③《瑞士民法典》第28条首创对一般人格的保护,但也没有规定一般人格权。英美法中更没有人格权的一般概念,有关个人隐私权、肖像权、名誉权的保护更是直接与人权挂钩。西方国家的宪法诉讼制度更是允许公民在人格权受到侵害时直接援引宪法为自己提供救济。例如在德国,法院在第二次世界大战后就是通过判例直接从宪法的基本权利条款中发展出了民法上的一般人格权保护制度。④

各国宪法上的基本权利往往只针对本国公民而规定。例如,我国《宪法》第2章的标题就是"公民的基本权利与义务",而公民是指"具有中华人民共和国国籍的人"(《宪法》第33条)。这表明,各国宪法上的基本权利只赋予本国公民。作为宪法基本权利在民法上具体表现的一般人格权也具有同等性质,往往都是根据公民资格(国籍)才能为个人享有。我国历来主张人权标准应符合具体国情,反对将一国的人权标准施加给其他国家。从这个角度来看,我国

---

① 我国《民法通则》第98—102条创设了生命健康权、姓名权、名誉权、肖像权、荣誉权5项人格权。最高人民法院《关于确定民事侵权精神损害赔偿责任若干问题的解释》将人身自由和人格尊严规定为人格权。新颁布的《侵权责任法》又增加了隐私权。

② 杨立新、尹艳:《论一般人格权及其法律保护》,载《河北法学》1995年第2期,第67页。

③ 参见张红:《19世纪德国人格权理论之辩》,载《环球法律评论》2010年第1期,第22页。

④ 马特:《人格权与宪法基本权利关系探讨》,载《安徽大学学报》2008年第5期,第61页。

《法律适用法》第 15 条将人格权的内容置于权利人经常居所地法律支配之下,这是否意味着中国人移居美国的,就要依照美国法律保护其生命健康权、人身自由权和人格尊严等人格权? 如果可以这样理解的话,这是否意味着要在人权保护问题上实行"去国家化",主张基本权利的普适性?

### 七、国籍原则与文化认同

通过前文的分析,我们已经证明,国籍原则和住所原则(包括经常居所原则)从纯粹学理上而言并没有孰优孰劣的问题。由此我们所关注的就是下一个问题:一个国家采用国籍原则还是住所原则应该取决于什么? 答案只能是:取决于一个国家的文化传统和实践经验。属人法问题直接关系到一个国家的文化传统,因为它主要适用于人格、身份、婚姻家庭、继承、收养、抚养等与人密切相关的领域,而这些问题无不同一个国家和一个民族的历史文化紧密相连。

如果追溯历史的话,我们可以发现,《唐律疏议》之"化外人条"就已经隐含了现代意义上的国籍原则:"诸化外人,同类自相犯者,各依本俗法,异类相犯者,以法律论。"其中第一句之"本俗法",不就类似于现代意义上的本国法吗?①

清末民初,中国实行现代法制转型,也很自然地接受了西方大陆法系的国籍原则。1918 年的《法律适用条例》以及随后的中华民国政府和后来的台湾地区政府都继续沿用该原则。新中国成立后虽然废除了《法律适用条例》,但我国有关政府部门在处理相关涉外案件时都是采用国籍原则作为属人法基本原则。1986 年的《民法通则》也是采用的国籍原则。

---

① 日本学者早就从中国文化角度研究过中国历史上的属人法主义,参见〔日〕仁井田陞:《中华思想与属人法主义和属地法主义》,日本法制史学会编:《法制史研究》,1952 年第 3 期,第 125 页。

由此可见,国籍原则以及与其紧密相关的属人主义是中国历史传统的产物。这背后隐藏的文化因素是什么?我认为其中重要的一点就是中国人长期以来形成的安土重迁观念。① 这一观念可追溯至班固《汉书·元帝纪》:"安土重迁,黎民之性;骨肉相附,人情所愿也。"它表明中国人传统上就安于本乡本土,不愿轻易迁移。即使迫于生计而背井离乡、漂洋过海,他们也会时时刻刻把祖国和家乡珍藏于心间。"海外的中国人,无论他们已经在其他地方居留了多长时间,他们仍然保留着中国人的特征……尽管其他国家经常规劝定居在那儿的中国人把他们自己完全交给他们所定居的国家。"②我们可以在无数文学作品中看到这样一幕:即将踏上异国他乡的中国人,捧起一抔家乡的黄土装进贴身的口袋。正是这样一种文化背景,我们才能理解,为什么余光中的一首《乡愁》能够让五湖四海的华人游子共鞠一捧清泪;为什么在2008年全球海外华人万众一心共同护卫那一束奥运圣火;为什么在2010年巴黎华人进行的史无前例的反暴力大游行中,鲜艳的五星红旗高高飘扬,嘹亮的义勇军进行曲响彻云霄。

这一点恰恰是与美国人形成鲜明对比的。美国建国200多年来,边疆不断变化,美国人也习惯于不断迁移。亨廷顿指出:"美国人不是认定一个地方为自己的故乡,而是什么地方能提供最佳机会就到那里去",因此"乡土观念不是美国人的特性"。③ 正因如此,住所原则才更为适合美国这样的移民国家,因为住所(尤其是经常居所)毫无感情色彩,而国籍背后埋藏着浓浓的乡愁。

我国多年来的立法和司法实践也都采用本国法原则,而且多年的实践证明,采用本国法原则适合我国的国情。我国是一个人口大

---

① 费孝通:《乡土中国》,北京出版社2005年版,第68页。
② 〔英〕C.W.沃特森:《多元文化主义》,叶兴艺译,吉林人民出版社2005年版,第20页。
③ 〔美〕塞缪尔·亨廷顿:《我们是谁? 美国国家特性面临的挑战》,程克雄译,新华出版社2005年版,第45页。

国,多年来都是向外移民的国家,在海外有数千万华侨同胞。采用本国法原则更有利于保护海外侨胞的利益。事实上,在属人法上采用本国法原则是几乎所有对外移民国家的普遍做法,而移民输入国,如美国、澳大利亚、加拿大和拉美大多数国家,才更多采用住所地法原则。① 我国的广大海外侨胞具有优良的爱国爱家传统,他们大多数人都身居海外而心系祖国,从内心里希望保持自己炎黄子孙的中国魂,不愿意轻易放弃自己与祖国的联系纽带。法律是一定疆域内的民众凝聚为一个国家并形成其国家组织形态的最为强大的纽带。② 而国籍原则使这根纽带超越其疆域范围,连结起众多的海外民众。从我国近年来的社会发展趋势来看,一方面,越来越多的中国人移居海外。另一方面,海外华人对中华民族和中华文化的认同感越来越强化。近年来,随着中国经济实力的不断提高和国际地位的日益上升,不仅是众多的海外侨胞对祖国有了越来越强烈的认同感,甚至很多已经加入了外国籍的华人都希望保留自己同中国的联系,他们要求中国放开双重国籍,以便自己能够同时享有中国法律所规定的权利。新中国建立后很长一段时间,出于政治的需要,在双重国籍问题上采取了一种保守的态度,不承认双重国籍,并鼓励侨居海外的中国人加入当地国籍。对于海外侨胞利益的保护,我国政府传统上也都是要求他们寻求当地的救济途径。这种政策有其特殊的历史原因。随着形势的变化,在21世纪的今天,这一政策已经有了检讨的必要。从全球范围来看,自第二次世界大战以后,各国对待双重国籍的态度经历了一个从限制到开放的发展历程。③

---

① Basedow/Diehl-Leistner, Das Staatsangehörigkeitsprinzip im Einwanderungsland. Zu den soziologischen und ausländerpolitischen Grundlagen der Nationalitätsanknüpfung im Internationalen Privatrecht, in: Jayme/Mansel (eds), Nation und Staat im Internationalen Privatrecht: Zum kollisionsrechtlichen Staatsangehörigkeitsprinzip in verfassungsrechtlicher und internationalprivatrechtlicher Sicht (1990), p.13ff.

② 〔奥〕卡尔·门格尔:《法律的"有机的"起源》,载门格尔:《经济学方法论探索》,姚中秋译,新星出版社2007年版,第221页。

③ Peter J. Spiro, Dual Citizenship as Human Right, 8 *Int'l J. Const. L.* (2010), p.111.

越来越多的国家都在最近几年修改国籍法,放开双重国籍①,其中的背景就是为了吸引更多的海外同胞报效母国。在这种新形势下,即使我国目前尚不具备承认双重国籍的现实条件,但至少不应该把我国国际私法中多年来行之有效的国籍原则取消掉。

坚持国籍原则,并不意味着对国籍原则不加任何限制和修正。当代社会发生的剧烈变革,确实使得国籍原则在某些领域开始变得不合时宜甚至无能为力。对此,完全可以像大多数国家所采取的那样,通过一些技术性手段予以革新。比如,可以通过总则中的灵活性条款(最密切联系原则)来对国籍原则加以变通。也可以增加住所和经常居所作为辅助性连结点。这些都是被各国实践证明行之有效的解决办法,完全没有必要采用过于激进的立法手段。目前最为紧要的事情,是要调查清楚国籍原则在我国实践中的具体运用情况,以便了解该原则是否已经真的如某些学者所说的那样过时或无用了。很遗憾的是,笔者通过各种公开渠道所能够获得的上千个中国涉外民商事判例中,并没有发现任何一例不利于国籍原则的判例。这充分说明,属人法问题在我国司法实践中并不是一个迫切需要进行改革的问题。恰恰相反,用我国法律中几乎从来没有使用过的经常居所作为属人法的连结点,会破坏我国多年来行之有效的一些司法实践。

以我国《法律适用法》第21条为例。该条规定:"结婚条件,适用当事人共同经常居所地法律;没有共同经常居所地的,适用共同国籍国法律;没有共同国籍,在一方当事人经常居所地或者国籍国缔结婚姻的,适用婚姻缔结地法律。"该条的规定改变了我国《民法通则》第147条所规定的婚姻缔结地法主义,而且根据《法律适用法》第52条的规定,《民法通则》第147条已经被废除。然而在实践中,《法律适用法》第21条还会与我国《婚姻登记条例》②发生抵触。

---

① 德国、瑞典、韩国、土耳其等国近年来都修订了国籍法,开始承认双重国籍。
② 2003年8月8日国务院第387号令发布,2003年10月1日起实施。

《婚姻登记条例》第4条规定:"中国公民同外国人在中国内地结婚的,内地居民同香港居民、澳门居民、台湾地区居民、华侨在中国内地结婚的,男女双方应当共同到内地居民常住户口所在地的婚姻登记机关办理结婚登记。"该条例第6条进一步规定:"办理结婚登记的当事人有下列情形之一的,婚姻登记机关不予登记:(1)未到法定结婚年龄的;(2)非双方自愿的;(3)一方或者双方已有配偶的;(4)属于直系血亲或者三代以内旁系血亲的;(5)患有医学上认为不应当结婚的疾病的。"这实际上采用的是与《民法通则》第147条相一致的婚姻缔结地法主义。根据这一规定,在我国境内举行的中外婚姻,即使当事人双方的共同经常居所地不在我国境内,也必须根据《婚姻登记条例》第6条进行审查。然而根据《法律适用法》第21条,就不应当适用《婚姻登记条例》第6条,而应当适用当事人共同经常居所地法律。依照《中华人民共和国立法法》的规定,国务院颁布的《婚姻登记条例》在效力上低于全国人大常委会通过的《法律适用法》,因此从2011年4月1日起,《婚姻登记条例》第6条原则上应当失效。然而我们应该看到,《婚姻登记条例》是我国长期婚姻登记实践的总结,已被证明行之有效。[①] 而且《婚姻登记条例》第6条的规定对于维护我国婚姻制度的稳定性、保护婚姻当事人双方的利益也有必要性。因此,我们认为,《法律适用法》第21条在今后的实践中将会遇到执行的困境。

## 八、结语

一段时期以来,我国法学界大力鼓吹所谓的"超前立法",而超前立法的前提预设是立法者能够对未来未卜先知。这是对理性的

---

[①] 2003年的《婚姻登记条例》是在1994年民政部发布的《婚姻登记管理条例》基础上修订而成的。在此之前,民政部曾于1983年发布过《关于办理婚姻登记中几个涉外问题处理意见的批复》。可以说,《婚姻登记条例》是新中国成立以来半个多世纪涉外婚姻登记管理实践经验的总结。相反,《法律适用法》第21条的规定并未经过严肃的论证。

无知和滥用。雅各宾专政的鲜血和"文革"的浩劫已经证明,对理性的滥用会导致残酷和暴虐。萨维尼早就指出,法律是民族精神的产物,"所有的法律……首先通过习俗,然后通过法律科学而产生,总之是通过内在的潜移默化的力量,而不是立法者的强制而产生的"。① 法律通常是尾随社会的变化而发生变化的。"法律的主要功能也许并不在于变革,而在于建立和保持一种可以大致确定的预期,以便利人们的相互交往和行为。从这个意义上法律从来都是社会中一种比较保守的力量,而不是一种变革的力量。"②法律家通常也都具有保守主义倾向,"他们使用古老而独特的语言,格外尊重先例并尽可能回避改革"。③ 用苏力的话说,就是"一个民族的生活创造它的法制,而法学家创造的仅仅是关于法制的理论"④。既然我们民族的历史和生活选择了国籍原则,我们的现实社会也没有出现需要改变国籍原则的迫切需求,为什么要改变它呢?

在我国是否应当抛弃国籍原则以及是否应当采用经常居所原则这个问题上,学理上的分歧已经不是重点,重要的是一种信仰。如同德国学者所言:"围绕着这两个原则之间发生的争论与其说是学术之争,不如说是一个信仰问题(Glaubensfrage)。"⑤信仰是人生观、价值观和世界观。一个支持经常居所原则的人,信仰的一定是一种无国界主义、超国家主义的世界观。这对于信奉"超国家主义"的欧盟而言,对于满怀新帝国主义抱负的美国新保守主义者而言,也许具有相当的合理性。然而,作为中国学者,我们有没有思考过,我们为什么要采用经常居所原则? 隐蔽在这一问题背后的更重要

---

① Savigny, System des heutigen römischen Rechts, Vol. I, S.14.
② 苏力:《变法,法治及本土资源》,载苏力:《法治及其本土资源》,中国政法大学出版社1996年版,第7页。
③ 〔日〕大木雅夫:《比较法》,范愉译,法律出版社1999年版,第4页。
④ 苏力:《法治及其本土资源》,中国政法大学出版社1996年版,第7页。
⑤ Claudia Stern, Das Staatsangehörigkeitsprinzip in Europa, Nomos 2008, p.19.

的问题是:什么是我们中国人的信仰?用邓正来教授的话说就是:什么是中国法律的理想图景?也许正如邓正来所言:"这20多年发展起来的中国法学也必须承担自己的责任,即它并没有因此而给评价、批判或捍卫立法或法制建设提供一幅作为基础或判准的'中国法律理想图景'"。①

为国籍原则辩护,正是基于我们对中国法律理想图景的态度,因为我们相信,一个超国家的世界远远没有到来,任何试图把现有国家边界变成某个帝国内部边境的企图都必然失败;因为我们相信,无论世界变得如何平坦,每个人都离不开他所归属的文化上的家园。"正像一个人一样,一个民族也应当忠实于它自己,即忠实于它自己的文化。"②国籍原则在中国国际私法中的正式确立,是与中国现代法制发展同步而生的,迄今已有一个世纪之久。可以认为,国籍原则已经成为中国法律文化的一部分,或者说,已经成为中国法治的"本土资源"。我们对于传统、对于文化、对于习惯早已失去了应有的敬仰。一座座四合院、老弄堂在轰隆作响的推土机前轰然倒下,平地竖起一座座金碧辉煌的摩天大厦,而住在大厦里的人们又在哀叹精神危机。中国的法学界是否也患上了一种"立法 GDP 主义"综合症呢?面对沿用了上百年的《法国民法典》和《德国民法典》,中国本来就已缺乏值得炫耀的法治本土资源。如今,好不容易延续了近百年的国籍原则也难逃被"拆迁"的命运。但是,取消国籍原则之后中国法学理论和司法实践所面临的种种困境,将是我们不得不面对的。

---

① 邓正来:《中国法学向何处去》,商务印书馆 2006 年版,第 36 页。
② 〔加〕查尔斯·泰勒:《承认的政治》,载汪晖、陈燕谷主编:《文化与公共性》,生活·读书·新知三联书店 1998 年版,第 295 页。

# 评《涉外民事关系法律适用法》之知识产权条款*

徐 祥**

## 一、立法历史背景

涉外民事关系法律适用法作为民法草案的一编,已经2002年12月九届全国人大常委会第三十一次会议初次审议。民法草案第九编规定了涉外民事关系法律适用法,其中第五章规定了知识产权的法律适用。第57条规定:"著作权的取得和著作权的内容效力,适用作者本国法律。"第58条规定:"专利权的取得和专利权的内容效力,适用专利权授予地法律。"第59条规定:"商标权的取得和商标权的内容效力,适用商标注册登记地法律。"第60条规定:"专利权、商标权、著作权以外的其他知识产权的取得、内容和效力,适用权利主张地法律。通过合同取得的商业秘密,适用该合同应当适用的法律。"

2010年8月23日十一届全国人大常委会第十六次会议审议了《中华人民共和国涉外民事关系法律适用法(草案)》,即二次审议

---

\* 本文作者承担的教育部人文社会科学研究2009年度青年基金项目《知识产权国际民事诉讼制度研究》(项目批准号:09YJC820083)和武汉大学"70后"《中国知识产权战略实施》研究团队的阶段性研究成果。

\*\* 武汉大学国际法研究所教师。

稿,其中第七章规定了知识产权的法律适用。第51条规定:"知识产权,适用权利保护地法律,也可以适用权利来源地法律。"第52条规定:"当事人可以协议选择知识产权转让和许可使用适用的法律;没有协议选择的,适用本法对合同的有关规定。"第53条规定:"知识产权的侵权责任,适用权利保护地法律,当事人也可以协议选择适用法院地法律。"

2010年10月28日第十一届全国人民代表大会常务委员会第十七次会议审议通过了《中华人民共和国涉外民事关系法律适用法》,其中第七章规定了知识产权的法律适用。第48条规定:"知识产权的归属和内容,适用被请求保护地法律。"第49条规定:"当事人可以协议选择知识产权转让和许可使用适用的法律。当事人没有选择的,适用本法对合同的有关规定。"第50条规定:"知识产权的侵权责任,适用被请求保护地法律,当事人也可以在侵权行为发生后协议选择适用法院地法律。"

在涉外民事关系法律适用法立法过程中,中国国际私法学会应全国人大常委会法制工作委员会的要求,提供了学会建议稿。学会建议稿分别在第六章"知识产权"、第七章"合同"和第八章"侵权"规定了有关知识产品国际民事关系的法律适用。第50条规定:"知识产权,适用请求保护地法律,但本法另有规定的除外。"第51条规定:"对于合作完成的知识产品,知识产权的原始归属,适用相关合作合同应当适用的法律。对于因聘用或委托完成的知识产品,知识产权的原始归属,适用相关劳务合同或委托合同应当适用的法律。"第58条规定:"知识产权合同,适用知识产权受让人或者被特许人的惯常居所地法律或者营业所所在地法律,也可以适用当事人选择的法律。但合同涉及多个国家的,适用知识产权转让人或者特许人的惯常居所地法律或者营业所所在地法律。"第69条规定:"知识产权侵权,当事人可以在侵权行为发生后选择适用法院地法律。"

在中国国际私法学会立法建议稿定稿之前,学界对有关知识产品国际民事关系的法律适用条款拟定存在争论。

《中华人民共和国国际私法示范法》第三章第七节规定了知识产权的法律适用。第 92 条规定:"知识产权范围,依照中华人民共和国缔结或者参加的有关国际条约和中华人民共和国的有关法律确定。"第 93 条规定:"专利权的成立、内容和效力,适用专利申请地法。"第 94 条规定:"商标权的成立、内容和效力,适用注册登记地法。"第 95 条规定:"著作权的成立、内容和效力,适用权利主张地法。"第 96 条规定:"属于知识产权范围的其他有关权利,其成立、内容和效力,适用权利登记地法或者权利主张地法。"第 97 条规定:"有关知识产权的合同,适用本法关于合同的规定。"第 98 条规定:"有关受雇人在职务范围内取得的知识产权,适用调整雇佣合同的法律。"第 99 条规定:"知识产权的法律救济,适用请求保护地法。"

笔者应中国国际私法学会要求,提交了建议稿,建议在第六章规定知识产权的法律适用。第 50 条规定:"知识产权,适用请求保护地法律,但本法另有规定的除外。"第 51 条规定:"对于合作完成的知识产品,知识产权的原始归属,依相关合作合同的法律适用规则。对于因职务行为或者委托完成的知识产品,知识产权的原始归属,依相关劳务合同或委托合同的法律适用规则。"第 52 条规定:"知识产权合同,适用知识产权受让人或者被特许人的惯常居所地法律或者营业所所在地法律。但合同涉及多个国家的,适用知识产权转让人或者特许人的惯常居所地法律或者营业所所在地法律。当事人的法律选择应予允许。"第 53 条规定:"知识产权侵权的损害赔偿,当事人可以在侵权行为发生后选择适用法院地法律。"

笔者于 2010 年 1 月 29 日在三亚会议上提出了建议稿二稿。建议在第六章规定知识产权的法律适用。第 55 条规定了知识产权法律适用的一般规则,即"除另有规定外,知识产权适用作品、发明创造和商标等知识产品被主张保护地法。"第 56 条规定了有关知识产权原始权属关系的特殊规则,即"(一)对于合作完成的知识产品,知识产权的原始权属关系依该合作合同的法律适用规则。(二) 对于因职务行为或委托完成的知识产品,知识产权的原始权属关系依该劳务合同或委托合同的法律适用规则。"第57条规定了相关知识产权侵权的特殊规则,即"有关知识产权侵权产生的损害赔偿请求,在侵害事实发生后,当事人可约定适用法院地法。"第58条规定了知识产权利用合同的法律适用,即"知识产权利用合同,适用当事人选择适用的法律。合同当事人没有选择的,适用该知识产权成立地法律;如果该合同涉及多个国家的知识产权,则适用知识产权利用人的惯常居所地法律或者营业所所在地法律。"

## 二、对立法体系的评析

### (一) 规定知识产权冲突规范的必要性问题

有学者认为,目前我国国际私法学界对知识产权法律适用的理论研究不成熟,在《涉外民事关系法律适用法》中暂不作规定为妥。笔者认为,有必要在新的立法中规定知识产权的冲突规范。首先,我国已将建设创新型国家作为治国方略,现阶段的发展路径主要是在引进国外的先进知识产品的基础上消化吸收再创新。在我国国际商事关系的实践中,已经存在大量的有关知识产品的国际民商事关系。该部分立法存在客观的社会基础和国家需要。其次,及时立法,完善了我国有关知识产权立法体系,使我国有关知识产权民商事立法涵盖了有关知识产品的内国民商事关系和国际民商事关系的调整,有利于完善我国有关知识产权国际保护的法律制度。因日本2007年1月1日施行的《法律适用通则法》没有规定有关知识产权的冲突规范,制定我国有关知识产权冲突法,也完善了我国的冲突法立法。最后,及时立法可以发挥国际私法立法对有关知识产品国际民商事关系参与者的指引功能和保障功能,促进我国有关知识产品国际民商事关系的发展,服务于我国的创新型国家建设。

(二) 立法体系

立法体系无论是在内部体系还是在外部体系方面,均存在争论。

在外部体系方面,有学者认为,因知识产权法律适用的条文较少,应安排在"债权"章的后面一章。也有学者建议,有关知识产权法律适用不单独设章,其内容安排在"物权"一章中。

我国台湾地区"涉外民事法律适用法"在第五章物权中规定了知识产权的法律适用。第42条规定:"以智慧财产为标的之权利,依该权利应受保护地之法律。受雇人于职务上完成之智慧财产,其权利之归属,依其雇佣契约应适用之法律。"在瑞士国际私法法典起草过程中,1978年的"专家草案"未含有关于知识产权的任何规定。1982年联邦委员会提出的"政府草案"将有关知识产权的条款规定在第七章"物权"中,它们散见于该章关于直接国际管辖权、应适用的法律以及外国判决的承认的相应条文里。"政府草案"被提交联邦议会后,决定将有关知识产权的规定汇集在一起,成为单独的一章,即第八章"知识产权"。[①]

在内部体系方面,有学者建议有关知识产权合同和知识产权侵权的条款分别置于"合同"章和"侵权"章中,其他条款归于"知识产权"章。笔者认为,知识产权侵权本不应该独立制定冲突规范,正如物权侵权不存在冲突规范,知识产权侵权构成及救济方法属于知识产权保护的范畴,在知识产权准据法的调整范围内。这种支配权侵权(infringement)是不同于一般债范畴的侵权(tort)。因此,有关知识产权侵权损害赔偿的特殊法律适用规则不能置于"侵权"章中。

笔者认为,知识产权与物权毕竟是两种不同类型的民事权利,

---

① Pierre A. Karrer, Karl W. Arnold & Paolo Michele Patocchi, *Switzerland's Private International Law* (2rd ed. 1994), p 9. 转引自陈卫佐:《瑞士国际私法法典研究》,法律出版社1998年版,第159页。

有关知识产权的法律适用规则应独立成章。鉴于物权与知识产权同为支配权,遵照立法体系的逻辑结构要求,知识产权一章应置于"物权"章后,"债权"章前。考虑到知识产权利用行为同时涉及债权行为和处分行为,为体现有关知识产权冲突法的系统性,有关知识产权利用合同的法律适用规则也应该统一置于"知识产权"一章中。

因此,对有关知识产权的法律适用规则而言,我国《涉外民事关系法律适用法》在内部立法体系安排上是合理的,在外部立法体系的安排上缺乏科学性。

### 三、对第 48 条的评析

(一) 第 48 条冲突规范的范围界定问题

随着人类社会科学技术和文化艺术的进步以及各国立法政策的变化,必然会出现新的知识产权类型和知识产权权项。同一知识产品在不同国家可能受到不同类型知识产权的保护,同一知识产品也可能因申请人主张的不同而受到不同类型知识产权的保护。知识产权的类型是有关某一知识产品的国际民事关系法律适用的结果。因此,不能先入为主地区分专利权、商标权和著作权等类型分别制定冲突规范。属地性(Territoriality)是所有类型知识产权共有的基本属性,这决定了应该对知识产权制定一个一般性的法律适用规则。同时,制定一个一般性的法律适用规则也是立法规则精简原则的要求。

全国人大法律委员会副主任委员孙安民于 2010 年 10 月 25 日在第十一届全国人民代表大会常务委员会第十七次会议上所作的《关于〈中华人民共和国涉外民事关系法律适用法(草案)〉审议结果的报告》认为:草案二次审议稿第 51 条规定,知识产权适用权利保护地法律,也可以适用权利来源地法律。有的常委委员、最高人民法院和专家提出,草案这一条规定中"知识产权"的内涵不够明确,应当进一步明确规定,以利于妥善解决知识产权纠纷。法律委员会经同最高人民法院等有关部门和有关专家研究,建议将这一条修改为:"知识产权的归属和内容,适用被请求保护地法律。"[①]笔者认为就该冲突规范的范围而言,该修改意见相对二次审议稿来说是倒退,范围过窄,不能完成该条应承担的有关知识产品国际民商事关系的调整任务,在实践中势必会出现部分有关知识产品国际民商事关系调整无法可依的局面。

有关知识产品的国际民商事关系是指含有国际因素的因智力创造或创设、占有、处分和利用知识产品而产生的平等主体之间的人身关系和财产关系。国际知识财产法律关系是指含有国际因素的基于民事法律事实并由知识产权法律规范调整形成的民事权利和义务关系,是对有关知识产品国际民商事关系调整的结果。知识财产法律关系包括知识财产支配权关系和知识财产债权关系,知识财产支配权关系分为知识财产成立关系、知识财产原始或继受权属关系、知识财产所有权关系、知识财产质权关系和知识财产占有权关系(如知识财产被许可人对知识财产的占有权、法定许可、合理使用和先用权等),知识财产债权关系分为知识财产转让、知识财产许可使用、知识财产侵权损害赔偿关系和知识财产不当得利关系(如在发明专利申请公布后至专利成立前,申请人可以要求实施其发明的商事主体支付适当的费用)。因此,该冲突规范的范围应该包括知识产权的成立、权属关系、内容、效力和保护方法等,不能仅限于知识产权的归属和内容。从立法规则简洁性要求出发,可以简称为"知识产权"。这里所称的知识产权应该做如下理解:(1)包括知识财产的所有权、知识财产的用益权和知识财产的质权。知识财产的所有权是知识财产的完全支配权,知识财产的用益权和知识财产的质权是知识财产的限制支配权。(2)包括知识产权申请权、优先权和先用权。知识产权申请权和优先权与申请所生之权利同属于财

---

[①] 黄进主编:《中华人民共和国涉外民事关系法律适用法建议稿及说明》,中国人民大学出版社2011年版,第148页。

产法上之期待权。先用权虽不能单独移转,但可以同制造相同产品、使用相同方法的企业或企业中制造相同产品、使用相同方法的一部分,或者随同因此作准备的企业或其一部分一起移转(包括转让、继承),是一种财产权。(3)包括知识产权转让、质权设定和授予使用许可等知识产权利用行为的定性和效力。知识产权转让、质权设定和授予使用许可等利用行为不仅是有债权行为,而且尚包含处分行为,不能简单归类于知识财产的转让和许可等协议。它涉及的问题是:① 知识财产是否可整体或部分被转让,有关使用知识财产的专属或非专属权利是否可被授予以及使用许可的种类;② 受让人和被许可人在知识产权被侵权时可行使的知识产权救济措施;③ 有关同一知识财产的一项转让或许可是否或在何种条件下对依据知识财产所有人或继受者随后的转让或许可而主张权利的第三人有效;④ 出于有效或对第三人约束力的目的,转让和许可行为是否必须在公共登记机构登记。[①]

因此,知识产权是一种支配权,其涉外民事关系准据法的适用范围应该包括:(1)知识产权客体范围;(2)知识产权成立;(3)知识产权权属关系(包括原始权属关系和继受权属关系);(4)知识产权类别和内容;(5)知识产权效力(包括合理适用、法定许可、强制许可和先用权等限制方面);(6)知识产权转移、变更和消灭的方式、条件和效力,特别是转让、设定担保和授予使用许可等知识产权利用行为的方式、条件和效力;(7)知识产权的保护范围和保护方法(包括但不限于知识产权侵权的构成及救济方法)。

(二)第48条冲突规范的连结点选择问题

关于连结点的选择,有的国家选择知识产品利用地、申请地、注册登记地或权利成立地。同一知识产品可能存在数个利用地和申请地,这两个连结点不具有确定性。对某一知识产品的保护,是否

---

[①] Eugen Ulmer, *Intellectual Property Rights and the Conflict of Laws* (1978), pp. 100-101.

需要注册登记或权利是否成立,是法律适用的结果,显然注册登记地和权利成立地不能成为连结点。以被请求保护地作为连结点,与有关知识产权国际条约相关规则的措辞相吻合,也与立法比较成熟的国家如瑞士的相关立法规则相一致。"被主张保护地法"比"被请求保护地法"在中文语境中更能避免引起歧义,"被请求保护地法"容易被理解为"法院地法",其实这里的被请求是指实体法意义上的请求,并非程序法意义上的请求。《保护文学和艺术作品的伯尔尼公约》(1967年巴黎文本)第5条第(2)款的英文表达为 the laws of the country where protection is claimed,为避免与 lex fori 的混淆,德国学者 Eugen Ulmer 在其拟定的《欧共体有关知识产权国际私法条约》中将 the law of the protection country 界定为 the law of the state for whose territory protection is claimed。[①]

因此,第48条以"被请求保护地"作为连结点是可行的,如果能采纳"被主张保护地"更好。

**四、对第50条的评析**

(一) 第50条与第48条的关系问题

知识产权所适用的排除妨害、消除危险的"物上请求权"自物权法领域引进知识产权领域,来源于知识产权自身的支配内容,由于"物上请求权"可以使知识产权恢复圆满状态和支配力,因此,它是知识产权效力的体现。"物上请求权"与侵权损害赔偿请求权、返还不当得利请求权等形成了对知识产权保护的制度体系。[②] 如上所述,知识产权的保护方法(包括但不限于知识产权侵权的救济方法)属于依照第48条冲突规范确定的准据法调整范围。因此,知识产权侵权本不应该独立制定冲突规范,正如对物权侵权不必制定冲突

---

① Eugen Ulmer, *Intellectual Property Rights and the Conflict of Laws* (1978), p 11.
② 吴汉东:《试论知识产权的"物上请求权"与侵权赔偿请求权——兼论〈知识产权协议〉第45条规定之实质精神》,载《法商研究》2001年第5期。

规范。

但是,知识产权侵权损害赔偿请求权的性质毕竟是债权。知识产权侵权的损害赔偿属于债权主张,不同于排除妨害和停止侵权的"物上请求权"。一方面,为了尽可能实现法律适用的简单化,提高争议解决的效率,就知识产权损害赔偿金的计算标准和方法,在当事人存在合意的情况下可以适用法院地法律。况且,我国现行的知识产权法没有对知识产权侵权规定惩罚性损害赔偿金,对知识产权侵权损害赔偿引入意思自治原则可以避免因适用外国惩罚性损害赔偿规则而导致的法律适用结果的不确定性情况。另一方面,对于日益增长的大规模平行性知识产权侵权,在当事人存在合意的情况下允许适用法院地法律,可以对这类知识产权侵权争议的损害赔偿适用统一的损害赔偿金的计算标准和方法,也有利于实现司法任务的简单化和提高争议解决的效率。

因此,笔者认为可以对知识产权侵权的损害赔偿规定有别于第48条的特殊法律适用规则,但对于知识产权侵权的成立和损害赔偿以外的救济措施仍应适用第48条的规定。换句话说,第48条与第50条的关系应该是一般法律适用规则和特别法律适用规则的关系。令人遗憾的是,从立法规定看,第50条不仅与第48条处于平行关系,而且规定有关知识产权侵权的所有事项,当事人均可以在侵权行为发生后选择适用法院地法律。根据知识产权属地性原则,有关知识产权侵权的成立和排除妨害、消除危险等"物上请求权"救济措施显然必须适用被请求保护地法律,不能引入当事人意思自治原则。

(二)笔者认为第50条应该改为:"知识产权侵权的损害赔偿,当事人可以在侵权行为发生后选择适用法院地法。"

有关知识产权侵权的法律适用,在我国的理论界和司法界长期存在一种错误的观点,即可以适用《民法通则》第146条的规定。例如,北京市高级人民法院2004年发布的《关于涉外知识产权民事案件适用法律若干问题的解答》问题18解答认为,根据《民法通则》第

146条第1款的规定,侵犯著作权、实施不正当竞争纠纷案件,双方当事人均为我国自然人、法人,或者在我国均有住所,侵权行为发生在外国的,可以适用我国的著作权、反不正当竞争法等法律。对此,有学者认为,《伯尔尼公约》第5条第2款规定:"除本公约的规定外,权利的保护范围以及为保护作者的权利而向其提供的救济方法完全由被要求给予保护的国家法律予以确定。"侵害哪一国的著作权,就向哪一国要求给予保护。因此,这里所谓被要求给予保护的国家,就是指侵权行为发生地国家。这是著作权具有地域性的符合逻辑的结论。《民法通则》第146条所述侵权行为的损害赔偿,是指第106条第2款中所述侵害他人(普通)财产、人身行为的损害赔偿而言,不包括侵犯知识产权的行为在内。因为知识产权具有地域性。涉及侵害知识产权行为的案件,其行为是否构成侵权行为以及应当如何处理,只能由侵权行为发生地国家的法院适用该国法律来处理。[①] 笔者认为,"侵权适用侵权行为地法或共同属人法"这条冲突规范不适用于知识产权侵权。知识产权侵权是对支配权的侵权,不属于一般意义上的侵权。另一方面,保护知识产权,首先要明确各类权利的效力范围,第三人对知识产品的利用,是合法还是非法,是否构成侵权,全由法律 规定。[②] 故某利用行为是否是侵权行为尚需知识产权效力的准据法认定。此外,侵权行为不属于有关知识产品国际民事关系的客观事实因素,知识产品的利用行为才属于有关知识产品国际民事关系的客观事实因素。知识产品利用行为发生地与知识产权被请求保护地并非在任何有关知识产品的国际民事关系中均为同一的对应关系,而且这里的被请求是指实体法意义上的请求,并非程序法意义上的请求。

---

① 汤宗舜:《著作权法原理》,知识产权出版社2005年版,第151—152页。
② 吴汉东:《知识产权保护论》,载《法学研究》2000年第1期。

### 五、对第 49 条的评析

**(一) 知识产权合同的范围**

知识产权利用合同包括知识产权转让合同、许可使用合同和质押合同。

**(二) 知识产权利用合同的法律适用问题**

知识产权合同是商事合同的一种,其法律适用规则应采纳"合同自体法"。其特殊性在于如何认定最密切联系地。需要作出特别规定。

知识产权利用涉及知识产权转让、许可使用和设定质押等。知识产权利用合同的法律适用涉及合同当事人的缔约能力、合同形式要件和合同实质要件等方面。如前所述,知识产权利用行为的形式要件在知识产权准据法的调整范围,为了尽可能使知识财产能得到有效利用,尽可能使知识产权利用合同的效力的法律适用简单化,同时避免发展中国家和发达国家在知识产权利用合同法律适用方面的尖锐对立(即受让方或被许可方的惯常居所地法或营业所所在地法与转让方或许可方的惯常居所地法或营业所所在地法的对立),采用知识产权成立地这一连结点更妥当。

考虑到有些知识产权合同是平行性概括许可,为了尽可能实现法律适用的简单化,保证这类知识产权合同适用同一个准据法,以知识产权利用人的惯常居所或者营业所所在地为连结点。这也符合广大发展中国家的长期主张和我国在相当长的历史时期内是一个知识产品进口国的情势。

从第 49 条的规定看,存在以下缺陷:(1) 冲突规范的范围不完整、不明确。未包含知识产权质押合同,"知识产权转让和许可使用"这一表述究竟是指知识产权转让和许可适用的债权行为,还是包含债权行为和处分行为,不明确。(2) 冲突规范连结点的选择没有体现知识产权利用合同的特殊性,实际上重复规定了一般合同法律适用规则。

## 六、对特定范围的知识产权原始归属关系是否应该制定特殊冲突规范的问题

随着知识产品创造或创作和利用方式的发展,有必要对一般法律适用规则规定适当的例外情形。就我国的立法而言,尤其要注意我国在相当长的历史时期内是一个知识产品进口国的情势,以切实维护我国当事人的利益和国家利益。

属地性是知识产权的基本属性,这决定了同一知识产品的国际保护呈现"马赛格"式的格局。为促进因合作完成、职务或者委托完成的知识产品的国际利用,实现知识产品价值的最大化,可以就这类知识产品成立的知识产权原始归属关系(Initial Ownership)制定特殊规则,统一这类知识产品的原始归属关系。一般来说,对于这类知识产品成立的知识产权,其原始归属关系相比较成立和效力而言,与请求保护地的社会公共利益无实质性关联。2009年《奥地利关于国际私法的联邦法律》第34条第2款和2004年《比利时国际私法法典》第93条第2款均对此做了规定。

因此,笔者认为有必要对因合作完成、职务行为或者委托完成的知识产品所产生的知识产权的原始权属关系制定特殊的法律适用规则。可包括两款,即对于合作完成的知识产品,知识产权的原始权属关系依该合作合同的法律适用规则;对于因职务行为或委托完成的知识产品,知识产权的原始权属关系依该劳务合同或委托合同的法律适用规则。

该法律适用规则的范围部分的措辞与我国《专利法》和《商标法》的相关规则中用语相一致。此外,"依该合作合同的法律适用规则"比"适用有关合作合同应当适用的法律"表达更准确,因为合作作品的知识产权原始归属不可能依照合同准据法确定,只可能是依照合同准据法所属国的知识产权法确定。

### 七、现行立法特点

1. 及时制定了有关知识产品涉外民事关系的冲突法规则,基本能满足我国有关知识产品涉外民事关系现状的法律调整任务。相比较而言,日本于2007年1月1日施行的《法律适用通则法》未规定有关知识产品涉外民事关系的冲突法规则。

2. 专章规定有关知识产品涉外民事关系的冲突法规则具有先进性。

3. 从具体冲突法规则的内容看,具有一定的合理性和科学性。一方面,第48条没有区分专利权、商标权和著作权等知识产权类型分别制定冲突规范,而统一规定知识产权的法律适用,既科学严谨,又简洁可行。另一方面,第50条所包含的有关知识产权侵权损害赔偿的法律适用引入了意思自治原则,既符合当事人可以自由处分其民事权益的精神,又有利于实现司法任务的简单化和提高争议解决效率。同时,第50条没有将"侵权行为地"或"共同惯常居所地"作为连结点。

4. 现行立法存在若干尚待完善之处。首先,从外部立法体系看,"知识产权"一章应置于"物权"章后,"债权"章前。其次,从冲突规范的结构看,第48条"知识产权的归属和内容"这一范围过于狭窄。第49条没有完全涵盖知识产权利用合同的所有类型,例如知识产权质押合同的法律适用未作规定。另一方面,如此措辞的第49条没有必要存在。不管是当事人协议选择了适用的法律,还是未协议选择适用的法律,均适用本法对合同的有关规定。令人遗憾的是,本法对合同的有关规定并未涉及知识产权利用合同这一特殊类型合同的法律适用。再者,第50条应为第48条的例外条款,"知识产权的侵权责任"这一范围过宽,应该限定在"知识产权侵权的损害赔偿"。最后,未对特定范围知识产权的原始权属关系作出规定。

## 八、对现行立法的完善建议

我国有关涉外知识产品民事关系的法律适用立法可谓是蹒跚起步,对其完善任重道远。

1. 在立法体系的安排上,将"知识产权"一章置于"物权"章后,"债权"章前。

2. 在立法内容的安排上,首先规定知识产权的一般法律适用规则,再规定有关特定范围知识产品的知识产权原始权属关系和知识产权侵权的特殊法律适用规则,最后规定知识产权利用合同的法律适用规则。具体条文安排如下:

第41条 【一般规则】

知识产权,适用作品、发明和商业标识等知识产品被主张保护地法,但本章另有规定的除外。

第42条 【知识产权原始权属关系的特殊规则】

对于合作完成的知识产品,知识产权的原始权属关系依该合作合同的法律适用规则。

对于因职务行为或委托完成的知识产品,知识产权的原始权属关系依该劳务合同或委托合同的法律适用规则。

第43条 【知识产权侵权的特殊规则】

因知识产权侵权产生的损害赔偿请求,在侵权行为发生后,当事人可约定适用法院地法。

第44条 【知识产权利用合同的规则】

知识产权利用合同,适用当事人选择适用的法律。合同当事人没有选择的,适用该知识产权成立地法律,如果该合同涉及多个国家知识产权的利用,则适用知识产权利用人的惯常居所地法律或者营业所所在地法律。

# Comments on the Chinese New Statute on Conflict of Laws: A European Perspective

Nicolas Nord[①]

**Introduction**

For the first time since the foundation of the People's Republic China in 1949, China has adopted a global text in the field of the Conflict of Laws[①]. The "Statute on the Application of Laws to Civil Relationships Involving Foreign Elements of the People's Republic of China" has been adopted on October 28th 2010 at the 17th session of the Standing Committee of the 11th National People's Congress of the People's Republic of China. The new Statute came into force on April 1st 2011 and contains

---

[①] Gustavo Vieira da Costa Cerqueira, D. E. A. Lawyer, Ph. D. candidate in Private International Law (University of Strasbourg/University of São Paulo).

[①] Cf. G. Vieira da Costa Cerqueira, O novo Direito Internacional Privado chinês-Aspectos gerais e contratuais (A propósito da nova Lei da República Popular da China, de 28 de outubro de 2010), 906 *Revista dos Tribunais* 2011, pp. 181-228; G. Vieira da Costa Cerqueira, N. Nord, D. Porcheron, Les nouvelles règles de conflit de lois chinoises en matière contractuelle, 60 *Revue Lamy Droit des affaires 2011* (to come out); D. Porcheron, Le nouveau droit international privé chinois des contrats, 57 *Revue Lamy Droit des Affaires* 2011, pp. 53-54. 57; W. Chen, L. Bertrand, La nouvelle loi chinoise de droit international privé du 28 octobre 2010: contexte législatif, principales nouveautés et critiques, 2 *Journal du droit international (Clunet)* 2011.

52 articles, grouped into 8 Chapters which are respectively focused on General Provisions, Civil Subjects, Marriage and Family, Succession, Real Rights, Creditor's Rights, Intellectual Property Rights, and, finally, on some Supplementary Provisions. Thus, this long awaited Statute[1] brings together in one legal document a substantial part of the Chinese Conflict of Laws provisions.

Chinese Private International Law (hereinafter "PIL") is of great interest for a European[2], and especially for French scholars, who come from a country that has not yet managed to establish a code or a Statute of PIL[3]. We are still with judicial conflict of laws rules in many fields, or written solutions but scattered in various codes and various statutes, although the proliferation of the European Union (hereinafter "EU")

---

[1] W. Chen, The necessity of codification of China's private international law and arguments for a statute on the application of laws as the legislative model, 1:1 *Tsinghua China Law Review* 2009, pp. 1-20.

[2] The translation of the Chinese new Statute on Conflict of Laws to the most important European languages reveals such an interest. In French, see the translation provided by W. Chen, N. Nord and L. Bertrand, 1 *Rev. crit. DIP 2011*, pp. 189-194; in English: see the translation provided by Professor Lu Song, available under http://conflictoflaws. net/News/2011/01/PIL-China. pdf (Visited April 2nd 2011); in Portuguese, see the version provided by G. V. da C. Cerqueira from the French one quoted above, 906 *Revista dos Tribunais* 2011, pp. 221-227; in Spanish, see the translation provided by Professor J. J. Obando P. , available under http://asadip. files. wordpress. com/2011/03/ley-china-de-dipr-en-castellano. pdf (Visited April 2nd 2011) in German, see the provisional translation provided by K. B. Pißler, available under http://www. mpipriv. de/shared/data/pdf/ipr-gesetz2010. pdf (Visited April 2nd, 2011).

[3] See A. Bodénès-Constantin, La codification du droit international privé français, *Defrénois*, 2005; H. Muir-Watt, La codification en droit international privé, 27 *Droits* 1998, pp. 149-158; D. Bureau, La codification du droit international privé, *in* B. Beignier, *La Codification*, Dalloz, 1996, 119 *sq*; Y. Loussouarn, Les vicissitudes de la codification du droit international privé, *Liber amicorum Droz*, The Hague, 1996, pp. 191-204.

*regulations tends to introduce some nuances in the comments*①. Thus, the Chinese new Statute on Conflict of Laws is a significant step forward.

To a very large extent, we can say that the new Statute has codified existing solutions and it facilitates the identification of conflicting solutions. This codification provides predictability, especially in the field of international contracts were it is essential. Another remarkable aspect that draws the attention of a European is the section on intellectual property which is an essential point for the Europeans and is also an aspect for which China is widely criticized.

The enactment of this new statute on Conflict of Laws gives us the opportunity to advance some comments on it from a European perspective. In the first part of our article, we will address some remarks on the general provisions and principles that inspire the new Statute (I). In the second part, we will analyze more closely some specific and problematical conflict of laws rules (II).

## I. General aspects of the Chinese new Statute on Conflict of Laws

Although the new Statute addresses in one document a range of important issues of PIL, it does not provide a true codification of the set of matters concerned by PIL. Indeed, on the one hand, the new Statute concerns only the conflict of laws and does not deal with issues related to conflict of jurisdictions. On the other hand, in China, the conflict of laws rules are currently scattered in various Statutes and the enactment of

---

① *Cf.* G. Vieira da Costa Cerqueira, Les données fondamentales pour la comparaison en droit privé français et brésilien, *in* M. Storck, G. Vieira da Costa Cerqueira and T. Morais da Costa (ed.), *Les frontières entre liberté et interventionnisme en droit français et en droit brésilien. Etudes de droit comparé*, L'Harmattan, pp. 67-149, pp. 82-83.

the new Statute on Conflict of Laws does not necessarily change the situation.

For this reason, we shall first describe briefly the Chinese normative context to which the new Statute belongs (A) followed by the identification and comment on the main principles and general solutions that this new Statute brings (B). This will allow us to address therefore a series of general remarks on some methodological choices (C).

## A) The normative context to which the new Statute belongs

The new Statute belongs to a scattered normative context in PIL matters.

**National sources.** Regarding the national sources, the Chinese new Statute on Conflict of Laws coexists with legal texts, judicial interpretations, jurisprudence and a Model Law of PIL. Let's see some examples.

*Statutes* —The Chinese new Statute on Conflict of Laws coexists with the General Principles of Civil Law of April 12th 1986 (hereinafter "GPCL") and with the national statutes on different matters within the nascent Chinese private law[①], such as the Contract Law of March 15th 1999, which contains particular choice-of-law provisions for foreign-related contracts (cf Articles 126, 128(2) and 129). It is not rare to find, in these statutes, conflict of laws rules related to matters covered by the new Chinese law on PIL.

*Judicial Interpretations*—In addition, just like in Europe with the Court of Justice of the European Union (hereinafter "CJEU"), judicial

---

① *Cf.* W. W. Shen and I. H. Y. Chiu, Has China a coherent private law?: Its Eastern and Western origins, 27 *The Comparative Law Yearbook of International Business* 2005, pp. 427-478.

Interpretations issued by the Supreme People's Court (hereinafter "SPC") play a fundamental role in the implementation of these national Statutes. SPC's Interpretations clarify and complete the general conflict of laws rules contained in the statutory law. Once published, they become part of the positive law and must be applied by all Chinese courts[1]. But contrary to what happens in the European context, the SPC's Interpretations are not related to judicial litigation. Their uniqueness stems from the fact that they are made based on SPC's initiative or the initiative of the Supreme People's Prosecutor[2]. Consequently, the Interpretations employ a law-making technique to lay down the solutions they contain, such as a legal text adopted by the National People's Assembly[3]. Regarding the foreign-related contracts, for instance, the most important judicial Interpretation was adopted by the SPC on June 23rd 2007[4]. Considered as a small effort to the codification of the Chinese PIL of con-

---

[1] *Cf.* Art. 4 of the Several Rules on Judicial interpretation Work of June 23rd 1997: "*The judicial interpretations which are made and promulgated by the Supreme Court have the force of law*". See also S. Cao, The legal status of decisions and judicial interpretations of the Supreme Court of China, 3 (1) *Frontiers of Law in China* 2008, pp. 1-14; C. Chen, Status and functions of Chinese judicial interpretation, *in* X. Y. Li-Kotovtchikhine (edit.), *Sources of Law and legal reform in China*, Litec, 2003. pp. 211-224; C. Wang, Law-making functions of the Chinese courts: Judicial activism in a country of rapid social changes, 4 *Frontiers of Law in China* 2006, pp. 524-549; J. Wang, Judicial interpretation by the Supreme People's court, 3 *China Law* 1995, pp. 63 *sq*.

[2] *Cf.* Art. 2 of the Decision of the Standing Committee of the National People's Congress on Strengthening Legal Interpretation of June 10th 1980.

[3] Such a way to interpret legal texts belongs effectively to the Chinese juridical tradition, which goes back to the great interpretation's work of the *Yong-Hui* Code of 651, published in 30 volumes under the title *Tangli Shuyi*. *Cf.* H. R. Zheng, Two Chapters in the historical development of Chinese Private International Law, *Liber Memorialis François Laurent*, Bruxelles, 1989, pp. 1199-1209.

[4] Published on July 23rd 2007 and came into force on August 8th 2007.

tracts, it embodies twelve articles concerning the choice-of-law rules in contractual matters[1].

Because of the principle *lex specialis generalibus derogant* embodied in Article 2, § 1 of the new Chinese Statute on Conflict of Laws, these legal provisions (statutory and judicial) shall be read as special rules and shall be applied when they contain different provisions from those laid down in the new Statute.

*Jurisprudence*— Opposing to the role played by the SPC's interpretations, which marks a truly "judicial activism" by the SPC[2] in a legal system where the principle of the *stare decisis* does not exist[3], the jurisprudence plays a very limited role as a source of law. This fact remains even after the attribution of an exclusive competence to the SPC in 1983 to "create" jurisprudence through selecting and publishing the most representative judgements given by the different Chinese lower courts in the Official Journal of the SPC (*Zui gao renmin gongbao*). The SPC requires judges to follow the solutions provided in those selected judgments[4].

*Model Law of PIL*— Chinese scholars keep making efforts to ameliorate the fragmentation problem on PIL rules. In 2000, the China Society of Private International Law presented a Model Law of Private Inter-

---

[1] M. Gebauer, Zum Einfluss des chinesischen IPR-Modellgesetzes auf die neuen Regelungen des Obersten Volksgerichts zum Internationalem Vertragsrecht, 1 *IPRax* 2008, pp. 62-67, p. 62.

[2] So C. Wang, cited above, p. 545-549.

[3] *Cf.* S. Cao, cited above, p. 1-14.

[4] *Cf.* C. Chen, cited above, p. 227-228 and p. 236-238; S. Cao, "La jurisprudence en droit chinois-tradition et rôle actuel", *in* X.-Y. Li-Kotovtchikhine (ed.), *op. cit.*, pp. 241-246; X.-Y. Li-Kotovtchikhine, Le nouveau droit chinois des contrats internationaux, 1 *Journal du droit international* (*Clunet*) 2002, pp. 113-163, p. 121.

national Law of the People's Republic of China[①]. The final text is the sixth edition, which embraces 166 articles separated into five Chapters—General Principles, Jurisdiction, Application of Law, Judicial Assistance and Supplementary Provisions. Offering a maximum level of "codification" and reflecting the state of the "dominant doctrines" in Chinese PIL[②], the Model Law has nevertheless no legal effect and it intends to serve as a reference only in the academic research and in the law-making process. In this regard, the Model Law served as an important reference for the elaboration of the rules of the SPC's Interpretation of June 23rd 2007[③], and even to influence some solutions given by the new PIL Statute[④]. It could also serve to outline the actual chapter IX of the Draft of the Civil Code, which is expected to be ready on 2013 and which leaves one to predict a future codification of the Chinese PIL rules, at least in the field of the Conflict of laws. That is the reason why, for some schol-

---

① Chinese Society of Private International Law, Model law of private international law of the People's Republic of China (sixth draft, 2000), 3 *Yearbook of Private International Law* 2001, pp. 349-390. The first Draft of the "Model Law" is dated1993. *Cf.* L. *Ma*, "Die gegenwärtige Entwicklung des chinesischen Internationalen Privatrechts-IPR-Gesetzesentwurf in der VR China ", 15 IPRax *1995*, pp. *334*-337.

② B. Wang, "Neue Entwicklungen im IPR der VR China ", 4 *IPRax* 2007, pp. 363-369, p. 363.

③ See generally M. Gebauer, cited above, pp. 62-67.

④ J. Huang, An overview of the New Chinese Private International Law, in International Symposium-Determination of the Law applicable to International Contracts: A Comparison between Chinese New Private International Law and EU Private International Law, *Tsinghua University School of Law*, March 28-29th 2011.

ars[1], the exclusion of the rules on Conflict of jurisdiction as well as the exclusion of rules related to the enforcement of foreign judgements from the Scope of the Draft of a Civil code can strengthen the authority of the Model Law as an alternative way to a civil codification of the PIL to the point in which it may become the basis of a future and independent codification of the Chinese PIL.

**International sources.** Regarding international sources, some important conventions containing conflict of laws rules, such as the 1980 United Nations Convention on Contracts for International Sale of Goods (hereinafter "CISG"), belongs to Chinese Law. The Article 142, § 3 of the GPCL provides that international treaties that China is a party of are superior to domestic legislation and judicial interpretations that apply. According to this same provision, international customs, however, can only be applied as a supplement where international treaties or domestic legislation and judicial interpretations do not contain a relevant provision.

**Comparison with Europe.** Just as the corresponding rules in the European Union, the Chinese new Statute on Conflict of Laws is not exclusive: special rules still apply and are very numerous in the area of contract Law as in the family Law. In Europe, the same phenomenon of articulation between the Regulations, directives and international conventions can be observed. It is clear that this can be a problem for the readability of the system. At the same time, the enactment of a global

---

[1] *Cf.* B. Wang, cited above, pp. 363-365; W. Zhu, China's Codification of the conflict of Laws, 3 *Journal of Private International Law* 2007, pp. 283 *sq*; W. Zhu, Codification of Private International Law: the latest development in China, 48-1 Codicillus 2007, pp. 11-30. Less optimist and more reticent, W. Chen, The necessity of codification of China's Private International Law, cited above, p. 16 *sq*.

statute on Conflict of Laws contributes in every way to reduce this problem in China. Therefore, we can only welcome the adoption by the Popular Assembly of such a Statute, whose main aspects and provisions we shall analyze below.

### B) Principles and general provisions

**Goals of the new Statute.** The first aspect of this new Statute, which deserves to be analyzed, is its objective. The new Statute was drafted having the objective to fairly resolve the foreign-related civil disputes and to safeguard the legitimate rights and interests of the parties (Art. 1). An example, which can illustrate this, is included in Article 25, which concerns personal and property relations between parents and under-aged children. This article imposes an obligation on the judge to apply the law that better protects the rights and interests of the under-aged child in the case of an absence of a common habitual residence with their parents. This law shall be the one of a party's habitual residence or nationality.

This kind of rule goes against the principle of neutrality commonly attached to the conflict of laws rules. The new Statute hence adheres to the main tendencies of the contemporary European PIL such as the protection of the weaker party in a family or contractual relationship. It is worth mentioning that this concern appears to be a constant one in the Chinese private law. In fact, Article 1 of the GPCL carries a similar objective, having still the intention to satisfy the needs of implementation of the wave of socialist modernization, which started in 1978. Additionally, the Model Law states in its Article 1 that its provisions have the goal to safeguard the legitimate rights and interests of the parties, based on fairness and mutual benefits, to resolve the disputes in a fair and considerate manner and to promote the evolution of the civil and commercial relations on the international arena.

Next, the new Statute offers a series of pre-existing solutions, which are in agreement with those adopted in most of the western law systems.

**Freedom of choice of the law applicable.** The main one concerns the respect of the freedom of choice of the law applicable by the parties (Art. 3). This basic conflict of laws rule results from freedom of contract and concerns situations even where there is commonly little space left for the autonomy of the parties. For instance, Article 24 and respectively Article 26 of the new Statute admit a certain degree of autonomy in the choice of the law applicable in respect of spousal property and in respect of consented divorce. The application of the principle of autonomy also concerns the choice of the law applicable to arbitration clauses, thus insuring the independence of the arbitrage clause and the possibility of it to be regulated by a law different from the law governing the principal contract[1].

**Principle of proximity.** When the choice of law is not possible or, when possible, there is no choice made, the principle of proximity can apply in order to determine the law applicable to the legal relation. It shall be the law that is most closely connected with the foreign-related civil relation in question (Art. 2.2). But, according to paragraph 1 of Article 2, the principle of proximity shall be applied if there isn't any

---

[1] See J. Dong, China's new PIL and International Commercial Arbitration, in International Symposium-Determination of the Law applicable to International Contracts: A Comparison between Chinese New Private International Law and EU Private International Law, *Tsinghua University School of Law*, March 28-29th 2011. About this question before the enactment of the new Statute, see F. Xiao, Law applicable to arbitration clauses in China: comments on the Chinese Supreme People's Court's decision in the *Hengji Company* case, 11 *Yearbook of Private International Law* 2009, pp. 297-304.

objective connecting factors dictated by the new Statute or other existing statutes.

The adoption of the principle of proximity as a general connecting factor is a novelty. On the one hand, it reinforces the attachment of the Chinese PIL to the *closest connection doctrine*, which was initially accepted in China in the field of contracts (Art. 5-1 of the former Foreign Economic Contract Law of 1985). On the other hand, it transforms into reality the expectations of many scholars who advocated its adoption as a general criterion for the new Statute on Conflict of Laws[①]. But we must keep in mind that the general adoption of this principle does not mean, however, unlimited extension of its scope which is determined according to the criteria provided by paragraph 2 of Article 2 of the new Statute. This means that the principle is only residual (if the Statute or other statutes contain no provisions with regard to the application of laws to civil relationships involving foreign elements).

**Prevalence of the habitual residence.** Among the connecting factors normally used in PIL, the habitual residence seems dominant and precedes other subsidiary criteria provided for in certain provisions of the Chinese new Statute on Conflict of Laws. Habitual residence is the main connecting factor for the contract when parties have not chosen the applicable law (art. 41) and plays a predominant role for everything concerning the status and capacity of individuals and also in family law, including patrimonial aspects. In order to apply this criterion, Article 20 states that: "*where the law of the habitual residence is applicable pursuant to this law and a natural personal's habitual residence cannot be ascer-*

---

① See S. Yu, Y. Xiao, B. Wang, The closest connection doctrine in the conflict of laws in China, 2 *Chinese Journal of International Law* 2009, p. 423-439.

*tained, the law of his/her present residence shall be applied"*.

The predominance of the habitual residence is of interest to Europeans as it is a modern connecting factor well known in Europe. We note that an alignment with the practice of the Hague Conventions exists[1], which has directly influenced the solutions according to some scholars[2].

**Decline of the nationality.** The nationality has a secondary role. Article 21 is a good example of this phenomenon: "*Conditions of marriage are governed by the law of the common habitual residence of the parties; they are governed by the law of the country of the common nationality in the absence of a common habitual residence; they are governed by the lex loci celebrationis if there exists no common nationality and the marriage is to be celebrated at the place of the habitual residence of one party or in his/her country of nationality*".

But, in some fields, nationality has been abandoned, giving rise today to habitual residence and the autonomy of the will. It is particularly true in tort matters, where the criterion of common nationality laid down in Article 146, § 1 of GPCL no longer subsists. Article 44 states instead that tortious liability is governed by the law of the place of the tortious act. Where the parties have common habitual residence, the law of their common habitual residence shall be applied[3]. Where the parties

---

[1] *Cf.* A. E. Von Overbeck. China and the Hague Conference on Private International Law, *in Essays in honour of Wang Tieya*, Ronald St. John MacDonald (gen. ed.), Martinus Nijhoff, The Hague, 1994, pp. 893-903.

[2] See, for instance, W. Chen, L. Bertrand, La nouvelle loi chinoise de droit international privé du 28 octobre 2010: contexte législatif, principales nouveautés et critiques, cited above, n° 11.

[3] The solution is the same in the Rome II Regulation (Art. 4 § 2: "*However, where the person claimed to be liable and the person sustaining damage both have their habitual residence in the same country at the time when the damage occurs, the law of that country shall apply*").

have chosen by agreement an applicable law after the tortious act occurs, their agreed choice shall be taken into consideration[①].

**Methodological approaches.** The new Statute also accepts one rule applied in many western national systems according to which the classification is governed by the *lex fori* (art. 8). But unlike many systems, namely the French one, the new law operates a general exclusion of *renvoi* (Art. 9). The Article 1 of the Interpretation given by the SPC on June 23rd 2007 in the field of contractual matters completes this general exclusion and, according to it, the foreign procedural rules must also be excluded when the foreign legal system is recognized as being competent by the Chinese conflict of laws rule.

**Proof of foreign law.** Still in the wake of its connections with foreign law, the new PIL Statute addresses issues of fundamental importance. The content of foreign law shall be established by the relevant people's courts, by arbitration institutions or administrative authorities. If the parties have chosen the application of a foreign law, they must prove the content of this law (Art. 10, point 1). Where the law of the foreign country cannot be proven, or contains no relevant provision, the Chinese law shall apply (art. 10, § 2). This latter solution expresses the idea commonly accepted in Europe according to which the *lex fori* has a natural vocation to be applied in such situations in order to avoid

---

[①] Again, the solution is known in Europe, in Rome II Regulation. According to Art. 14:
"*1. The parties may agree to submit non-contractual obligations to the law of their choice: (a) by an agreement entered into after the event giving rise to the damage occurred;*

*or*

*(b) where all the parties are pursuing a commercial activity, also by an agreement freely negotiated before the event giving rise to the damage occurred.*

*The choice shall be expressed or demonstrated with reasonable certainty by the circumstances of the case and shall not prejudice the rights of third parties*".

in this way a denial of justice.

Although it is not explicitly stated, it seems reasonable to deduct from the Article 10 that the judge must apply foreign law *ex officio*, even if the burden of proof of its contents can be shared between him and the parties[1]. As for national tribunals in Europe, for the Chinese courts the foreign law also includes the interpretations given by the higher courts of the country whose law is considered as applicable[2].

**Mechanisms of exception.** The Chinese law also relies on the solutions which have been traditionally developed in Europe. Such exceptions can apply either prior to using the conflict of laws rules, by means of mandatory rules (Art. 4), or after, at the level of its implementation, by using the concept traditionally known in Europe as public policy (Art. 5). Although not provided by the new Statute, a third exception mechanism, known as "evasion of the law", may contribute to the eviction of the foreign law applicable. This latter is provided by Article 6 of the SPC's Interpretation of June 23rd 2007 in contractual matters[3].

**Exception to the principle *lex specialis generalibus derogant*.** Concerning its relations with other Chinese statutes, the principle *lex specialis generalibus derogant* present in Article 2, § 1 of the new Statute knows an important exception. Pursuant the Article 51, "*[w]here Article 146, Article 147 of the General Principles of Civil Law of the PRC and Article 36 of the Succession Law of the PRC are inconsistent with the*

---

[1] So G. Vieira da Costa Cerqueira, O novo Direito Internacional Privado chinês, cited above, p. 196-197.

[2] See Y. Xiao, Foreign precedents in Chinese Courts, 11 *Yearbook of Private International Law* 2009, pp. 265-282.

[3] Particular issues concerning the mechanisms of exception in the light of the new Statute are addressed in this Review by N. Nord and L. Molerus, Exceptions based on public policy and overriding mandatory provisions in European and Chinese private international law.

*provisions of this law, this law shall prevail"*. This provision deserves two comments.

The first one concerns the advantages resulting of this rule in the field of torts. Indeed, the Articles 44, 45 and 46 of the new Statute outweigh any restrictions on compensation for the victim of a tort occurred abroad that might result from the *double-actionability rule* contained in Art. 146, § 2, of GPCL[①]. This rule, although seldom applied by the Chinese courts[②], was strongly criticized for potentially unwanted consequences for international trade. In fact, some authors argued that this provision was aimed at limiting the risk of a Chinese being condemned to compensate large sums in damages for the damaging act conducted abroad. It seems to us obvious that the second paragraph of Art. 146 of GPCL no longer applies to non-contractual obligations because of its contradiction with the new Statute[③].

The second comment is with respect to the relationship of the new Statute with other domestic conflict of laws rules. The Chinese lawmaker

---

① About the English origin of this rule and its consequences, see D. Xu, Le droit international privé en Chine: une perspective comparative, *279 Collected Courses of the Hague Academy of International Law* 1997, pp. 107-235, pp. 154-158.

② *Cf.* Q. He, Recent developments with regard to choice of law in tort in China, 11 *Yearbook of Private International Law* 2009, pp. 211-234, pp. 219-220.

③ Divergences may exist over the interpretation of Article 146, § 2, of GPCL and mechanisms available in Chinese law that made it possible to avoid the possibility of receiving an action of liability based on double-actionability rule, among which the option to choose between the contractual or extra-contractual cause of action to claim compensation for injuries and for damages to property suffered as a result of the violation of contractual obligations, as it is grant by Article 122 of Chinese Contract Law of 1999. About, G. Vieira da Costa Cerqueira, Gustavo, "La notion de contrat en droit international privé européen et chinois", *in La loi applicable aux contrats internationaux en droit international privé européen et chinois*, International symposium at the Université de Strasbourg, March 31th 2010.

could have gone a step further in Article 51. In fact, there are today about 140 Chinese normative texts containing about 420 conflict of laws rules[1]. A more and better coordination with such a large volume of scattered rules would prevent future antinomies.

*Vacatio legis.* Still another remarkable point is the time till the entry into force that allows one to familiarize with the new solutions. Again the same situation is encountered in the EU Law.

### C) Remarks on some methodological choices
### 1. The structure of the new Statute

**Title of the new Statute.** First of all, the title of the new Statute seems a bit strange to a European. "*Statute On the Application of Laws to Civil Relationships Involving Foreign Elements of the People's Republic of China*". It sounds very complicated and not really significant because the traditional wording of PIL is not used. There is also no clear reference to the field of private international law or conflict of laws.

**Plan of the new Statute.** From a systematic point of view, the new Statute managed its provisions within a structure that shows a Pandect's influence on the Chinese law. This reasoning is well known in Europe. Its structure is fundamentally based on the existence of a general part, which precedes the chapters containing provisions related to special matters corresponding to traditional divisions in private law. But a closer look on the order in which these matters are laid down will reveal that it is not the best match to the Pandect's science. A better equivalence would seem better reached if the matters would rather structured as follows: General Provisions, Civil Subjects, Creditor's Rights, Real

---

[1] Statistics provided by J. Huang, "An overview of the New Chinese Private International Law" *in International Symposium*, cited above.

Rights, Intellectual Property Rights, Marriage and Family, Succession and, finally, Supplementary Provisions. Structuring the chapters in such a way would allow keeping greater fidelity to the German model, from which the Chinese Law is widely inspired, starting from the beginning of the twentieth century with the first efforts to codify the civil law[①]. However, the way in which the matters are structured in the new Statute seems to reflect the importance it attaches to the person and their protection as it dedicates the first chapter to persons and family relationships and not to obligations and property[②].

**Arbitrage.** Another point that deserves a comment is the provisions on arbitrage. Subject to its relevance, the obligation imposed on the arbitral tribunals to prove the contents of a foreign law in the absence of choice of law by the parties (art. 10) would be a recommended provision to be included in the Law on Arbitration, adopted on 31 August 1994, where such a provision is absent. This reference to arbitration in the Chinese new Statute on Conflict of Laws may, perhaps, be explained by the fact that in the absence of choice of law by the parties, the arbi-

---

[①] The Draft of a Civil Code concluded in 1911 under the direction of Shen Jiaben, contained five parts: General part, Obligations, Rights *in rem*, Family, and Succession. The influence played by the codified German Civil Code on the structure of this Draft is ineluctable. See H. Piquet, *La Chine au carrefour des traditions juridiques*, Bruylant, 2005, pp. 109-122; See also O. Simon, Pandektensystematik oder Code Civil? Eine Abhandlung aus dem Jahre 1907 "über di Zünkunftige Kodifikation eines Zivilrechts in China" von QIN Lianyuan, *ZChinR* 2007, pp. 27-38; O. Simon, Ein juristischer Zeitschriftenbeitrag vom Ende der Qindynastie: "Abhandlung über wichtigen Elemente bei der Erstellung von Rechtskodifikationen" vom 23 Juni 1908, *ZchinR* 2006, pp. 365-387.

[②] In this sense, J. Huang, "An overview of the New Chinese Private International Law", cited above.

tral tribunals in China often refer to conflict of laws rules[①], although they are not supposed to do it.

**Provisions in a wrong context.** Finally, it seems that the content of the Article 18 (law applicable to the arbitration agreement), Article 19 (multiple nationalities; stateless) and Article 20 (present residence) would be most appropriate to be included in the General provisions than in a later chapter grouping provisions fundamentally related to persons.

### 2. Guidelines done in *trompe l'oeil*

Some general provisions are guidelines done in *trompe l'oeil* and their real meaning may be complicated to understand.

**Importance of the principle of proximity.** The first general principle that deserves a comment is the principle of proximity. As we have seen it before, many writers were in favour of a law based on such a general principle, such as in many codifications in Europe[②]. But when we read Article 2, second sentence, it is possible to think that the principle is just a subsidiary method that will be used only when there is no statutory solution. Does it mean that the rules of the new Statute are not inspired by this great principle? Shall the principle of proximity apply as a general conflict of laws rule or as an exception clause? The fact is that as a general principle, the closest connection rule may create difficulties of interpretation. Its function seems not clearly defined and is ambiguous as it is difficult to say if it is a principle which inspires the whole law and

---

[①] *Cf.* X.-Y. Li-Kotovtchikhine, *Le nouveau droit chinois des contrats internationaux*, cited above, p. 152; J. Dong, *L'arbitrage international de droit privé et les règles de conflit de lois: étude comparative du système de la C. C. I. et du droit de l'arbitrage chinois*, Université de Strasbourg, septembre 2010, pp. 11-42.

[②] S. Yu, Y. Xiao, B. Wang, The closest connection doctrine in the conflict of laws in China, cited above, pp. 423-439.

on which the solutions are based or if it is just a subsidiary technique, which will be used if there is no other solution.

This is particularly true also in the special part of the new Statute. For instance, Article 39 states: "*[s]ecurities are governed by the law of the place where the rights of the securities are realized or other laws that have the closest connection with the securities*". Do we see both a principle and an exception or are both provisions on the same level? It is difficult to deal with such a rule and impossible to have real predictability. This uncertainty is revealed especially in the contractual area. According to Article 41, "*[t]he parties may by agreement choose the law applicable to their contract. Absent any choice by the parties, the law of the habitual residence of a party whose performance of obligation is most characteristic of the contract or the law most closely connected with the contract shall be applied*". We may find ourselves asking whether this specific principle is present to regulate the criterion of characteristic performance of the contract or to operate as an escape clause[①].

Moreover, could the principle of proximity apply as a connecting factor in the field of tortious liability? Of course the new Statute does not envisage its application in this field, although the common habitual residence, applicable instead of *lex loci delicti comissi*, may be considered an objective presumption of this principle (Art. 44). But, by applying the notion of the closest connection to determine the law applicable to torts in a decision in the year 2005, the intermediary tribunal of Guangzhou has launched the possibility of applying the proximity principle with

---

① *Cf* G. Vieira da Costa Cerqueira, N. Nord, D. Porcheron, Les nouvelles règles de conflit de lois chinoises en matière contractuelle, cited above.

regard to non-contractual obligations[1]. Article 113 of the Model Law and some scholars advise this solution as well[2]. These points should be clarified. It is quite surprising in fact for a European because we have no doubt about the importance of the principle in torts matters, even if, sometimes it is difficult to use it in practice.

**Importance of the freedom of choice.** Another important general principle, which deserves attention, is the parties' autonomy in the way of a freedom of choice of law. Some advantages are well known: predictability of the applicable law, legal certainty for the persons concerned. This principle is in the wake of what we know in Europe[3] but not really verified later in the Statute. The usefulness of the statement is questiona-

---

[1] *Sui zhong fa min chu zi* N° 521 (2005) (Guangzou Intermediate Court), *apud* Q. HE, Recent developments with regard to choice of law in tort in China, cited above, p. 225.

[2] *Idem*, pp. 223-226.

[3] Not only concerning obligations but also for divorce and legal separation according to Council Regulation (EU) n°1259/2010 of 20 December 2010 implementing enhanced cooperation in the area of the law applicable to divorce and legal separation ("Rome III"). See especially Art. 5 entitled "*Choice of applicable law by the parties*":

"*1. The spouses may agree to designate the law applicable to divorce and legal separation provided that it is one of the following laws*:

(*a*) *the law of the State where the spouses are habitually resident at the time the agreement is concluded*; or

(*b*) *the law of the State where the spouses were last habitually resident, in so far as one of them still resides there at the time the agreement is concluded*; or

(*c*) *the law of the State of nationality of either spouse at the time the agreement is concluded*; or

(*d*) *the law of the forum*.

*2. Without prejudice to paragraph 3, an agreement designating the applicable law may be concluded and modified at any time, but at the latest at the time the court is seized.*

*3. If the law of the forum so provides, the spouses may also designate the law applicable before the court during the course of the proceeding. In that event, such designation shall be recorded in court in accordance with the law of the forum*".

ble: Article 3 provides that "[*i*]*n accordance with statutory provisions, the parties may expressly choose the law applicable to a civil relationship involving foreign elements*". This should mean that we would very often meet the principle of autonomy in the Statute, which seems a very liberal approach. But, after a closer study, the scope of application is rather limited. Undeniably, the place granted to the freedom of choice as a general principle comes in contrast with the position of this principle within the new Statute. Autonomy is not the most important connecting factor.

Indeed, among the 38 conflict of laws rules, only 11 allow the choice of applicable law, out of which 4 of them grant this choice in a very limited way (family relationships-Articles 24 and 26; and, with nuances[①], contracts concluded by consumers-Art. 42, and product liability-Art. 44). Moreover, among these 11 conflict of laws rules, some of them would seem to be impractical, at least in the way they appear to be stated, as we shall see below.

Thus, it seems that the reference to the principle of autonomy in the general principles is more a symbol than a real legal provision. It cannot, even hypothetically, have any independent effect. There is here some kind of reminiscence with the recitals of the EU Regulations. They also contain some general principles with no legal effect, even if some recitals in which they are embodied may, in a certain way, be consid-

---

[①] In these matters, a choice of law is conceived for only one party. This seems quite strange and it is difficult to consider that it is still a choice of law. See, in this Review, the contribution of Danièle Alexandre, Conflict of Laws Rules and the Protection of Weaker Parties in EU and Chinese PIL.

*ered potentially obligatory*[1].

### 3. The reluctance to consult the foreign conflict of laws rules

The reluctance to consult the conflict of laws rules of the legal systems of foreign countries draws attention. Such reluctance can be clearly perceived in two general provisions.

**Refusal of the *renvoi*.** The most important one is the Article 9 of the new Statute, which promotes a categorical refusal of the *renvoi*[2]. According to this provision "*[t]he law of a foreign country that is to govern a civil relationship involving foreign elements does not refer to the law on the application of laws of that country*". Some damaging aspects of the refusal in the Chinese law can be pointed out. The debate can be fed by what exists in France. *Renvoi* has some advantages:

—*Coordination of systems*: at least two States will apply the same law on the same situation because we will apply the solution of another State. For example, a French judge will apply the Italian law according to the French conflict of laws rule. He will then apply the Italian conflict of laws rule, which designates the French law. But such coordination is not always evident. To achieve these results, one of the States concerned must not apply the *renvoi*. If both systems apply the *renvoi*, the French judge will apply the French law and the Italian judge will apply the Italian law. There is no coordination in such a situation.

---

[1] S. Lemaire, Interrogations sur la portée juridique du préambule du règlement Rome I, *D.* 2008, p. 2157 *sq.*

[2] This French word is a well-known mechanism, spontaneous invented by the French courts: in the *Forgo* case (Civ. 24 juin 1878 and Req. 22 février 1882, *Les grands arrêts de la jurisprudence française de droit international privé*, 5ème édition, Dalloz, 2006, n°7 and 8) which can be described as follows: a conflict of law rule designates not only the material foreign law but also the conflict of law rule which can be applied and can designate another law, the one of the court seized, or a third law.

—*Application of the lex fori*: it may happen even if the conflict of laws rules designate a foreign law. Very often, only two States are concerned. If the *renvoi* is used, then it means that conflict of laws rules of the forum designate the law of the other State, whose conflict of laws rules will designate the *lex fori* of the first State concerned. It is much easier for the judge to deal with its own law than with a foreign one; it can go quicker and it will be far less expensive. Nowadays, this is the main argument for keeping the *renvoi*, as an expedient, in French PIL[①]. This could be a good solution even for China. To systematically move Renvoi away from Chinese PIL is quite surprising.

**States with more than one legal system.** Reluctance to consult conflict of laws rules of a foreign legal system can also be found in Article 6, which establishes that "*[i]f a civil relationship involving foreign elements is to be governed by foreign law, and if different regions in the foreign country have different laws in force, the law of the region with which the civil relationship involving foreign elements has the closest connection shall be applied*".

According to this provision, there be no need to use the internal conflict of laws rules of the system designated. The principle of proximity will give the solution. However, this way of reasoning seems to be not exactly the best because there is no coordination with the foreign legal order. Another approach is sometimes used with the formulation of certain provisions "law of the place" (Articles 14, 16 and 17, for instance). This solution is again not very satisfying because it leaves a doubt if different regions have different laws in force. Is the law of the

---

[①] See for example, P. Courbe, Retour sur le renvoi, *Le monde du droit*, *Ecrits rédigés en l'honneur de Jacques Foyer*, Economica, 2008, p. 241.

country or the law of the region of that place designated?

## 4. Methodological convergences to European solutions: 'Bilateralism' approach—standard rules-material considerations

**'Bilateralism' approach.** The 'Bilateralism' method has been chosen①. We can say that this is already a constant in the Chinese PIL culture to privilege bilateralism as the main approach for the structure of the conflict of laws rules in its legislation②. It is very familiar to the European PIL. This resumes what we know and practice for many decades.

**Standard rules.** Moreover, some rules can be considered as "standards" well known in Europe as well. Some examples can be given. When stating that "[d]evolution and contents of intellectual property rights shall be governed by the law of the place for which the protection is invoked", Article 48 offers the same solution provided by Article 8 of Rome II Regulation③. Another example can be found in the solution laid down in Article 36, according to which the law of the place where the immovable property is situated shall govern rights *in rem* in immovable property. The rule is easy to justify by the attraction power of the immovable.

---

① See W. Chen, L. Bertrand, La nouvelle loi chinoise de droit international privé du 28 octobre 2010: contexte législatif, principales nouveautés et critiques, cited above, n°19.

② All the different texts mentioned above are testimonies of this situation.

③ "*Infringement of intellectual property rights*"

"*1. The law applicable to a non-contractual obligation arising from an infringement of an intellectual property right shall be the law of the country for which protection is claimed.*

*2. In the case of a non-contractual obligation arising from an infringement of a unitary Community intellectual property right, the law applicable shall, for any question that is not governed by the relevant Community instrument, be the law of the country in which the act of infringement was committed.*

*3. The law applicable under this Article may not be derogated from by an agreement pursuant to Article 14*".

**Material considerations.** Just like in Europe, the penetration of material considerations in bilateral reasoning can be found in several rules. Article 32, for instance, states that "*[a] testament is valid as to form if the form of the testament satisfies the law of the habitual residence, the law of the country of nationality of the testator or the lex loci actus of the act of testament at the time of making the testament, or upon the death of the testator*". This solution approximates the one adopted by Article 1 of the Hague Convention of 5 October 1961 on the Conflicts of Laws Relating to the Form of Testamentary Dispositions on this matter[①].

Still regarding this tendency, a European may however be surprised by the using of unusual terms for some matters. For instance, according to Article 25 "*[p]ersonal relationships and property relationships between parent and child shall be governed by the law of their common habitual residence; in the absence of a common habitual residence, the law of the habitual residence or the law of the country of nationality of one party*

---

① Article 1: "*A testamentary disposition shall be valid as regards form if its form complies with the internal law:*

*a) of the place where the testator made it, or*

*b) of a nationality possessed by the testator, either at the time when he made the disposition, or at the time of his death, or*

*c) of a place in which the testator had his domicile either at the time when he made the disposition, or at the time of his death, or*

*d) of the place in which the testator had his habitual residence either at the time when he made the disposition, or at the time of his death, or*

*e) so far as immovables are concerned, of the place where they are situated.*

*For the purposes of the present Convention, if a national law consists of a non-unified system, the law to be applied shall be determined by the rules in force in that system and, failing any such rules, by the most real connexion which the testator had with any one of the various laws within that system.*

*The determination of whether or not the testator had his domicile in a particular place shall be governed by the law of that place*".

*shall be applied, provided that it is the law favouring protection of the rights and interests of the weak party"*. The adjective "weak" employed by the Article 25 to designate the party that deserves a special protection is normally used in Europe only for contracts. Moreover, the adjective "weak" could have been used here in the superlative in order to indicate the "weaker" party.

## II. Remarks on some specific and problematical conflict of laws rules

Some provisions of the Chinese new Statute on Conflict of laws will be difficult to use in practice due to their content (A). Some other provisions create difficulties of precision with respect to the rule that applies (B).

### A. Rules difficult to apply because of their content
#### 1. The law applicable to govern movable property

**Legislative innovation or a mistake?** First of all, the Articles 37 and 38 allow the choice of law applicable to real rights in movable property, even though that property is in transit[①]. In other words, these provisions make the rights *in rem* of movable property primarily to be subject to the legal system of a certain country as chosen by agreement by the parties. However, territoriality is the fundamental principle in this field. This is the reason why national laws and international conventions adopt

---

[①] Article 37 Sentence 1 provides that "*[t]he parties may choose by agreement the law applicable to rights in rem of movable property*". Sentence 2 provides that "*[i]n the absence of a choice by the parties, the law of the place where the movable property is situated at the time of the occurrence of the legal fact concerned shall be applied*". Article 38 Sentence 1 provides that "*[t]he parties may choose by agreement the law applicable to rights in rem of movable property that change in during transport*".

the traditional rule *lex rei situs* in this particular matter①. Thus, relating to rights *in rem*, the location of the property is the primordial connecting factor. Hence, unless such a choice matches the law of the country where the property is located, it appears extremely difficult to foresee how the choice of law by the parties, even if these parties are connected only to a movable property, can be compatible with the fact that only the law of the country where the property is located remains competent of regulating the issues relating to real effects of the contract (acquisition, loss, change and exercise of both rights *in rem* of immovable property and movable property)②. Rights *in rem* are different from contractual and non-contractual obligations, and require different conflict rules from those relating to the law applicable to obligations③. By permitting the parties to freely choose the law governing the real effects of contracts on movable property, the Chinese legislator introduces into the field of contract a matter which is reluctant to the criterion of autonomy and which is naturally drawn up by the *lex rei sitae*④. For some scholars both provi-

---

① See for example, Article 100 § I of the Swiss Federal Statute on Private International Law (IPRG) of 18 December 1987, Article 31 of the Austrian Federal Statute on Private International Law (IPR-Gesetz) of 15 June 1978, Article 24 of the Polish Statute on Private International Law of 15 June 1978 and Article 13 of the Japanese Act on the General Rules of the Application of Laws of 15 June 2006.

② So G. Vieira da Costa Cerqueira, O novo Direito Internacional Privado chinês, cited above, pp. 200-201; W. Chen, L. Bertrand, La nouvelle loi chinoise de droit international privé du 28 octobre 2010: contexte législatif, principales nouveautés et critiques, cited above, n° 35.

③ About this complex relationship, see P. Lagarde, Sur la loi applicable au transfert de propriété. Requiem critique pour une convention mort-née, *Liber Amicorum G. A. L. Droz*, Kluwer, 1996, pp. 151-172; V. Heuzé, La notion de contrat en droit international privé, *Travaux du Comité français de droit international privé* (1995-1998), Pedone, pp. 319-325.

④ So G. Vieira da Costa Cerqueira, O novo Direito Internacional Privado chinês, cited above, pp. 200-201.

sions are a legislative error and meaningless[1].

**Antinomy with the CISG.** This solution is even more surprising when one knows that Article 4 of the CISG, explicitly excludes from its scope the issues concerning the effect which the contract may have on the ownership of goods sold. If this contradiction is resolved, based on the hierarchy established by Article 142 of the GPCL which recognizes the supremacy of international conventions, it leaves room for mismanagement of the conflict of laws rules in cases where the Vienna Convention is not applied, giving rise to the emergence of a dualistic regime in this matters[2].

**The Need of a SPC's Interpretation.** An Interpretation by the SPC of this matter is highly desirable. In this regard, two hypotheses can be envisaged. The SPC chooses a distributive application of the laws concerned: in this situation, the contract, which is a source of obligations, will be governed by *lex contractus* (the choice of law-autonomy of the will) and the relevant constitutive act of rights *in rem* will be submitted to the *lex rei sitae*. Or, if the SPC does not make this choice, the opposing scenario envisages the refusal of the law chosen by the parties. In this situation, one shall refer to the *lex situs* to govern the issues related to the consent of the parties as well. Thus, as long as the law that governs the effects of the agreement on the real rights is the same as the law of the State where the property is located, the *lex situs* should also be able to regulate the conditions of validity of the contract at stake.

---

[1] W. Chen, L. Bertrand, La nouvelle loi chinoise de droit international privé du 28 octobre 2010: contexte législatif, principales nouveautés et critiques, cited above, n° 35.

[2] So G. Vieira da Costa Cerqueira, "O novo Direito Internacional Privado chinês", cited above, p. 201.

## 2. The law applicable to protect the weaker party in family law

A certain group of provisions related to family law gives rise to the same sort of difficulty of application. We refer here to the Articles 25, 29 and 30① and we would ask ourselves: what is a main property and whose main property shall be taken into consideration when determining the law applicable based on the Article 29②? No clear answer may be reached just from reading the text of the new Statute. What does "*favouring the protection of a person*" mean? Does it mean that the law designated must have some special provisions? Who will appreciate the protection? Is there a level to satisfy? An Interpretation of the SPC on these matters is again highly advisable.

## 3. The law applicable in the field of torts

Additional provisions showing difficulty of application can be found in the field of torts. According to Article 44 "*[t]ortious liability shall be governed by the lex loci delicti, but it shall be governed by the law of the*

---

① Article 25: "*Personal relationships and property relationships between parent and child shall be governed by the law of their common habitual residence; in the absence of a common habitual residence, the law of the habitual residence or the law of the country of nationality of one party shall be applied, provided that it is the law favouring protection of the rights and interests of the weak party*".

Article 29: "*Maintenance shall be governed by the law of the habitual residence or the law of the country of nationality of one party, or the law of the place where the principal property is situated, provided that it is the law favouring protection of the rights and interests of the person to be maintained*".

Article 30: "*Guardianship shall be governed by the law of the habitual residence or the law of the country of nationality of one party, provided that it is the law favouring protection of the rights and interests of the ward*".

② In this sense, see W. Chen, L. Bertrand, La nouvelle loi chinoise de droit international privé du 28 octobre 2010: contexte législatif, principales nouveautés et critiques, cited above, n° 11.

*common habitual residence if the parties have a common habitual residence. If the parties agree to choose the applicable law after the occurrence of a tortious act, their agreement shall be followed*". The question is then what happens when the component factors of the case are spread over several countries? There is a clear answer in the Rome II Regulation which states that the applicable law "*shall be the law of the country in which the damage occurs irrespective of the country in which the event giving rise to the damage occurred and irrespective of the country or countries in which the indirect consequences of that event occur*" (Art. 4-1). The answer permits a resolution of such complicated situations. In Chinese law, the rule adopted engenders uncertainty as to the law applicable.

Another problematical solution is seen in Article 46 which states "*[i]f rights of personality, such as right of name, right of portrait, right of reputation, or right of privacy, have been infringed upon through the internet or by any other means, the law of the habitual residence of the person whose right has been infringed upon shall be applied*". Why is the "*law of the habitual residence*" always coming up? This law is not necessarily the law of the damage and not the law of the fact giving rise to it. The focus on the habitual residence of the victim is very liberal and allows great protection for the victim, but the solution is not always the best because it can often have no real link with the situation. This will be frequently true for the infringement of such rights by the means of the Internet. Why shall then the law of the habitual residence of the victim be always applicable, even if the website is not based in the country where the victim resides or does not focus on that country?

The principle of proximity seems actually not be a central concern in these situations for the Chinese legislator.

## B. Difficulties of determining the rule applicable

From a semantic point of view, if some provisions specify the order of application of the conflict of laws rules (as per Article 26), there are others that employ the connective "or" without, however, indicating a preference between the alternatives they lay down. The first two rules laid down in Article 29, already quoted above, serve as examples in this regard. In other cases, it is difficult to discern the conditions under which the judge can exercise an option given by the law, such as the one contemplated by Article 43, *in fine*, relating to employment contract[①].

## Conclusion

In conclusion, we can clearly detect some converging solutions at the level of conflict of laws rules within the structure of European and Chinese PIL. Freedom of choice for the law applicable is the basic rule in contractual matters and may play a special role in torts, family and succession law. Failing to indicate such a choice, the principle of proximity can be used to connect the relation to a country with which it would have the most significant relationship if, initially, objective connecting factors cannot link the contract to a predetermined legal system. More generally, the principle of proximity may also be used to determine the law applicable to the foreign-related relationships where the new Statute or other existing statutes does not dictate any objective connecting factors. Moreover, in both China and Europe, the intervention of public policy and mandatory rules may affect the determination of the applicable

---

① See, in this Review, the contribution of Danièle Alexandre, Conflict of Laws Rules and the Protection of Weaker Parties in EU and Chinese PIL. *Cf.* G. Vieira da Costa Cerqueira, N. Nord, D. Porcheron, Les nouvelles règles de conflit de lois chinoises en matière contractuelle, cited above.

law. This general convergence of solutions should not mask the specificities of each system, particularly regarding the circumstances, conditions and modalities of implementation of the conflict of laws mechanisms.

Of course, there are still many questions to be solved regarding the Chinese new Statute on Conflict of Laws. Judicial interpretation will certainly be necessary. Thus, the system is not so different from the French one or even from the EU Regulations. There are always some gaps and the intervention of judges, especially the CJEU is much expected in certain areas. But without these gaps, we would have nothing to comment on.

# Conflict of Law Rules and the Protection of the Weaker Party in EU Private International Law and in Chinese New Private International Law: Consumer Contracts and Employment Contracts

Danièle ALEXANDRE*

**Introductory remarks**

Both in EU Private International Law (EU PIL) and in Chinese New Private International Law (Chinese New PIL) it was deemed important to adopt special rules to determine the law applicable to consumer contracts and employment contracts with the purpose of protecting the weaker party. But those rules have existed for longer in the EU system than in the Chinese system, because they were already mentioned in the Rome Convention of 19 June 1980 on the law applicable to contractual obligations, replaced by the Rome I Regulation of 17 June 2008, whereas the Law of the People's Republic of China on the laws applicable to foreign related civil relations of 28 October 2010, in force since 1st April

---

\* Emeritus Professor at the University of Strasbourg, France.

2011, is not only the first statute on conflict of law rules in general,[1] but also the first law which has adopted special conflict of law rules for consumer contracts and employment contracts, different from those governing contracts in general.

We must point out that the Rome I Regulation (the only European legislation that I will analyse) also includes contracts of carriage (article 5) and insurance contracts (article 7) among the contracts which require special conflict of law rules because of the existence of a weaker party, whereas the Chinese New PIL does not exclude them from the category of contracts in general for the application of conflict of law rules (see articles 41, 42 and 43). I have therefore decided to limit my report concerning "Conflict of Law Rules on the protection of the weaker party in EU PIL and Chinese New PIL" strictly to consumer contracts and employment contracts.

After the analysis of the scope of the special rules concerning the law applicable to consumer contracts and employment contracts, I will describe the content of the very rules concerning the applicable laws.

## Part I  Scope of the special rules concerning the law applicable to consumer contracts and to employment contracts

Whereas we can find some information about the scope of the special rules in the Rome I Regulation, the case-law and the doctrine, however in the Chinese New PIL the novelty of those special rules and the absence of full particulars about this question renders the analysis of the Chinese system much more difficult, particularly for a European Professor.

---

[1] Cf. in this Review, Nicolas Nord and Gustavo Vieira da Costa Cerqueira, "Comments on the Chinese new Statute on Conflict of Laws: A European perspective" and their references.

## A. In the European Union: the Rome I Regulation

### 1. Consumer contracts (article 6).

The special provisions of article 6 of the Rome I Regulation can only be applied if two kinds of conditions are fulfilled.

a) Conditions relating to the contracting parties.

1° The consumer

Article 6 § 1 defines the consumer as "a natural person" who concludes a contract "for a purpose which can be regarded as being outside his trade or profession". As a result, companies and other legal persons cannot be considered as consumers for the application of the special rules of article 6.

Based on the case-law established about the meaning of this concept in the Brussels Convention and the Brussels I Regulation on jurisdiction and the recognition and enforcement of judgements in civil and commercial matters (see justification in recital 7 of the Preamble to Rome I Regulation),[①] we can point out four characteristics of this concept of "consumer":

—The natural person who concludes the contract for a purpose which cannot be regarded as being outside his trade or profession shall not be considered as a consumer for the application of article 6. This results directly from article 6, and is applied even if both parties have unequal economic forces or different specialties.

—When a consumer who has initially concluded the contract transfers his rights to a professional, the latter will not be considered as a

---

① Recital 7: "The substantive scope and the provisions of this Regulation should be consistent with Regulation (EC) No 44/2001 of 22 December 2000 on jurisdiction and the recognition and enforcement of judgments in civil and commercial matters (Brussels I)...".

consumer.

—Special provisions of article 6 cannot be applied if the natural person concludes a contract for a dual use, partly outside and partly inside his trade or profession, except if the use inside his trade or profession is really insignificant as part of the whole transaction (but majority use outside his profession will not be sufficient).

—The natural person who concludes a contract with the view of a future trade or profession will not be considered as a consumer, because article 6 only deals with the purpose of the contract (inside or outside the natural person's profession), independently of the moment when it happens.

We must add that the Rome I Regulation does not require that the consumer should have his habitual residence in an EU Member State, because of the universal application of this Regulation.

2° The professional

It is a requirement that the contract should be concluded with "another person acting in the exercise of his trade or profession" and this party is called "the professional". This is the reason why the special provisions of article 6 cannot be applied if the contract has been concluded between two natural persons acting outside their trades or professions, because normally there is no fear of any inequality between them (for instance: sale of a second-hand car agreed between two natural persons).

b) Conditions relating to the contracts themselves

1° Subject-matter of the contracts

The Rome I Regulation system is more extensive than the Rome Convention of 1980 was and nowadays in principle all consumer contracts fulfilling the requirements of article 6 § 1 are submitted to the special provisions of article 6, whatever their subject-matter, except contracts of carriage regulated by article 5 and insurance contracts regulated by article 7.

Nevertheless, article 6 § 4 lists five types of contracts which are not governed by the special provisions of article 6 § 1 and 2 (see the list in the annexe).

2° Circumstances in which the contracts should be concluded

Article 6 § 3 states that if the requirements of § 1 a) and b) are not fulfilled, the law applicable to a contract between a consumer and a professional shall not be determined pursuant to article 6 § 1 and 2, but pursuant to articles 3 and 4 concerning contracts in general. But which are those requirements that should be fulfilled? There are two of them.

—First, "the professional:

a) pursues his commercial or professional activities in the country where the consumer has his habitual residence,[①]or

b) by any means directs such activities to that country or to several countries including that country.

The latter provision intends to deal with the peculiarities of electronic commerce. And for an explanation of the concept of activity "di-

---

[①] Nothing is said in article 6 about the meaning of the concept of habitual residence. Some indications are given about this notion in article 19 concerning contracts in general, but they are not very useful for consumer contracts, because they essentially concern the habitual residence of companies and other bodies, or of natural persons acting in the course of their business activities.

rected to", one may refer to recital 24 of the Preamble to the Rome I Regulation[①] and to a judgement of the Court of Justice of the European Union of 7 December 2010[②] concerning this concept in Brussels I Regulation.

—Secondly, it is also essential that the contract should fall within the scope of such activities. It means that there must be a link between the professional's activities and the contract which has been concluded. For instance: if a Portuguese consumer having his habitual residence in Portugal goes to Madrid and buys there in a department store a product that the Portuguese subsidiary company also sells, he will not be allowed to ask for the application of the Portuguese law in virtue of article 6 § 1, because there is no link between the activities of the Portuguese subsidiary company and the contract concluded in Madrid.

2. Employment contracts (article 8).

The heading of article 8 of the Rome I Regulation points out that special provisions concerning employment contracts only apply to indi-

---

[①] Recital 24: "... Consistency with Regulation (EC) No 44/2001 requires both that there be a reference to the concept of directed activity as a condition for applying the consumer protection rule and that the concept be interpreted harmoniously in Regulation (EC) No 44/2001 and this Regulation, bearing in mind that a joint declaration by the Council and the Commission on Article 15 of Regulation (EC) No 44/2001 States that ' for Article 15(1) (c) to be applicable it is not sufficient for an undertaking to target its activities at the Member State of the consumer's residence, or at a number of Member States including that Member State; a contract must also be concluded within the framework of its activities'. The declaration also states that ' the mere fact that an Internet site is accessible is not sufficient for Article 15 to be applicable, although a factor will be that this Internet site solicits the conclusion of distance contracts and that a contract has actually been concluded at a distance, by whatever means. In this respect, the language or currency which a website uses does not constitute a relevant factor. '."

[②] CJEU 7 Dec. 2010, Joined Cases C-585/08 and C-144/09, Peter Pammer, Hotel Alpenhof, OJC 55 from 19-02-2011 p. 4. But in Brussels I Regulation reference is made to the consumer's domicile instead of the consumer's habitual residence as in the Rome I Regulation.

vidual employment contracts.

a) Definition of the individual employment contract

Such a definition is neither given in the Rome I Regulation, nor in the Rome

Convention, the Brussels Convention or the Brussels I Regulation. But we can find a definition of the employment relationship in a judgement of the European Court of Justice of 3 July 1986,[1] however in another kind of litigation; it is stated that "the essential feature of an employment relationship is that a person performs services of some economic value for and under the direction of another person in return for which he receives remuneration...". The same kind of definition was adopted by the French "Cour de Cassation" on 19 June 2007[2] for the concept of "employer", but for the application of article 19 of the Brussels I Regulation.

Thus are excluded from the scope of application of article 8 the collective labour agreements between employers and workers' representatives, but the system which is applicable to those agreements is under discussion. Some authors think that the general rules of articles 3 and 4 of the Rome I Regulation are those which must be applied, others think that the Rome I Regulation cannot be applied at all.

b) Types of individual employment contracts governed by the special provisions of article 8

Doctrine and case-law have decided, in the absence of full particulars in article 8, that:

---

[1] ECJ 3 July 1986, case 66/85, Deborah Lawrie-Blum, European Court Reports 1986 page 02121.

[2] Cass. soc. 19 juin 2007, Bull. civ. V n° 109.

—Article 8 also governs contracts which are null and void, as well as implied contracts.

—The possibility of applying article 8 to individual employment contracts concluded with the State, the local communities or other public establishments depends on the general position adopted about the material scope of Rome I Regulation resulting from article 1 § 1.

Using the solution adopted by the European Court of Justice on 14 October 1976[①] for the delimitation of the scope of the Brussels Convention which uses the same concept of "civil and commercial matters" as the Rome I Regulation, we can admit that the area of application of the Regulation includes such contracts if they are similar to contracts of private law, but not "where the public authority acts in the exercise of its powers" conferred by public law.

B. In China

As already mentioned, the Law of the People's Republic of China on the Laws applicable to Foreign Related Civil Relations is the first to have adopted special rules concerning the laws applicable to consumer contracts and to employment contracts in articles 42 and 43 (whereas article 41 is devoted to contracts in general). If we make the comparison with the Rome I Regulation, we can point out some differences concerning the scope of those special provisions.

1. Consumer contracts (article 42)

a) Conditions relating to the contracting parties

In the Chinese New PIL, nothing is said about such conditions; it is only mentioned that there is a "consumer" and a "business operator"

---

[①] ECJ 14 Oct. 1976, case 29/76 Eurocontrol, European Court Reports 1976 page 01541.

(professional).

I think that the rules established in the EU by the Rome I Regulation and completed by the case-law could reasonably also be applied in the Chinese system of PIL. Moreover, as article 8 of the Chinese New PIL declares that "Classification of foreign related civil relations is governed by the law of the forum", normally the concept of consumer, as it appears in article 2 of the Law of the People's Republic of China on Protection of Consumers' Rights and Interests of 31 October 1993, can be used: consumers are persons "who buy and use commodities or receive services for purposes of daily consumption".

b) Conditions relating to the contracts themselves

Article 42 does not enumerate the requirements which must be fulfilled concerning the circumstances in which the consumer contract should be concluded. It only mentions one situation where the circumstances in which the contract has been concluded require a compulsory exception to the principle of law applicable: it is "where the business operator has no relevant business operations at the habitual residence of the consumer". But this exception seems to me open to criticism for two reasons: first, the circumstance which justifies an exception to the principle is not sufficiently specific; and secondly, it would be logical to apply in this circumstance the law applicable to contracts in general and not the one mentioned in article 42 as exceptionally applicable to consumer contracts as we will see in Part II.

2. Employment contracts (article 43).

Article 43 does not mention that it regulates only individual employment contracts, but it seems reasonable to think that it is implied. Concerning the possibility to apply article 43 to employment contracts concluded with state organs or public institutions, as nothing is mentioned in the Chinese New PIL, one will have to refer to the solution adopted as regards the meaning of the concept of "foreign related civil relations" mentioned in the title of the Chinese New PIL. Mr. LU Song, Professor at China Foreign Affairs University and Vice-President of the Chinese Society of Private International Law, proposes to consider that "as a general principle, the conflict rules of the New Law will be applicable to contracts concluded with state organs or public institutions, because pursuant to Art. 2 of the New Law, the law applicable to foreign related civil (including commercial) relations will be determined by that law. The New Law does not exclude contracts to which a State is a party from the scope of its application. There is not a special law in China which provides conflict rules relating to the proper law of contracts to which a State is a party" (personal communication).

**Part II  Content of the special rules concerning the determination of the applicable laws.**

A. In the European Union.

The European Union has adopted a dualistic system, admitting party autonomy and determining also the law applicable in the absence of choice.

1. Party autonomy

a) The principle

Both articles 6 § 2 for consumer contracts and 8 § 1 for individual employment contracts state the principle of freedom of choice of the law applicable to the contract, and refer to article 3 governing contracts in general about how the choice needs to be made.

b) Limitation

To avoid the weaker party seeing their contract governed by too disadvantageous a law under the pretext of being the law chosen by the parties (when everybody is well aware that the weaker party has no real possibility to refuse the choice of law), the Rome I Regulation adds, after the principle, that the "choice may not, however, have the result of depriving" the consumer (article 6 § 2) or the employee (article 8 § 1) "of the protection afforded to him by provisions that cannot be derogated from by agreement by virtue of the law which, in the absence of choice, would have been applicable...".

This limitation calls for four remarks:

—The limitation of articles 6 § 2 and 8 § 1 should not be mistaken with the limitation resulting from article 9 concerning overriding mandatory provisions (see recital 37 of the Preamble to Rome I Regulation,① and Nicolas Nord and Lucille Molerus "Exceptions based on public policy and overriding mandatory provisions in European and Chinese PIL", this Review page...).

—Point 2 of this report will deal with the law applicable to consumer contracts and to individual employment contracts in the absence of a choice of law.

—It must be added that for consumer contracts the limitation is only applied if the contract has been concluded in the circumstances mentioned in article 6 § 1 (analysed in Part I. A. 1. b) 2°); if not, it is article 3, concerning contracts in general, which applies in full.

—We think that the provisions that cannot be derogated from by agreement under the law which would have been applicable in the absence

---

① Recital 37 "... The concept of 'overriding mandatory provisions' should be distinguished from the expression 'provisions which cannot be derogated from by agreement' and should be construed more restrictively."

of choice must only be applied instead of the chosen law if they are more protective of the weaker party, and not automatically. In favour of this solution can be mentioned recital 23 of the Preamble to Rome I Regulation[1] and the wording of articles 6 and 8 of the Rome I Regulation (see the text in the annexe). But there is another problem which has not been clearly solved at present: who will have to prove that there is a provision that cannot be derogated from and that is more protective: the weaker party or the judge? As it is a rule objectively applicable and the weaker party must be protected, it seems to us that it would make sense that the burden of proof should lie with the judge; but to be certain, it would be preferable to wait for a decision of the Court of Justice of the European Union.

2. Applicable law in the absence of choice.

a) Consumer contracts

Article 6 § 1 of the Rome I Regulation provides that, in the absence of choice of law, the consumer contract "shall be governed by the law of the country where the consumer has his habitual residence". We can make some remarks about this provision.

—This law only applies if the circumstances in which it is required by article 6 § 1 that a consumer contract is concluded, are fulfilled (see above Part I. A. 1. b) 2°). If that is not the case, article 6 § 3 provides that the law applicable to the contract "shall be determined pursuant to article 4", which is the article concerning contracts in general.

---

[1] Recital 23. As regards contracts concluded with parties regarded as being weaker, those parties should be protected by conflict of law rules that are more favourable to their interests than the general rules.

—Article 6 § 1 does not admit an "escape clause" if it appears that the contract is more closely connected with a country other than the one where the consumer has his habitual residence, whereas there is an escape clause when article 4 applies to contracts in general (article 4 § 3).

—As justification of the competence of the law of the country where the consumer has his habitual residence, we must admit that even if it is not necessarily the law which is the most protective of the consumer's interests, it has nevertheless the merit of being the law that the consumer knows best and whose application he may easily foresee.

—As already mentioned (see Part I. A. 1. b) 1°), article 6 § 4 gives a list of contracts to which article 6 § 1 shall not apply.

b) Individual employment contracts.

Article 8 § 2 and 3 indicates which law has to be applied in principle in the absence of choice of law by the parties (1°) but article 8 § 4 has added, as an exception, an "escape clause" (2°).

1° The principle

Two different rules are applied, depending on the circumstances.

—First rule.

"The contract shall be governed by the law of the country in which or, failing that, from which the employee habitually carries out his work in performance of the contract" (article 8 § 2).

This provision deserves three remarks:

∗ The reference not only to "the country in which" but also "failing that, from which" the employee habitually carries out his work, is meant to offer a solution in particular for contracts where the employee works aboard planes or ships, because he does not work "in" a country, but "from" a country.

\* It is often difficult to determine the country in which or from which the employee carries out his work when he carries out his activities in many countries. The same difficulty exists for the application of the Brussels I Regulation on jurisdiction and the enforcement of judgements in civil and commercial matters where similar terms are used by article 19 § 2. Decisions of the European Court of Justice in the field of jurisdiction could then be used (as it is recommended by recital 7 of the Preamble to the Rome I Regulation). Those decisions generally admit that the place where the employee habitually carries out his work is the place where the employee has done the most important part of his work, where he has established an office from where he organizes his activities for the employer and where he comes back after every professional trip. And recently a judgement of the Court of Justice of the European Union of 15 March 2011, Heiko Koelzch, case C-29/10, has decided, about the application of article 6 § 2a) of the Rome Convention on the law applicable to contractual obligations, that this country is "that in which or from which, in the light of all the factors which characterise that activity (here an international transport) the employee performs the greater part of his obligations towards his employer".

\* Article 8 § 2 specifies that "the country where the work is habitually carried out shall not be deemed to have changed if he (the employee) is temporarily employed in another country". We find the definition of temporary individual employment contracts in recital 36 of the

Preamble to Rome I Regulation.[①]

—Second rule.

Where the law applicable cannot be determined pursuant to § 2, article 8 § 3 declares that "the contract shall be governed by the law of the country where the place of business through which the employee was engaged is situated". We may point out that this second possibility will not be often used, because of the broad interpretation of the first rule.

2° The exception: the "escape clause"

Article 8 § 4 states that "Where it appears from the circumstances as a whole that the contract is more closely connected with a country other than that indicated in paragraphs 2 and 3, the laws of that other country shall apply". Some remarks can be made about this escape clause.

—For individual employment contracts, article 8 § 4 has stipulated an escape clause as article 4 does for contracts in general, whereas it is not admitted for consumer contracts, as we already mentioned.

—Article 8 § 4 only requires for its application that the contract should be "more closely connected with a country other than that indicated in paragraphs 2 and 3", whereas article 4 § 3, which is similar, but in the field of contracts in general, requires that the contract be "manifestly more closely connected…". Why this difference? Some authors think that if the word "manifestly" disappeared in article 8 § 4, it is in order to facilitate the application of the exception which is

---

[①] Recital 36: "As regards individual employment contracts, work carried out in another country should be regarded as temporary if the employee is expected to resume working in the country of origin after carrying out his tasks abroad. The conclusion of a new contract of employment with the original employer or an employer belonging to the same group of companies as the original employer should not preclude the employee from being regarded as carrying out his work in another country temporarily".

generally used in favour of the employee. But as nothing is said about it, neither in the Rome I Regulation nor in a recital of the Preamble, it is probably only an omission, because in the previous Rome Convention, the word "manifestly" did not appear at all.

—Some difficulties arise concerning the way of implementing the escape clause. Is it applied only in favour of the employee? And who has to prove the possibility of applying this exception, the judge or one party, and which one?

B. In China.

The Chinese New PIL has not adopted for the determination of the law applicable to consumer contracts and employment contracts a dualistic system totally similar to the EU system. There are many differences, both concerning party autonomy and the applicable law in the absence of choice.

1. Party autonomy.

While article 41 adopts for the contracts in general the principle of freedom of choice of the law applicable to the contract by an agreement between the parties, such a possibility is not offered at all in article 43 concerning employment contracts.

And if for consumer contracts a choice of the law applicable is allowed in article 42,[1] it is apparently in a very restrictive way, as only the consumer benefits from this possibility whereas party autonomy supposes normally an agreement between both parties, and there is only one law that can be chosen. We, as Europeans, may then doubt that article

---

[1] Article 42. "... Where the consumer chooses the law of the place where the commodity or the service is provided... the law of the place where the commodity or service is provided shall be applied."

42 makes a real reference to party autonomy, and think that the mentioned rule is more probably one optional exception to the principle of competence of the law of the consumer's habitual residence (see below).

If our interpretation is the good one, we could then say that the Chinese New PIL has renounced to admit party autonomy for consumer contracts and employment contracts probably because the interests of the weaker party would not be sufficiently protected if a limitation of the same kind as the one mentioned in articles 6 § 2 and 8 § 1 of the Rome I Regulation was not added; but as such a limitation is very difficult to apply, the Chinese system has preferred to abandon the idea of party autonomy in this field.

3. Applicable law in the absence of choice.

a) Consumer contracts.

1° The principle.

According to article 42, in principle "a consumer contract is governed by the law of the consumer's habitual residence" (same solution as in the Rome I Regulation). As there is no definition of the concept of habitual residence in the Chinese New PIL, information will result from jurisprudence and doctrine.

2° The exceptions.

There is mentioned in article 42 a compulsory exception to the principle of law applicable to consumer contracts, "where the business operator (the professional) has no relevant business operations at the habitual residence of the consumer".[①] Then "the laws of the place where the commodity or the service is provided shall be applied". This exception

---

① This circumstance has already been mentioned in Part I. B. 1b).

meets the idea, also present in the Rome I Regulation, that the special protective rules shall only apply if the professional has business activities in the habitual residence of the consumer, but it seems that it would be useful to have more details about which circumstances will allow to decide that this requirement is not fulfilled.

We think, as said above, that it can be considered that article 42 adds an optional exception to the law applicable in principle to consumer contracts, offered only to the consumer: if the consumer chooses the law of the place where the commodity or the service is provided, then this law shall be applied instead of the law of his habitual residence. A question remains open: when and how must this choice be made? Answers have been given for contracts in general and concerning agreements between both parties in articles 3 and 4 of the Rules of the Supreme People's Court of 23 July 2007,[1] but may they be used for the interpretation of a later law, and for consumer contracts where the choice of law does not result of an agreement between both parties, but is made by the consumer alone.

b) Employment contracts.

We will see that article 43 mentions three possible solutions depending on circumstances, and does not include an "escape clause".

---

[1] Article 3. To choose a law or alter a choice of law applicable to contractual disputes shall be done by the parties in an explicit manner.

Article 4. The People's Court shall permit the parties concerned to choose a law or alter a choice of law applicable to contractual disputes by agreement prior to the end of court debate of the first instance.

In case the parties concerned fail to choose a law applicable to contractual disputes but both invoke the law of a same country or region and neither has raised any objection to the choice of law, the parties concerned shall bee deemed as having made the choice of a law applicable to contractual disputes.

1° Three different solutions depending on circumstances
—First Rule.

In principle," an employment contract is governed by the law of the place where the employee works".

It will be easy to determine the applicable law when the employee has only one working place. But what happens if he has several working places, or if it is difficult to decide which is the working place of a person who works aboard a plane or ship?

The Rome I Regulation gives many more details than the Chinese New PIL about those questions, but the Chinese New PIL has preferred to adopt a second general rule "if the working place of the employee cannot be ascertained".

—Second rule.

If the working place of the employee cannot be ascertained "the law of the principal place of business of the employer shall be applied", but what does "the principal place of business" mean? The Rome I Regulation has chosen as applicable law in this case "the law of the country where the place of business through which the employee was engaged is situated". Predictability and certainty of solutions are apparently easier with the wording of the Rome I Regulation than with the wording of article 43 of the Chinese New PIL.

—Third rule.

Article 43 also regulates "labour service placement" choosing an applicable law different from the former ones. It states that "labour placement services may be governed by the law of the place where the service placement is arranged".

Two remarks can be made.

\* here it is said that the labour placement services "may be governed by..." whereas for other rules it is said that the law "shall be applied". Does it mean that it is only a possibility and not an obligation, and then when can this possibility be used?

\* this solution is the opposite of the one adopted by the Rome I Regulation in article 8 § 2.

2° No "escape clause"

For employment contracts article 43 has not included an escape clause as with article 8 § 4 of the Rome I Regulation (as already mentioned, article 42 also does not include such a clause for consumer contracts, just as in the Rome I Regulation).

It must be pointed out that on the contrary for contracts in general article 41 admits that the law which has the closest relation with the contract shall apply. Perhaps the difference between solutions adopted for contracts in general on the one hand and for consumer contracts and employment contracts on the other hand can be attributed to the uncertainty that the law which has the closest relation with the contract is more protective than the one normally applicable in the absence of choice, and for consumer contracts or employment contracts it is essential to protect the weaker party.

## Conclusion

There remains for both doctrine and jurisprudence the hard task of giving an interpretation of the Chinese New PIL Statute which has adopted, for the first time, special rules concerning the law applicable to consumer contracts and employment contracts. Perhaps the European system will be able to show the way, both by pointing out solutions which may be adopted because they are satisfactory, and others which must be waved because they are open to criticism. And reciprocally we are convinced in Europe that we can learn a lot for the future from the Chinese way of implementing those new conflict of law rules.

**Annexe**

**Rules of the Rome I Regulation**

Article 6

Consumer contracts

1. Without prejudice to Articles 5 and 7, a contract concluded by a natural person for a purpose which can be regarded as being outside his trade or profession (the consumer) with another 4.7.2008 EN Official Journal of the European Union L 177/11 person acting in the exercise of his trade or profession (the professional) shall be governed by the law of the country where the consumer has his habitual residence, provided that the professional:

(a) pursues his commercial or professional activities in the country where the consumer has his habitual residence, or

(b) by any means, directs such activities to that country or to several countries including that country,

and the contract falls within the scope of such activities.

2. Notwithstanding paragraph 1, the parties may choose the law applicable to a contract which fulfils the requirements of paragraph 1, in accordance with Article 3. Such a choice may not, however, have the result of depriving the consumer of the protection afforded to him by provisions that cannot be derogated from by agreement by virtue of the law which, in the absence of choice, would have been applicable on the basis of paragraph 1.

3. If the requirements in points (a) or (b) of paragraph 1 are not fulfilled, the law applicable to a contract between a consumer and a pro-

fessional shall be determined pursuant to Articles 3 and 4.

4. Paragraphs 1 and 2 shall not apply to:

(a) a contract for the supply of services where the services are to be supplied to the consumer exclusively in a country other than that in which he has his habitual residence;

(b) a contract of carriage other than a contract relating to package travel within the meaning of Council Directive 90/314/EEC of 13 June 1990 on package travel, package holidays and package tours (1);

(c) a contract relating to a right in rem in immovable property or a tenancy of immovable property other than a contract relating to the right to use immovable properties on a timeshare basis within the meaning of Directive 94/47/EC;

(d) rights and obligations which constitute a financial instrument and rights and obligations constituting the terms and conditions governing the issuance or offer to the public and public take-over bids of transferable securities, and the subscription and redemption of units in collective investment undertakings in so far as these activities do not constitute provision of a financial service;

(e) a contract concluded within the type of system falling within the scope of Article 4(1) (h).

Article 8

Individual employment contracts

1. An individual employment contract shall be governed by the law chosen by the parties in accordance with Article 3. Such a choice of law may not, however, have the result of depriving the employee of the protection afforded to him by provisions that cannot be derogated from by agreement under the law that, in the absence of choice, would have been applicable pursuant to paragraphs 2, 3 and 4 of this Article.

2. To the extent that the law applicable to the individual employment contract has not been chosen by the parties, the contract shall be governed by the law of the country in which or, failing that, from which the employee habitually carries out his work in performance of the contract. The country where the work is habitually carried out shall not be deemed to have changed if he is temporarily employed in another country.

3. Where the law applicable cannot be determined pursuant to paragraph 2, the contract shall be governed by the law of the country where the place of business through which the employee was engaged is situated.

4. Where it appears from the circumstances as a whole that the contract is more closely connected with a country other than that indicated in paragraphs 2 or 3, the law of that other country shall apply.

# 关于涉外民事法律适用立法内容和体系问题的研讨

## ——对我国"涉外民事关系法律适用法"的几点意见[①]

张仲伯

早在法则区别说时代之前的公元7世纪出现的《唐律》，就有调整涉外关系的法律适用规定[②]，这可以说我国是产生法律适用法规的发源地。建国初期，我在本校从事国际私法教学工作以来的漫长的岁月里，总是讲解《法国民法典》、《德国民法施行法》、《日本法例》、《苏俄民法典》等等一些外国的法律，主要参考苏联学者的国际私法教材，觉得没有太多味道，非常期盼我国自己有一部维护民族独立、实行改革开放的法律适用法。目前，我国《涉外民事关系法律适用法》已正式颁布，并于2011年4月1日施行，这表明我国在解决涉外民事纠纷案件方面，开始有了系统的（还不能说是统一的）单行

---

① 本文系作者在2010年11月26日中南财经政法大学法学院举行的"庆祝《中华人民共和国涉外民事关系法律适用法》颁布研讨会"上的发言稿。此前与中国人民大学法学院杜焕芳副教授网上沟通，他完全同意发言稿的见解，并采纳了他提的一些意见。

② 永徽四年（公元653年）颁布的《永徽律》首卷"名例篇"有一条规定："诸化外人同类自相犯者，各依本俗法；异类相犯者，以法律论。"参见长孙无忌：《唐律疏议》，中华书局1983年版，第193页。

法可供遵循和裁判,也为国际私法教学、科研领域提供了丰富的资料和依据,从而为中国国际私法的建立和发展创造了十分有利的条件,这是多么令人高兴的事情!但是,见到该法律文本之后,在笔者看来又感到有所欠缺和不足,特提出以下几个问题与大家商榷并供参考。

## 一、应实行民商合一的立法体制

从条文内容来看,调整的对象都是民事关系,而把商事关系排除在外。法工委的"立法草案问题汇报"中提到两点理由:一是"商事关系情况十分复杂,不好规定法律适用问题";二是"外国国际私法立法对商事领域的法律适用问题一般也不作规定",[①]这样讲不符合实际情况。我以为不能以"情况十分复杂"作为排除商事关系的理由,因为,民事关系和商事关系都会出现相对简单或比较复杂的情况,不能作这样简单的对比,事实上很多国家的国际私法,对两种关系的法律适用都有较详细的规定。以1987年《瑞士联邦国际私法法规》(实行民商合一的瑞士联邦,对该法先后经过了15次修订,现行的是2010年文本)为例,它不仅规定调整婚姻家庭、继承与遗嘱、物权、知识产权、合同、信托、侵权等民事关系;也规定调整买卖、运输、借贷、保险、公司、票据、破产清算等商事关系,该法调整商事关系的法律适用规定就有30多条(参见第150—175条、第143—148条)。就主张民商分立的日本来说,1898年《日本法例》规定调整的全是涉外民事关系,但1995年的《日本有关契约、侵权行为的准据法示范法》,扩及到对契约、运输、海商等商事关系的法律适用,以弥补《日本法例》的缺陷和不足。即使2007年的日本《法律适用通则法》的附则部分,也很关注(汇票本票的部分修改)和(支票法的

---

① 黄进主编:《中华人民共和国涉外民事关系法律适用法建议稿及说明》,中国人民大学出版社,2011年版第146页。

部分修改)。这里还不能不提到韩国的做法,1962年《韩国涉外私法》主要是两大部分:(1)"有关民法事件的若干问题";(2)"有关商法事件的若干问题",后部分以二十多条的多个款项,规定了商业公司、银行业务、保险合同、票据、金融、债券、船舶碰撞、海难救助的法律适用。2001年修订的《韩国国际私法》,以专章(第8章 汇票、本票和支票,第9章 海商)保留了上述所有的商事条款。总之,尽管有些国家的法律规定仍然限于调整民事关系,但类似瑞士、日本、韩国立法模式的国家却越来越多。从我国来说,没有把《民法通则》、《继承法》、《收养法》、《合同法》、《海商法》、《票据法》、《民用航空法》所有的民事关系和商事关系的法律适用的规定,统一吸收到法律适用法中来,采取这种比较陈旧散见式、专章式、单行法法律适用并存的立法体例,这不能不说是一大缺陷。

**二、尽量扩大立法内容的范围**

从实际情况看,各国国际私法立法体例主要有三:民法体系(将冲突规则分散规定在民法中)、冲突法体系(全部是冲突规则)和国际私法体系(规定冲突规则,国籍、外国人民事地位规范和国际司法协助规范),我国法律适用法采用的是冲突法体系。根据现在已有的法律、法规和司法解释,在法律适用方面包含很多有关民事和商事两方面的规定。另外,司法部、外交部下属的司法协助外事司和领事司(包括驻外领事馆或大使馆的领事官员),专门负责领事事务、涉外认证、婚姻和收养登记以及涉外文件送达、涉外调查取证、外国判决和裁决的承认与执行等国际司法协助业务,何况我国早已加入了海牙送达公约和海牙取证公约。鉴于当时还没有系统的法律适用法,便将这些程序性的问题,以"涉外民事诉讼程序的特别规定"作为一编和几个章节,纳入《民事诉讼法》之中(按照法学一般原理,民事诉讼法中的特别规定、尤其是国际司法协助程序,许多方面属于司法行政合作规定,而归入作为民事诉讼法的一部分,未必合适)。① 这一切非常有利于我国突破传统的冲突法体系,仿效一些国家和地区先进的国际私法立法体系。② 改革开放以来的三十多年间,经过学者们的努力,出版了一部《中国国际私法示范法》(这部示范法获得了一些国家学者和海牙国际私法会议组织的高度评价),③ 就是这种背景下产生的专家立法,可以提供国家立法部门的参考。我建议,在增补必要的法律适用规定的基础上,应当扩及到商事关系和国际司法协助等诸多领域。这些工作现在是可以做到的,或者暂时难以做到而将来完全能够做到的。

### 三、章节安排顺序宜作些调整

从本法章节的顺序看,第六、七章应该对调,即知识产权移到债权前面、物权后面。大家知道,知识产权是人类智力成果产生的所有权,相对有体物权或有形物权,称之为无体物权、无形物权或准财产权,两者有着非常密切的关系。在经贸关系中,人们既关注物体化的有形财产,更关注形象化的无形财产(尽管知识产权转让只是使用权而非所有权)。规定有形物权的法律适用,接着规定知识产权的法律适用,然后再规定进入流通领域的债权关系(包括合同之债和侵权行为之债)的法律适用,这是多数国家立法采取的逻辑顺

---

① 2007年《中华人民共和国民事诉讼法》第四编"涉外民事诉讼程序的特别规定",其中有六章"一般原则","管辖","送达、期间","财产保全","仲裁","司法协助"共33条(第235—267条)。

② 1992年《罗马尼亚国际私法》程序部分,规定了"法院管辖权"、"国际私法诉讼程序的法律适用"、"外国人作为诉讼当事人的法律地位"、"外国判决的效力"、"法院调解"。采取这种国际私法立法体例的国家和地区还有瑞士、土耳其、意大利、匈牙利、突尼斯、澳大利亚、加拿大魁北克省。作为专家立法的《美国冲突法重述》,也是这种体例。

③ 该示范法设"总则"、"管辖权"、"法律适用"、"司法协助"、"附则"五章(十七节、三个分节)共166条,这是一部学术性、民间性、习惯性、超前性的具有相当的理论广度和深度专家立法。参见《中华人民共和国国际私法示范法》,法律出版社2000年8月第1版。

序。因此,把知识产权不放在物权后面、而放在债权后面是没有道理的。

**四、需要补充的条款和规范化**

1. 没有规定的问题有:法律规避,先决问题,条约和国际惯例的适用,区际、人际、时际法律冲突,本法与区际私法(涉港、澳、台的区际私法)的关系,法律溯及力等。

2. 第8条规定的定性适用法院地法,这样太绝对化,应立但书作例外规定。

3. 第48条中,知识产权的归属和内容提法范围太窄,可采纳建议稿第50条的规定,把"归属和内容"删去。

4. 第51条最好不用"与本法的规定不一致的,适用本法"的提法,应当在吸收已有法律的基础上(如《民法通则》、《继承法》、《收养法》、《海商法》、《票据法》、《民用航空法》、《合同法》中的冲突规则),采取明确废止的规定(无论是优先适用、还是废止,在新法中一般都不宜列举具体条文)。

5. 对长期采用的住所地法原则和本国法原则,不要轻易否定。住所地法领域内的经常居所地法律(将惯常居所改为经常居所不合适)和现在居住地法律,参照许多国家立法的做法,最好是作为补缺使用。

**五、修订法律是立法机关经常性的工作**

《瑞士联邦国际私法法规》1988年颁布后,经过15次修订,现行的是2010年文本。《奥地利联邦国际私法法规》1979年生效后,经过6次修订,现行的是2009年文本。作为《德国民法施行法》组成部分的《德国联邦国际私法》,1896年颁布后(德国虽然经过两次大的战乱和分裂)还是在进行不断修订,现行的是2010年文本。特别是欧盟制定的《合同之债法律适用条例》和《非合同之债法律适用条例》于2009年生效后,成为欧盟各成员国修订国际私法的根据。所以,经常修订法律,包括及时修改颁布不久的法律适用法,也应该成为我们制度化的一项工作,不要认为是一件不正常的很困难的事情。

### 六、要重视法律适用法的普及和实践

长期以来,社会公众甚至部分学过法律的人士,对于"国际私法"为何物,一直模糊不清,对其法律属性和具体功能也非常陌生,致使相当一段时间连我们审理涉外民商事案件的法官,也有意无意地回避案件中的国际私法问题,甚至不通过冲突规范的指引,而直接适用某一特定实体法(主要是中国的国内法)。对于当事人来说,由于他们没有这方面的专业知识,往往有苦难言。究其一个重要原因是,除了法官缺乏专业知识的训练等因素外,这与我国立法界和学术界在宣传的力度不够有一定关系的。随着我国法院处理的涉外案件逐渐剧增,正确运用国际私法,恰当选用准据法,实现当事人实体正义的同时实现当事人的冲突正义,这也是法治的内在要求。正由于本法是专门调整涉外民事关系的法律适用,专门处理含有涉外因素的民商事纠纷案件的,在2011年4月1日正式实施以前,立法界和学术界尤其应注重该法的普及,并在实践过程中通过司法解释,将一些现行立法规定及其实施过程中存在的问题,予以进一步补充完善。

# 冲突法研究

# Exceptions Based on Public Policy and Overriding Mandatory Provisions in EU and Chinese PIL

Lucille Molerus    Nicolas Nord[*]

The previous articles have focused on the principles for the conflict of laws rules. We will address a different but closely related aspect, the exceptions to the normally applicable law. Private international law gives States which use conflict of laws rules and therefore potentially accept to apply foreign laws, some means to protect themselves. However, the acceptance of foreign solutions is not unconditional.

On the one hand, the application of certain rules which are crucial for a given State's legal order cannot be left to the discretion of the parties to an international contract. In order to further these rules, a method of preventive protection, the so called "*lois de police*"[①] or "overriding mandatory provisions", was introduced into conflict of laws practice.

---

[*] University of Strasbourg.

[①] The French expression "*lois d'application immédiate*" is used by the Chinese authors. For example: Huang J. and Du H. , "Chinese Judicial Practice in Private International Law, 2002", *Chinese Journal of International Law* 2005, vol. 4, n°2, p. 647, p. 668. This is why we will use the French expressions, " *lois de police*" or " *lois d'application immédiate* " in this article.

These essential rules can be unilaterally implemented, without any regard for the *lex causae*, the law designated by the choice of law rule. The application of the latter will become residual. On the other hand, a curative mode, the public policy or "*ordre public*" can intervene. According to this method, the law designated by conflicts rules is ousted when contrary to basic principles of the legal system of the *forum*.

These two modes of protection are now regarded as classics. They are incorporated in nearly all international instruments pertaining to the designation of the applicable law, including the Hague Conventions①. Such mechanisms are disruptive and as such can only retain attention. It is undeniable that choice of law rules are the main aim of most studies, nevertheless they can be questioned and it is therefore not possible to focus only on them. This is especially true for contracts. The rules that have been studied are based largely on the predictability of law②. This is particularly true with regard to party autonomy. But, with these exceptions, the parties' predictions may come under reconsideration and put legal certainty at issue, therefore contradicting the basic tenets of contracts choice of law rules.

Overriding mandatory rules and the public policy exception are components of both systems. In the Chinese law, according to Article 4: "[*i*]*f there are mandatory provisions on foreign-related civil relations in the laws of the People's Republic of China, these mandatory provisions shall directly apply*". The "*lois de police*" can undoubtedly be recog-

---

① F. Mosconi, "Exceptions to the operation of choice of law rules", Collected Courses of the Hague Academy of International Law 1989, t. 217, p. 9, esp. p. 47.

② See recital n°16 of Rome I Regulation according to which, to contribute to the general objective of this Regulation, legal certainty in the European judicial area, the conflict-of-law rules should be highly foreseeable.

nised in this provision, even if the expression is not used, the Chinese law being directly applied without any regard for the choice of law rule.

Article 5 deals with "*ordre public*": "*[i]f the application of foreign laws will damage the social public interests of the People's Republic of China, the laws of the People's Republic of China shall apply*". Even if the wording is not used there is no doubt as to the presence of the idea of eviction.

In Europe, both sides of the protection can also be found in the Rome I Regulation with more detailed provisions[1]. Overriding mandatory provisions are addressed in Article 9.

The first paragraph, the most original, gives for the first time in a legal text a definition: "*1. Overriding mandatory provisions are provisions the respect for which is regarded as crucial by a country for safeguarding its public interests, such as its political, social or economic organisation, to such an extent that they are applicable to any situation falling within their scope, irrespective of the law otherwise applicable to the contract under this Regulation*".

This definition is not spontaneous. Its origins can be found in the French doctrine, especially in the contributions of Phocion Francescakis[2] and has been used, many years later, by the Court of Justice of

---

[1] Regulation (EC) n°593/2008 of the European Parliament and of the Council of 17 June 2008 on the law applicable to contractual obligations (Rome I).

[2] Francescakis, *Rép. Dalloz, Dr. Int.* (1969), V° Conflits de lois (principes généraux), n°137; Y a-t-il du nouveau en matière d'ordre public?, *Travaux du Comité français de droit international privé* 1966-1969, p. 149, esp. p. 165.

the European Communities in the famous *Arblade* case①.

Two types of overriding mandatory provisions are mentioned. The first, well known, are the rules of the *forum*: "*2. Nothing in this Regulation shall restrict the application of the overriding mandatory provisions of the law of the forum*". The second are the overriding mandatory rules of a third State. According to paragraph 3, "[*e*]*ffect may be given to the overriding mandatory provisions of the law of the country where the obligations arising out of the contract have to be or have been performed, in so far as those overriding mandatory provisions render the performance of the contract unlawful. In considering whether to give effect to those provisions, regard shall be had to their nature and purpose and to the consequences of their application or non-application*".

The provision dealing with public policy (Art. 21) is shorter. The sentence used is similar to many international conventions and the formulation can be considered as a classical one: "[*t*]*he application of a provision of the law of any country specified by this Regulation may be refused only if such application is manifestly incompatible with the public policy (ordre public) of the forum*".

These texts show us that even if the mechanisms exist in both systems, the provisions and the legal regimes are far from identical.

The "*lois de police*" hold first attention. They operate primarily in the reasoning, before the intervention of the conflict rule. This is why

---

① CJEC 23 November 1999, case C-369/96 and C-376/96, *Rep. CJEC* 1999, I-8453: overriding mandatory rules are, according to the Court, *national provisions compliance with which has been deemed to be so crucial for the protection of the political, social or economic order in the Member State concerned as to require compliance therewith by all persons present on the national territory of that Member State and all legal relationships within that State* (§ 30 of both decisions).

they are also called *"lois d'application immédiate"*. We will study, logically, these rules, in our first step (I).

Public policy operates in a different way, resulting in the eviction of the *lex causae* when the application of foreign law is contrary to fundamental principles of the *forum* State. In other terms, the foreign law is dismissed. As the last step of conflicts reasoning, the public policy exception may ruin all previous efforts, in particular those related to the identification of the content of foreign law (II).

## I. Overriding mandatory rules or *"lois de police"*

The method of overriding mandatory rules appeared in Europe during the Second World War with famous authors like Louis De Winter[1] and Wilhelm Wengler[2]. After these first writings, many authors have shown interest in this new method in different European countries[3] and even on others continents[4]. Initially, analysis focused on contracts because of the particular conflict of laws rule in this field: freedom of choice for the parties. The liberty given to the parties is significant and this principle is not being reconsidered nevertheless it cannot permit the

---

[1] De grenzen van de contractvrijheid in het international privaatrecht, *Weekblad voor Privaatrecht, Notarisambt en Registratie*, 1940, p. 3675; Droit impératif dans les contrats internationaux, *Nederlands Tijdschrift voor International Recht*, 1964, p. 329.

[2] Die Anknüpfung des zwingenden Schuldsrechts im internationalen Privatrecht. Eine rechtsvergleichende Studie, *ZvglRWiss*, 1941, p. 168.

[3] Francescakis, Quelques précisions sur les lois d'application immédiate, *Rev. Crit. DIP* 1966, 1; Y a-t-il du nouveau en matière d'ordre public?, cited above, 1966-1969, p. 149; Lois d'application immédiate et règles de conflit, *RDIPP* 1967, p. 691; Sperduti, Les lois d'application nécessaire en tant que lois d'ordre public, *Rev. Crit. DIP* 1977, p. 257.

[4] T. G. Guedj, The Theory of the Lois de Police, A functional Trend in Continental Private International Law. A Comparative Analysis with Modern American Theories, *AJCL* 1991, p. 661.

evasion of a number of important rules[①]. Contractual matters are the main field of application of this mechanism.

In China, the concept was introduced in the 1980's, after the opening decided by Deng Xiaoping. The phenomenon is interesting. The economical opening was decided but at the same time, the writers began to think of ways to protect the interests of China[②].

The evolution of this technique has been progressive[③]. The new Chinese law contains, for the first time, a general provision on this topic in the part on general principles of law implying that mandatory provisions can be applied in any field of law.

European texts leave no doubt as to the importance of this mechanism. It has been sanctioned in the Rome I Regulation, as we have seen, but also in the Rome Convention[④] and in the Rome II

---

① This is especially true for Louis De Winter. For the Dutch author, freedom of the parties must be restricted by the application of mandatory rules which have such social importance that they cannot be sacrificed even in international situations (Droit impératif dans les contrats internationaux, cited above).

② H. Li, Qianxingfa Yu Guojifa, *Zhongguo Guojifa Niankan*, 1982, p. 37; D. Han, Guoji sifa de wanfin fazhang Qushi, *Guoji sifa Jianggao*, Shanghai 1987, p. 1; D. Xu, Yun Zhife Shiyong De Fa Jiqq Yu Chongta Guaifa De Guanxi, *Zhongguo Faxae*, 1990/3, p. 84.

③ For a historical aspect, see D. Xu, *Journal du droit international* 1994, p. 180.

④ Convention on the law applicable to contractual obligations opened for signature in Rome on 19 June 1980, Article 7 whose title is *Mandatory rule*.

*1. When applying under this Convention the law of a country, effect may be given to the mandatory rules of the law of another country with which the situation has a close connection, if and in so far as, under the law of the latter country, those rules must be applied whatever the law applicable to the contract. In considering whether to give effect to these mandatory rules, regard shall be had to their nature and purpose and to the consequences of their application or non-application.*

2. Nothing in this Convention shall restrict the application of the rules of the law of the forum in a situation where they are mandatory irrespective of the law otherwise applicable to the contract.

Regulation[①].

Indeed, "*lois de police*" have a particular importance in these matters in which freedom of choice dominates the conflict scene. These rules will balance the freedom of parties to determine the applicable law which is therefore not absolute. The link is evident in Chinese law as mandatory rules are set out in the wake of the principle of freedom of choice. The provision is, as we have seen, focused on the Chinese laws while the European texts are considering both the laws of the *forum* and foreign mandatory rules.

## A. Overriding mandatory provisions of the law of the forum

The provisions are lapidary in both systems[②], as if the concept was so well known that there was no need for further details. The legal regime is not really detailed.

The choice of terms is rather questionable. Both texts point towards mandatory provisions. Chinese law is a bit more specific because it indicates that these provisions are binding in international situations. No such explanation is given in European law. The only clue is the word "overriding". It shows a difference between "internal mandatory provisions" (Art. 3 § 3) and the "*lois de police*", provisions which are mandatory in international situations.

Mandatory rules apply only where the chosen law provides to the contrary, leaving the other matters to be governed by the chosen law as

---

① Regulation (EC) n°864/2007 of the European Parliament and of the Council of 11 July 2007 on the law applicable to non-contractual obligations (Rome II), Article 16 whose title is *Overriding mandatory provisions*.

*Nothing in this Regulation shall restrict the application of the provisions of the law of the forum in a situation where they are mandatory irrespective of the law otherwise applicable to the non-contractual obligation.*

② Article 9 § 2 Rome I Regulation and 4 of the new Chinese statute, cited above.

the parties expect. The choice of law is not null and void. There is just a selective application of the law of the *forum*.

For a mandatory rule to be applicable there is no need for a close link between the relationship and the State of the *forum*. There is therefore a high risk for the conflict rules to be challenged. The interest of the legal *forum* takes over. The will of the legislator must be followed. But very often, nothing is specified in the law. The will sought or given is purely divinatory. This leaves a great leeway to the judge and creates a risk. We need to verify this assertion and some reservations may be issued.

In Europe, no real abuse has ever been observed[1]. It is possible to consider that the situation will not change in the next years. Some clear limits to the freedom of the judges and even of the legislator of the different Member States can be found. First of all, according to the Court of Justice, compliance with the Community's' freedoms is necessary[2]. In addition, the first paragraph of Article 9 of the Rome I Regulation defines the so called "overriding mandatory provisions". A control of the utilization of the notion by the Member States is now reasonably conceivable. The Court of Luxemburg could exercise it, using the criteria stated in the text such as the "public interests". Such a control has already

---

[1] A. V. M. Struycken, "Contribution de l'Académie au droit international privé", Collected Courses of the Hague Academy of International Law 1998, t. 271, p. 11, esp. p. 50.

[2] CJEC 28 March 1996, *Guiot*, case C-272/94, *Rep. CJCE* 1996, I-1905; 23 November 1999, *Arblade*, case C-369/96 and C-376/96, *Rep. CJEC* 1999, I-8453;25 October 2001, *Finalarte*, case C-49/98, C-50/98, C-52/98 to C-54/98, C-68/98 to C-71/98, *Rep. CJEC* 2001, I-7831; 24 January 2002, *Portugaia Construcoes Lda*, C-164/99, *Rep. CJEC* 2002, I-787.

been implemented regarding another national reservation, *public policy*[1], concerning the Brussels Convention of 1968.[2]

One question causes many discussions and the intervention of the Court of Justice is expected in order to decide this point: is it possible to use the mechanism of overriding mandatory rules to protect the consumer, considered as the weaker party of the contract? French courts have considered that it was possible concerning the Rome Convention[3]. Whereas German courts have decided that they were not able to do so. The Rome Convention contains in its Article 5 a special choice of law rule, intended to protect the consumer. It can be characterized as a special provision of "*lois de police*". This means that the intervention of the general clause is not conceivable, when the conditions of the special one are not met. According to the German interpretation, the conflicts rule for consumers must necessarily prevail[4]. The definition given by the Rome I Regulation can be considered as reinforcing the German solution. The rules need to be crucial for a member State "*for safeguarding its public interests*". When protecting a consumer, at first view, only a private interest is concerned, public interests are not at stake.

In France, it is considered that protecting the consumer allows for a better regulation of the market, it is an incentive for the consumer to contract. This is why public interests can still be concerned. Presently,

---

[1] CJEC 28 March 2000, *Krombach*, case C-7/98, *Rep. CJEC* 2000, I-1935; 11 May 2000, *Régie nationale des usines Renault SA v. Maxicar SpA et Orazio Formento*, case C-38/98, *Rep. CJEC* 2000, I-2973.

[2] Convention of 27 September 1968 on jurisdiction and the enforcement of judgments in civil and commercial matters.

[3] Cass. civ. 1ère, 23 May 2006, *Bulletin* 2006 I n° 258.

[4] BGH 2 October 1993, *IPRax* 1994, 449 and obs. W. Lorenz p. 429; BGH 19 March 1997, *BGHZ* 135, 124, *Rev. Crit. DIP* 1998, 610, n. P. Lagarde.

there is no real answer of the CJUE. However, some clues may be found. For example in the *Ingmar* case①, the judges of Luxemburg considered that "*articles 17 and 18 of Council Directive 86/653/EEC of 18 December 1986 relating to self-employed commercial agents, which guarantee certain rights to commercial agents after termination of agency contracts, must be applied where the commercial agent carried on his activity in a Member State although the principal is established in a non-member country and a clause of the contract stipulates that the contract is to be governed by the law of that country*". This is clearly a protection of a certain category of persons. Private interests are protected and the "*lois de police*" are used. This means that this mechanism is not incompatible with the protection of a person or of a category of persons. The Court of Justice has even already established a link between the protection of the consumer and public interests, in the *Claro* case according to which "*[t]he nature and importance of the public interest underlying the protection which the Directive confers on consumers justify, moreover, the national court being required to assess of its own motion whether a contractual term is unfair, compensating in this way for the imbalance which exists between the consumer and the seller or supplier*"②. But in this case, the contract was not international. The Court will have to give a specific interpretation for the Rome Convention and the Rome I Regulation. The question of the protection of the consumer on this basis in China remains and will be very interesting to observe in the years to come because of

---

① CJEC 9 November 2000, case C-381/98, *Rep. CJEC* 2000, I-9305.

② CJEC 26 October 2006, *Mostaza Claro*, C-168/05, *Rep. CJEC* 2006 p. I-10421, pt 38.

the introduction in the new law of special rules[①].

For the other questions, in general, the finding is the same in China. The legislator has used it without any general provisions and some cases, using spontaneously the notion, can be found. But statistics and case study show no excessive use of the concept in order to achieve the application of Chinese law[②]. Conversely, good examples of the use of this mechanism are hard to find. We may cite the Chinese rules requiring guarantees to be complied with which are considered to be mandatory[③]. Other examples of internationally mandatory rules can be found in environmental law[④].

### B. Foreign "lois de police"

Chinese law is marked by the absence of any reference to foreign mandatory rules. There is no mention of this in the new law nor in the law on contracts, even if it is the field of election of this mechanism. The Chinese doctrine does not seem to have yet taken an interest in this matter. The application of such a law by a Chinese court is therefore, for the moment, hardly feasible[⑤]. Only Chinese overriding mandatory rules are concerned. Is this really annoying so far?

---

① On this topic, see in this review, the contribution of D. Alexandre, "Conflict of Laws Rules and the Protection of Weaker Parties in EU and Chinese PIL".

② J. Huang and H. Du, Chinese Judicial Practice in Private International Law 2002, cited above, p. 647 and J. Huang, L. Song, Q. Li and W. Long, Chinese Judicial Practice in Private International Law 2006, *Chinese Journal of International Law* 2009, vol. 8, n°3, 715.

③ For some examples, see J. Huang, L. Song, Q. Li and W. Long, Chinese Judicial Practice in Private International Law 2006, cited above, pp. 734-737.

④ For examples, see D. Xu, *Journal du droit international* 1994, 180. For examples in other fields, J. Huang, L. Song, Q. Li and W. Long, Chinese Judicial Practice in Private International Law 2006, cited above, pp. 726-727.

⑤ Y. Xiao and W. Long, Contractual Party autonomy in Chinese Private International Law, *Yearbook of Private International Law* 2009, p. 193, esp. p. 207.

The European experience is mixed. The status of foreign "*lois de police*" *is vague, which brings out many questions. The solutions differ from the Rome Convention to the Rome I Regulation.*

In the Convention, the approach is general. All foreign "*lois de police*" are treated equally.

The first paragraph of Article 7 lays out that "[w]*hen applying under this Convention the law of a country, effect may be given to the mandatory rules of the law of another country with which the situation has a close connection, if and in so far as, under the law of the latter country, those rules must be applied whatever the law applicable to the contract. In considering whether to give effect to these mandatory rules, regard shall be had to their nature and purpose and to the consequences of their application or non-application*"①.

It is possible to apply such a law when it claims for application to the relationship in question and has a close connection with the contract. There is an option for the judge who enjoys, again, a great leeway. This text is subject to many controversies. It was considered a factor of legal uncertainty for the parties, setting forth a vague standard that relies on imprecise and ambiguous concepts such as, for example, the connection. As such, it would be contrary to the principle of legality. Too much flexibility would be left to the judge. Furthermore, it would impose an additional burden on the magistrate, obliged to verify the existence of foreign rules of this type. This provision appears to be too complicated and its consequences not really assessed. A possibility of mak-

---

① The solution is directly inspired by two decisions of the *Hoge Raad*, the Dutch Supreme Court: 13 May 1966, *Alnati*, *Rev. crit. DIP* 1966, 522, n. A. V. M. Struycken, *Journal du droit international*, 1969, 1010 et 1978, 340, n. J.-C. Schultsz; 12 January 1979, *Sewrajsingh*, *Rev. crit. DIP* 1980, 68, n. van Rooij.

ing a reservation is provided and several States have used it: Germany, Great Britain, Luxembourg, Portugal, Slovenia, Latvia, and Ireland.

This background explains the approach adopted by the Regulation for the drafting of Article 9 paragraph 3. This time, the laws of the country of enforcement of the obligations arising out of the contract are the only foreign "*lois de police*" that can be considered. Yet they are not all concerned. An additional condition is indeed necessary for foreign "*lois d'application immédiate*" to be applied. They must render the execution of the contract unlawful. The text is not open and general anymore. The "*lois de police*" from other States are no longer covered. This reductionist approach is primarily motivated by the reluctance of some EU Member States, those who had already made a reservation to Article 7 of the Rome Convention. The United Kingdom, in particular, conditioned its adherence to the Regulation on the abandonment of a general text concerning foreign mandatory rules. The drafting is far from clear. Some questions, maybe even more than before, still arise.

The first problem is related to the use of the phrase "give effect" that casts doubt on the technical mean that is at issue, application or consideration. It is possible to think that application is simply set aside now, what would constitute a dramatic regression.

The second difficulty relates to the restriction to the law of the country where the obligations arising out of the contract have to be or have been performed. This condition is easy to understand but difficult to implement. Many States can be concerned because very often there will be more than one obligation arising out of the contract. If they are performed in different States, the solution will not be as easy as it seems. However, the determination of this place is crucial. The scope of the text and the limitation will not be the same under a strict or a flexible interpretation. How shall we determine it? According to the facts of the situation or according to a law?

The third source of embarrassment is the requirement of unlawfulness that is sufficiently vague to allow considerable latitude to the interpreter. What does "unlawful" mean? Is nullity also concerned? To execute an obligation arising out of a contract which is null could be considered as the implementation of an unlawful obligation.

Much ado about almost nothing could we conclude. There have been repeated problems over the years for a result close to zero. There is no real decision for the moment to illustrate this issue[①]. It may not be a very good thing to introduce such a mechanism in the Chinese law because it would be a useless source of complexity. Furthermore, this form of protection doesn't seem to be necessary unlike another important mechanism: public policy.

## II. Public policy

Two aspects are currently assigned to public policy: a classical one, eviction (A) and a more recent, the positive public policy (B).

### A. Public policy and eviction

Once a foreign law is designated, its application may be rejected if it produces a result contrary to fundamental conceptions of the legal system that is supposed to integrate it. The reservation is important because it allows a very wide opening to foreign laws. A guarantee exists through this safety valve. The State has the opportunity to protect itself against the application of foreign law offensive to its fundamental principles. It

---

① A decision of the French *Cour de cassation* could be evoked but is rather ambiguous: Com. 16 March 2010, *Bulletin* 2010, IV, n° 54.

seems difficult not to introduce such a reservation in any conflict of laws text, be it an EU regulation[1] or a national legislation[2]. Several observations can be made about the use of this mechanism in the two systems.

The public policy exception receives a restrictive interpretation by the introduction of the adverb "manifestly" in the European Regulations. This restriction is not put forth in Chinese law, despite the incitement of the writers[3]. All the main authors consider that public policy should be invoked with extreme caution[4]. European texts comprise such a restriction which is effective in practice. The judges include the restriction in their reasoning[5]. The imbalance is striking when compared

---

[1] The public policy exception can also be found in Regulation (EC) n°864/2007 of the European Parliament and of the Council of 11 July 2007 on the law applicable to non-contractual obligations Rome II: Article 26 *Public policy of the forum*.

The application of a provision of the law of any country specified by this Regulation may be refused only if such application is manifestly incompatible with the public policy (ordre public) of the forum.

[2] In China, the exception has been codified before the new PIL Statute, especially in Article 150 of the General Principles of the Civil Law of the People's Republic of China (adopted by the People's National Congress on 12 April 1986): *The application of foreign laws or international custom and usage in accordance with the provisions of this Chapter shall in no way violate the socio-public interests of the People's Republic of China*". For more historical aspects, Y. Xiao and H. Zhengxin, Ordre Public in China's Private International Law, *AJCL* 2005, 653.

[3] According to Article 14 of the Model Law of Private International Law of the People's Republic of China established by the Chinese Society of Private International Law, (sixth draft, 2000): *The application of a foreign law designated to govern in accordance with this law shall be excluded if such application produces a result which is manifestly incompatible with the public order of the PRC, and the analogous law of the PRC shall apply*, Yearbook of Private International Law 2001, pp. 349-390.

[4] For example, Y. Xiao and H. Zhengxin, Ordre Public in China's Private International Law, cited above, esp. p. 676.

[5] A. E. von Overbeck, *La contribution de la Conférence de La Haye au développement du droit international privé*, Collected Courses of the Hague Academy of International Law, 1992, vol. 233, p. 9, esp. p. 48.

to the "*lois de police*" of the *forum* on which no restriction appears to be in order in the texts of both systems.

In regard to public policy, only the application of the foreign law is concerned. Foreign law should not be contemplated abstractly. The result of its application is at issue. This solution is steadily accepted in Europe[①], but sanctioned for the first time explicitly by the Chinese law on PIL.

The exclusion of foreign law based on public policy leads to the subsidiary application of the *lex fori*. This solution is now clear in China according to Article 5 of the new PIL. This issue was clarified by the interpretation of the SPC[②]. In Europe, there is no clear solution in the Regulations. Very often, the *lex fori* will be applied. But in some States, another reasoning is used. The judge has to verify if another law has more links with the situation than the *lex fori*[③]. At the moment, there is no unification.

There are few cases in contractual matters, based on this exception, in both systems. It is even difficult to find good illustrations in Europe. No real case since the end of the Second World War can be cited. There are no examples under the Rome Convention. This mechanism does not turn upside down conflicts solutions. In China, more cases can

---

① See already Maury, *L'éviction de la loi normalement compétente: l'ordre public et la fraude à la loi*, Valladolid, 1952, pp. 78-82 for who the origins of the solution can be found in the German doctrine.

② Article 7 of the interpretation published on 23 July 2007 and which came into force on 8 August 2007.

③ See for example, Art. 16 of the Italian Law on PIL (31 may 1995) according to which should be applied *the law as determined by other criteria as may be provided for the same normative assumption. Otherwise, the Italian law applies.*

be found①. A well known example is that of *Bank of Communications (Hong-Kong) v. Tan Liyi and Wellbleton Chemical Ltd*②, in which Tan Liyi and the Bank of communications entered into an agreement guaranteeing the fulfilment of Wellbleton's obligations under a loan agreement between the Bank of Communications and Wellbleton. The law of Hong Kong was the governing law of the guarantee agreement, as a result of the choice of the parties. A dispute arose regarding the performance of the agreements. The Bank of Communications filed a case against the other parties. The Guangzhou Intermediate People's Court was seized. For the judges, foreign exchange control should be considered as part of Chinese public policy. Tan Liyi, an individual, was not qualified to offer a guarantee involving foreign exchange under Chinese law. The application of Hong Kong law which might affect the guarantee agreement was regarded as contrary to the Chinese public policy. As a result, the parties' choice was considered null and void③.

Here, there is a clear difference between the two systems. In China, when public policy is used, the choice of law is null and void④. The foreign law is completely disqualified. Public policy invalidates a choice in whole. The solution is confined to the hypothesis of a choice of law made by the parties and the solution has not yet been used in a case

---

① For examples, Q. Dong, Public Policy in Cases of Guaranties by Chinese Companies to Foreign Companies: Comments on Bank of China (Hong Kong) v. Hongye Company et al., 9 *Zhongguo Guojisifa yu Bijiaofa Niankan*, 2007, 299.

② For this case and other examples: Y. Xiao and W. Long, Contractual Party autonomy in Chinese Private International Law, cited above, esp. p. 204.

③ This also shows us that there is some hesitation as to the technique used. We have seen before that "*lois de police*" have been used in other similar cases concerning guarantees.

④ Y. Xiao and W. Long., Contractual Party autonomy in Chinese Private International Law, cited above, esp. p. 205.

involving the objective determination of the applicable law. In Europe, public policy only displaces the chosen law to the extent that it formulates provisions to the contrary. The eviction is limited.

The eviction plays a marginal role in contractual matters. But gradually an increasingly important positive role is emerging, even in this field.

### B. The revival of positive public policy

In both systems, a clear will to separate international public policy and mandatory rules, international ones ("*lois de police*") and domestic rules ("internal public policy") has existed for a long time. Many authors have worked on this particular topic, in order to achieve a clear distinction[1]. Nevertheless, it is possible to perceive, in Europe and in China, a revival of a positive public policy.

In Europe, Article 3 §4 of the Rome I Regulation is concerned. Understanding this provision requires to draw the attention to Article 3 paragraph 3 of the Rome Convention. The fact that the parties have chosen a foreign law, whether or not accompanied by the choice of a foreign tribunal, shall not, where all the other elements relevant to the situation at the time of the choice are connected with one country only, prejudice

---

[1] For example, in China, Y. Xiao and H. Zhengxin, Ordre Public in China's Private International Law, cited above, p. 653; Xiao Y. and Long W., Contractual Party autonomy in Chinese Private International Law, cited above, pp. 204-207. In Europe, Kahn, Die Lehre vom ordre public (Prohibitivgesetze), *Jherings Jahrbucher* 1898, reproduced in *Abhandlungen zum Internationalen Privatrecht*, Duncker & Humblot, München-Leipzig, t. 1, 1928, p. 161 et s.; Bartin, *Principes de droit international privé selon la loi et la jurisprudence françaises*, Paris, Domat-Montchrestien, Tome I, 1930, § 92 et s.; Maury, *L'éviction de la loi normalement compétente: l'ordre public et la fraude à la loi, op. cit.*; P. Lagarde, *Recherches sur l'ordre public en droit international privé*, LGDJ, Bibl. de droit privé, t. 15, préf. H. Batiffol, 1959; Francescakis, Y a-t-il du nouveau en matière d'ordre public?, cited above, p. 149.

the application of rules of the law of that country which cannot be derogated from by contract, hereinafter called "mandatory rules".

The solution is contained in the Rome I Regulation, again in Article 3 § 3: "[w]here all other elements relevant to the situation at the time of the choice are located in a country other than the country whose law has been chosen, the choice of the parties shall not prejudice the application of provisions of the law of that other".

The situation described is quite surprising. For contracts that relate to a country, the parties may choose a foreign law but may not depart from mandatory rules of the internal legal order to which the contract relates. Therefore, Convention and Regulation rules apply to internal contracts and not only to international contracts. This precision is startling. Its purpose is however clear: to prohibit a choice which would be made to defraud the state law by attempting a kind of legal evasion[1].

The innovation is the introduction in the Regulation of Article 3 paragraph 4, which states that "[w]here all other elements relevant to the situation at the time of the choice are located in one or more Member States, the parties' choice of applicable law other than that of a Member State shall not prejudice the application of provisions of Community law, where appropriate as implemented in the Member State of the forum, which cannot be derogated from by agreement".

The idea is the same, but transposed to EU law. If a purely domestic contract cannot escape the mandatory rules, a contract wholly located within the territory of Member States, cannot depart from EU mandatory

---

[1] P. Deumier and J.-B. Racine, Règlement Rome I: Le mariage entre la logique communautaire et la logique conflictuelle, *Revue des contrats*, 2008, 1309, esp. p. 1317. See also, D. Bureau, L'influence de la volonté individuelle sur les conflits de lois, *Mélanges en hommage à F. Terré*, Dalloz-PUF-Juris-Classeur, 1999, p. 285.

rules. Specifically, the peremptory norms of EU law, as they have been implemented by the State of the tribunal, are binding for the parties, even though they have chosen the law of a third State. This technique is not an innovation in EU law. It has long been present in a formulation quite close in most directives concerning the protection of the consumer[①]. The novelty is the endorsement in a general rule of a hitherto sectional mechanism.

It is not the same mechanism as the "*lois de police*" we have seen before, even though there are similarities, especially imperativeness. But some differences are still significant.

Firstly, a "*loi de police*" will be applied regardless of the applicable law, whether chosen by the parties or the outcome of an objective determination. EU mandatory rules intervene only in the case of choice of law by the parties and provided that the chosen law is one of a third State. Both conditions are cumulative.

Secondly, the "*lois de police*" will be applied, by definition, to all contracts, international or national. Article 3 § 4 only applies to contracts for which all items are located at the time of choice in one or more Member States, not for the "real international contracts".

A certain similarity can be demonstrated. But assimilation is not perfect. EU mandatory rules are not EU "*lois de police*".

For some authors, we are witnessing a sort of domestic public policy

---

① One of the most famous examples is Art. 6 § 2 of the Council Directive 93/13/EEC of 5 April 1993 on unfair terms in consumer contracts: 2. *Member States shall take the necessary measures to ensure that the consumer does not lose the protection granted by this Directive by virtue of the choice of the law of a non-Member country as the law applicable to the contract if the latter has a close connection with the territory of the Member States.*

but domestic according to the EU①. The parties cannot, by their own volition, escape from these mandatory provisions just by designating the law of another State. In this sense, the explanatory memorandum of the 2005 proposal used the term "evasion of EU law"②.

A similar phenomenon exists in Chinese PIL. In some cases it was decided that the parties' choice of foreign law could be considered a fraud on Chinese law③. Again, the examples concern situation in which guarantees are at stake. However, this approach can be criticized. It has been clearly demonstrated that the mechanism is aimed at voluntary misuse of objective connecting factors and not for situations in which a choice of law has been made④.

But we should mention that different results are obtained in both systems. In Europe, mandatory rules are only applied after comparison between the law chosen by the parties and the law normally applicable. Mandatory rules will only prevail if a divergence is ascertained and only for that aspect. A kind of "*dépeçage*" can be carried out.

In China, if a fraud on Chinese law is established, the choice of law clause is considered to be null and void. The Chinese law will be applied as a whole, without any exception. No attention is given to the

---

① P. Deumier and J.-B. Racine, Règlement Rome I: Le mariage entre la logique communautaire et la logique conflictuelle, cited above, esp. p. 1319.

② Proposal for a Regulation of the European Parliament and the Council on the law applicable to contractual obligations (Rome I), 15 December 2005, COM(2005) 650 final: http://eur-lex. europa. eu/LexUriServ/site/en/com/2005/com2005_0650en01. pdf (visited May 30, 2011)

③ For examples, J. Huang, L. Song, Q. Li and W. Long, Chinese Judicial Practice in Private International Law 2006, cited above, pp. 734 et Y. Xiao and W. Long, Contractual Party autonomy in Chinese Private International Law, cited above, esp. p. 205.

④ M. Zhang, Choice of Law in Contracts: A Chinese Approach, *Northwestern Journal of International Law & Business* 2006, 289, esp. p. 320.

foreign law designated by the parties.

Another main solution of the Chinese law must be evoked concerning positive public policy. For some contracts, the Chinese law is mandatory. Article 126 paragraph 2 of the 1999 law on contracts is concerned.

"*The performance of any of the following contracts within the territory of the People's Republic of China shall be subject to the law of the People's Republic of China*:

*(1) Contract on a Chinese-foreign equity joint ventures*;

*(2) Contract on a Chinese-foreign contractual joint ventures*;

*(3) Contract on Chinese-foreign cooperation in the exploration or exploitation of natural resources*".

Any choice of law clause in favor of foreign law is void and Chinese courts have exclusive jurisdiction①.

This list has been increased to eight by the 2007 interpretation of the Supreme Court:

"*(4) Contract on the transfer of shares in a Chinese-foreign equity joint venture, Chinese-foreign contractual joint venture or wholly foreign-funded enterprise*;

*(5) Contract on the operation by a foreign natural person, foreign legal person or any other foreign organization of a Chinese-foreign equity joint venture or a Chinese-foreign contractual joint venture established within the territory of the People's Republic of China*;

*(6) Contract on the purchase by a foreign natural person, foreign legal person or any other foreign organization of share equity held by a shareholder in a non-foreign-funded enterprise within the territory of the*

---

① Article 244 of the Civil Procedure Law.

*People's Republic of China*;

(7) Contract on the subscription by a foreign natural person, foreign legal person or any other foreign organization to the increased registered capital of a non-foreign-funded limited liability or company limited by shares within the territory of the People's Republic of China;

(8) Contract on the purchase by a foreign natural person, foreign legal person or any other foreign organization of assets of a non-foreign-funded enterprise within the territory of the People's Republic of China; and

(9) Other contracts subject to the law of the People's Republic of China as prescribed by a law or administrative regulation of the People's Republic of China".

The mechanism of the "*lois de police*" is not concerned. Some clear differences exist between the "overriding mandatory rules" and Article 126. The most significant is that, for the latter, the application of Chinese law is not limited but general[1]. This means that the choice of law is considered to be void. When "*lois de police*" are concerned the choice can produce its effect, except for some laws, the most important ones. Some authors justify the use of Chinese law in such cases by the principle of proximity[2]. But the imperativeness is not explained.

The most suitable explanation seems to be that in this situation there is a positive public policy, much like the EU one we have seen before. Proximity justifies the use of this technique. The contract in question is

---

[1] A. Verman Yap Ong, Issues in the Application of Dépeçage in Chinese Private International Law, *Chinese Journal of International Law* 2009, 637, esp. p. 648; M. Zhang, Choice of Law in Contracts: A Chinese Approach, cited above, esp. p. 319.

[2] X.-Y. Li-Kotovtchikine, Le nouveau droit chinois des contrats internationaux, Journal du droit international, 2002, p. 150.

so close to the Chinese social sphere that it is not conceivable for a foreign law to intervene. However, some differences can again be observed.

Firstly, as we know it, Article 3 § 3 and § 4 of the Rome I Regulation imposes a comparison between the law chosen by the parties and the mandatory rules. In China, Article 126 leads to a global application of the Chinese law.

Secondly, the European mechanism intervenes only when a choice has been made by the parties. On the contrary, Article 126 makes no distinction. Chinese rules will apply in all situations, even when the law should be objectively determined.

Thirdly, in Europe, for Article 3 § 3 or § 4 to be implemented all connecting factors must be located in one or different Member States. The situation is considered to be an internal one. According to the Chinese law, the nature of the contracts is only concerned. Some connecting elements may be located outside China, it can be an international contract, but the result will always be the same: application of the Chinese rules.

To conclude, we would like to stress an important aspect of these exceptions. They are necessary to protect a system but they can also be useful to the evolution of this particular field of law by leading to the creation of new choice of law rules. In the European system, public policy and *lois de police* have contributed to the development of the conflict of laws rules concerning consumer contracts and employment contracts[①]. When the exceptions are systematically used against the principle, it is better to operate a conversion and to modify the principle. An adaptation

---

[①] See in this review, the contribution of D. Alexandre, cited above.

is necessary and a new conflict of laws rule, a better one, can be created. It is better to apply the law of the habitual residence of the consumer or the law of the place of performance of the employment contract on the basis of a principle than on the basis of exceptions. The conflictual system would gain clarity. This can be the next challenge for the Chinese system, establishing conflicts dynamism.

# May Comparative Law Help to Find an Answer?
## —The Example of the (Worldwide) Search for a Fair Scope of Liability in Cases of Professional Negligence

Thomas KADNER GRAZIANO [*]

### I. Introduction

The following contribution analyses the role comparative law may play in the decision making process of judges when dealing with topical legal issues. The example chosen to illustrate the role of comparative law is the current (almost worldwide) discussion of a fair scope of medical negligence in cases of uncertain causation. The purpose of this paper is *not* to suggest a solution to the problem of uncertain causation in medical malpractice cases or in other cases of professional negligence, such as ca-

---

[*] Professor of Law at the University of Geneva, Switzerland. Dr. iur. (Goethe-University Frankfurt), LL. M. (Harvard Law School), habil. (Humboldt-University zu Berlin).

ses of lawyer's liability. This has already been tried on other occasions[1]. The purpose is, on the contrary, to discuss the use courts may make of the comparative method when addressing topical legal issues and to highlight some of the benefits that may be derived from using this method.

## II. The search for a fair scope of liability in cases of medical negligence

In most, if not all, jurisdictions, liability in contract or tort requires a causal link between the damage suffered by the person bringing a claim for compensation (the claimant) and the activity of the person held to be liable (the defendant). In the words of art. 3:101 of the Principles of European Tort Law (PETL): '*An activity or conduct is a cause of the victim's damage if, in the absence of the activity, the damage would not have occurred.*'[2] This is also called the *conditio sine qua non*-

---

[1] Thomas Kadner Graziano, Loss of a Chance in European Private Law-"All or nothing" or partial liability in cases of uncertain causation, *ERPL* 2008, 1009-1042 with numerous further references; "Alles oder nichts" oder anteilige Haftung bei Verursachungszweifeln-Zur Haftung für perte d'une chance und eine Alternative. Urteile des schweizerischen Bundesgerichts vom 13. 6. 2007, des belgischen Hof van Cassatie vom 5. 6. 2008, des Supreme Judicial Court of Massachusetts vom 28. 7. 2008 und des High Court of Australia vom 21. 4. 2010 mit Anmerkung und einem Lösungsvorschlag, *ZEuP* 2011, pp. 171-200.

[2] European Group on Tort Law (ed.), Principles of European Tort Law-Text and Commentary, Vienna/New York (2005), art. 3:101; see also: www. ectil. org/. The 'Principles of European Tort Law' were presented by a group of European researchers specialised in the law of extra-contractual liability (or: tort law). The Principles are based on a wide comparative research including most European and some extra-European jurisdictions. For more information on the European Group on Tort Law, see e. g. Jaap Spier, in: European Group on Tort Law (ed.), Principles of European Tort Law-Text and Commentary, Vienna/New York (2005), p. 12 ss; *idem*, in Francesco Milazzo (édit.), Diritto romano e terzo millennio-Radice e prospettive dell'esperienza giuridica contemporanea (a cura di Francesco Milazzo), Napoli (2004), p. 239 et seq. ; Helmut Koziol, Die "Principles of European Tort Law" der "European Group on Tort

test.

If the claimant meets the *conditio sine qua non*-test, he may recover 100% of the damage [①]. If the claimant cannot prove causation with the probability required by law, he recovers nothing. We therefore speak of an 'all or nothing'-approach to causation.

In recent years, the argument was made that the traditional test of causation and the 'all or nothing'-approach may sometimes lead to unfair results. These cases, it is argued, require different rules.

## III. Case scenarios

Three case scenarios taken from the recent case law of courts in Europe, the USA, and Australia may illustrate the problem.

1) In Fribourg, Switzerland, a man attends the local hospital. A medical assistant wrongly and negligently diagnoses influenza. The patient is released but returns three hours later in very critical conditions. Another medical doctor now diagnoses meningitis and the patient is treated accordingly. When he is released weeks later, he is deaf on both ears.

In order to establish a causal link between the defendant's negligent act and the claimant's damage, Swiss law requires, in principle, that the claimant establish proof of a predominant probability of causation. If the

---

Law", *ZEuP* 2004, p. 234 ff; Bernhard Koch, The Work of the European Group on Tort Law-The Case of "Strict Liability", *InDret Working Paper No. 129*, Barcelona 2003, www.indret.com; see also Th. Kadner Graziano, Les Principes du droit européen de la responsabilité délictuelle (Principles of European Tort Law)-Forces et faiblesses, in: Bénédict Winiger (ed.), La responsabilité civile de demain/Europäisches Haftungsrecht morgen, Zurich (2008), p. 219 et seq.

[①] Subject to, e. g., contributory negligence of the claimant.

claimant meets this requirement, he receives, in principle, full compensation; if he cannot meet this test, he recovers nothing (principle of 'all or nothing').

In the above case, according to an expert report, it cannot be excluded that, even if the medical assistant had not acted with negligence, the patient would have lost his sense of hearing. The patient thus cannot establish with the probability required by Swiss law that, had the medical assistant not made the mistake, he would not have lost his sense of hearing.

The medical assistant's negligence has, however, deprived him of a considerable chance of avoiding the damage. [1]

2) In Boston, USA, an internist misdiagnoses the conditions of a 42-year-old patient over a period of several years because he does not carry out the appropriate tests. When the necessary examinations are finally ordered, they reveal a gastric cancer. The year after, the patient dies of this cancer, leaving his wife and his minor son. The relatives of the deceased claim compensation for damage suffered due to the loss of their husband and father. In Common Law jurisdictions, in order to be entitled to compensation, the claimant is traditionally required to establish that it is more probable than not that the defendant caused his damage.

Exert advice shows that there is a 62.5 % chance that the patient would have died regardless of the doctor's negligence; the claimants thus

---

[1] See the Swiss case: Bundesgericht (BG, Swiss Federal Supreme Tribunal) 13.6. 2007, BGE 133 III 462; Note Ch. Müller, Zeitschrift des bernischen Juristenvereins (ZBJV) 2007, 862; Th. Kadner Graziano, Haftung und Versicherung (HAVE) 2008, 61; see also BG 26.9.2007, 4A_227/2007 Erw. 3.5.1 et seq.; BG 20.10.2008, 4A-236/2008/biz Erw. 5. 2.2.; all in www.bger.ch.

cannot meet the more probable than not test. Had the diagnosis been performed in time, the patient would, however, have had a 37.5 % chance of survival[①].

3) In Sydney, Australia, the 6-year-old Rema Tabet is admitted to a hospital. She has recently suffered from chickenpox and has subsequently suffered from headaches, nausea and vomiting. With a delay of one day, a CT scan and an EEG are performed and she is diagnosed as suffering from a brain tumor. She receives treatment, including an operation to remove the tumor but suffers irreversible brain damage.

She brings a claim for damages and alleges that, had she been examined in time, she would have had a considerable chance that part of her damage be avoided. She cannot, however, satisfy the Common Law's more probable than not-test[②].

In recent years, similar cases have also been brought before the courts in many jurisdictions worldwide; in Europe this has been the case for example in *France*, *Belgium*, *Germany*, *Austria*, *Italy*, *Spain*, *the*

---

① Supreme Judicial Court of Massachusetts, Matsuyama v. Birnbaum, 890 NE 2d 819 (823) (2008); 452 Mass 1; 2008 Mass LEXIS 552; www.masslawyersweekly.com/index.cfm/archive/view/id/444217; with Note [2009] 122 *Harvard Law Review* 1247.

② *Tabet v Gett* [2010] High Court of Australia 12 (visited 21 April 2010), *in* www.austlii.edu.au/au/cases/cth/HCA/2010/12.html.

Netherlands, Scotland, Ireland, and *Lithuania*[1]; in the USA similar cases were brought before the courts of at least 31 States of the Union[2].

---

[1] *French* Cour de cassation (Cour de cass.) 18.3.1969, *Bulletin des arrêts de la Cour de cassation, chambres civiles* (*Bull. civ.*) II, no 117, excerpts *in* Winiger/Koziol/Koch/Zimmermann (eds), *Digest of European Tort Law*, Vol. 1: Essential Cases on Natural Causation, Wien/New York (2007), 10.6.1. with comments by O. Moréteau/L. Francoz-Terminal; *Belgian* Cour de cassation/Hof van Cassatie 19.1.1984, *Pasicrisie* (*Pas.*) 1984, I, 548, excerpts *in* Winiger/Koziol/Koch/Zimmermann (eds), *Digest of European Tort Law*, 10.7.1 with comments by I. Durand; the *German* cases: BGH 11.6.1968, *Neue Juristische Wochenschrift* (*NJW*) 1968, 2291, excerpts in Winiger/Koziol/Koch/Zimmermann (eds), *Digest of European Tort Law*, 10.2.1 with comments by R. Zimmermann/J. Kleinschmidt; Oberlandesgericht (OLG) Stuttgart 21.6.1990, *VersR* 1991, 821; the *Austrian* case: Oberster Gerichtshof (OGH) 8.7.1993, *Juristische Blätter* (*JBl.*) 1994, 540 with comments by Bollenberger, excerpts in Winiger/Koziol/Koch/Zimmermann (eds), *Digest of European Tort Law*, 10.3.1 with comments by B. A. Koch; the *Swiss* case Obergericht Zürich, 87 *ZR* (1988) n. 66 pp 209 *et seq.*, 85 *RJS* (1989) pp 119 *et seq.* with comments by Ch. Müller, *La perte d'une chance*, Berne (2002), n. 245 *et seq.*; the *Italian* case: Corte di Cassazione 4.3.2004, according to: Winiger/Koziol/Koch/Zimmermann (eds), *Digest of European Tort Law*, 10.9.7 with comments by M. Graziadei/D. Migliasso; the *Spanish* case: Tribunal Supremo 10.10.1998, *RJ* 1998, 8371, excerpts in Winiger/Koziol/Koch/Zimmermann (eds), *Digest of European Tort Law*, 10.10.1 with comments by J. Ribot/A. Ruda; the *Dutch* case: Gerechtshof Amsterdam 4.1.1996, *NJ* 1997, 213 (Wever/De Kraker), excerpts in Winiger/Koziol/Koch/Zimmermann (eds), *Digest of European Tort Law*, 10.8.1 with comments by W. H. van Boom/I. Giesen (medical malpractice case, 25% chance of reaching a better result of treatment); the *Scottish* case: *Kenyon v. Bell*, 1953 SC 125, excerpts in Winiger/Koziol/Koch/Zimmermann (eds), *Digest of European Tort Law*, 10.13.1 with comments by M. Hogg; the *Irish* case: *Caroll v. Lynch* 16.5.2002 (High Court), according to: E. Quill, in Winiger/Koziol/Koch/Zimmermann (eds), *Digest of European Tort Law*, 10.14.6; the *Lithuanian* case: Supreme Court of Lithuania, according to: Winiger/Koziol/Koch/Zimmermann (eds), Digest of European Tort Law, 10.21.1 with comments by J. Kirsiene/S. Selelionyte-Drukteiniene; see the *Hungarian* case BH no. 360 (Supreme Court, Legf. Bir. Pfv. III. 20. 20. 028/2006, according to A. MENYHARD, in H. Koziol/B. Steininger (eds), *European Tort Law 2006*, Wien/New York 2008, pp 276 *et seq.*

[2] References *in* Supreme Judicial Court of Massachusetts, *Matsuyama v. Birnbaum* (above, fn. 3), 828 f. fn. 23.

In many countries, issues of uncertainty of causation are often also raised in cases of lawyer's liability: a lawyer negligently omits, for example, to bring a claim in time. The client then sues the lawyer seeking compensation for her financial loss consisting of the likely award of damages she would have been entitled to, had her action been successful. In the proceedings against the lawyer, the lawyer argues that the client would have lost the case anyway. It remains uncertain whether she would have won her case had the lawyer not acted with negligence and had the action been brought in time.

In recent years, the courts in *England*, *Scotland*, *the Netherlands*, *Denmark*, *Spain*, *Portugal*, *Germany*, and *Switzerland* have had to deal with cases in which lawyers had negligently omitted to bring a claim or to launch an appeal in time or in which they had committed other professional mistakes that reduced, or destroyed, a client's prospects in winning a case[①].

---

[①] See, for example, the *English* cases: *Allied Maples Group Ltd* v. *Simmonds & Simmonds* [1995] 1 *WLR* 1602 (CA), excerpts in Winiger/Koziol/Koch/Zimmermann (eds), *Digest of European Tort Law*, 10.12.5 with comment by K. Oliphant; *Kitchen* v. *Royal Air Force Association* [1958] *WLR* 563 (a solicitor's negligence resulted in his client's action for damages being time-barred; award of damages for loss of a chance); the *Scottish* case: *Kyle* v. *P & J Stornmonth Darling*, 1993 *SC* 57, excerpts in Winiger/Koziol/Koch/Zimmermann (eds), *Digest of European Tort Law*, 10.13.7 with comment by M. Hogg (solicitors failed to lodge an appeal in time and as a result the pursuer was unable to continue his action. He therefore brought an action against the solicitors claiming to have suffered loss as a result of their negligence. Held: The pursuer's action was successful, and a hearing ordered to determine the value of the chance which the pursuer had lost. The Inner House commented: "the pursuer [...] is right to claim damages for what he offers to prove he has lost, namely the value of the lost right to proceed with his appeal in the original litigation. The pursuer will fail unless it is established that the lost right had an ascertainable, measurable, non-negligible value; but he is under no obligation, as a precondition of obtaining an award against the present defenders, to show that he would probably have succeeded in the original litigation"; the *Dutch* case: Hoge Raad 24.10.1997,

## IV. Requirements for liability: the *conditio sine qua non*-test and criticism of the test

In some jurisdictions, in order to establish causation between the damage suffered by the claimant and the defendant's act, *certainty* of causation is required. In others it is sufficient to establish that it was *more probable than not* that the defendant caused the damage suffered by the victim.

The above case scenarios have in common that the person held to be liable acted negligently and that the victim cannot show that the loss would have been prevented had the other party acted as required by law. The victim thus cannot meet the requirements of the *conditio sine qua non*-test and, consequently, is unable to prove with the probability that is traditionally required that the defendant's activity has caused his or her damage. He is, however, able to prove that the doctor's (or the lawyer's) negligence deprived him of a (*substantial*) *chance* of a better outcome.

---

*NJ* 1998, 257 (Baijings/H.), excerpts in Winiger/Koziol/Koch/Zimmermann (eds), *Digest of European Tort Law*, 10.8.7 with comment by W. H. van Boom/I. Giesen; the *Spanish* case Spanish Tribunal Supremo 9.7.2004, *Repertorio de Jurisprudencia Aranzadi* (*RJ*) 2004, 5121, excerpts in Winiger/Koziol/Koch/Zimmermann (eds), *Digest of European Tort Law*, 10.10.5 with comments by J. Ribot/A. Ruda; the *Portuguese* case: Lisbon Court of Appeal 8.7.1999, according to: Winiger/Koziol/Koch/Zimmermann (eds), *Digest of European Tort Law*, 10.11.1 with comment by A. Pereira, Held: liability for an amount of 2,500 out of a damage of 10.000 for having lost a 25% chance of recovering a debt; the *Spanish* cases: Tribunal Supremo (TS) 9.7.2004 (*supra*, n. 9), and TS 26.1.1999, RJ 1999, 323; the *German* cases: Federal Court of Justice/Bundesgerichtshof (BGH) 27.1.2000, *Versicherungsrecht* (*VersR*) 2001, 638; BGH 2.7.1987, *Neue Juristische Wochenschrift* (*NJW*) 1987, 3255; the *Austrian* case: Oberster Gerichtshof (OGH) 3.11.1966, *Amtliche Sammlung der Entscheidungen des OGH* (*SZ*) 39/186; the *Swiss* case: Federal Court of Justice/Bundesgericht/Tribunal Fédéral (BG/TF) 12.12.1961, *BGE/ATF* 87 II 364.

In recent years, many victims as well as a certain number of courts have been dissatisfied with the traditional *conditio sine qua non*-test and with the traditional 'all or nothing' approach[①].

The 'all or nothing' approach is particularly criticised in situations in which the negligence of one person destroys the chance of an outcome favourable to another. It is argued that uncertainties that are due to the first person's negligence should be part of this person's ordinary risks of life instead of being borne by the party that has lost the chance of a more favourable outcome. The High Court of Zurich stated, in a 1989 ruling: "To refuse damage payments to the relatives of a patient who had clearly been treated wrongfully and who subsequently had died of cancer with the argument that the causal link between the fault committed by a doctor and the patient's death remains uncertain would be highly unjust"[②].

The criticism of the 'all or nothing' principle is particularly intense in cases where the probability reaches the limits of the level required[③].

---

[①] For more arguments for or against liability in such situations, see Th. Kadner Graziano, *ERPL* 2008, 1009, at 1030 et seq.; idem *ZEuP* 2011, 171, at 185 et seq..

[②] OG Zürich, *SJZ* 85 (1989), 119, at 122: "Den Angehörigen von Krebspatienten, die eindeutig falsch behandelt wurden, in (sehr) vielen Fällen Schadensersatzansprüche abzusprechen mit der Begründung, der Kausalzusammenhang zwischen den Behandlungsfehlern und dem Tod des Patienten sei nicht nachgewiesen, wäre aber in hohem Masse unbillig.

[③] See, for example, Bydlinski, 'Aktuelle Streitfragen um die alternative Kausalität', in Sandrock (ed.), *Festschrift für Günther Beitzke*, Berlin (1979), p 3, at 32 et seq.; Stoll, 'Schadensersatz für verlorene Heilungschancen vor englischen Gerichten in rechtsvergleichender Sicht', in E. Deutsch/E. Klingmüller/H. J. Kullmann (eds), *Festschrift für Erich Steffen*, Berlin New York (1995), p 465, at 466; Jansen, 19 *OJLS* 271, at 277 et seq.; Koziol, in G. Hohloch/R. Frank/P. Schlechtriem (eds), *Festschrift für Hans Stoll*, Tübingen (2001), p 233, at 238; Ch. Müller, La perte d'une chance, n. 272 et seq., 290; Mäsch, Chance und Schaden, pp 125 et seq.; A. Hirsch, in Chappuis/Winiger (eds), *Les causes du dommage*, p 288: "la théorie absolue de la causalité, du 'tout ou rien', est dépassé"; Kadner Graziano, in Winiger/Koziol/Koch/Zimmermann (eds), *Digest of European Tort Law*, 10.28.18 et seq.

In jurisdictions that require 'certainty' of causation, it has e. g. been criticised that losing a 90% prospect of recovery is a real loss for a patient; however, since certainty is required, in case of a probability of causation of 90%, the claim must fail①. It has further been criticised that, where certainty is required, courts will, on the other hand, in order to award damages tend to 'take for granted what in fact is uncertain'② or, in other words, 'assume certainty where none in truth exists'③.

In Common Law countries, it has often been criticised as unjustifiable that in cases where there is a probability of causation of 50% an action is entirely rejected whereas in cases where there is a probability of 51% the victim receives full compensation. Donaldson, then Master of the Rolls and judge in the Court of Appeal, expressed the opinion that "[i]f this is the law, it is high time that it was changed".④ In his dissenting opinion in the medical malpractice case *Gregg v. Scott*, Lord Nicholls stated that "[t]his surely cannot be the state of the law today. It would be irrational and indefensible. The loss of a 45% prospect of recovery is just as much a real loss for a patient as the loss of a 55% prospect of recovery. [...] It cannot be right to adopt a procedure having the effect that, in law, a patient's prospects of recovery are treated as

---

① See e. g. the German case OLG Hamm 26. 8. 1998, VersR 2000, 325 (a 90% chance is not sufficient to establish certainty of causation between a medical doctor's negligence and the patient's damage).

② Koziol, *in* Winiger/Koziol/Koch/Zimmermann (eds), *Digest of European Tort Law*, 10.29.4.

③ Lord Nicholls *in Gregg v. Scott* [2005] UKHL 2 at 43: "The law should not, by adopting the all-or-nothing balance of probabilities approach, assume certainty where none in truth exists".

④ *Hotson v. East Berkshire Area Health Authority* 2. 7. 1987 [1987] 1 AC 750 (759).

non-existent whenever they exist but fall short of 50%".[①]

On the other hand, many courts are reluctant to depart from the traditional rules and to make exceptions from, or even abandon, the *conditio sine qua non*-test. They fear to open floodgates and to pave the way to unlimited liability.

In the three above scenarios, the highest courts in Switzerland, Massachussetts/USA, and Australia were required to (re-) consider the issue of a fair scope of liability in cases of medical negligence.

### V. The role of comparative law in the search for a solution

When discussing the liability of the hospital in Fribourg in the first case mentioned above, the *Swiss Federal Court* discussed at large an approach that had been developed by the French courts in similar cases (i. e. liability for 'loss of a chance' or '*perte d'une chance*'). —When discussing the liability of the internist in Boston, the *Supreme Court of Massachusetts* considered the solutions applied in the other 49 jurisdictions in the USA. —In the Australian case of the 6-year old girl who had suffered brain damage, the *High Court of Australia* requested the lawyers to present the state of the law in other jurisdictions, in particular in Canada, the USA, and Europe.

The courts in all three jurisdictions thus relied, among others, on the comparative method when addressing the highly topical issue of professional liability in cases of uncertain causation. However, neither was the Swiss court bound to follow the approach used by French courts; nor

---

[①] *Gregg* v. *Scott* [2005] UKHL 2 at 3 and 43. See also at 46: "The present state of the law is crude to an extent bordering on arbitrariness". See also Lord Hope, *ibidem* at 114 *et seq.* (dissenting opinion).

was the court in Massachussetts bound to follow the case law of any of the other jurisdictions in the USA; nor was the High Court of Australia bound to consider or follow the court practice in Canada, the USA, or Europe.

Why did these courts then consider foreign law and foreign court practice? Why do the courts use the comparative method, and in which way may the comparative method contribute to finding a solution for the currently highly topical issue of uncertain causation in cases of professional negligence?

## 1. Discovering the full range of solutions to a given problem

It seems that the *first benefit* of the comparative method is that it allows to *uncover a wide range of different possible solutions to the problem under examination.*

In our scenarios, in situations in which it is difficult for the victim to establish a link of natural causation between the negligent behavior of the person held to be liable and the damage, a comparative analysis reveals that there are at least *five ways* to ease the burden that lies on the victim.

### a) Clearing up the issue of causation 'ex-post'

A *first* solution could be to clear up the issue of causation 'afterwards' (or 'ex post'). In cases of lawyers' professional negligence, where the courts often face issues of uncertainty of causation, the issue of liability will usually be raised in a second, subsequent procedure, i. e. an action for damages against the lawyer. In the second procedure, the judge establishes-in a hypothetical manner-whether the lawyer's negligence has hindered the client from winning the first proceedings or whether the client would have failed regardless. The hypothetical outcome of the first procedure thus is a condition for the success of the client's claim in the procedure against his lawyer. We could consequently speak of 'first proceedings within the second proceedings' (or of a *Prozess im Prozess*).

This approach has been successfully applied in lawyer's liability cases by the *German* Federal (Supreme) Court[1], the High Court of the *Netherlands* (*Hoge Raad*)[2] and the *Swiss* Federal (Supreme) Court.[3]

In cases of medical negligence such as the three above scenarios, however, it is often impossible to clear up afterwards whether the damage would have been avoided had the medical doctor not acted with negligence.

### b) Lowering the burden of proof

Another, *second* remedy could be found in lowering the victim's burden of proof as far as the causal link is concerned[4].

In some jurisdictions, for instance in *Germany* (§ 286 of the German Code of civil procedure), it is necessary for the causal link to be established with certainty ('*Gewissheit*')[5].

---

[1] See, for example, BGH 9.6.1994, Entscheidungen des Bundesgerichtshofes in Zivilsachen, amtliche Sammlung (BGHZ) 126, 217; BGH 16.6.2005, JZ 2006, 198 with comments by G. Mäsch; for further references, see G. Mäsch, Chance und Schaden, p. 76 et seq.

[2] Hoge Raad 24.10.1997, NJ 1998, 257 (Baijings/mr. H.), excerpts in: Winiger/Koziol/Koch/Zimmermann (eds.), *Digest of European Tort Law*, 10.8.7 with comments by W. H. van Boom/I. Giesen; under Dutch case law, the court may also use the approach of 'loss of a chance', see W. H. van Boom/I. Giesen, *ibidem*, 10.8.9 et seq.

[3] BG/TF 12.12.1961, BGE/ATF 87 II 364 (373 et seq.).

[4] See, for example, Mäsch, *ZEuP* 2006, 656 (674 et seq.); idem, Chance und Schaden, p. 237 et seq.

[5] For *German* law, see BGHZ 53, 245; BGH, NJW 1993, 935 (937); Mäsch, Chance und Schaden, p. 30 et seq. with further references; Jansen, *OJLSt*. 1999, 271 (276). For *Austrian* law, see Walter Rechberger/Daphne-Ariane Simotta, Grundriss des österreichischen Zivilprozessrechts, 5. Aufl., Wien 2000, n. 580 with references.

In *Swiss* law, the victim must, in general, establish a sufficient (i. e. predominant) probability of the purported cause with regard to the effect ('*überwiegende Wahrscheinlichkeit*')[1]. In a case decided by the law courts of Zurich, it has been held sufficient that the causal link between a doctor's negligence and the patient's damage be established with a probability of only 60%.

In cases of medical malpractice, the courts in *Austria* have also lowered the burden of proof regarding causation and require a *predominant probability* in order to award compensation for the entire damage[2].

In *English* law and other Common law jurisdictions it is necessary and sufficient to establish that it is 'more probable than not' (i. e. that there is a probability of 51%) that a damage was caused by an act (or omission) of the defendant[3].

### c) Reversing the burden of proof

A *third* solution would be to reverse the burden of proof under certain conditions.

In the case of actions of patients against doctors who have acted with *gross negligence*, *German* courts have reversed the burden of proof in favour of the patient under the condition that the *grossly* negligent act

---

[1] BG/TF 8.5.1981, BGE/ATF 107 II 269, cons. C. 1b. The burden of proof may vary according to the protected interest at issue, see Roland Brehm, Schweizerisches Zivilgesetzbuch, Das Obligationenrecht, Vol. VI, Art. 41-61 OR, 3rd ed, Bern (2006), Art. 41 N 117 et seq.; see also Ch. Müller, La perte de chance, n. 269.

[2] Xx See, for example, H. Koziol, Österreichisches Haftpflichtrecht, Band I, 3. Aufl., Wien 1997, no. 16/11.

[3] See, for all, House of Lords 2.7.1987, *Hotson v East Berkshire AHA*, [1987] 1 AC 750, [1987] 2 All ER 909; Jane Stapleton, The Gist of Negligence, Part II, [1988] 104 *Law Quarterly Review* (*LQR*) 389 (389 et seq.).

of the doctor *might have been* the cause of the patient's damage①. In medical malpractice cases, the *Dutch* and the *Austrian* courts as well as the Supreme Court of *Lithuania* have also used the reversal of the burden of proof in cases of uncertain causation②.

If the requirements for a reversal of the burden of proof are met, the courts in *Germany*, the *Netherlands* and *Lithuania* award damages, in principle, for the *entire* loss suffered by the victim although causality remains uncertain (principle of 'all or nothing')③. Given that, in these cases, the issue of causation usually cannot be cleared up afterwards, reversing the burden of proof leads to the result that a medical doctor who has acted with gross negligence is liable for any and all consequences that have probably resulted from his act or omission.

Courts in other countries refused to reverse the burden of proof in such cases.

### d) Applying rules on alternative causation

A *fourth* approach to resolve uncertainties in natural causation could be found in an application of the rules on alternative causation. According to these rules, "in case of multiple activities, where each of them alone would have been sufficient to cause the damage, but it remains uncertain which one in fact caused it, each activity is regarded as a cause

---

① BGH 20.6.1962, VersR 1962, 960; BGH 13.10.1964, NJW 1965, 345; BGH 11.6.1968, NJW 1968, 2291.

② See for *Dutch* law: W. H. van Boom/I. Giesen, *in* Winiger/Koziol/Koch/Zimmermann (eds.), *Digest of European Tort Law*, 10.8.5 with references; for *Austrian* law: Mäsch, Chance und Schaden, p. 158 et seq.; for *Lithuanian* law: 18.2.2004 Supreme Court of Lithuania, civil case 3K-3-16/2004, extracts *in* Winiger/Koziol/Koch/Zimmermann (eds.), *Digest of European Tort Law*, 10.21.1 with comments by R. Lampe.

③ For a critical appreciation of the German case law, see Mäsch, *ZEuP* 2006, 656 (674).

of the damage"[1]. In some jurisdictions, each actor then is liable to the extent corresponding to the likelihood that it may have caused the victim's damage (concept of proportional liability)[2]; in other jurisdictions each actor is fully liable and the claimant has a choice whom to sue (principle of joint and several liability).

The rules on alternative causation may also be applied when one of the potential sources lies within the sphere of the victim, such as in the three above scenarios where the damage was caused *either* by the medical doctor's negligence *or* it was a consequence of the claimant's injury anyway[3]. In 1995, the 4th senate of the Austrian Supreme Court of Justice applied the rules on alternative causation in a medical malpractice case: The court had to decide the case of a baby that was born heavily disabled. The disability was due either to the fact that the baby had had the umbilical cord tied around his neck three times when born, a fact that was unavoidable for the doctors and was exclusively within the victim's sphere of risk, or it was due to a placental insufficiency, a fact that the doctors should have discovered and the consequences of which they could have avoided. The 4th senate of the Supreme Court applied, by way of analogy, the rules on alternative causation; given the fact that the doctors were responsible for one out of two potential sources of the baby's

---

[1] Compare Art. 3:103(1) of the Principles of European Tort Law.
[2] See Art. 3:103(1) of the Principles of European Tort Law.
[3] See, e.g., Art. 3:106 of the Principles of European Tort Law: "The victim has to bear his loss to the extent corresponding to the likelihood that it may have been caused by an activity, occurrence or other circumstance within his own sphere".

damage, the court held them liable for half of the damage[1].

Other senates of the Austrian Supreme Court of Justice have not followed this line of reasoning and prefer to lower or to reverse the burden of proof in similar situations[2].

### e) Legal concept of 'loss of a chance'

The courts in some jurisdictions apply a *fifth* solution to the problem of uncertain causation, the concept of 'loss of a chance'. Under this concept, the act that triggers liability in cases of uncertain causation is *not* the violation of a right that is traditionally the object of protection in contracts or torts (such as the patients' life or the bodily integrity in the above case scenarios). The fact that triggers liability is the 'loss of a chance' of a better outcome itself[3].

This perspective is different from the traditional points of view, as the claimant needs to establish causation between his damage and the *loss of a chance of a better outcome*. In all of the above cases, there is no doubt that the medical doctor's negligence has deprived the patients of a *chance* to recover.

The concept of 'loss of a chance' thus changes the object of legal protection: the direct object of protection in 'loss of a chance' cases is

---

[1] OGH (4th senate) 7.11.1995, JBl. 1996, 181; comp. Mäsch, Chance und Schaden, p. 161: "[...] das *Ergebnis* dieser Rechtsprechung [kommt] im Arzthaftungsrecht der Haftung für eine verlorene Chance sehr nahe, zumal dann, wenn die Höhe des Abschlages in der Schadensersatzsumme sich nach der Wahrscheinlichkeit des Ursachenzusammenhangs zwischen Behandlungsfehler und Gesundheitsschaden richtet.

[2] OGH 22.8.1996, JBl. 1997, 392; 10.10.1991, JBl. 1992, 522; see also Mäsch, Chance und Schaden, p. 159 et seq., see above b).

[3] See, for example, O. Moréteau/L. Francoz-Terminal, in Winiger/Koziol/Koch/Zimmermann (eds.), *Digest of European Tort Law*, 10.6.3; Jansen, *OJLSt.* 1999, 271 (282 et seq.).

not the patient's health but his *chance* to recover. The concept of 'loss of a chance' also brings change in the elements to be taken into consideration in order to establish causation. Due to the change of perspective, the issue of causation is no longer a problem since causation between the doctor's negligence and the loss of the chance to recover is *certain*.

The concept of 'loss of a chance' does not lead to compensation according to the principle of 'all or nothing'. Due to the change of perspective, it leads to *partial* compensation of the damage corresponding to the chance lost. The action succeeds in an amount corresponding to the degree of the chance lost.

The loss of a chance approach is well established in *France*, *Belgium* and the *Netherlands*[1]. In other jurisdictions such as Spain, the concept of 'loss of a chance' has been adopted with slight modifications, or it has been adopted only for certain categories of cases and not for others. The courts in *England* and in *Scotland*, e. g. , apply the concept of 'loss of a chance' to several categories of cases, in particular to lawyer's liability, but do not apply it to medical malpractice.

In the above scenario of the patient who died of cancer in Boston, for example, under the 'loss of a chance'-approach, liability would not be triggered by damage caused to the life or bodily integrity of the patient for which the causal link is established with a probability of only 37,5 %. Liability would be triggered, on the contrary, by the fact that the patient has lost the chance to recover and survive. The patient would then be entitled to recover 37,5 % of the damage suffered.

---

[1] Xx W. H. van Boom/I. Giesen, *in* Winiger/Koziol/Koch/Zimmermann ( eds. ), *Digest of European Tort Law*, 10.8.4 et seq. and 10.8.9 et seq. with references.

## f) Résumé

The *first benefit* to be derived from using the comparative method is that it reveals the *full range of approaches* (in our case: *five*) that are available for the solution of the problem under examination. The comparative analysis may thus reveal solutions that have so far been unknown in the comparatist's own jurisdiction and it may consequently widen the range of solutions to a given problem.

In the three above scenarios, for example, the courts in Switzerland (2007), Massachussetts (2008), and Australia (2010) considered, for the first time ever, to award partial compensation corresponding to the probability of causation instead of applying the 'all or nothing'-approach (which used to be the traditional approach to causation in medical negligence cases in these jurisdictions). They had discovered the 'loss of a chance approach' in other jurisdictions through a comparative analysis.

## 2. Discovering current trends

*Secondly*, the comparative overview may reveal whether there are any *current trends towards one or the other solution* to the problem dealt with[①]. The overview may for example reveal that some solutions, that are still unknown in the comparatist's own legal system, are well being used in other jurisdictions.

Partial compensation according to the probability of causation (instead of damages according to the 'all or nothing'-approach) has been awarded by the 4th senate of the Austrian Supreme Court of Justice in

---

① For the benefits of discovering such trends, see Lord Bingham *in* Fairchild v. Glenhaven (House of Lords) [2002] 3 All ER 305 at 334i "In a shrinking world [...] there must be some virtue of uniformity of outcome whatever the diversity of approach in reaching that outcome."

the above mentioned decision[①], applying the rules on alternative causation. In cases of medical malpractice and lawyers' liability, the courts in France, Belgium, the Netherlands, as well as the courts in many States of the US constantly award partial compensation (using the 'loss of a chance'-approach); the courts in England and Scotland award partial compensation in cases of lawyer's liability and the courts in Italy and Spain have reached similar results also applying a 'loss of a chance' approach to causation[②].

The 'UNIDROIT Principles of International Commercial Contracts'[③] suggest to award partial compensation corresponding to the likelihood of causation; Art. 7.4.3 sect. 2 of the UNIDROIT Principles states that "[c]ompensation may be due for the loss of a chance in proportion to the probability of its occurrence."

The 'Principles of European Tort Law' also provide for partial liability corresponding to the likelihood of causation (suggesting to apply rules on alternative causation).[④]

For the problem under examination in the above case scenarios, a comparative overview thus shows that awarding compensation in an amount corresponding to the probability that the doctor's negligence might have caused the patient's damage, i.e. partial liability for the damage suffered by the patient, is an approach that is being far from marginal from a comparative perspective.

---

[①] Above, fn. 28.
[②] References above, fn. 5 et seq.
[③] www.unilex.info.
[④] Art. 3:101, 3:103(1), 3:106 PETL; see Th. Kadner Graziano *in* Winiger/Koziol/Koch/Zimmermann (eds), *Digest of European Tort Law*, 10.28 (p. 585 et seq.).

## 3. Benefitting from the experiences made in other jurisdictions and inviting a critical assessment of the pros and cons of the solutions under examination

*Thirdly*, the comparative method allows benefitting from the experiences that have been made in other jurisdictions; it helps avoiding to repeat unsatisfactory experiences that have already been in other jurisdictions; and it invites to weigh up the arguments for and against all possible solutions.

This may, again, be illustrated with the above examples. It has been said that in some jurisdictions in cases of gross negligence the courts *reverse* the burden of proof of causation in favour of the patient (see the *third* of the above solutions)[1]. This might, at first sight, seem an interesting approach to solve the above scenarios. The experiences made in German case law show, however, the weaknesses of this approach: A patient does not necessarily want to see the doctor punished for his imprudent acts. He wants to be compensated for damages *regardless of the doctor's degree of fault*[2]. In fact, there is no link between the degree of the doctor's fault and the probability that the fault caused damage to the patient. The decisions of German courts perfectly illustrate that this link is missing: in one case, there was a 90% chance that a minor fault on the doctor's behalf led to a patient's damage. The court however refused compensation because of the doubts that remained about causation. In another case, there was a 10% chance that gross negligence caused the patient's problems[3]. Given that there was gross negligence,

---

[1] *Supra*, IV. 3.

[2] Comp. Fleischer, *JZ* 1999, 766 (773); Jansen, *OJLSt*. 1999, 271 (277 et seq.).

[3] Cf. Mäsch, Chance und Schaden, p. 34 et seq., and the cases et OLG Hamm 26.8. 1998, VersR 2000, 325, and OLG Brandenburg 8.4.2003, NJW-RR 2003, 1383.

the damage was fully compensated for. The reversal of the burden of proof in cases of gross negligence might, at first hand, seem an attractive solution, is indeed unsatisfactory when considering these experiences[1].

As far as partial compensation corresponding to the likelihood of causation is concerned, the situation in European private law is very diverse: In many countries the idea of partial compensation corresponding to the likelihood of causation, or of compensating for 'lost chances', has not yet been accepted or has been rejected by the courts[2]. In numerous other countries it has been widely accepted or has been accepted for certain categories of cases[3]. Experience in France, Belgium, the Netherlands, Italy, Spain, and in 21 jurisdictions in the USA[4] show that the concept of partial compensation can be useful and work well, if handled with care.

### 4. Harmonising effect

A *fifth* benefit of the comparative approach is that it may bring about a significant *harmonising effect* on European private law since the courts in different jurisdictions would consider, and sometimes adopt, the same solutions. It may thus pave the way for a 'soft harmonisation' of the laws ('bottom up' approach to harmonization) as opposed to harmonization by way of legislation (or harmonization 'top down').

### 5. Establishing an international community of lawyers being in communication with each other

The comparative analysis does not necessarily lead to identical re-

---

[1] See also Mäsch, Chance und Schaden, p. 35 et seq.
[2] For arguments against this approach see Th. Kadner Graziano, *ERPL* 2008, 1009 (xx).
[3] For arguments for this solution, see idem, *ERPL* 2008, 1009 (xx).
[4] References above, fn. 5 et seq.

sults in every jurisdiction. On the contrary, the comparative approach also allows the development and coexistence of different solutions in different countries. Some countries could hence serve as laboratories in which certain solutions are 'tested', in the same manner as can for instance be observed in the area of private law in the United States where 50 jurisdictions coexist within the Union.

However, even if the courts eventually adopt different solutions, an insight into the solutions used in other jurisdictions, gained through the comparative analysis, increases understanding and favours discussion between lawyers of different jurisdictions. A comparative approach will thus enable the development of a *common legal science* and it will contribute to the establishment of an authentic (European or even worldwide) community of lawyers which can easily consult with each other.

Here again the above case scenarios may serve as illustration: In the above cases, the *Swiss Federal Court*, the *Supreme Court of Massachusetts* and the *High Court of Australia* all considered to partially compensate the patients according to the 'loss of a chance'-approach, and they all considered this approach for the first time ever, having learned about this option by means of a comparative analysis.

The High Court of Australia finally *rejected* the loss of a chance approach. The Swiss Federal Court considered it but, for procedural reasons, *left the question of its adoption open*. The Supreme Court of Massachusetts *adopted it* and awarded damages in the amount of 37.5% of the damage suffered since the probability that the doctor's negligence had caused the patient's death amounted to 37.5%.

The courts thus reached different conclusions, but they reached them being fully aware of all options, and of their respective advantages and disadvantages, and by taking into consideration the experiences that had previously been made in other jurisdictions. The comparative method thus broadened the horizon of the courts and led to an informed decision taking into account all possible solutions to the problems, while preserving the freedom of choice for the courts in different jurisdictions.

## VI. Conclusions

Courts may derive several benefits from using the comparative method in addition to the traditional methods of interpretation of the law:

(1) In situations in which the national law has gaps or where it lends itself to interpretation, the comparative analysis helps the judge to *discover the full range of solutions* to a given legal problem.

(2) Comparative law helps to *discover current trends* on the international level when dealing with topical legal issues.

(3) It *invites a critical assessment* of the pros and cons of the different solutions under examination, helps judges to *benefit from the experiences* made in other jurisdictions and helps to *avoid repeating unsatisfactory experiences* that have been in other jurisdictions.

(4) In some situations, a comparative analysis may bring about a *harmonizing effect* on the international level and thus offer an alternative to the unification through legislation.

(5) Last but not least, by using the comparative method and by taking into consideration the court practice of other jurisdictions, the courts contribute to the *establishment of a discussion beyond the national borders*. As far as liability for professional negligence is concerned, the three above cases show that comparative law is, in fact, currently leading to an almost worldwide discussion of the scope of liability for medical negligence and of fair limits of such liability.

# "冲突法理论"的第一形态

## ——"国际礼让说"的学术史地位论略

周 江*

关于"为何适用外国法"的解释既是思考"如何适用外国法"的前提,也为其提供研究的合法性和意义。因此,"冲突法理论"应当被界定为对于"为何适用外国法"作出解释的理论,而关于"如何适用外国法"的理论则属于"冲突法中的理论"。在主权观念进入冲突法研究视野后,"为何适用外国法"便成为一个必须予以正面回答的问题。在此背景下,"国际礼让说"以"礼让"这一核心假设所进行的理论构建,应当被理解为冲突法理论的第一形态。

在冲突法的发展历程中,不同时代的学者大致围绕着两大主题倾注心血——"为何适用外国法"以及"如何适用外国法"。其中,对"为何适用外国法"的解答既是研究"如何适用外国法"的逻辑前提,又赋予这些研究以正当性和意义。这正如荣格(Juenger)所言:"一国法院既然宣誓效忠本国法律与宪法,缘何又会适用外国法?这是一个极度缺乏共识,但意义重大的根本性命题。"[①]基于上述认识,笔

---

\* 法学博士,西南政法大学国际法学院副教授,硕士生导师。
① 〔美〕弗里德里希·K.荣格:《法律选择与涉外司法(特别版)》,霍政欣、徐妮娜译,北京大学出版社 2007 年版,第 57 页。

者倾向于将用于解释"为何适用外国法"的理论界定为"冲突法理论",而关于"如何适用外国法"的理论则属于"冲突法中的理论"。①并且,本文尝试在此框架下对冲突法学术史中具有重要意义却又备受指责的"国际礼让说"的历史定位略做分析。

及至目前,国内学界的通行看法仍然倾向于将"国际礼让说"识别为意大利"法则区别说"在荷兰的流传。② 形成此种通说除或多或少受到世界史分期的影响外③,而其更为深层的原因可能在于荷兰"国际礼让说"与承继"法则区别说"的法兰西学者达让特莱(D'Argentre)的学说之间某种表面上的联系。有学者就曾指出:"达让特莱的学说不是在法兰西而是在荷兰首先获得成功。"④对此笔者以为,诚然,我们确实可以在"国际礼让说"的学说体系中寻找到某些与达让特莱观点的相似之处,从这个角度出发将其界定为"荷兰法则区别说"亦并非全然不可接受。但若仔细分析比较"国际礼让说"与"法则区别说",可以发现比那些相似之处更为显眼并更具关注价值的正是它们之间的区别。不仅于此,就事关"为何适用外国

---

① 周江:《"冲突法理论"论纲》,载《法律科学》2010年1第1期,第107—113页。
② 目前国内影响较大的国际私法或冲突法教科书及论及此题的专著基本上都将"国际礼让说"归置于"荷兰法则区别说"之下。参见韩德培主编:《国际私法新论》,武汉大学出版社1997年版,第58—61页。类似的主张还可见李双元主编:《国际私法》,北京大学出版社2006年版,第42—43页;徐冬根:《国际私法趋势论》,北京大学出版社2005年版,第206—208页;赵生祥主编:《国际私法学》,法律出版社1999年版,第30—32页;刘想树:《国际私法基本问题研究》,法律出版社2001年版,第16—18页。
③ 在将"国际礼让说"归入"法则区别说"时代的教科书或专著中,通常随后介绍内容都冠以类似于"近代国际私法"之名。(参见韩德培主编:《国际私法新论》,武汉大学出版社1997年版,第61页;李双元主编:《国际私法》,北京大学出版社2006年版,第43页;赵生祥主编:《国际私法学》,法律出版社1999年版,第32页;刘想树:《国际私法基本问题研究》,法律出版社2001年版,第18页)关于世界近代史的开端,目前国内较有代表性的观点为"英国资产阶级革命说"和"尼德兰资产阶级革命说"。无论采上述观点的哪一种,"国际礼让说"的生成年代都至少和近代的开端大致同步。
④ 〔德〕马丁·沃尔夫:《国际私法》,李浩培、汤宗舜译,法律出版社1988年版,第50页。

法"的冲突法理论而言,"国际礼让说学者"更是在很大程度上完成了对前辈"法则区别说学者"的理论超越。基于上述考虑,笔者以为应将其归入与"法则区别说"不同的历史分期,并且,就在冲突法历史中对冲突法理论的贡献而论,"国际礼让说"本身及受它影响的其他学说所存续的时期也完全有资格被界定为"国际礼让说"时代。

**一、张扬"主权"的年代**

对于"国际礼让说"之前的"法则区别说学者"为何钟情于从法则的性质推导适用外国(域外)法的问题,有学者将之归结为"同一国家的地区之间,比较容易相互了解有关规则的具体内容,比较容易分析有关规则的结构和属性,从而较为容易判断有关规则的适用范围,所以自然会以裁判案件的规则本身为出发点来直接解决法律适用问题。"[①]这样的见解不无道理,在"法则区别说"所盛行的14至16世纪,其所热衷探讨的主要是一国内部不同地区之间的法律冲突。上述情况与"法则区别说"赖以生成的实在界基础是吻合的——无论是意大利的各城邦之间,还是法兰西的各省之间,彼此不同的法律而引发的问题必然要求学术界予以关注并研究。

当历史推进至16世纪末期时,随着泰西大陆政治经济社会的不断发展,以专制君主制为依托的民族国家逐渐兴起。这使得冲突法理论赖以立基的实在界情境发生了结构性的改变,而最能体现这种结构性改变的,便是"主权"概念和相关理论以一种坚定的不容逆转的姿态大规模步入人们的观念界。[②] 自"主权"概念初步成型起始,便备受学者关注,他们围绕主权问题的阐释形成了各种各样的主权

---

① 宋晓:《当代国际私法的实体取向》,武汉大学出版社2004年版,第27页。
② 当然,在16世纪之前,我们便可以从马基雅维里(Machiavelli)、阿奎那(Aquinas)甚至亚里士多德(Aristotle)或者其他许多先贤的论述中窥见若隐若现的主权观念,但明确阐发并张扬主权观念的仍始于16世纪末期。(参见杨泽伟:《主权论——国际法上的主权问题及其发展趋势研究》,北京大学出版社2006年版,第13—16页。)

理论,如博丹(Bodin)的君主主权论、霍布斯(Hobbes)的契约君主主权论、洛克(Locke)的议会主权论、卢梭(Rousseau)的人民主权论、黑格尔(Hegel)的国家人格君主主权论以及奥斯丁(Austin)的功利主义主权论等。① 但从上述诸种主权学说生成的历史时期看,对源起于荷兰的"国际礼让说"产生直接影响的当属博丹的主权学说。

博丹是法国政治思想家和法学家,斯人乃首个明确使用"主权"概念并赋予其特定意义的学者,其系统地论述了国家主权及有关问题,职是之故,虽然也有学者对博丹的影响力评估较为保守,认为英美国家中"在绝大多数场合,博丹只是被当做某种前奏以引出人们远为熟悉的现实主义阐述主权的大师托马斯·霍布斯而提起"②,但学界主流意见还是将其誉为"近代主权理论之父"③。博丹的主权思想集中体现在其1576年写就的《国家六论》(De Republique, the Six Books of Commonwealth)中,在他看来,主权是君主"不受法律限制的对臣民的最高权力",主权是"绝对的、永久的、不可分的、不可转让的、不可抛弃的、不受限制的",君主是主权者,只受神法和自然法的约束,国内法不过是君主的命令。④

由博丹的论述可见,博丹主权思想的旨趣在于捍卫专制化的君主国,这与当时法国的现实情况是密切相关的——"由于封建自治形式的长期存在,这种君主国面对着国家的分割化"。⑤ 这样,博丹的主权理论就不得不落实为通过论证当时法国君主的专制权力,从

---

① 王沪宁:《国家主权》,人民出版社1987年版,第4页。
② 〔英〕贾斯廷·罗森伯格:《市民社会的帝国——现实主义国际关系理论批判》,洪邮生译,江苏人民出版社2002年版,第194页。
③ Jacques Maritain: The Concept of Sovereignty. *American Political Science Review*, Vol. 44, 1950, p.344.
④ 〔法〕博丹:《论主权(影印本)》,Julian H. Franklin编,中国政法大学出版社2003年版,第1页。
⑤ 〔英〕贾斯廷·罗森伯格:《市民社会的帝国——现实主义国际关系理论批判》,洪邮生译,江苏人民出版社2002年版,第194页。

而加强君主的地位,以消弭宗教纷争,确保国家的安定。① 当然,博丹创立其主权思想的关注重心并不必然涵盖"主权"的所有潜在品质。事实上,恰恰是法国之外的荷兰——当时在欧洲诸强中并不显赫的"小国"——表现出了对主权理论的垂青,并或多或少的借之步向繁荣。

1609年,西班牙殖民者在腓力二世去世后与荷兰订立《十二年停战协定》,在事实上认可了此前爆发的尼德兰革命的成果。② 此时的荷兰是一个由资产阶级与资产阶级化的贵族统治的国家,而与环绕其周围的其他君主国在统治者方面的不同使其对"主权"有着不同的需求。它无须像其他君主国的君主一样借助"主权"来强化自己的统治,这似乎又恰好可以帮助荷兰学者进一步挖掘"主权"更为丰富的理论意义。③ 事实上,历史也证明了荷兰对于"主权"理论的贡献。1625年,荷兰学者格劳修斯(Grotius)在《战争与和平法》(De

---

① 杨泽伟:《宏观国际法史》,武汉大学出版社2001年版,第76页。

② 《十二年停战协定》并不表示西班牙在法律上承认荷兰共和国的独立,西班牙正式承认荷兰(当时又称"七省共和国")独立是在40年后(1648年)《威斯特伐利亚和约》签订时。(参见鲁毅主编:《国际关系史(第1卷)》,世界知识出版社1995年版,第27—32页)

③ 学界通常认为荷兰学者垂青主权理论的原因或多或少可以归结为其作为世界上第一个资产阶级共和国当时仍处于封建专制国的包围中,它面临着捍卫自己的独立,防止周围封建国家干涉以保证资本主义顺利发展的任务。(参见韩德培主编:《国际私法新论》,武汉大学出版社1997年版,第58页;肖永平:《国际私法原理》,法律出版社2003年版,第41页;徐冬根:《国际私法趋势论》,北京大学出版社2005年版,第206页)在笔者看来,此种看法可能有些泛意识形态化:首先,尼德兰革命时,封建主义与资本主义在意识形态的分歧还未激化,这可从尼德兰革命的缘起看出(尼德兰革命主要在于反抗西班牙的统治而非反封建),当时左右欧洲局势的仍然是教派分歧和商业利益,荷兰作为新教国家在宗教信仰上与周围国家较易相互认同;其次,当时的荷兰在欧洲即使不是无足轻重,也远非强国,其革命对除西班牙之外的其他国家的商业利益并未立即产生实际影响,周围国家亦无必要干涉;最后,史实也表明,尼德兰革命并未受到西班牙之外第三国的干涉,相反,荷兰的独立斗争还曾经得到英国和欧洲新教阵营的援助(虽然英国的援助也存有私心——通过商业战争摧毁西班牙对海外殖民地的霸权)。(参见鲁毅主编:《国际关系史》(第1卷),世界知识出版社1995年版,第32页)

jure belli ac pacis, the Rights of War and Peace)中将主权理论与自然法思想相结合,使其成为后世国际法制度的结构性基础。① 由此,"主权"学说便成为思考涉及国际问题的重要理论渊源和思想路径。

## 二、"国际礼让说"的源与流

17世纪时,冲突法的研究中心进一步位移,由法兰西转至荷兰,而格劳修斯(Grotius)对博丹主权学说的发展,使荷兰学者自觉或不自觉地将主权概念引入冲突法研究。彼时的荷兰学者们已实质上放弃了将法律区分为人法、物法和混合法的"法则区别说",例如,约翰·伏特(John Voet)就曾表示:"一个法则,即使按照传统名称,不是'物法',而是'人法'或者'混合'法,法律属地的原则仍然是适用的。"②当时以伏特及荷兰另一位著名学者胡伯(Huber)为代表的冲突法学者们纷纷转而从主权角度研究和思考冲突法的基本问题。但在主权理论中,"每个主权国家及其法律在各自管辖权领域内拥有绝对的、永久的、排他的权力"③,这就意味着"国家之间立法权力的划分并不使国家承担在具体案件中适用外国法的义务,在国际关系中,立法权力划分并不必然导致相互适用对方法律的制度。"④那么,在此情况下,国家为何又在某些场合置本国法律于不顾而适用某外国法律?这一"悖论"是任何从主权角度推演冲突法体系的学

---

① 当然,关于主权是否应当被视为国际法的基础现在越来越引起争议,不少学者对活跃于国际法领域的"主权"概念颇有微词。(参见〔美〕路易斯·亨金:《国际法:政治与价值》,张乃根等译,中国政法大学出版社2005年版,第9—12页;〔英〕约翰·霍夫曼:《主权》,陆彬译,吉林人民出版社2005年版,第2—5页)他们或者援引"主权"的"出身",或者指责其含义过于模糊。笔者以为,上述两点均不足以损及"主权"在国际法中的基础性地位。事实上,当下的"主权"概念与其初始形态已大相径庭,纠缠其"出身"已无多大意义,而适度的模糊性似乎恰恰是基础性概念所必需的品质。
② 〔德〕马丁·沃尔夫:《国际私法》,李浩培、汤宗舜译,法律出版社1988年版,第50页。
③ 宋晓:《当代国际私法的实体取向》,武汉大学出版社2004年版,第31页。
④ 李双元:《国际私法(冲突法篇)》,武汉大学出版社2001年版,第111页。

者都无法回避的问题。

为此,胡伯在其论文《论不同国家的法律冲突》中提出了著名的"胡伯三原则",即(1)每国的法律在它自己的领土范围内施行,并且拘束所有它的臣民,但在(这些范围)以外则没有拘束力;(2)所有在一国领土范围内的人,不论是永久住在那里或者只是暂时住在那里的,都是这个国家的臣民;(3)各国的君主是根据礼让而行动的,因而每个民族的法律在适用于本国境内后,在其他地方仍保持效力,但以另一个君主或者他的国民的权力或者权利并不因此受到损害为限。① 在他看来,冲突法"必定不是从民法中推演得来,而是从便利和国家的默示协议中推演得来。虽然一国法律对其他国家没有直接的效力,然而,根据一国法律有效的行为却因为他国法律规定不同而无效,没有什么比这对商业和国际惯例造成了更大的损害。"②从胡伯所主张的上述原则出发,"在一定程度上适用外国法是可能的,但其依据是'礼让'……外国法在内国的适用要以内国的实际需要为前提。"③由此可见,"国际礼让"在胡伯的冲突法学说中居于至关重要之地位,是故,后人将代表其冲突法思想的"胡伯三原则"又称为"国际礼让说"。

"国际礼让说"作为继"法则区别说"之后冲突法体系中的又一伟大学说虽圆成于荷兰,其辐射却相当广泛和深远,甚至达到远在大洋彼岸的美国。在美国,联邦最高法院法官、哈佛大学教授斯托

---

① 〔德〕马丁·沃尔夫:《国际私法》,李浩培、汤宗舜译,法律出版社1988年版,第50页。

② Friedrich K. Juenger, Choice of Law and Multistate Justice, Martinus Nijhoff Pubiishers 1995, pp.20-21.

③ 徐冬根:《国际私法趋势论》,北京大学出版社2005年版,第208页。

里(Story)是开冲突法研究之先河者。① 在1834年发表的《法律冲突论》(Commentaries on the Conflict of laws, Foreign and Domestic, in regard to Contracts, Rights and Remedies, and especially in regard to Marriages, Divorces, Wills, Successions and Judgments)中,斯托里教授主要依循"胡伯三原则"的思路系统地阐述了其冲突法思想并提出了自己的三大原则,即"(1)每一个国家在其领土上都享有专属的主权和管辖权,因而每一个国家的法律对于在其领域内的一切人、物和行为都有约束力;(2)一个国家的法律不能直接支配在其领域外的任何人、物和行为,否则,就与所有国家的主权不容;(3)由于以上两个原则,因而推导出第三个原则,即一个国家的法律要在另一个国家发生效力,必须得到另一个国家法律上的明示或默示的同意。"②将斯托里所提出的三大原则与前述"胡伯三原则"稍加比较即不难发现,"他的第一项原则综合了胡伯的第一、二项原则,而他的第二项原则不过是以另一种方式重述了胡伯第一项原则的最后一句话,他的第三项原则则明确地把'国际礼让'表述为一种国内法上的规定"。③ 因此,就核心层面而言,斯托里只不过是通过语言的重新组织再次强调了"国际礼让"的意义,关于此点他亦直言不讳:"在使用国际礼让这一术语时,不仅不存在用词不当的问题,而且可以说这一术语最恰当地表达了一国法律在他国领域内承担义

---

① 当然,从时间上看,斯托里并非首先触及冲突法问题的美国学者。"早在1826年,美国法学家肯特(James Kent)在其发表的四大卷《美国法论》(Commentaries on American Law, 4 Vols, 1826-1830)的著作中,就曾经讨论了许多冲突法问题。"另一位美国学者利弗莫尔(S. Livermore)也于1828年出版了第一部美国冲突法专著——《不同州和不同国家的实体法对立所产生的问题研究》(Dissertations on the Questions which Arise From the Contrariety of the Positive Laws of Different States and Nations)。但肯特对冲突法问题的讨论毕竟只是其皇皇巨著的《美国法论》中的很小一部分,亦不算系统,而利弗莫尔的著作由于影响微乎其微以至于几乎为后人所遗忘。(参见邓正来:《美国现代国际私法流派》,法律出版社1987年版,第16—17页)
② 刘想树:《国际私法基本问题研究》,法律出版社2001年版,第21页。
③ 李双元:《国际私法(冲突法篇)》,武汉大学出版社2001年版,第129页。

务的基础和范围。法律的域外效力完全源于他国的自愿同意,而当该法律与他国众所周知的政策相抵触或有损其利益的时候,它就不能被适用。"①当然,斯托里虽然在理论上并未实现对前辈的超越(更可能的是其根本就没有打算在此方面有所超越),但由于其作为美国联邦最高法院法官的背景和学养,终使他在冲突法研究的方法论上颇有建树——斯托里以汇编、编纂和解释判例的方法对冲突法进行分析,从而在冲突法领域开创了判例分析方法之先河。②"他的方法与其说是演绎的,不如说是归纳的。"在他看来,"形而上学的,钻牛角尖的分析,如果没有搅乱研究工作者,也会使他感到烦恼"。③有必要指出的是,对于斯托里对判例分析的强调笔者是赞同的,但他在强调判例分析这一"归纳"式思维的同时,似乎过分的贬抑了以形而上学为表征的"演绎"式思维在冲突法研究中的意义。事实上,倘若缺乏"形而上"的理论思辨,规模再大、精度再高的判例分析也不足以保证冲突法体系的宏观运动。既然"心思"同时具备"演绎"和"归纳"两种思维方式,就喻示着两者不可偏废,并不存在何者更为重要或更有意义的问题。"形而上"之所以在某些情境下"搅乱"了研究,亦不在于这一思维模式本身有什么错,只不过我们在错误的场合下以错误的方式错误地运用了它而已。

### 三、"国际礼让说"的学术史地位——冲突法理论的第一形态

关于"国际礼让说",作为冲突法体系历史发展的第一次结构性理论超越,其提出和倡导者的洞见无疑是深邃的,以至于后世有学者将其推崇为现代冲突法研究的基础。④ 但更多的学者在"吝啬"地

---

① 邓正来:《美国现代国际私法流派》,法律出版社1987年版,第18页。
② 刘想树:《国际私法基本问题研究》,法律出版社2001年版,第21—22页。
③ 〔德〕马丁·沃尔夫:《国际私法》,李浩培、汤宗舜译,法律出版社1988年版,第58页。
④ 韩德培:《国际私法新论》,武汉大学出版社1997年版,第60页。

肯认其价值的同时,目光却挑剔地聚焦于其所谓的种种缺陷。

有学者严厉的指出"国际礼让说""不可解脱的矛盾性"——"它一方面要求保护自己的主权;另一方面,又主张根据国际商业的要求,借国际礼让这一原则,使在自己管辖下能有效行使的权利,在别的管辖权下也能得到承认。"[1]笔者以为,在上述学者所指出的"两方面"之间实际并不存在所谓的"不可解脱的矛盾性",甚至根本就没有"矛盾性",而且,"主权"和"礼让"不仅不互为"矛盾",还相伴相生、相互依存。直言之,"主权"通过"礼让"得以彰显,"礼让"只不过是行使"主权"的某种方式。

另有学者对"国际礼让说"苛刻地批判道:"……为了调和主权观念和适用外国法之间的矛盾,将适用外国法的理由归之于一种类似道德义务的礼让,这太缺乏说服力了,而且国家之间出于便利而相互之间适用外国法的'默示协议',实际上并不存在。'礼让'一词过于模糊和贫弱,不足以成为一个法律概念。即使我们承认礼让是适用外国法的基础,我们也不能从这个空洞的观念中寻找到任何指引法律选择的具体方法。"[2]在笔者看来,针对"国际礼让说"的上述批判是值得商榷的:且不说"国际礼让说"的礼让是否果如批判者所言的"类似于道德义务"[3],单就该批判者对"国际礼让说"的潜在期许而言,似乎混淆了"冲突法理论"与"冲突法中的理论"的职责所在——诚然,"冲突法理论"作为冲突法体系的元理论,能够通过对"冲突法中的理论"产生影响进而影响冲突法体系的存在方式,但其根本职责只在于为冲突法体系的存在提供合法性支持,至于"指引

---

[1] 肖永平:《国际私法原理》,法律出版社2003年版,第42页。
[2] 宋晓:《当代国际私法的实体取向》,武汉大学出版社2004年版,第32页。
[3] 沃尔夫就曾引证基塞尔的观点:"礼让或者国际礼让的观念现在是指基于互惠的、有礼貌的和亲善的行动,而荷兰的著作家则过去用它来指立法机关不受上级(从元首发出的)命令拘束的行为而言。礼让等于法律的理性,等于公平和实利,而是同不适当或者不公平的事情相反的。"参见〔德〕马丁·沃尔夫:《国际私法》,李浩培、汤宗舜译,法律出版社1988年版,第51页。

法律选择的具体方法",则更应该是"冲突法中的理论"关注的问题。

笔者以为,通过对"国际礼让说"与其前辈"法则区别说"的理论旨趣的比较将或许有助于我们公正地理解其在冲突法学术史中作为冲突法理论之第一形态的地位。

不可否认,"法则区别说"是第一次较为直接的触及了法律冲突问题,并在罗马法的"指引"下较为全面系统的对此进行研究,这无疑为后世学者的进一步研究奠定了观念基础,为冲突法历史的继续推进开辟了道路。单凭此功绩,"法则区别说"以及代表着"法则区别说"最高成就的巴托鲁斯(Bartolus)等大名便足以让我们铭记。但同样不可否认的是,"法则区别说"在奠定自身之于冲突法历史辉煌地位的同时,也为自身在学术历史中的失利埋下了隐患。

"法则区别说"始终抱有一种将所有法律规则分别纳入人法、物法和混合法这三大基本类型的宏大理想,却并没有认真思考和回答过这三大基本类型划分的正当理据何在。"法则区别说"对此问题有意或无意的不意识的影响是十分严重的,它导致学者在从事法律规则区分实践时,对于某一具体法则的定性变成了仁者见仁的各说各话。这样的局面最终使得"物法属地,人法属人"这样一条"金规则"的效用被众人对具体法则属性莫衷一是的理解解构于无形,而这条"金规则"正是"法则区别说"屹立于冲突法历史的基础。

倘若仅仅只是对具体法则属性的理解缺乏一致,由此而产生的影响虽然严重,倒也并非不可挽救。缺乏一致认同只是体系内的问题,我们可以寄希望于哈贝马斯(Habermas)式的"商谈"(discourse)模式,通过反复对话来消弭分歧,并维系"法则区别说"的时代意义。但"法则区别说"的理论缺陷并不止于此,笔者以为,"法则区别说"最为要命的问题在于它自觉或不自觉地对冲突法理论采取了含混的态度予以搪塞或回避。换言之,"法则区别说"并没有认真思考,或者虽然思考了却没有认真回答"为何适用外国(域外)法"的问题。在"法则区别"的学说体系中,导致外国(域外)法在内国(域内)得以适用的原因被归于人法的属人性,在他们看来,"从不同的法则之中进行选择是罗马法的自然要求或结果",或者可以说,"适用外国法不过是实体规则固有的适用范围的结果"。① 人法的属人性使其具有一种天然的"不证自明"的域外效力。这里便存在两个疑问:首先,人法类型上的属人性是否足以推导出其效力上的域外性;其次,物法类型上的属物性为何足以抑制其效力上的域外性。如果"法则区别说"要形成完整的冲突法理论,上述两点疑问是无法回避的,而"法则区别说"却恰恰不恰当地采取了回避态度。这样的回避所导致的理论缺陷在当时可能并不如法则类型划分的分歧那样显著——当时的国家意识并不彰显,这或多或少遮蔽了认同问题,并掩盖了关于"为何适用外国(域外)法"的重要性。但不容忽视的是,后世及当下冲突法理论所赖以生成并维系的实在界基础已与"法则区别说"时代相去甚远,"法则区别说"对于"为何适用外国(域外)法"过于随意而粗疏的回答使其丧失了理论的时代感。或者可以说,在"法则区别说"时代,人们虽然触及冲突法理论,却出于种种原因并未深思,反而对其予以集体的漠视,因此,无论我们对"法则区别说学者"先贤们如何尊敬,都无法将其对此问题的回答与具有严格品质的"理论"联系在一起。

而"国际礼让说"在此却与之非常不同,由于将主权观念的张扬并以不可逆转的姿态进入冲突法体系,"为何适用外国法"便以一种尖锐到不得不重视的程度被置于人们面前。而"国际礼让说学者"所做的绝大部分阐述(如果不是全部的话),都在于以一种严肃认真的态度,紧紧围绕"礼让"这一核心假设进行理论构建,并通过这种构建试图对上述问题以一种具有理论气质的方式做出回应。基于上述考虑,笔者以为,虽然冲突法体系的历史发端于"法则区别说",但冲突法理论的却是在几个世纪之后的"国际礼让说"时代才展现

---

① 宋晓:《当代国际私法的实体取向》,武汉大学出版社2004年版,第20页。

出其第一形态。当然,"国际礼让说"作为冲突法理论的第一形态,其对于"为何适用外国法"的回答或许契合当时时空背景下的实在界基础的需要,但这并不意味着其必然成为冲突法理论的唯一形态。甚至可以说,由于以时空背景为表征的实在界基础不可逆的变换,"国际礼让说"必然不能成为终结冲突法理论的唯一形态。历史还在继续,理论仍将向"前"。①

---

① 需要指出的是,理论在历史中以时间为量度的"向前"并不意味着其在品质上也必然形成对过往理论的超越。事实上,在观念界,要想在针对不同时空背景下的"人为之物"的理论间做出品质高下的绝对评判是非常困难的,甚至是不可能的。人文社会时空环境的不可复制性决定了我们无法在两个完全相同的实在界基础上对理论进行检验。因此,我们通常所谓的"进步"的理论更多的是以我们所处的实在界基础为测量标准。但以这样的标准测量出来的相对于"进步"而言的"落后"理论在其当时所处的实在界基础中却未必是"落后"的。例如:以今人的眼光看,"天赋人权"理论无疑比"民权君授、君权神授"理论"进步"的多,但一个不容忽视的事实是后者曾在比前者长的多的历史中以非常有效的方式运行着。理论的"向前"并非是一种矢量的"向前",认识到这一点是十分必要的,它意味着理论所关注的,只是它所存在和指向的那个实在界本身。后文的相关阐述将印证这在冲突法体系的理论"演进"中亦不例外。

# 刍议外逃腐败资产非法处分引发的冲突法问题

陆 静[*]

当今世界,腐败已经成为一个全球性的问题,外逃腐败资产的非法处分流转便成为一个不得不直面的问题。对于腐败资产的追回,难以用统一的刑事标准来予以规制,国际刑事合作的难度较大,腐败资产追回率也较低。在此情况下,公法私法化即用民事手段追索外逃腐败资产无疑是一种新的思路和探索。在外逃腐败资产民事追索的过程中,我们必须用国际私法的视角审思法院的识别问题、跨国之诉中的法律选择问题以及对《涉外民事关系法律适用法》的运用及完善,从而为我国通过跨国之诉以及国内涉外民事诉讼追索提供可资借鉴的思路。

## 一、外逃腐败资产的理解

(一)外逃腐败资产的界定

腐败的概念在不同的学科、不同的历史阶段具有不同的空间维度和历史维度,因此定义腐败是一个世界性的难题。按照传统法哲学的角度看,凡是行为主体为其特殊利益而滥用权威或偏离公共职责的现象都可以视为权力腐败,而腐败犯罪便是权力腐败的极端形

---

[*] 上海市徐汇区人民检察院助理检察员,华东政法大学国际法 2009 级博士研究生。

式。① 近年来,"腐败"的概念也延伸到了私营部门,即私营部门内的贿赂、侵吞财产等问题也属于腐败行为。因此,所有"以权谋私"的行为都应当认定为腐败,这里的"权"可以指国家权力或公共权力,也可以指私营部门特定职务所赋予的权力。② 因此,腐败资产是腐败行为的预期收益和腐败产生的动力,是由腐败犯罪获得的一切财产。外逃腐败资产则是腐败犯罪人③因为其腐败行为而获取的,转移到国外或外国人手中的资产。④ 职务犯罪一般都不是突发性犯罪而是有预谋的犯罪。"罪犯是一个理性计算者。理性罪犯的行为模式是:由于犯罪对他的预期收益超过其预期成本,所以某人才实施犯罪。犯罪收益是犯罪本身行为的各种不同的:有形或者无形的满足。犯罪成本包括各种不同的现金支出(购买枪支、盗窃工具、面罩等)、罪犯的机会成本和刑事处罚的预期成本。"⑤在现有刑事司法体制下,外逃的腐败资产一般难以被查明具体数额,加上有些腐败犯罪人本身也往往潜逃在外,更难以追究其刑事责任;而且由于价值观念、司法理念的差别,各国对腐败案件的认定和打击远没有达到统一的程度,更容易使腐败犯罪人乘机逃脱法网,降低犯罪的预期成本。

---

① 林喆:《权力腐败与权力制约》,法律出版社1997年版,第74页。
② 王申军:《论民事手段在〈联合国反腐败公约〉资产追回机制中的应用》,中国政法大学2008年硕士学位论文,第9页。
③ 由于腐败犯罪涉及公职人员以及私营部门的具有特定职务的人员,因此本文将之统称为腐败犯罪人。
④ 有些作者认为,外逃腐败资产是指外逃贪官因为其腐败行为而获取的,转移到国外的资产。参见吴高庆:《论直接追回腐败资产的国际合作机制》,载《河北法学》2005年第11期;张宗亮:《腐败资产追回机制研究》,载《山东社会科学》2006年第6期等。但笔者认为,有些腐败资产虽然尚在国内,但已经流转入外国人之手,由于其流动性大且国籍管理的障碍,亦为查明数额造成困难,故同样可以认之为"外逃"。
⑤ 钱弘道:《经济分析法学》,法律出版社2003年版,第362页。

### （二）外逃腐败资产的形式

外逃腐败资产具有多种表现形式，正如腐败形式的多种性。[①] 按照《联合国反腐败公约》第 2 条第 4 款的规定，财产系指各种资产，不论是物质的还是非物质的、动产还是不动产、有形的还是无形的，以及证明对这种资产的产权或者权益的法律文件或者文书。笔者从腐败行为的特征考虑，将外逃腐败资产归为两类：侵财型腐败资产、贿赂型腐败资产。所谓侵财型腐败资产，是指公职人员通过贪污犯罪、挪用犯罪以及私分犯罪所获得的公共财物以及私营部门人员侵吞的其因职务而合法受托的财产；所谓贿赂型腐败资产，则指公职人员或私营部门人员以职务为便利，索取、非法收受的他人财物及各种名义的回扣、手续费。

## 二、外逃腐败资产非法处分的民事解读

### （一）公法私法化思路——外逃腐败资产民事追索的优势

虽然腐败问题已经成为全球性问题，但在法学领域对腐败问题进行的研究更多地局限在刑法范畴，往往通过刑事手段的定罪量刑和刑事制裁打击腐败行为。然而刑法以惩罚那些侵犯现实利益并违背"集体良知"的行为为己任，更关注集体意识，往往容易忽视个体意识，在刑事诉讼中受害人往往只是作为刑事证据出现。而且由刑法的性质决定，刑法对社会行为的规制具有极强的选择性，是一种点的集合，不能覆盖所有社会行为。加上意识形态及政治因素等的影响，各国的刑法差异较大，国际合作难度较大，从而资产追回效率也相对较低。

---

[①] 杰拉尔德·E.蔡登认为，仅从腐败德程度、方式、性质上看，就可分为严重的和轻微的、明显的和渗透的、流行的和罕见的、复杂的和简单的、直接的和间接的、互相的和单向的、公开的和秘密的、明确的和含糊的、频繁的和很少的、例常的和少见的……而从内容上分类则更多，他列举了 20 个类别 60 种腐败行为。参见林喆、马长生、蔡雪冰：《腐败犯罪学研究》，北京大学出版社 2003 年版，第 10 页。

正是刑事手段暴露出的上述不足,法学界开始寻求一种新的突破思路——公法私法化。因为民法表现的则是市民社会的行为规范,更关注个体价值的实现,更注重对社会行为模式的反映和构建,因此市民社会的多样化和瞬息万变就使得民法对法律行为及其引发的法律关系的规范往往具有普遍性和开放性,并采取一般化的抽象概括方式。可见权利是民法的核心,填补个体损失、恢复交易原状是民法的落脚点,从而在国际合作上,民法所体现的市民社会基本理念也具有更强的共通性,国际社会更容易达成共识。故而对于外逃腐败资产,民事追索手段往往比传统的刑事追缴措施更显优势。

(二)外逃腐败资产非法处分的具体情形

腐败资产一旦进入涉外环节,便会产生更为复杂多样的流转变化。较为常见的还有腐败犯罪人将其占有的腐败资产非法处分给涉外第三人的情况。根据财产的属性以及第三人取得财产时是否出于善意,还可以分为以下几种情况:

1. 货币以外其他财物的非法处分

(1)如果第三人取得该财物时出于善意,便产生了善意取得[①]的问题。具体而言,又有以下两种类型:一为侵财型腐败资产的善意取得。腐败犯罪人对侵财型腐败资产的非法处分是产生外逃腐败资产善意取得问题的最典型形式。腐败犯罪人,包括公职人员与私营部门人员,以侵吞、盗窃、骗取或其他手段将单位财物非法占为己有,是对国家或私营部门财产所有权的直接侵犯。腐败犯罪人对侵占的物不具有处分权,如果其将之处分给涉外善意第三人,该第三人就存在善意取得的问题。二为贿赂型腐败资产的善意取得。

---

① 善意取得,是指无权处分他人财产的占有人,将其占有的财产非法处分给第三人时,如果第三人取得该财产时出于善意,则由第三人取得该财产的所有权,该财产原所有权人不得要求受让人返还财产,而只能请求转让人赔偿损失的一项民事法律制度。参见余淑玲:《善意取得制度初探》,载《武汉大学学报(哲社版)》1996年第6期。

在贿赂型腐败犯罪中,如果撇开国家刑事法治的管辖,仅从民事关系角度分析的话,行贿人与受贿人之间应当是一种"不法原因的给付"关系。对于此种行为产生的法律后果,我国《民法通则》没有规定,但是德国、日本和台湾地区民法的相关规定可以借鉴。《德国民法典》规定:"任何人意图为一项不可能或不法行为之完成而为之付,不得请求返还。"《日本民法典》规定:"为不法原因而为给付者,不得请求其所给予物之返还。但不法之原因仅受益人一方存在者,不在此限。"[①]"不法原因之给付"在法律后果上是给付人不具有返还请求权,但是受领人也不能因此获得该财物的所有权,世界各国一般以行政法或刑法予以补充,没收不法原因的给付标的物。而且根据《联合国反腐败公约》第34条的规定,缔约国可以在法律程序中将腐败视为废止或者撤销合同、取消特许权或撤销其他类似文书或者采取其他任何救济行动的相关因素。因此,行贿人与受贿人之间的合同行为无效。对于相应的腐败财产,受贿人是无权处分人,如果将之处分给涉外善意第三人,亦会存在涉外善意取得的问题。

(2)如果第三人取得财产时出于恶意,无论在刑事法角度是否存在洗钱以及共谋等嫌疑,也无论其表现形式如何,均都可通过物权的追及效力进行追索。

2. 货币的非法流转

腐败资产的种类虽然丰富多样,但并非所有腐败资产都能成为善意取得的对象。也就是说,作为腐败资产主要表现形式之一的货币,无论第三人是否出于善意,根据货币所有权归属及流转的原则之一就是"占有即所有"。被侵害的国家、集体或私营企业只能通过债的求偿权进行追索。而且对于货币的民事追索,也只能局限于侵财型腐败案件,因为如上所述,贿赂型腐败案件由于是一种"不法原因的给付",只是对国家和私营部门廉洁体制的侵犯,不存在民事侵

---

① 王泽鉴:《债法原理·不当得利》,中国政法大学出版社2002年版,第117页。

权行为,因此也无法进行私法上的救济。

### 三、腐败资产涉外诉讼中的法院识别问题

单纯的国内案件并不涉及其他国家,法官只需要依照自己国家的法律观念进行认定即可;但是对于涉外民事案件来说,由于其涉及两个或两个以上国家的法律,法院在适用适当规范选择法律之前,还必须对诉因分类或确定要求裁判的问题的法律性质,依据一定的法律观念,对有关的事实构成作出"定性"或"分类",将其归入一定的法律范畴①,这就产生了国际私法中的识别问题。

（一）诉因的识别

1. 物权的返还请求

对于货币之外的腐败资产的非法处分,受害人在大陆法系一般可以物权的追及效力进行追索。因此对于被非法转让的腐败财物,受害人可以请求返还,是为所有物返还请求权(rei vindicatio),或为所有人的回复请求权。② 这种所有人基于所有权而享有的所有物返还请求权的立法首创于德国民法典,该法典的物权篇规定的"基于所有权的请求权"中对所有物返还请求权进行了规定"所有权人可以要求占有人返还其物"。又如《俄罗斯联邦民法典》规定:"所有人有权要求返还其被他人非法占有的财产";《意大利民法典》规定:"物品的所有人可以向占有或持有物品的人要求返还所有物";我国台湾地区"民法典"规定"所有人于无权占有或侵夺其所有物者,得请求返还之。"因此尽管上述国家或地区对返还请求权的法律表述有所不同,但其基本是指所有权人享有的以确保其对所有物的完满支配状态而享有的救济权,它是权利人寻求物权保护的重要途径。

---

① 李双元:《国际私法(冲突法篇)》,武汉大学出版社 1987 年版,第 164—165 页。
② 王泽鉴:《民法物权 1(通则·所有权)》,中国政法大学出版社 2001 年版,第 164 页。

行使返还请求权的前提是非法占有,即须有他人无权占有或侵夺其所有物的事实,因而返还请求权只有针对非法占有人才能成立。外逃腐败资产也是物,腐败资产所有人要求追回流失财产从其性质来说是所有人行使所有物返还请求权。当然,由于"物权"一词是大陆法系民法中的用语,故而"物权之诉"仅仅是大陆法系国家法院的诉因识别。在英美法系中没有这一法律术语,因此英美法系国家往往将之识别为财产权之诉。当然财产权与物权在具体内涵、外延和反映的财产观念方面都有所区别①,比如英美法系中的 personal property、real property 之分和大陆法系中的动产、不动产之分便不甚相同,但不可否认两者仍然是比较相近的概念。其实即使同为大陆法系的国家,由于社会制度与历史传统的不同,对于物权的客体、种类、内容、保护方法以及动产和不动产的划分等也往往规定各异,不过诸上种种,并不影响法院对该类案件的诉因识别。

2. 侵权之债的损害赔偿

对于货币形式的外逃腐败资产,由于其种类物的属性,无法基于物权的追及效力进行返还请求,但仍可以侵权之债要求损害赔偿。当然,对于侵权行为法,大陆法系与英美法系各个国家的规定也大相径庭。在大陆法系的民事立法中,对侵权行为往往采用一般化的立法模式(特殊侵权行为除外)。如《法国民法典》规定:"任何行为使他人受到损害时,因自己的过错行为而致行为发生之人的该他人负赔偿的责任。"《德国民法典》规定:"因故意或者过失不法侵害他人生命、身体、健康、自由、所有权或者其他权利者,对他人因此而产生的损害负赔偿义务。"我国台湾地区"民法典"规定:"因故意或过失,不法侵害他人权利者,负损害赔偿责任。故意以背于善良风俗之方法,加损害于他人者,亦同。"可见,以上立法均将概括规定的侵权行为条款作为一切侵权行为请求权的请求基础的法律规范。

---

① 丁伟主编:《国际私法学》,上海人民出版社2008年版,第188页。

但在英美法系,又有着迥然不同的情况,即英美法系侵权行为法的立法始终沿着侵权行为类型化的方向发展。如英国的侵权法分为七种类型:(1)非法侵入(包括对人、物品及土地的侵入);(2)恶意告发;(3)欺诈、加害性欺骗和冒充;(4)其他经济侵权;(5)私人侵扰;(6)公共侵扰;(7)对名誉和各种人格权的保护等。[①] 而美国侵权法则分为十三种类型:(1)故意对他人的身体、土地及动产的伤害;(2)过失;(3)严格责任;(4)虚假陈述;(5)诽谤;(6)侵害的虚伪不实;(7)侵害隐私权;(8)无正当理由的诉讼;(9)干扰家庭关系;(10)对优越的经济关系的干扰;(11)以故意、过失以外的其他方式侵犯土地利益;(12)干扰各种不同保护的利益、共同侵权;(13)产品责任。[②] 可见,在英美法系,还必须对侵财型腐败行为进行细化的诉因识别,即对照上述分类识别为非法侵入或故意对他人身体、土地及动产的伤害等。当然,各个国家无论怎样规定,受害人均可就侵权行为享有损害赔偿请求权。

(二)先决问题的识别

在外逃腐败资产原物返还之诉中,腐败资产是否可以被善意取得始终是一个至关重要的问题。那么是否可以认为善意取得问题就是我们国际私法中所谈到的先决问题呢?所谓先决问题(preliminary question)或称附带问题(incidental problem),是指在国际私法中有的争讼问题的解决需要以首先解决另外一个问题为前提,这时便可以把争讼问题称为"本问题"或"主要问题",而把这个需要首先解决的另一问题为"先决问题"。[③] 一般认为,要构成国际私法中的先决问题,必须具备三个条件:(1)主要问题依法院地国的冲突规范,

---

[①] 〔德〕克雷斯蒂安·冯·巴尔:《欧洲比较侵权行为法》,张新宝译,法律出版社2002年版,第337页。

[②] 参见杨立新:《论侵权行为一般化和类型化及其我国侵权行为法立法模式选择》,载《河南省政法管理干部学院学报》,2003年第1期,第6页。

[③] 丁伟主编:《国际私法学》,上海人民出版社2008年版,第88页。

应适用外国法作为准据法;(2)该先决问题对主要问题来说,本身就有相对的独立性,可以作为一个单独的问题向法院提出;(3)依主要问题准据法所属国的冲突规范确定的先决问题的准据法,和依法院地国的冲突规范确定的先决问题的准据法,两者的内容不同,从而使得主要问题的判决结果也会不同。国内有些学者认为,第一个条件和第三个条件并非是先决问题的必要构成要件[1],笔者也认为,在并非对现有案例进行分析,而仅对虚拟情况进行理论探讨时,第一个条件和第三个条件作为先决问题的形式特征不具有实际意义。先决问题的本质特征在于其是一个相对独立于主要问题的问题,当事人可以独立的向法院提出,同时先决问题的解决对于主要问题的解决具有制约作用。腐败资产是否成立善意取得是相对独立于物权之诉的一个问题,如果适用的准据法承认腐败资产的善意取得,那么物权的追及权被阻断,受害人无法追回被腐败行为侵吞的资产,只能求助于对侵害人的侵权之诉,如果适用的准据法不承认腐败资产的善意取得,那么受害人通过物权之诉便可获得财产返还。因此,善意取得问题对主要问题的判决起着不可低估的作用,应当将之视为先决问题。

**四、腐败资产跨国之诉中的冲突法问题**

(一)侵权之诉中几个原则的运用

侵权行为地法是侵权之诉传统的系属公式。大部分国家侵权行为的冲突法均规定了侵权行为地法原则。如美国的《第一次冲突法重述》确立的侵权法律选择规则便只采用了"不法行为地"一个连结点。[2] 这种单一的、硬性的规则,若能得到诚实统一的适用必定带

---

[1] 参见刘艳娜、陈胜、袁建刚:《论国际私法上的先决问题》,载《燕山大学学报(哲学社会科学版)》2007年第3期,第37页。

[2] 曾二秀:《侵权法律选择理论、方法与规则——欧美侵权冲突法比较研究》,北京法律出版社2004年版,第43页。

来法律适用的可预见性和确定性以及判决结果的一致性,实现秩序、安全、平等的价值追求。当然,随着冲突法的发展,侵权行为地法不再是美国侵权行为冲突法的唯一系属公式,但该规则因其具有该优点仍然得到许多州的支持。

最密切联系原则则是晚近发展而成的冲突规则。美国在《第二次冲突法重述》第 145 条规定了最密切联系原则:在侵权问题中,当事人的权利和义务,由与案件和当事人有最密切联系州的法律来决定。大多数欧洲国家将最密切联系作为传统侵权法律适用原则的例外条款,只用当依传统侵权法律适用原则所确定的准据法与案件和当事人的密切联系程度明显低于另一实质更密切联系地法时,才可以适用该原则,而且该例外条款的适用都有着严格的限制,并不像美国冲突法《冲突法重述(第二次)》那样将最密切联系原则作为侵权冲突法的指导原则。

当然,侵权之诉还存在其他多元化的冲突规则,如共同属人法原则[①]、受害方利益保护原则[②]等。以上原则均对我国参与跨国侵权之诉有利,如侵权行为发生地(即腐败行为发生地)、侵权人和受害人国籍均在中国。所以我国在参与外逃腐败资产的跨国诉讼中,要充分研读各国的冲突规则,灵活把握其法律选择的方法,从而趋利避害。

(二) *物之所在地法原则在物权之诉中的运用及修正*

在国际私法中,支配动产转让有效性的传统规则是所在地法原则,该规则在许多国家占据主导地位。一位英国法官曾发表过以下

---

[①] 如果在侵权案件中加害人和受害人具有共同属人法的,则适用他们的共同属人法。

[②] 如《匈牙利国际私法》规定:"如果损害发生地法律对受害人更加的有利,依据该法为准据法。"对此侵权行为法律适用的新发展,一方面它可以赋予弱势一方当事人在寻求法律救济时能够更好地维护自身的利益,另一方面也可以平衡加害方和受害方的权利义务。这种新发展起到的应该是对传统侵权行为法律适用规则的补充作用。

意见:"就货物转让来说,没有人会质疑该动产所在地国法的适用。"[1]可见,物之所在地法原则的最大优点就在于其确定性。物之所在地原则还有利于货物自由流通的最大化。货物可以从一国流转至另一国,其自由流转不会因货物在最初法律体系下存在的权利瑕疵而受阻,因此促进了交易的安全性。而且物之所在地法原则使动产所在地国可以有效地控制该动产。总之,物之所在地法原则适用简单方便,尤其当不同法律体系之间的实质性差异已协调统一时更是如此。

正是由于在现实中多数国家在涉及物的转让和返还争议均适用物之所在地法原则,即动产转让发生地所在国的法律支配动产的转让及效力,同时各国财产法关于赃物所有权转移的规则却存在很大的不同,因此当法律的两个原则——物之所在地法原则和善意取得原则共同作用的时候,原始所有人因所在地法的适用而处于极端不利的境地之中,从而对外逃腐败资产的保护产生消极的影响。即腐败犯罪人完全可以通过跨国流转而将腐败资产转移至确保善意取得人获得有效所有权的国家,从而轻而易举地将"恶意所有权"转化成"善意所有权"。当前外逃腐败资产的流转已成国际化趋势,因而腐败犯罪人在选择销赃市场时不仅仅会考虑赃物的市场价格,更会考虑在哪一国法律环境下更能够便利交易。对购买人来说也是如此,为了能获得所购物品的有效所有权,也会选择在确保其权利稳定性的国家进行交易。可见,严格适用物之所在地法原则可能会导致在涉及外逃腐败资产的案件中产生不公平结果,其便利了腐败财产所有权的"漂白",即可能会鼓励腐败犯罪人在保护善意取得人的国家"漂白"身份来源不明的资产,这样的话,日益猖獗的腐败行为会因保护善意取得人的国内立法的"怂恿"而进一步加剧。

---

[1] P. lalive, *The Transfer of Chattels in the Conflict of Laws: A Comparative Study*, Clarendon, 1955, pp.59-111.

目前涉外物权法律适用的发展趋势为,逐渐改变物之所在地法的单一连结因素,呈现出连结点多样化、"软化"的趋势。且物权及债权方面的涉外关系的法律适用规则已经在逐渐靠拢,只要有利于解决特定案件中的法律适用问题,并不一定要固守物权与债权的分野。上述特点正好可以消除因适用物之所在地法所产生的消极影响的思路,如德国在1999年《非合同债权债务关系与物权的国际私法》第43—45条规定了物之所在地法的适用及其例外情况,并在第46条中特别规定:如果某国法律与各该物权有比这三条规定的法律更密切联系的法律,则可适用该国的法律。[①] 提出类似原则的还有美国的《冲突法重述(第二次)》,它将"与该物和当事人有最密切联系的地方的法律"代替"物之所在地法"作为了解决财产权关系的"一般原则"。因此我国在追索外逃腐败资产的案件时,可以充分运用这一原则:即腐败资产的所有人所在国是我国,所有人对其资产的获取和丧失行为亦发生在我国,故该类案件的"最密切联系地"在我国,因此充分利用这一原则将有助于我国对流入境外的腐败资产的有效追回。

**五、国内涉外诉讼的冲突法问题**

虽然对于流入境外的腐败资产,跨国追索往往比内国诉讼要更具优势,也更有利于执行;但涉及腐败资产在国内被转移至外国人之手的情况或者权衡比较之后发现国内的诉讼环境更为有利时,内国诉讼也不失为追回腐败资产的良好渠道。

(一) 2010 年颁布的《涉外民事关系法律适用法》在物权与侵权之债冲突规则上的新发展

《涉外民事关系法律适用法》对涉外物权法律适用的相关规定

---

① 李双元、周广辉、黄锦辉:《趋同之中见差异——论进一步丰富我国国际私法物权法律适用问题的研究内容》,载《中国法学》2002 年第 1 期,第 141 页。

分别为第36条"不动产物权,适用不动产所在地法律";第37条"当事人可以协议选择动产物权适用的法律。当事人没有选择的,适用法律事实发生时动产所在地法律。"对涉外侵权的相关规定为第44条"侵权责任,适用侵权行为地法律,但当事人有共同经常居所地的,适用共同经常居所地法律。侵权行为发生后,当事人协议选择适用法律的,按照其协议。"相对于之前一鳞半爪的涉外法律规定来说,该法的出台是个历史性进步。

1. 意思自治原则的运用

意思自治原则已经成为在合同法领域得到最广泛承认和运用的原则。在合同之外的其他领域允许当事人在一定范围内选择准据法是现代各国的国际私法或国际条约的冲突规则发展趋势。《涉外民事关系法律适用法》则进一步推进了对意思自治原则的适用,将之延用到动产物权、侵权等领域中,不得不承认是一种进步。

2. 以"经常居住地"为连结点的运用

调整涉外民事关系的准据法是通过连结点的指引确定的,而国籍和住所便是最重要、使用得最多的两个连结点。第二次世界大战以后,以惯常居所(或称之为"经常居住地")为连结点成为一种趋向,尤其体现在海牙国际私法会议公约中。事实上只要一个人在某一地方连续居住和停留,无须有在该地"久住的意思",即可以确认此人在此地有"经常居住地"。因此,侵权的共同属人法原则从《民法通则》国籍、住所的两个连结点发展为《涉外民事关系法律适用法》"经常居住地"一个连结点,符合国际私法的发展趋向。

(二) 完善路径

但对于错综复杂的涉外民事法律关系而言,《涉外民事关系法律适用法》体系全面但内容仍略显单薄,就外逃腐败资产涉外诉讼而言,笔者认为该法还应做如下完善:

1. 对国有腐败资产制定单边冲突规范

连结因素明确指明是一个具体的特定的国家或国际条约时,这种冲突规范称之为单边冲突规范。单边冲突规范一般直接指明只适用内国法。例如,《中华人民共和国合同法》第126条规定:"在中华人民共和国境内履行的中外合资经营企业合同、中外合作企业经营合同、中外合作勘探开发自然资源的合同,适用中华人民共和国的法律。"由于单边冲突规范在法律适用上的灵活性较差,随着国家之间交往越来越密切,国际私法的进步,各国已越来越少地采用单边冲突规范。但是在某些具有特别性质包括与国家或国民根本利益具有紧密联系的涉外民事案件,往往单边冲突规范能通过强制规定适用特定的国内法,排除适用他国法律,起到一个特殊的保护作用。腐败资产分为国有资产和非国有资产。国有腐败资产作为与国家利益的重要组成部分,通过单边冲突规范直接指引适用我国法律,由此遵循我国物权法中对赃物的善意取得不予承认的立法旨意,从而有效的保障腐败资产的顺利追回。

2. 对非国有腐败资产法律适用的区分原则

所谓区分原则,即在发生物权变动时,物权变动的原因与物权变动的结果作为两个法律事实,它们的成立生效依据不同的法律根据的原则。[①] 2007年3月16日通过的《中华人民共和国物权法》便明确采纳了区分原则。[②] 在制定涉外民事关系的法律适用法,也就是进行具体的法律选择时,我们既要考虑法律本身的性质,也要考

---

① 孙宪忠:《论物权法》,法律出版社2001年版,第39页。
② 该法第6条规定:不动产物权的设立、变更、转让和消灭,应当依照法律规定登记。动产物权的设立和转让,应当依照法律规定交付。该法第9条第1款规定:不动产物权的设立、变更、转让和消灭,经依法登记,发生效力;未经登记,不发生效力,但法律另有规定的除外。该法第14条规定:不动产物权的设立、变更、转让和消灭,依照法律规定应当登记的,自记载于不动产登记簿时发生效力。该法第15条规定:当事人之间订立有关设立、变更、转让和消灭不动产物权的合同,除法律另有规定或者合同另有约定外,自合同成立时生效;未办理物权登记的,不影响合同效力。该法第23条规定:动产物权的设立和转让,自交付时发生效力,但法律另有规定的除外。根据以上规定,《中华人民共和国物权法》在物权变动问题上采用区分原则当无疑义。

虑法律关系本身的性质。因此,在制定涉外民事关系法律适用法时,我们必须考虑现有民事实体法的规定。在准据法的选择中,有一种非常重要的选择法律的方式,那就是依据法律的性质决定法律的选择。[①] 因此我国国际私法关于物权变动的法律适用应该与我国新物权法所采取的区分原则相一致,也就是物权变动的原因行为与结果行为应当分开,使得物权适用的规则多样化、灵活化。如物权变动的原因行为可以适用当事人选择的法律,而物权适用的结果行为则应适用物之所在地法;又如,对于物权的保护和损害赔偿请求,可以规定可以准用有关侵权行为法律适用的冲突规则;对于处分物权的行为能力,可以规定可以准用有关行为能力法律适用的冲突规则。我国甚至可以在物权法律适用上引入最密切联系原则,规定当存在一个法律比本应适用的法律与当事人及法律关系有更密切的联系时,可以适用该法律。

---

① 李双元:《国际私法(冲突法篇)》,武汉大学出版社2001版,第528—529页。

# 国际私法上公共秩序含义的模糊问题

孙 建[*]

国际私法上的公共秩序作为一种法院排除本应适用的、与法院地国的重大利益、基本政策、道德的基本观念,或法律的基本原则相抵触的外国法的法律制度,在维护法院地国国家利益上发挥着重要作用。然而,由于公共秩序的含义过于模糊,导致了法官在适用法律时在一定程度上可能会随意适用该制度排除对外国法的适用,从而有悖于国际私法所追求的公平、平等地适用内外国法律的价值目标。为了有效地维护法院地国的国家利益与尽量避免法官随意排除适用外国法,本文认为公共秩序涵义模糊具有必然性,公共秩序涵义过于模糊存在负面效应,当代国际关系的发展趋势要求提高公共秩序涵义的清晰度,对国际私法所要维护的国家利益等因素分层细化有益于提高公共秩序含义的清晰度,我国应在理论和立法上合理地确定我国公共秩序的含义。

从各国国际私法的立法、理论、实践和国际公约的规定来看,国际私法上的公共秩序,主要是指法院在依自己的冲突规范本应适用某一外国实体法作为涉外民事关系的准据法时,因其适用与法院地国的重大利益、基本政策、道德的基本观念,或法律的基本原则相抵

---

[*] 南开大学法学院副教授,法学博士,硕士生导师,中国国际私法学会常务理事。E-mail: sunjian716@nankai.edu.cn。

触而排除其适用的一种保留制度。① 这一制度还包括凡基于公共秩序,认为自己的某些法律是具有直接适用于涉外民事关系的效力的,从而也排除外国法的适用。② 现代各国国际私法的立法、理论及实践基本上都承认公共秩序是国际私法上的一项重要法律制度。对于公共秩序的称谓,在法国习惯称之为"公共秩序",在德国习惯称之为"保留条款",在我国习惯称之为"公共秩序保留"或"公共秩序",而在英美法系国家则习惯称之为"公共政策"。

从国际私法的一些理论来看,公共秩序是一个笼统的、模糊的概念,公共秩序制度是一个具有弹性的制度。抽象地讲,在国际私法上,公共秩序是一个在特定时间内,特定条件下和特点问题上的重大或根本利益所在。③ 在我国还有学者指出,公共秩序保留是一个在世界范围内没有固定和统一范围的概念,它具有"弹性"。④ 美国学者艾伦茨威格认为,公共秩序的含义"就像法律中的 X,是一个未知数"。⑤ 由此不难看出公共秩序的涵义具有模糊性,如果公共秩序的涵义过于模糊,就不可避免导致法官在适用法律时会在一定程度上随意适用公共秩序制度排除外国法的适用。事实上,由于公共秩序含义的模糊性确实无法克服,这样必然导致公共秩序含义本身难以把握,公共秩序制度容易被法官随意适用,从而有悖于国际私法所追求的公平、平等地适用内外国法律的价值目标。为了解决上述问题,本文提出通过细化国家利益、法律和道德的基本原则,特别是通过对国家利益的层次分析提高公共秩序含义的清晰度的看法,

---

① 参见李双元、金彭年、张茂、欧福永:《中国国际私法通论》,法律出版社 2003 年版,第 50 页。

② 参见黄进:《国际私法上的公共秩序问题》,载《武汉大学学报》1991 年第 6 期,第 89 页。

③ 同上书,第 90 页。

④ 参见李双元等:《中国国际私法通论》,法律出版社 2003 年版,第 177 页。

⑤ See AA Ehrenzweig, *Treatise on the conflict of laws*, West Publishing Co. Inc, New York 1962, p.344.

试图以此提高国际私法上的公共秩序含义的清晰程度,促进我国在涉外民商事活动中平等地适用内外国法律,促进我国涉外民商事关系的健康发展。

**一、确定公共秩序含义的诸多因素决定其涵义具有模糊性**

1. 公共秩序的涵义具有广泛性。在国际社会中,各国在政治制度、社会结构和历史文化传统等方面都各不相同,由于公共秩序始终是与各国的政治、经济乃至道德观念等紧密联系的,公共秩序不仅仅是一个法律概念,还是一个政治概念,公共秩序保留条款的目的和实质在于贯彻和执行内国的现实政策[①],这就使各国对公共秩序的涵义难以形成一个共同的认识,这就要求公共秩序涵义本身具有较强的包容性,导致公共秩序的含义难以得到清晰的表述。

2. 各国公共秩序的含义具有差异性和可变性。每个国家制定的法律必然要反映本国的现实国情。每个国家都需要根据本国国情制定本国的法律,规定本国的公共秩序的涵义,各个国家规定的公共秩序的含义是有所差异的。又由于各国的基本国情并不总是长期不变的,在不同的历史时期,一个国家的政治制度、经济制度、社会风俗习惯等都可能会发生变化,即使是同一国家,在不同的历史时期,其公共秩序的含义也会随着国际、国内环境的变化而变化。各国公共秩序的这种差异性和可变性决定了各国规定的公共秩序的含义需要具有必要的包容性和模糊性。

3. 公共秩序的含义具有针对性。公共秩序作为一种边界模糊、含义难以确切表述的法律制度,它要求法官在依据冲突规范需要适用外国法时要有针对性地认定是否运用公共秩序排除外国法的适用。由于公共秩序是针对特定的国家或地区、特定的历史阶段、特

---

① 参见姚壮、任继圣:《国际私法基础》,中国社会科学出版社1981年版,第30—37页。

定的案件予以适用的,这就要求各国在确定公共秩序的涵义时要对上述具有针对性适用问题作出概括性的规定,从而也会使公共秩序的含义具有模糊性。如果一国的立法对公共秩序的含义作出了明确具体的规定,那么这一制度将无法具体适用于不同时期、不同政治经济制度、不同国内外形势。事实上,任何国家都不可能制定出放之四海而皆准的公共秩序,不可能制定出总能适应社会发展变化的公共秩序,不可能将公共秩序的涵义规定得完整无缺。在这种情况下,一个国家规定的公共秩序其涵义必然要具有包容性,将公共秩序的涵义做较宽泛的规定。

**二、公共秩序含义模糊存在的问题**

1. 传统的公共秩序含义本身难以把握。从公共秩序制度产生、发展以来,各国对公共秩序的含义始终存在争议。公共秩序制度理论萌芽于十三、十四世纪时期的意大利的"法则区别说",已有600多年的历史。[①] 公共秩序作为国际私法中的一项制度,自1804年《法国民法典》在第3条和第6条率先作出规定起,目前已逐步被各国立法所接受。从各国的理论和司法实践来看,目前公共秩序制度基本上得到了国际社会的普遍承认。然而,对于什么是公共秩序的本质内含和在什么情况下可以援用公共秩序条款,不仅在理论上长期存有争议,而且在实践中各国的做法也各不相同。由于公共秩序的实质在于维护本国的国家利益。因此,公共秩序被理解为适用法律中的安全阀,用以排除适用外国法可能出现的损害本国的国家利益。然而,什么是一国的国家利益?适用外国法是否会影响国家利益的安全的标准又是什么?由于这些问题在理论和实践中难以把握,这种将传统的公共秩序笼统地理解为维护国家利益的安全阀的做法在理论和实践上常常亦难以把握。

---

① 参见韩德培:《国际私法》,武汉大学出版社1989年版,第73页。

2. 传统的公共秩序制度容易被法官随意适用。国际私法的主要价值取向在于公平合理地处理跨国民商事法律关系，促进国际民商事关系的健康发展。然而，国际私法上一国的公共秩序制度本质上往往更加倾向于关注该国的国家利益。由于公共秩序制度涵义具有模糊性，法官在适用公共秩序条款时不仅具有较大的自由裁量权，而且易于从国家主义的立场出发，从而使公共秩序制度在某些情况下成为了法官任意排除适用外国法的工具。此外，对于享有自由裁量权的法官来说，虽然他们适用这一制度时要全面考量法院地国的国家利益等因素，但是他们不是政治家、经济学家、国际关系学家，他们难以从国际社会发展的视角全面分析适用公共秩序的利弊，由于很多国家的立法对公共秩序含义的模糊性缺乏必要的限制，对法官的自由裁量权缺乏必要的限制，这样便很容易导致公共秩序制度被任意适用。公共秩序制度在司法实践中的任意适用大大降低了国际私法在协调各国法律冲突中的价值，违背了国际私法追求公平、平等地适用内外国法律的价值取向，妨碍了国际民商事交往的安全与稳定，不利于国际民商事新秩序的建立，并有悖于当代国际经济全球化的发展趋势。

### 三、当代国际关系的发展趋势要求提高公共秩序含义的清晰度

在以和平与发展为主题的当代国际关系中，各国为了生存和发展就要加强各国之间的民商事交往与合作，当代国际私法上的公共秩序理论也要适应当代国际关系发展的需要。由于在当代国际社会中政治多极化、经济全球化的发展变化，以及当代国际私法自身价值取向的进一步发展和完善，导致了各国在立法和司法实践中不断改善限制适用公共秩序的方法和措施。国际私法赖以存在的基础之一是在涉外民商事关系中承认外国法的域外效力并根据冲突规则适用外国法，而公共秩序则着眼于外国法的适用有可能会导致出现与自己国家法律与道德的基本原则相抵触的结果，从而排除对

该外国法的适用。对于这一矛盾,国际私法的发展历程总是表现为既存在着适用外国法,又存在着以公共秩序制度排除或限制适用外国法。从国际私法的发展趋势来看,这一矛盾运行的总趋势表现为更加平等地对待外国法的适用,具体表现为各国正在逐步地提高公共秩序含义的清晰度,消除传统公共秩序的理论与制度中的不合理因素。

当代国际社会的现实表明,"国际社会是一个以互利和公益为基础的社会。任何一个国家过分利己的行为都会受到来自国际社会的压力。而且一个国家即使仅为本国利益着想,也不愿将此种行为放纵至为所欲为的地步。现在,对公共秩序保留的适用加以限制已经成为国际社会较为普遍的要求"[①]。具体来说,各国限制公共秩序的适用主要是通过限定公共秩序涵义的范围,提高公共秩序涵义的清晰度来进行的。

从当代国际社会的立法和各国国际私法司法实践来看,限制适用公共秩序制度的做法主要表现为:很多国家国内立法和国际公约的措辞都体现了限制适用公共秩序的精神。例如,很多国家的国内立法和国际公约都规定适用外国法律"明显"违背所属国公共秩序的,拒绝适用。[②] 这些规定反映了国际社会限制适用公共秩序制度的普遍意向和努力;目前越来越多的国家在立法和司法实践中认同适用公共秩序标准的客观说或结果说;很多国家区分国内民法上的公共秩序与国际私法上的公共秩序,严格限定国际私法上公共秩序的涵义以限制公共秩序的适用;很多国家适用公共秩序排除本应适用的外国法后,并不一律代之以法院地国的国内法,从而间接地遏制了公共秩序的随意适用。

---

① 沈娟:《冲突法及其价值导向》,中国政法大学出版社2002年版,第129—130页。
② 参见马德才:《论公共秩序发展趋势之限制适用》,载《武汉大学学报》2010年第1期,第27—28页。

特别需要指出的是,一些国家为了避免公共秩序被随意适用,还对公共秩序所要维护的"国家利益"进行了分层和细化。因为,一国所要适用的外国法是否违反了该国的国家利益或说国家的重大利益,直接决定着该国法院能否运用公共秩序排除对该外国法的适用。按照我国一些学者的观点,"公共秩序的直接作用就是排除本应适用的外国法在内国的适用,而其实质在于维护本国国家及其人民的利益"[①]。还有的学者认为"公共秩序保留是指一国法院依冲突规范应该适用外国法时,或者依法应该承认与执行外国法院判决或仲裁裁决时,或者依法应该提供司法协助时,因这种适用、承认与执行或者提供司法协助会与法院地国的重大利益、基本政策、法律的基本原则或道德的基本观念相抵触而有权排除和拒绝的保留制度"[②]。那么,如何来界定其中的国家利益?又如何来界定其中的法院地国的重大利益?应该说,一国所要适用的外国法违反了该国的国家利益或说国家的重大利益是该国法院排除适用该外国法的最基本、最重要的条件之一,因此,合理地界定"国家利益"或"国家的重大利益"对正确地限定公共秩序的适用具有非常重要的意义。

**四、对国家利益及国家利益的层次分析有益于提高公共秩序含义的清晰度**

合理地界定"国家利益"或"国家的重大利益"是正确地限制适用公共秩序的重要前提条件。然而,由于国家利益这一概念十分抽象,对其本身的解释就是理论与实践中争论的问题之一。有的学者认为,国家利益"意指国家在复杂的国际关系中维护本国和本民族免受外来侵害的一些基本原则,是国家制定对外目标的重要依据和

---

[①] 黄进:《国际私法上的公共秩序问题》,载《武汉大学学报》1991年第6期,第91页。

[②] 韩德培:《国际私法》,高等教育出版社、北京大学出版社2007年版,第140页。

决定因素"①;有的学者认为国家利益是国际政治的本质,是决定国家行为的最基本的因素②;有的学者认为"国家利益是民族国家时代国家生存和发展的必要条件,是任何主权国家外交活动的最高原则与最终归宿"③。有的学者认为,国家利益是一个国家的行为体在满足国家行为系统的需要时所具有的利益。④ 此外,还有的学者从社会学的视角分析国家利益,认为国家利益并不是先定的,等着去发现的,而是通过社会互动建构的。国际社会的核心内容是规则、制度和价值。国际社会结构不仅约束行为体的行为,而且还改变行为体的偏好,把新的价值传授给行为体,从而改变行为体的利益。只有认识了目标社会结构,才能理解国家的需要。结构和行为体之间是一个建构的过程。一方面,结构由行为体来建构,行为体具有能动作用;另一方面,社会结构反过来影响和重建行为体。国家行为只有纳入到结构——行为体的相互构成的框架中才能得到比较充分的理解。国家利益不是一个自变量,而是一个因变量。⑤ 从这种观点来看,国家利益是一种变化着的国家利益,国家利益不能只从国家内部的客观条件和物质状况中推导出来,作为国际社会的规则制度和价值同样对国家利益构成影响,这种影响不是外在的,而是被内化到行为体中,它们不只是限制国家行为,更重要的是改变了国家的偏好。国家被国际社会社会化了,社会化的过程实际上就是国家利益变化的过程。

---

① 倪世雄:《当代西方国际关系理论》,复旦大学出版社2001年版,第252页。
② 参见〔美〕汉斯·摩根索:《为权力与和平而斗争》,徐昕译,中国人民公安大学出版社1990年版,第6页。
③ 郭树永:《国际制度的融入与国家利益:中国外交的一种历史分析》,载《世界经济与政治》1999年第4期,第60页。
④ 参见〔美〕莫顿·卡普兰:《国际政治的系统与过程》,薄智跃译,中国人民公安大学出版社1989年版,第8章。
⑤ 参见〔美〕玛莎·费丽英:《国际社会中的国家利益》,袁正清译,浙江人民出版社2001年版,第2页。

从上述学者对国家利益的解释来看,他们从不同视角对国家利益涵义的解释具有重要意义。然而,这些解释均过于抽象,难以把握国家利益的涵义。为了避免对国家利益涵义解释的不准确性,美国的一些学者和外交决策者们对同一时期同一国家的国家利益采用了分层的研究方法。美国国家利益委员会于 2000 年发表了《美国国家利益》研究报告,该报告将美国国家利益进行了细化:(1)国家利益表现为四层等级:根本利益、极端重要利益、重要利益、和次要利益。(2)根本利益强调的是国家生存和延续的基本条件。(3)根本利益关系到美国作为一个自由的国家其根本制度和价值观的存在,以及确保为美国人民的幸福创造条件。(4)国家利益与对这些利益构成的特殊威胁是有区别的,应加以界定。(5)国家利益也有别于保护和发展这些利益的政策,它们是政策的基础和起点。(6)国家利益不仅是政府的宣传或公共舆论的总结,而是维护国家利益的必需。(7)除客观存在的国家核心利益之外,还存在着其他利益层次,这反映出对国家利益的主观抉择和实施能力。(8)国家对维护不同层次的国家利益的重视程度和所采取的措施不同。(9)国家利益等级的判断常常与美国承担的国际义务有关,这一国际义务包括结盟、签约和海外驻军及建立基地。(10)利益与价值之间的关系是复杂的和微秒的。美国的生存和繁荣不仅是美国的根本利益,而且也体现美国人的价值核心。①

不仅如此,这份报告还对美国的国家利益的四个层次的涵义作了说明。即,根本利益是美国国家生存和延续的基本条件,它关系到美国作为一个国家的根本制度和价值观念的存在,以及美国人所理解的幸福条件;极端重要利益是如果美国在所面对的威胁面前妥协的话,美国所认为的在世界维护自由、安全和幸福的目的就会受到影响;重要利益是美国如果妥协,将会对美国政府维护美国的根

---

① 参见倪世雄:《当代西方国际关系理论》,复旦大学出版社 2001 年版,第 254 页。

本利益的能力产生消极的影响；次要利益是某种利益受到危害时不会对美国根本利益产生重要影响的利益。

事实表明，美国对国家利益层次分析方法不仅有益于国家的外交决策者，更有益于法官把握国家利益的涵义。具体表现为，美国国家利益的层次分析可以细化国家利益的含义，避免在决策中出现对国家利益轻重缓急上的失误；当国际形势发生变化或当国家某一层次的国家利益发生变化时，他们可以就变化的国际形势对这一层次的国家利益进行调整，而不致影响整个或各个层次的国家利益内涵的变化。总之，国家利益的层次分析方法在正确地限定公共秩序的适用中亦具有重要的实用性。

**五、我国应在理论和立法上合理地确定我国公共秩序的含义**

1. 我国应在理论上对我国的国家利益、法律和道德的基本原则进行分层或细化。由于公共秩序的实质在于维护本国的国家及其人民的重大或根本利益，为了避免我国国家利益、法律和道德的基本原则含义过于模糊，为了在我国涉外民商事活动中正确适用公共秩序保留制度，我国应当在理论上根据我国国情对我国现阶段的国家利益、法律和道德的基本原则进行细化，尤其是应当对我国现阶段的国家利益进行层次分析。应该说，尽管公共秩序、国家利益、法律和道德的基本原则的含义抽象，但是现阶段我国国家利益、法律和道德的基本原则的涵义还是可以基本确定的。当然，对我国国家的重大或根本利益含义的表述在某种程度上既要具有包容性、模糊性，又是可以确定的。这样，我国在现阶段在依我国冲突规范需要适用外国法时，如果发现该外国法明显地违背了我国的重大或根本利益、违背了我国法律和道德的基本原则，就可以运用公共秩序制度排除适用该外国法。这样就可以避免传统公共秩序理论可能导致的随意排除适用外国法的现象。我们应当认识到，在当代国际社会公共秩序保留是国际私法上排除适用外国法的"安全阀"，但它不是也不应该是随意排除适用外国法的"安全阀"。

2. 我国应在立法上进一步完善我国的公共秩序保留制度。从实质上看,传统的公共秩序制度在某种程度上它是相关国家间国家利益与个人利益之间冲突的产物,建立在这种制度基础上的传统的公共秩序理论的不合理性,即以维护本国抽象的国家利益而否定他国的个人利益的做法已被越来越多的国家逐步认识。改革开放三十多年来我国社会主义法制取得了长足的发展,然而,我国的立法却对公共秩序含义规定得过于模糊,对法官排除适用外国法时所适用的公共秩序缺乏必要的限制。我国作为发展中的、负责任的大国,我国应从立法上进一步深化自我限制适用公共秩序的做法。相对来说,公共秩序制度适用的范围越窄,适用的机会越少,公共秩序制度本身也就越完善。应当认识到,如果我国在立法上合理地作出降低公共秩序模糊程度的规定依然可以实现我国的公共秩序,而且如此来实现公共秩序更能体现我国国际私法上公共秩序的公平与公正。

# 强制性规则新探

## ——从我国《法律适用法》第4条和欧盟《罗马第一条例》第9条谈起

阎　愚[*]

我国新生效的《法律适用法》第4条对我国强制性规则在涉外民商事关系中的直接适用做出了规定,但并未规定他国强制性规则的适用。相比之下,欧盟最新的统一国际私法条例《罗马第一条例》第9条的相关规定则不仅规定了法院地国强制性规则的适用,还规定了对这种适用的限制以及他国强制性规则的适用。本文旨在从法院地国强制性规则适用的限制、他国强制性规则适用的可行性以及外国法律实践的趋势入手,对强制性规则作出新的探讨。

在国际私法领域,对强制性规则的相关研究并不是一个新课题。自1958年法国学者福勋·弗兰西斯卡基斯(Phocion Francescakis)在《反致理论与国际私法中的体系冲突》一文中首次注意到这种不经冲突规范援引而直接适用于涉外民商事法律关系的法律规则之后,对这一问题的研究就引起了诸多国际私法学者的注意。时至今日,值《中华人民共和国涉外民事关系法律适用法》(下简称《法

---

[*] 南开大学法学院讲师,法学博士。

律适用法》)刚刚生效,该法第四条明确规定:"中华人民共和国法律对涉外民事关系有强制性规定的,直接适用该强制性规定。"这就重新引发了对强制性规则的思考,该条仅规定了能予以直接适用的强制性规则为我国的相关法律,这种立法模式是否有有待商榷的余地?这是本文要探讨的核心问题。

**一、强制性规则概念的新发展**

强制性规则曾被众多学者根据自己的理解赋予不同的名称,如"空间受调节的规范"(spatially conditioned rules),"必须适用的法"(loi d'application nécessaire),"警察法"(lois de police),"立法定位法"(legislatively localized laws),"自我限定的规则"(self-limiting rules)等。[①] 定名的不同反应出学者对这类规则的理解各有偏重,我国学者在开始研究这类规范时将其定名为"直接适用的法",韩德培先生在《国际私法的晚近发展趋势》一文中对其已略有介绍。法律文件中的表述则多强调这类规范的强制适用特性,如我国2000年出台的《国际私法示范法(第六稿)》在102条采用了"必须适用"的术语,而新生效的《法律适用法》则使用了"强制性规定"这一概念。使用这一概念的更有国际影响力的法律文件是《欧洲共同体关于合同债务的法律适用公约》(以下简称1980年《罗马公约》)。

名称的演变也暗含着对这类规范在概念理解上的转变,肖永平先生曾在著作《冲突法专论》中以专章阐释"直接适用的法",将其定义为"在某国际性民商事案件中,涉及该国具有强制适用效力的法律规范,无须援引法院地冲突规范,而必须径自直接适用于该案件。这种法律规范就成为'直接适用的法'"[②]。这一定义着眼于此类规范在适用于涉外民商事案件时与冲突规范的关系,点出其无须经冲

---

[①] 参见肖永平、胡永庆:《论"直接适用的法"》,载《法制与社会发展》1997年第5期,第46页。

[②] 肖永平:《冲突法专论》,武汉大学出版社1999年版,第162页。

突规则援引而直接得以适用的特性。巴黎第一大学的梅耶教授也曾对强制性规则的含义有过一段经典论述,他指出:"强制性规则是必须适用于国际民事关系的命令式法律条款,不管该民事关系是否由该法支配。换句话说,强制性规则关涉甚至影响公共政策因此必须得到适用,而不管其所属的法律是否从相关冲突规则上获得了适用的资格。是这些规则本身的命令式属性使其得到适用。……就合同而言,一国强制性法律规则的效力是创设了一种适用该规则,或至少有可能适用该规则的义务,而不论当事人是否明示或默示地选择了其他国家的法律支配他们的合同。"①

这两种对强制性规则的理解看似并无冲突,实则有些微不同之处。二者都注重对这类规则强制属性的理解,但肖永平教授的解释更偏重于本类规则在效力上对其他规则的优先性,而梅耶教授的理解则偏重于本类规则在效力上对当事人共同意思的优先性。笔者认为,倘若遵循梅耶教授的解释,那就意味着当事人将无任何可能借助国际民商事关系的涉外属性避开这类规则的适用,无论他们多么明确而迫切地想这么做,而这很可能造成当事人切实的福利损失。

国际立法的发展趋势也倾向于强调这类法规相比于其他法规在适用上的优势地位。1980年《罗马公约》在第3条第3款规定强制性规则(mandatory rules)为"一国不能通过当事人间的合同而破坏其适用的法律规则",而不论当事人是否选择了外国的法律或外国的法院。这一规定实际上暗含了梅耶教授的主张,强调了强制性规范对当事人意思自治的否定。如今,1980年《罗马公约》已被刚刚生效仅一年余的欧盟统一国际私法条例《有关合同义务法律适用的罗马第一条例》(以下简称《罗马第一条例》)所取代,该条例的第9

---

① Pierre Mayer, *Mandatory Rules of Law in International Arbitration*, 2 Arb. Int'l 274, 274-75 (1986).

条将强制性规范规定为"一国为捍卫其公共利益,如其政治、社会或经济组织而严格遵守的条款,在其适用范围内,它们适用于任何情形,而不论根据本条例合同应适用其他法律。"可见,在《罗马第一条例中》强制性规范并不意味着完全、毫无条件的绝对适用,而是有其绝对适用的范围,也有可能在某种情况下受到当事人意思自治的影响,正如在该条例开篇指出:"当事人选择准据法的自由应该是合同义务冲突规则体系的基石之一。"

此外,《罗马第一条例》对强制性规范采用了新的术语来表述:overriding mandatory provisions,这一术语的翻译定名也颇值得探讨。我国学者秦瑞亭参考德文原文将其翻译成"干涉性规则"。① 但从英文的对照来讲,"干涉性"并不能完全展现出 overriding 一词所表达的"压倒性的"、"最重要的"含义。根据台湾地区学者吴光平的观点,"干涉性规则"更类似"专属规范",而 overriding 一词的使用源自英国学者的 overriding statues,意为"超越一切的法律",后来英国学者也多转而使用 mandatory rules 来表达类似的概念。② 笔者认为,据此可以推断从含义上说,overriding 与 mandatory 均为对这类规范强制属性的表达,overriding 更突出了强制性规则优于其他法律得以适用的性质,因此,翻译上仍可将其译为"强制性条款",如果希求翻译的精确性,那么可以借鉴行政立法中的"法律优位原则"将这一表述译为"优位强制性条款"。

伴随着概念和理解的变化,强制性规则的法律适用又有了哪些新发展?笔者认为,可以从本国强制性规则的适用与外国强制性规则的适用两个层面加以探讨。

---

① 参见秦瑞亭:《国际私法》,南开大学出版社2008年版,第166页。
② 参见吴光平:《重新检视即刻适用法——源起、发展,以及从实体法到方法的转变历程》,载《玄奘法律学报》2004年第2期,第12页。

## 二、本国强制性规则的适用

法院地国强制性规则的直接适用是得到很多立法文件认可的，1980年《罗马公约》第7条第2款指出"本条第1款的规定不得限制法庭地法强制规则的适用。不论该合同是否将适用其他法律"。《罗马第一条例》第9条第2款也指明"本条例的任何内容不得限制法院地法的绝对强制性条款的适用"。我国《法律适用法》第4条也明确规定"中华人民共和国法律对涉外民事关系有强制性规定的，直接适用该强制性规定"。

任何情况下，只要法院发现在相关问题中适用本国法律有非常重要的意义，那么排除本应适用的外国法适用法院地法并不是什么问题，因为一般而言，须由强制性规则保护的社会利益和经济利益都具有较高的重要性。类似这样适用法院地法的例子在任何一个法律体系中都可以找到。这种可能性还可能体现在立法中，如《瑞士联邦国际私法》规定，冲突规则的制定不应使瑞士强制性条款依其特殊目的而得到的适用受到破坏，而不论根据该法指定适用的法律是什么。[1]

然而，是否任何情况下本国强制性规则都应该毫不犹豫地适用？或者说，是否案件由某国法院受理，就符合了该国强制性法规适用的范围条件？笔者认为，这个问题有待商榷。

首先，对仅因为诉讼或法律选择而与本国产生联系的案件，适用本国的强制性规则应有所斟酌。此时，法院应该考虑的是这种特定情况的出现是否在实际上规避了本应适用于其法律关系的强制性法规。

对于实际上规避了本应适用的法律的情形，1980年《罗马公约》

---

[1] Bernard Audit, *How do Mandatory Rules of Law Function in International Civil Litigation?*, 18 Am. Rev. Int'l Arb. 37, 39 (2007).

第 3 条已有考量,该条第 3 款指出"双方当事人选择了外国法,不论其是否同时选择了外国法庭,如果在选择时一切与当时情况有关的其他因素都仅仅与一个国家有联系,这个事实不应影响该国强制性法律规范的适用。"《罗马第一条例》也就此问题做出了类似的规定:"若除法律选择外所有其他相关因素都指向一国,而该国却并非其法律被选择的国家,则法律选择不应使该国不得由合同减损的法律条款的适用受到破坏。无论法律选择是否伴随有法院或法庭的选择,本条规则均应适用。"可见,无论是 1980 年《罗马公约》,还是《罗马第一条例》,对于此类情形都认为被规避的他国强制性规则在适用上更为优先,从而排除了法院地强制性规则的适用。

应当指出,造成这种规避情况的出现也许并非出于当事人的故意,而是由于法院地法律更为完善、更为中肯或其他类似的理由,所以被当事人作为"中性"的法律加以选择。也有可能,当事人并没有作出明确的法律选择,但却订立有法院选择条款,而法院适用冲突规则指引的准据法恰为法院地法。选择非本国法院的原因也许是被选的法院有更为公正的名声,或者出于实际情况,在该外国法院诉讼对双方当事人而言成本更低等等。因此判断是否排除法院地强制性规则的适用应基于案件实际上是否构成了规避外国强制性规则的结果。

倘若这种案件并没有造成对他国强制性规则的规避,从 1980 年《罗马公约》和《罗马第一条例》的规定中均可看出二公约并没有否认这种法律或法院选择的有效性,此时如果法院认为适用自己的强制性规则有重要的意义,那么当然可以直接予以适用,可以合理地推断出当事人对本国法律或法院的选择是包含有对本国强制性规则的认可的。

其次,对于上述这种实际上与本国联系不大的案件,如果当事人在选择本国法的同时明确指出排除某一强制性规则的适用,这种法律选择能否得到支持?从公约立法的本意来看,这是不被允许的,特别是1980年《罗马公约》明确将强制性规则定义为"不得被合同减损其适用的规则"。但有一种特殊情形值得思量,即对于某个具体的案件,本国强制性规则的适用可能毫无意义。对此,英国《1977年不平等合同条款法》第27条第一款的规定颇值得我们借鉴:"如果仅由于当事人的选择而使适用于合同的法律成为英国的某部法律(并且如无此选择,适用于合同的法律应为英国之外某国的法律),则本法第2至第7条,第16至第21条不得成为该合同准据法的一部分。"但被排除适用的条款仍是英国在此领域规定的强制性法规。

最后,还有一种可能性,本国强制性规则在此类案件的适用不但没有任何意义,反而会对本国造成不利的影响。此类情形比较具有代表性的例子是 Mitsubishi Motors Corp. v. Soler Chrysler-Plymouth Inc. 一案。该案是涉外仲裁领域的经典案例,对于扩大仲裁事项具有里程碑式的意义,在该案中,法院认定反托拉斯争议可以通过仲裁解决,而在此之前,美国长期坚持此类事项不可仲裁。该案判决指出:"考虑到国际礼让,出于对外国法庭与跨国法庭能力的尊重,以及国际制度对纠纷解决的可预测性需求的敏感性,要求我们执行当事人的协议,即使在国内背景下将会出现相反的结果。……如果即使存在郑重的合同,我们仍坚持所有纠纷需依据我国法律在我国法院得到判决这一狭隘的理念,那么美国商业和工业的扩张很难得到支持。"[①]这一判决为不在此种情形下适用本国强制性规则给出了有力的理由。

### 三、他国强制性规则的适用

就强制性规则而言,1980年《罗马公约》及后来的《罗马第一条

---

① Mitsubishi Motors Corp. v. Soler Chrysler-Plymouth Inc., 473 U. S. 614, 629 (1985).

例》与我国《法律适用法》第4条最大的区别在于我国将强制性规则适用的范围严格限制为我国的相关法律,而两公约则并没有作出这种限制性规定。1980年《罗马公约》第7条第1款规定,如果另一国法律与案件有更密切的联系,且依据该国法律的规定,其强制性规则应适用于合同而无论合同本该适用的法律是什么,那么该国的强制性规则就应当得到适用。又如《罗马第一条例》第9条第3款规定:"合同义务正在或将要在其履行的国家,其强制性条款应予以适用,直至该强制性条款的适用会使得合同的履行不合法。"可见,就这两个公约而言,外国强制性法律不仅可以在本国法院审理的案件中得到适用,而且这种适用并非经由冲突规范的援引,因此,其强制性也不会受到减损。为何会有这种立法上的区别?笔者认为,原因在于理论上和现状中适用外国强制性规则的障碍与当今社会环境下需要法院适用外国强制性规则的趋势之间的矛盾。

(一)法院适用外国强制性规则的理论困境与现实障碍

1. 适用外国强制性规则的理论困境

传统国际私法理论认为法律冲突只存在于私法领域而不会出现在公法领域,因为一国公法只会在其地域范围内发生效力。所以,从法律适用的角度讲,法院也不会将外国公法适用于受理的民商事案件,更不会用其他法律来取代本国公法。[①] 这就是被美国著名国际法学家Lowenfeld称为"公法禁忌"的理论。"公法禁忌"理论的目的在于保证公法的效力,促进公法维护公共利益、防止公共损害等立法目标的实现。对于法院而言,在审理国际民商事案件时,将公法排除在冲突法原则之外的途径是四个相互关联的法律规则:其一,法院会将法律适用的分析限定在私法领域,因而也将适用的外国法限定于私法;其二,法院不会在其受理的国际民商事案件中

---

① See Philip J. McConnaughay, Reviving the "Public Law Taboo" in International Conflict of Laws, *Stanford Journal of International Law*, vol. 35, 1999, p. 255.

适用外国公法,但对于完全受外国公法支配的案件,法院会驳回起诉;其三,法院不会让外国法律取代本应适用的本国公法;其四,法院地公法的适用性会实现法律的预期目标,而不用依赖私人的合同性选择或其他国家是否对相关领域有所规制。[1] 法院通常并不愿意适用外国强制性规则,正是因为这类规则一般带有公法的性质,包含一国特定的政治主张,因而符合"公法禁忌"的范畴。

公法和私法的传统区分依据的是法律的类别,私法一般包括合同、侵权、财产和婚姻家庭等领域的法律,公法则一般涵盖反垄断、证券监管、外汇监管等领域。然而,传统的公法私法区分现在已经越来越难以维持下去,因为国家调控已经逐渐地渗透到了诸如产品和贸易等传统私法领域。这种公法与私法间的融合在强制性规则的设置中尤为明显。通常情况下,被视为强制性规则的法律不仅包括传统公法领域中的反垄断法、证券监管法、进出口管制、有关货币管制、征用或国有化的规章等,还包括贸易法以及合同法中的某些内容,因为私法也同样可能具有公共意义上的重要性。比如,涉外贸易中的消费者保护法就是典型的强制性规则,因为,如果这种规则不具备强制性,公司就很可能通过提供他们愿意提供的格式合同来使其无效。又比如,《美国统一商法典》中规定的诚信义务也属于强制性规则,它的强制性就体现在该规则"不得通过协议加以排除"上。

事实上,无论是学界的探讨还是各国立法实践都体现出打破"公法禁忌"的趋势。其中最具里程碑意义的事件应属 1975 年国际法学会《威斯巴登决议》的出台。该决议重点探讨了公法规范在国际私法中的地位,认可了公法规范在国际私法中的可适用性。[2] 在

---

[1] See Philip J. McConnaughay, Reviving the "Public Law Taboo" in International Conflict of Laws, *Stanford Journal of International Law*, vol. 35, 1999, pp. 256-257.

[2] 参见徐冬根:《国际私法趋势论》,北京大学出版社 2004 年版,第 420—421 页。

这种趋势下,以公法禁忌为由对适用外国强制性规范抱有疑虑显然并不那么有说服力。

2. 适用外国强制性规则的现实障碍

其实,关于适用外国强制性规则的问题,关键的地方并不在于是否适用,而是在于如何适用,也就是说,当适用这类规则时,是只能通过冲突规范的援引来作为一般外国实体法适用,还是可以保有其强制性,避开冲突规范的作用直接适用于相关涉外民事法律关系。1980年《罗马公约》与《罗马第一条例》都认可后一种适用模式,但应该注意到,直接适用外国强制性规范会产生诸多现实障碍。

其一,外国法律规则的强制性难以确定。尽管如上文所言,在一些私法领域也出现了强制性规则,但这类规则的公法属性并不会因此削弱。我国著名国际法学家韩德培教授在《国际私法的晚近发展趋势》一文中就指出:"直接适用的外国法,大部分都或多或少具有公法的性质。"[1]这种公法属性就使大多数强制性规则在越出国界之后就与一般实体法规则无异,但其中仍有一部分能将其强制性及于国际民商事关系中。所以,判断某一规则的强制属性是否能摆脱地域限制就是首先需要解决的问题。有一些规则的表述具有明显的地域属性,但大多数规则或法规并不包含这样的界定,这就需要由法院通过法律解释来评估其跨国适用的范围。如此就使法院承担了确定并恰当解释另一国家法律内容的困难。[2] 然而,只有立法者才知道法律的本意是什么,解释外国法律几乎是一个"不可能任务",这一任务的困难性很好地解释了法院在适用外国强制性规则时的犹豫。

---

[1] 韩德培:《国际私法的晚近发展趋势》,收录于《韩德培文选》,武汉大学出版社1996年版,第88页。

[2] See generally Friedrich K. Juenger, *General Course on Private International Law*, Recueil des Cours, vol. 193, 1985, pp. 202-205.

其二,缺乏适用外国强制性规则的法律权限。[1] 即使从法理上判断某一外国强制性规则应当支配某个具体的案件,但是否有法律上确定的理由来适用该规则仍然是一个问题。"当面对需要得到适用的外国强制性规则时,法官或者需要参照其本国法中给定的条款,包括判例法在内,或者需要参照能赋予他适用该外国法权限的国际公约。"[2]1978年3月14日通过的海牙《代理法律适用公约》就赋予其缔约国类似的权限,该《公约》第16条规定:"适用本公约时,任何国家如与案件有密切的联系,其强制性规则应予以适用,如果根据其本国法这些规则应该得到适用而不论经冲突规则援引的法律是什么。"如果既没有明确的立法或国内判例予以支持,又没有相应的国际公约约束,那么"礼让原则"可能就成为允许适用外国强制性规则的唯一理由。[3] 但如果将对外国强制性规则的适用寄托于"国际礼让",那么显然,一国法律规定得越详细,立法技术与模式越成熟,礼让原则存在的空间越小,而国际强制性规则适用的可能性也越低。

其三,法院地公共秩序的有力抵抗。即使外国强制性规则不会与本国强制性规则发生冲突,法院仍然可以用"公共秩序保留"的理由来阻止外国强制性规则的适用。这一点明确地体现在各立法文件中,例如我国《法律适用法》第5条"外国法律的适用将损害中华人民共和国社会公共利益的,适用中华人民共和国法律";又如《罗马第一条例》第21条"依据本条例援引的任何国家法律条款仅在其适用与法院地的公共秩序相矛盾时不予适用"。公共秩序保留可谓

---

[1] See Hannah L. Buxbaum, Mandatory Rules in Litigation: Status of the Doctrine Post-globalization, *American Review of International Arbitration*, vol. 18, 2007, pp. 27-28.

[2] Serge Lazareff, Mandatory Extraterritorial Application of National Law, *Arb. Int'l*, vol. 11, 1995, p. 138).

[3] See James. J. Fawcett, Evasion of Law and Mandatory Rules in Private International Law, *Cambridge L. J.*, vol. 44, 1990, p. 55.

国际私法最古老的原则之一,但不可否认,时至今日它仍然有强大的生命力。

(二) 对外国强制性规则予以适用的立法、司法趋势

尽管存在理论上的困惑与现实中的障碍,但一个不可否认的趋势是,现在在欧洲与英美国家的立法与实践都逐渐开始承认外国强制性规则对在本国法院受理的国际民商事案件的可适用性。1980年《罗马公约》第7条第1款和取代该公约的《罗马第一条例》第9条第三款都有明确的表述,类似的立法还包括2004年《比利时国际私法法典》第20条规定:"当根据本法适用一个国家的法律时,可以适用与案件有密切联系的另一国家法律中的强制性规定或公共政策。并且只要根据该另一国家的法律,这些规制应予以适用而不考虑其他法律的适用。"① 又如《加拿大魁北克国际私法》第3079条规定:"如果存在某种合法的、明显占优势的利益,则可以适用另一国家的强制性规则,只要有关情况与该国具有密切联系。在作此决定前,应考虑到该强制性规则的目的,以及其适用可能带来的各种后果。"② 可见,这些立法均认可了对外国强制性规则的适用。

也有一些很有影响力的判例支持这种主张,例如在 Foster v. Driscoll 案③ 中法院判决于禁酒令时期向美国输送酒类的买卖合同不得执行,Lawrence 法官坚决主张如果承认这种合同有效,将会"为美国政府提供一个很好地抱怨我国政府的理由……这与我国的国

---

① 参见《比利时国际私法法典》,梁敏、单海玲译,载《中国国际私法与比较法年刊》(第8卷),法律出版社2006年版,第559—606页。
② 参见《加拿大魁北克国际私法》,粟烟涛、杜涛译,《中国国际私法与比较法年刊》(第2卷),法律出版社1999年版,第558—576页。
③ Foster v. Driscoll [1929] 1 K.B. 470 (C.A. 1928). Quoted from Note: Article 7 (1) of the European Contracts Convention: Codifying the Practice of Applying Foreign Mandatory Rules, Harv. L. Rev., vol. 114, 2001, p. 2472.

际礼让义务是相违背的……也继而与我国公共道德的理念相违背。"① 另一个类似的例子涉及向英属印度进口古柯碱的合同,德国法院认为尽管德国法律应于适用且应承认受诉合同的有效性,但印度"公共福利"的一般性理念却禁止法院让这种合同生效。② 类似的,德国最高法院在一个有关尼日利亚向德国输出艺术品的保险合同中适用了外国强制性规则,法院指出,尼日利亚的强制性规则禁止艺术品出口,因而合同因违反公共道德而被宣判无效。③

这些立法和判例都展现出一个明显的趋势,即在合理的范围内,应给予外国强制性规则相应的效力,而且其强制性也不应受到减损。追问其原因,笔者认为在国际民商事案件中存在一种"国际公共政策",这种国际公共政策实现的意义要远胜于一国国内强制性法规适用的意义。对这种国际公共政策下定义并不容易,但理性当事人在平等、自由的前提下主张的契约自由权利无疑应该得到考虑,而在更高的层级上,出于全人类的利益而存在的国际法律原则,例如人道主义、反种族灭绝、抵制毒品等等当然毫无疑问也是其中的内容。

**四、结语**

国际商业交往的需要与国家间互赖的不断增强都希望国际间的合作能进一步扩大,而这种合作必然建立在一个更为平等、开放、互相尊重的国际法律环境中。在合理的范围内承认其他国家强制性规则的效力并予以适用正是这种互相尊重的一个体现。从这个角度讲,笔者认为,我国的《法律适用法》应当适度放宽对强制性规则适用的要求,不仅对我国强制性规则的适用加以规范,也在适当

---

① Note: Article 7(1) of the European Contracts Convention: Codifying the Practice of Applying Foreign Mandatory Rules, *Harv. L. Rev.*, vol.114, 2001, p.2472.

② Ibid.

③ Ibid.

的情况下为其他国家强制性规则的直接适用留有余地。在这一点上,欧盟《罗马第一条例》第9条的规定即是值得我国参考借鉴的立法模式。

# 国际民商事争议解决

# BITs 与 RTAs 投资规范比较:目标与政策[*]

张庆麟[**] 李成娇[***]

区域贸易协定(RTAs)投资规范近年来发展迅猛,是国际投资协定领域引人注目的新动向,相比之下 BITs 却渐行渐缓。从国际投资协定的政策目标切入,二者关于投资保护的内容和范围表现出相当程度的一致性,且语言表述都趋向于详细化和具体化;然在投资自由化方面二者却差异鲜明,投资保护仍为 BITs 的重心,RTAs 投资规范则对投资自由化表达了极大的关注,多包含投资设立、禁止履行要求等多项自由化条款,并因此对东道国投资管辖权产生深刻影响;当下可持续发展成为备受重视的新目标,RTAs 投资规范诞生之初就将其作为重要目标并通过多元路径实现,BITs 虽也开始关注可持续发展,但其实现途径单调、效力不足。在可预见的未来,二者都将以不断完善自身的姿态并存,共同调整国际投资关系。

近年以来,全球国际投资协定网络扩展非常迅速,其中一个重要发展就是包含投资规范的自由贸易协定或者其他经济合作协定的出现和发展。双边投资条约(以下简称 BITs)是指资本输出国和

---

[*] 本文为 2011 年度中欧法学院研究项目:"国际投资法的新发展——以全球背景下的欧盟与中国为视角"的阶段性研究成果之一。
[**] 武汉大学国际法研究所教授,博士生导师。
[***] 武汉大学国际法研究所硕士研究生。

资本输入国之间签订的,旨在鼓励、保护及促进两国间私人直接投资活动的双边协定与条约的总称[1],它是国际投资条约的重要组成部分。区域贸易协定(以下简称 RTAs)则并没有统一的权威概念[2],本文中的区域贸易协定是指广义上的区域贸易协定,包括自由贸易协定、经济合作协议、伙伴合作协议等多种形式。区域贸易协定投资规范是区域贸易协定关于投资安排的部分,其表现形态也多种多样,在协议中以单独的章节或者具体条款出现,如 NAFTA 第 11 章、中国—哥斯达黎加 FTA 第 89 条等,这类 RTAs 尽管目前的数目较少,但它同样在国际投资条约中具有重要地位,并且其数目逐年增长[3],会在国际投资条约体系中具有越来越重要的地位。与 BITs 相比,这种包含了投资条款的区域贸易协定在其范围、内容等方便表现出更多灵活性,不仅规定了投资保护和投资自由化内容,而且还包括货物贸易、知识产权、竞争政策、政府采购、环境保护和劳动权利等诸多方面,因而它是一个综合性的协议,投资规范是其重要内容。

BITs 和 RTAs 投资规范是国际投资协定体系的重要组成部分,根据联合国贸发委的研究,1998 年之前,国际投资协定的总量还少于 3400 个,截至 2011 年 5 月底,已经有超过 6140 个国际投资协定缔结,其中 BIT 超过了 2830 个,FTA 和其他类型达到了 314 个,涉及 63 个国家。[4] 虽然 BITs 仍然是最为普遍的国际投资协定类型,构成大约 47% 的国际投资协定,但其数量自 2001 年以来逐年下降;而包含有投资规范的区域贸易协定所占份额尽管不到 10%,但近年以来

---

[1] 余劲松、吴志攀:《国际经济法》(第 2 版),北京大学出版社、高等教育出版社 2007 年版,第 284 页。

[2] 根据 WTO 的解释,RTA 是指政府之间为了达到区域贸易自由化或者贸易便利化的目标所签署的协定。

[3] 目前这类 RTAs 的数目达 314 项,且有 100 余项正在谈判之中。See WIR 2011, UNCTAD.

[4] See WIR 2011, UNCTAD.

其数量接近翻番。[①] 从这些数据不难看出,包含有投资规范的区域贸易协定正在成为国际投资协定领域的新星,吸引了人们越来越多的目光。

BITs 无疑是国际投资协定领域的元老,稳坐国际投资协定的头把交椅,但是近年来的发展却渐行渐缓,与之形成鲜明对比的是区域贸易协定投资规范的出现和迅猛发展,联合国贸发委的研究声称它们或许会替代传统的 BITs。[②] 因此,对 BITs 和 RTAs 投资规范进行比较研究,比较其异同之处,分析其原因和影响,预测其未来的发展,将有助于我们更深刻的理解这两类国际投资协定。鉴于国际投资协定的主要政策目标有投资保护、投资自由化、可持续发展,本文将主要从这三个方面深入比较 BITs 和 RTAs 投资规范的异同。

**一、投资保护**

从国际投资协定历史发展的角度来讲,保护投资是国际投资协定产生的最初动机,也是贯穿整个国际投资协定发展历程的原则之一。第一个 BIT,即美国—巴基斯坦 BIT 就是美国为了保护其海外投资而签订的,此后的 BITs 均秉持了投资保护的宗旨,不断完善关于投资保护方方面面的具体规定,保证外国投资能够在东道国获得充分保护。RTAs 中的投资规范作为后起之秀,在核心内容上仍然延续了这一宗旨。

(一)投资保护内容的比较

国际投资协定中旨在保护投资的条款多种多样,例如国民待遇和最惠国待遇条款、征收及补偿条款、争端解决条款、资金转移条款等,本文将主要就外国投资的一般待遇条款、征收及补偿条款和争

---

[①] International Investment Rule-making: Stocktaking, Challenges and the Way Forward, UNCTAD, 2008, pp. 25-27.

[②] Id, P. 1.

端解决条款进行比较分析。

其一,投资准入后的一般待遇条款,包括相对待遇和绝对待遇。整体来说,BITs 和 RTAs 投资规范关于投资待遇的规定大同小异,大部分都包含有国民待遇、最惠国待遇和公平公正待遇的内容,而且在语言表达上也无根本差异。就国民待遇和最惠国待遇而言,它保证给予外国投资非歧视待遇,使得外国投资在准入后享受的待遇不低于本国或者任何第三国相同的投资或者投资者在相似情形下享受的待遇,保证了国际投资不受歧视待遇、能够与本国及第三国投资和投资者进行公平竞争。但为了保护本国自身利益,一部分 BITs 未规定国民待遇,特别是准入阶段不授予外国投资以国民待遇。几乎所有的 BITs 都规定了最惠国待遇[1],而 RTAs 投资规范通常将二者结合起来一起规定。[2]

公平公正待遇条款是投资保护的重要承诺,无论 BIsT 还是 RTAs 投资规范都规定了公平公正待遇条款,而且多与充分保护与保障等条款一起规定。然而,BITs 和 RTAs 投资规范对公平公正待遇的具体内涵都未做出明确界定,且二者在公平公正待遇的具体表述上也表现出相同的分歧,一种将其与习惯国际法相联系,另一种则与习惯国际法无本质联系。正是因为公平公正待遇无确切定义,该条款几乎成为当前国际投资协定中最容易引发投资者—国家争议的条款,因而近年以来进行修订或者新签订的 BITs 或者 RTAs 投资规范都试图澄清公平公正待遇的具体含义和范围,例如美国 2004 年 BIT 范本、加拿大 2004 年 BIT 范本、《新加坡—美国 FTA》第 15.5.1 和 15.5.2 条。这种条约语言表述上的进一步细化和具体化也是国际投资协定的新发展特点之一。

---

[1] Bilateral Investment Treaties: 1995-2006, Trends in Investment Rulemaking, United Nations, New York and Geneva, 2007, p.33.

[2] Investment Provisions in the Economic Integration Agreement, New York and Geneva, 2006, p.100.

其二,征收及补偿条款。征收是所有国际投资面临的至关重要的非商业风险之一,征收条款是国际投资协定中最重要的投资保护条款。然而,对于征收的定义和范围,BITs和RTAs投资规范都没有具体规定和一致表述。① 什么行为才构成征收对东道国是一个非常重要的问题,因为一个过于宽泛的定义将会导致东道国正常的管理行为被解释为征收②,进而导致赔偿。因而,最近的BITs和RTAs投资规范开始对征收条款的具体含义、范围加以界定,例如《智利—美国FTA》的附件10-D、美国—乌拉圭2005年BIT的附件B对征收条款进行了非常详细的规定,以避免争端解决机构对模糊的征收条款享有过分的自由裁量权。至于征收补偿的标准,BITs和RTAs投资规范基本上都规定或者以相似的语言表述承认了充分、及时、有效的赫尔规则。③ 在一定程度上可以认为其已发展成了习惯国际法规则。④

其三,投资者—国家争端解决条款。该条款是国际投资协定的保障条款,能够促使东道国按照投资协定履行其义务,为外国投资者提供国际法上的保护。BITs和RTAs投资规范在投资者—国家争端解决的问题上具有相同之处,但后者在这一问题上更加多样化。投资者—国家争端解决条款是BITs最鲜明的特点之一,通过BIT中的同意仲裁条款,投资者能够直接将争端诉诸ICSID,使得争端解决能够基于法律基础进行,从而避免了外交保护等政治争议的发生。

---

① BIT并未界定征收或者国有化的定义,也没有澄清构成征收的行为标准;极少有RTA投资规范对征收这一术语进行详细解释。

② Investment Provisions in the Economic Integration Agreement, New York and Geneva, 2006, p.107.

③ 根据联合国贸发委的研究,在其调查的BIT中,关于征收的构成要件包括充分、及时、有效的补偿标准方面表现出高度一致,而RTA投资规范也插入了与赫尔规则一致的表述。

④ 见张庆麟、张晓静:《国际投资习惯规则发展状况分析》,载《法学评论》2009年第5期,第89页。

相比之下，RTAs投资规范关于投资者—国家的争端解决更加多样，有的规定了投资者—国家争议仲裁，最典型的如NAFTA；还有的规定投资者—国家争端解决办法必须取决于缔约方进一步的一致协商，例如《澳大利亚—美国FTA》第11.16条规定，如果缔约一方希望建立投资者—国家争端解决机制，必须与另一方进行协商，而不像BITs直接规定同意仲裁条款。2009年新修订的东盟综合投资协定第33条则提供了多种争端解决方法，不仅有ICSID仲裁，还包括吉隆坡地区仲裁等。另外，值得注意的是，由于RTAs投资规范的缔约方往往不止两方，因此可能产生更多的政策议题，这些政策事项不会在BITs争端解决中出现。[①] 例如一个RTAs投资规范有三个当事人，其中两个当事人之间产生的争议引起的对投资协定的解释可能会对第三方有利害关系，这就涉及第三方参与及争端解决的透明度问题，这也是RTsA投资规范中的争端解决近年来不断有所创新的重点之处。例如《智利—美国FTA》第10.20条要求被告应当将某些文件公开并送交给母国，包括仲裁通知、听证会记录及仲裁庭裁决等，NAFTA第1128条也授权未参与争端解决的当事方提交意见的权利。

其四，知识产权保护条款。这是RTAs投资规范区别于BITs的重要方面，传统意义上知识产权的保护并不属于国际投资协定的规范范围，但是大部分RTAs投资规范都规定了保护知识产权的内容，有的甚至规定了专章，要求根据相关国际公约对知识产权提供非歧视的保护。例如《欧洲—地中海协议》与《埃及协定》的第37条规定，缔约双方应当按照已存的国际标准为知识产权提供充分有效的保护。《日本—新加坡经济伙伴协定》第86条专门就知识产权保护做出规定，要求缔约方应当在TRIPS要求的程度和范围内提供对知

---

① Investment Provisions in the Economic Integration Agreement, New York and Geneva, 2006, p.120.

识产权的国民待遇保护。

(二) 投资保护内容比较的评析

其一,BITs 和 RTAs 投资规范在投资保护方面表现出相当程度的一致并非偶然之故,是 BITs 的发展对 RTAs 投资规范产生了深刻的影响。准入后的投资待遇、征收及补偿和争端解决等是投资保护的重点条款,发展历史悠久的 BITs 在这些条款上已经发展得较为成熟,并且形成了庞大的 BITs 网络,几乎将所有国家都牵连在这个网络内;RTAs 投资规范近年才开始迅速发展,且投资保护仍然是人们关注的重点,因而不可避免地受到了 BITs 的影响,从而继承或者借鉴了 BITs 的诸多内容,甚至有些国家直接其原来签订的 BIT 植入其 RTA 中,例如日本—越南经济伙伴协议就直接将二者 2003 年签订的 BIT 条款全盘植入其中。[①] 中国—哥斯达黎加 FTA 在第 89 条即投资一节中直接规定参照二者投资促进与保护协定的规定。反之亦然,RTAs 投资规范也在 BITs 的最新发展中有所体现,例如 NAFTA 的实施就对美国 BIT 范本和加拿大 BIT 范本的修改完善发挥了重要作用。

其二,BITs 和 RTAs 投资规范在投资保护方面的新特点反映了国际投资协定的新发展。最近签订的 BITs 和 RTAs 投资规范都开始对公平公正待遇、征收等概念范围做出具体规定,这种语言表述上的具体化表现出国际投资协定试图通过更加详细的用语进一步明确缔约双方的权利和义务,以缩小争端解决过程中仲裁庭在解释相关条款时的自由裁量权,使得争端解决结果能够最大程度的符合缔约双方的意愿。然而,这一变化也进一步增加了国际投资协定内容上的复杂性,体现出国际投资协定发展的新特点。[②]

---

[①] Recent Developments in International Investment Agreements (2008-June 2009), United Nations, New York and Geneva, 2009, pp.8-9.

[②] International Investment Arrangements: Trends and Emerging Issues, United Nations, New York and Geneva, 2006, pp.10-11.

其三,与 BITs 相比,RTAs 投资规范在其范围、内容等方面表现出更大的灵活性和综合性。不仅表现在投资保护方面,既有传统的 BITs 投资保护条款,又包括知识产权保护条款;还表现在投资规范等方面,规定了竞争政策规范、政府采购、透明度条款等内容。例如 NAFTA、《日本—新加坡经济伙伴协定》等就是典型代表。这种包括了投资规范的综合性协定是深层次经济一体化的体现,相比之下,BITs 似乎可称为"初级阶段"的国际投资协定。当然,RTAs 投资规范也因此更加复杂,涉及更多的政策协调。

## 二、投资自由化

投资自由化与投资保护一样,都是投资协定的目标和宗旨之一。但是,在投资自由化问题上,BITs 和 RTAs 投资规范存在一定的差别,且构成二者最为关键的区别之一。尽管近年来一些 BITs 也开始规定投资自由化条款,但 BITs 的重心集中在投资保护上,则是较为普遍的共识;RTAs 投资规范则相反,它对投资自由化给予了较大的关注。[1] 鉴于投资自由化内容丰富,既包括投资设立前阶段的投资准入和设立问题,又涉及投资设立后阶段的透明度、禁止履行要求等问题,限于篇幅与突出重点的考虑,本文仅就投资自由化的典型表现,即 BITs 和 RTAs 投资协定关于投资准入和设立条款进行比较分析,并对透明度等问题稍作阐述。

(一)投资自由化内容的比较

在国际投资协定中规定投资准入和设立,使缔约方在外国投资进入的待遇问题上接受协定的约束,使得协议项下的国际投资能够在准入阶段就享受国民待遇或者最惠国待遇,从而消除投资准入壁垒,这是实现投资自由化最关键的一步。然而,BITs 和 RTAs 投资规

---

[1] Alireza Falsafi, Reginal Trade and Investment Agreement: Liberalization Investment in a Preferential Climate, Syracuse Journal of International Law and Commerce, Fall 2008, p. 3.

范在这一内容上的规定却大相径庭,传统 BITs 极少涉及投资准入和设立的内容,但 RTAs 投资规范则较多对投资准入和设立加以规范。

首先,就 RTAs 投资规范而言,它规定给予投资准入以国民待遇或者最惠国待遇,或者规定取消对外国投资进入的限制,开放东道国某些行业,允许协议他方的外国投资进入。① NAFTA 第 1102 条和 1103 条规定,就投资的设立、扩张、管理、经营、销售或者其他行为,一方给予他方的投资者及投资的待遇不得低于其在相同或者类似情况下给予本国或者协议之外第三国的投资者及投资的待遇。NAFTA 是自由贸易协定的典型代表,并且对其后的自由贸易协定产生了深刻的影响,以 NAFTA 为模板的很多 RTAs 投资规范都在一般待遇条款中对投资准入加以规定,例如加拿大—智利 FTA,墨西哥—新加坡 FTA 等,都采取了类似的方式。当然并非所有的 RTAs 都按照上述方式规定,例如《欧洲自由贸易协议(EFTA)》第 23 条第 1 款规定,在本协议项下根据某一成员国的法律在成员国境内设立公司的权利不受任何限制,则是一种完全自由化的体现。也有一些 FTAs 虽然以 NAFTA 为模板,但是没有规定投资准入条款。例如墨西哥—尼加拉瓜 FTA。从上文中不难发现,RTAs 投资规范关于投资准入的内容规定参差不齐,具体规定根据签署方的不同而不同,没有统一的范式,这也是 RTAs 投资规范不同于 BIT 的重要方面。

相比之下,传统 BITs 极少规范投资准入问题。大部分 BITs 不规定外国投资者设立权,它们只是规定了东道国在投资设立后需要承担的保护义务,至于是否允许投资进入则留待缔约国国内立法解决。②以《澳大利亚—埃及 BIT》为例,其第 3 条规定,《协议》各方必须鼓励和促进协议对方投资者到本国境内的投资,并且根据其本国

---

① Investment Provisions in the Economic Integration Agreement, New York and Geneva, 2006, p.

② Bilateral Investment Treaties: 1995-2006, Trends in Investment Rulemaking, United Nations, New York and Geneva, 2007, p.21.

不断变化的法律和投资政策准许该投资进入。在这些协议背后,东道国承担保护投资义务的前提是其有充分自主权决定某项投资能否进入,协议一方投资进入的决定权在于东道国,这是东道国为投资母国的投资提供保护的对价。然而,随着经济一体化的迅速发展,投资自由化成为发达资本输出国的迫切要求,体现在 BITs 的内容上即为 BITs 不再仅仅限于投资设立后阶段,同时也规定投资设立前阶段,规定了投资设立权。近年来的 BITs,尤其是发达国家的 BIT 范本突出了这样的特点,例如美国、加拿大和日本的 BIT 范本。《加拿大 BIT 范本》第 3 条和第 4 条规定,就一方投资者或者投资在协议对方境内的设立、扩展、管理、经营、销售等事项,任何一方给予协议对方投资者及其投资的待遇不得低于前者在相同或者类似情况下给予其本国或者第三国投资者或者投资的待遇。

其他旨在实现投资自由化的条款主要有以商业存在形式提供服务的市场进入条款、禁止履行要求条款、透明度条款等。在这些条款上,BITs 和 RTAs 投资规范也存在明显差别。大部分 RTAs 投资规范都对这三项内容进行了具体规定。例如哥伦比亚—墨西哥和委内瑞拉 FTA 以 TRIMS 为例禁止某些履行要求,而 NAFTA 及其他由美国依据 NAFTA 为例签订的 FTAs 所包含的履行要求的禁止范围已经超出了 TRIMS 的规定。[1] RTAs 投资规范中的透明度要求大致分为两种类型,一是要求东道国公开某些与投资相关的已有信息,一是要求缔约各方提供其与投资相关的相关事宜,如 EFTA 第 39 条。[2] 然而,大部分 BITs 都缺少关于透明度的具体规定,也不包

---

[1] Investment Provisions in the Economic Integration Agreement, New York and Geneva, 2006, p.94.

[2] Investment Provisions in the Economic Integration Agreement, New York and Geneva, 2006, pp.85-87.

括对履行要求的明确规范,虽然越来越多的 BITs 开始规定这些内容。①

(二) 投资自由化内容的差异原因及其影响

1. 投资自由化内容差异的原因

BITs 和 RTAs 投资规范在投资自由化问题上的差异不仅有着客观的现实原因,而且有深刻的历史原因。

其一,BITs 和 RTAs 投资规范产生的历史背景决定了其各自的内容定位,BITs 主要为保护投资而存在,而 RTAs 投资规范则以多元化目标寻求为方向。BITs 的产生主要是作为世界主要资本输出国的发达国家为了保护其海外投资而与东道国签订的双边条约,保证其在东道国的海外投资能够获得东道国的充分保护,能够享受非歧视待遇,能够在遭遇非商业风险时获得及时充分有效的补偿。换句话说,传统 BITs 的目标很单一,就是保护海外投资以促进投资流动。随着全球经济一体化和区域经济一体化的发展,尤其是以 WTO 一揽子协议为依据而愈加成熟的国际贸易自由化进程的发展,催生了主要资本输出国要求国际投资自由化的愿望,于是添加了浓厚时代色彩的新一代 BITs 诞生了,以美国 BIT 范本为例,不仅强调投资保护,而且重视投资自由化的实现。

RTAs 投资规范的产生有着复杂的国际政治经济背景,这一区域性投资协定形式的出现是发达国家对投资自由化的迫切要求和世界范围内多边投资协定的难产互相结合的结果。与贸易相比,国际投资尤其是国际直接投资是实现一国经济实力扩张的更为有力的方式,经济一体化促使发达国家追求更高层次的经济生产活动,因而发达资本输出国希望能够像贸易自由化那样,以多边贸易协议和国际组织为依托,实现投资自由化。然而,发达国家试图在 WTO

---

① Bilateral Investment Treaties: 1995-2006, Trends in Investment Rulemaking, United Nations, New York and Geneva, 2007, pp.65-76.

框架内进行投资自由化的安排遭遇了重重挫败,OECD试图建立投资多边协议的努力也以失败告终,因而发达国家将其目光投向了区域投资协定,尤其是在经济一体化安排中增加投资安排,例如NAFTA第11章,韩美FTA第11章等。

从上面的分析中可以看出,BITs和RTAs投资规范诞生在不同的历史背景下,因而承载着不同的历史使命,因而前者的内容核心是投资保护的方方面面,且其发展亦较为成熟,很多国家都有其BIT范本,传统的各国BIT的中心内容大同小异;而后者的内容焦点则多元分布,包括了投资保护、投资自由化及投资促进等多方面的规定。得益于这样的背景,RTAs投资规范产生之初就带着灵活性、多元性、复杂性的标签,不论形式还是内容都没有固定的格式或者范本。

其二,BITs和RTAs投资规范的差异也源自于纷繁复杂的现实原因,例如条约缔结方的经济实力和缔约能力等。投资自由化实际上是经济全球化进一步深化的具体表现,与贸易自由化不同,投资自由化对东道国的经济影响更为深远,对于某些经济实力不够强大的国家而言,降低投资准入门槛、取消某些对外国投资的履行要求会对其本国经济造成严重影响,甚至丧失国民经济命脉的控制权,因而在实现投资自由化与保护本国经济之间,他们更愿意采取保守态度,紧紧把握外资进入的决定权和外资活动的管理权。为了实现引进外资促进国内经济发展的目的,很多发展中国家倾向于签订BIT,而那些有足够经济实力希望实现投资自由化和深层次区域经济一体化的国家则选择包含有投资规范的RTA。此外,缔约国的谈判和缔约能力也是BITs和RTAs投资规范差异的重要原因,由于后者不仅涉及投资保护内容,还包括了投资准入、履行要求、透明度等诸多事项,并且后者并不像BIT那样成熟,也因此对缔约国的谈判能力要求更高,否则很容易成为投资自由化的牺牲品。

2. 投资自由化内容差异的影响

从更深刻的层次来说,BITs和RTAs投资规范在投资自由化内容上的差异反映的是国际投资协定对一国投资管辖权的不同影响：传统BITs对一国投资管辖权的影响很小，而RTAs投资规范在诸多方面都制约着一国的投资管辖权。

根据国际习惯法及国家经济主权原则，是否允许外国投资进入以及允许哪些外国投资进入是一国主权范围内的事情，任何其他国家或者国际组织都不得随意干涉。在国际投资协定中对投资准入和设立进行规范，这意味着缔约双方将同意受到其协议的约束，在协议范围内限制其主权，实际上限制了一国对其境内的投资管辖权的行使，因而各国这一问题上都持慎重态度。即使是致力于实现最大程度的投资自由化的美国，在给予投资准入以国民待遇和最惠国待遇时，也对其国内某些关键领域做出了保留。传统BITs只是要求东道国在投资进入本国之后保证其受到非歧视的待遇，东道国对外国投资的管辖不受影响，东道国可以根据本国法律法规政策决定某项投资能否进入，可以根据本国经济发展政策要求某项投资的进行必须满足某些条件，例如所雇用员工必须有一定比例的本国国籍、所生产产品必须有一定比例的出口等，这些管理措施对东道国充分利用外国投资发展本国经济具有很大意义。RTAs投资规范在诸多方面都构成了对东道国投资管辖权的限制，规定给予投资准入以国民待遇将导致东道国无法实现对投资进入的宏观调控和微观管理，规定禁止一切履行要求使得东道国无法利用政策工具发挥外国投资对本国经济的促进作用。因此，如果一国经济力量尚不足以强大到可以充分抵御外来投资的冲击并能主要通过市场作用发挥外资的作用，RTAs投资自由化规范带来的弊或许远大于利。

**三、可持续发展**

与投资保护和投资自由化等政策目标相比，国际投资协定的可持续发展目标是近年以来才日渐走进人们视野的重要考虑因素。2010年国际投资协定会议的主题就是如何保证国际投资协定能够实现可持续发展①,2010年世界投资报告也指出,如何加强投资和发展之间的重要联系,加强外国投资与减贫以及国家发展目标之间的相互联系是我们面临的新挑战,世界需要一项健全的国际投资制度,以促进可持续发展,造福于所有人。② 这些充分表明,可持续发展已经成为国际投资协定的热点,BITs和RTAs投资规范作为国际投资协定体系的重要支撑,无疑应当承担起实现可持续发展的重任。但是对于可持续发展的具体内容在国际投资协定中并没有完整的解释,本文将主要从两个方面展开:一是旨在促进东道国经济发展的投资促进条款③;二是在保护东道国公共利益的条款。

(一) 可持续发展内容的比较

1. 投资促进条款

此处的投资促进条款是指国际投资协定中直接规定通过缔约方的特殊措施以鼓励外国投资流动的条款。④ 从本质上讲,投资保护条款和投资自由化条款都可以视为投资促进条款,因其目的都是促进投资,但是它们对投资流动的促进效应只是间接的。诸多研究都表明,对于希望通过与发达国家签订国际投资协定来吸引更多外

---

① International Investment Agreements Conference 2010: Concerted International Efforts Are Called For to Ensure that IIAs Work for Sustainable Development, Press Release WIF 2010, UNCTAD.

② 2010年世界投资报告(中文版),联合国二十周年纪念版,UNCTAD, p. 20.

③ 投资促进条款有两种:一是单边的一国国内旨在促进投资的规定;二是双边的通过国际投资协定双方实现投资促进,本文只探讨第二种类型,其典型表现有信息交换、技术援助、联合合作、金融救助。

④ Investment Promotion Provisions in International Investment Agreements, United nations, New York and Geneva, 2008, p. 5.

资进入本国的发展中国家而言,这种间接促进的效果实在不尽如人意①,因而在国际投资协定中纳入投资促进条款就凸显了其重要性。根据联合国贸发委 2008 年的一份报告,在接近 500 个 BITs 中,81% 未规定任何关于投资促进的具体规定,而在调查的 200 多个 RTAs 中,70% 都涉及了投资促进。②

大部分 BITs 很少关注投资协定的发展方面,没有关于投资母国或者东道国政府应当承担的投资促进活动的具体条款,这种投资促进效应只是间接的,是通过 BIT 承诺提供充分法律保护并创造一个良好的投资环境实现的。③ 有一些 BIT 中的投资促进条款只是一般性的、模糊的概括,例如在序言中表明态度,2003 年西班牙—吉尔吉斯斯坦 BIT 序言规定:"缔约各方均应尽其全力促进缔约对方投资者在起境内的投资……";还有一些 BITs 规定了专门的投资促进条款,例如芬兰—科威特 1996 年 BIT 第 2 条规定,各方都必须致力于采取一切必要的措施为缔约对方投资者在该方境内的投资提供良好设施、环境和其他形式的鼓励。墨西哥—阿根廷 BIT 则更近一步,规定了信息交换制度。然而 BIT 的这些投资促进措施主要是概括性和倡导性条款,其操作性和实际效力的局限性非常明显。

与 BITs 的规定相比,RTAs 投资规范中的投资促进条款规定了具体的促进措施和活动,因而更具实质性内容,更具有操作性。有的规定了具体的促进投资安排,例如欧洲自由贸易区—埃及 2007 年

---

① 根据联合国贸发委的研究,BIT 确实对 FDI 流量有影响,但是这个投资流量太小以至于无法影响已有的 FDI 流量;而且在提高 FDI 流动方面,FTA 等区域性协定要更加强烈,因为这些综合性协定能够更好地改善 FDI 的决定因素,参见 The Role of International Investment Agreements in Attracting Foreign Direct Investment to Developing Countries, United Nations, New York and Geneva, 2009。

② Investment Promotion Provisions in International Investment Agreements, United Nations, New York and Geneva, 2008, p.6.

③ Bilateral Investment Treaties: 1995-2006, Trends in Investment Rulemaking, United Nations, New York and Geneva, 2007, p.26.

FTA 第 25 条规定,缔约各方认识到促进跨境投资和技术流动,并促进经济增长和发展的重要性,在这方面的合作应该包括缔约各方关于促进投资流动的信息交流,例如技术援助、资金支持、投资保险等;有的规定了优惠的市场准入,例如 NAFTA 的投资促进条款与其贸易部分的原产地规则联系,第 3 章规定了针对母国的优惠市场准入条款,约定消减关税,这将促使其他国家向享受原产地规则优惠的母国的投资;还有些规定设立专门的机构以监督和促进此类条款的实施,例如日本—墨西哥 2004 年经济伙伴协议第 139 条专门规定设立一个促进贸易和投资下属委员会,审查贸易和投资促进条款的实施情况;另外有 RTA 规定了促进投资合作承诺,巴拿马—新加坡 2006 年 FTA 第 16.3 条规定,投资促进应当包括组织联合投资促进活动,比如会议、研讨会、教育计划、特定工程联合合作等。东盟综合投资协定第 24 条也对投资促进做了相似的规定。

2. 公共利益保护条款

公共利益本身是一个非常宽泛的概念,本文中的公共利益主要是指东道国的国家安全、环境保护、公共健康和安全等。国际投资协定长期以来一直注重保护投资者及投资母国的利益,然而这些条款已经严重压缩了东道国的公共政策空间,造成了东道国投资保护政策和公共管理政策之间的僵局,并且已经损害了东道国的环境等公共利益。[1] 因此如何在保护和促进外国投资和保护本国社会和公共利益之间取得平衡是国际投资法体系面对的重要挑战之一。[2] BITs 和 RTAs 投资规范通过序言、例外等条款试图实现这种平衡。

投资保护和促进一直是 BITs 追求的唯一目标,这在最初的 BITs 序言中表现得非常明显。直到 20 世纪 90 年代,BITs 的序言中才开

---

[1] NAFTA 成员国美国、加拿大、墨西哥已经切身体会到了公共利益受损之痛,例如 Ethyl v. Canada; Methanex v. united states; S. D. Myer v. Canada 等。

[2] Suzanne A. Spears, The Quest for Policy Space in a New Generation of International Investment Agreements, Journal of International Economic Law, December, 2010.

始体现出非经济政策目标,例如提高所有工人的生活水平,增进财富。[①] 传统 BITs 对公共利益的保护主要体现在其例外条款上,包括国家安全例外、公共秩序例外等等。例如,1999 年《澳大利亚—印度 BIT》第 15 条规定,协议的任何条款都不得妨碍缔约一方根据其法律,在非歧视基础上采取必要措施保护其重要安全利益;2002 年《日本—韩国 BIT》第 16 条也规定了国家安全例外条款;1998 年《毛里求斯—瑞士 BIT》第 11 条、1999 年《阿根廷—新西兰 BIT》第 5 条等规定了公共健康和自然资源保护例外;加拿大、法国签订的某些 BIT 中还规定了文化例外,例如 2002 年《法国—乌干达 BIT》第 1 条第 6 款。BITs 的最新发展之一就是在序言中增加了可持续发展目标,例如美国 BIT 范本序言中规定,"投资保护……上述目标的实现应该以与保护健康、安全、环境和劳工权利相一致的方式实现。"

RTAs 投资规范诞生之初就有着多元的目标追求,因此它似乎拥有更多的平台允许其表达对公共利益的关注。首先,在序言中规定可持续发展目标,例如 2008 年《加拿大—哥伦比亚 FTA》序言规定,本协议的协定不仅为促进投资,而且还旨在保护环境和工人权利,促进可持续发展,鼓励公司按照国际承认的公司社会责任标准行事,促进广泛的经济发展以减少贫困。印度—新加坡 2005 年 FTA 序言重申了它们追求各自发展目标的经济权利和实现本国国家政策目标而实施管理活动的权利。其次,以 GATT 第 20 条一般例外或者 GATS 第 14 条为例规定一般例外条款,例如 2003 年《新加坡—澳大利亚 FTA》第 19 条、2009 年《中国—东盟 FTA》第 16 条;2009 年《印度—韩国 FTA》第 10.18 条等,其内容涉及国际安全、环境保护、文化保护等多方面。第三,规定特别例外条款,充分考虑欠发达国家的实际情况。其内容包括特别过渡期间,使得实力较差的国家能

---

① Suzanne A. Spears, The Quest for Policy Space in a New Generation of International Investment Agreements, Journal of International Economic Law, December, 2010.

够逐渐履行其协定义务;还包括欠发达国家的承担协定义务的特殊待遇等。例如《非加太—欧共体经济协议》第85条第1款规定,为了使最不发达的非加太国家克服其发展过程中的严重经济和社会困难以便他们能够确定各自的发展速度,他们将被给予特别待遇。《欧共体—南非贸易发展合作协议》第34条、安第斯共同体委员会第439号决议等都有类似规定。

从上述列举中不难看出,传统BITs关注公共利益的途径较为单一,主要是通过例外条款实现的,序言中增加保护公共利益目标也只是近几年才出现的。而RTAs投资规范则有多种表达途径,从一开始就比较注重投资者利益和东道国公共利益的平衡。

(二) 可持续发展内容的差异原因及其未来

首先,BITs和RTAs投资规范在可持续发展内容上的差异源自多方面原因。其一,BITs和RTAs投资规范的发展路径决定了二者在可持续发展内容上的差异。每一个国际投资协定本身都携带着时代的标签,BITs产生之初的目标就是通过投资保护来促进投资,正是通过BITs的长期践行,人们才逐渐认识到单方面承诺投资保护的国际投资协定很难承担起促进流向发展中国家FDI的重任,意识到在国际投资协定中保留国家公共政策空间、保护公共利益的重要性,使得可持续发展的政策目标成为当下国际投资协定领域的热点。而RTAs投资规范的迅猛发展不过是十年之内的事情[①],它很自然地吸收了多种时代元素,强调保护公共利益,注重通过投资促进条款以切实促进发展中国家经济发展。其二,BITs和RTAs投资规范的理论基础也是二者内容差异的原因。BITs的作用基础在于,投资母国通过BIT为其投资寻求充分保护,投资东道国则希望通过其

---

[①] 根据联合国贸发委2008年的一份名为 international investment rule-making: stock-taking, challenges and the way forward 的研究报告,包含国际投资规范的区域贸易协定数量在过去五年内几乎翻了一倍。

保护承诺以吸引更多投资,因此 BITs 的核心内容是东道国应当承担的保护义务,BITs 中关于投资保护的条款是硬法,而关于投资促进的条款只是软法。① 至于投资母国流向东道国的投资是否会增加,这一问题取决于投资母国的投资者和东道国的综合投资环境,不属于 BITs 的内容范围。但是随着时代的发展,BITs 中是否应该规定投资促进条款、投资母国是否应当承担特定义务来促进向东道国的投资,现在下结论可能为时尚早。② 与 BITs 不同,区域贸易协定是高层次的区域一体化协议,涉及贸易、投资、知识产权等诸多领域,追求的是更紧密的经济交流。作为这样一个综合性安排的一部分,RTAs 投资规范也承担了多元的目标,切实促进缔约各方的投资流动、保护各方的公共利益、实现可持续发展。因此,RTAs 投资规范中包含投资促进条款正是这一国际投资协定自身的要求,同时得益于贸易、知识产权等背景,RTAs 投资规范也有更多途径来保留一定政策空间,保护东道国公共利益。

其次,在可持续发展的问题上,BITs 和 RTAs 投资规范在未来的发展中或许会向着趋同的方向进展,但是这需要世界各国的共同努力。第一,在国际投资协定中规定可持续发展的目标已经获得世界各国的认同,最新的 BITs 的序言以及 RTAs 投资规范中的相关规定可以充分说明这一点。第二,在国际投资协定的制定和签署中,发达国家似乎一直是主导者。许多发达国家都制定了 BIT 范本,作为其谈判的基础,也因此主导了 BITs 的缔结过程,但是大部分发展中国家并未意识到制定 BIT 范本的重要性,而只是跟随发达国家的

---

① Zeng Huaqun, on Innovative Path for BIT Practice, The UNCTAD/OECD 2nd Symposium on IIA'S Development, 2010, Paris.

② 联合国贸委在其关于投资促进条款的研究中提出是否应当在国际投资协定中规定投资促进条款,该项研究并未明确回答这一问题,而只是表明其结果取决于投资促进条款的成本—收益分析,因为投资促进条款的规定会带来一定负面影响。

BIT 范本①,这意味着在 BITs 谈判中发展中国家只有极少的话语权,习惯处于被动状态,他们的特殊需求也无法得到反映。所以,随着发达国家制定的 BIT 范本或者 RTAs 投资规范注重规定公共利益保护条款,而 BITs 的重新谈判和 RTAs 投资规范的发展正方兴未艾②,他们必将反映这种趋势,更多的关注公共利益的保护。第三,无论是 BITs 还是 RTAs 投资规范,规定投资促进条款对实现发展中国家的可持续发展具有重要意义。在未来的国际投资协定中取得发展平衡仍然是一个挑战,为了加强国际投资协定的发展方面,投资母国和跨国公司都应当承担必要责任来促进发展中东道国的经济发展。③ 作为国际投资协定制定中的主导力量,发达国家当然不会主动为自己施加义务,发展中国家在国际投资规则制定中的作用正在不断增强,南南合作的加强也是国际投资协定的新特点④,因此发展中国家以及国际组织必须努力,积极参与国际投资协定的制定和推广,增强自身的话语权,促使发达国家承担其促进义务。因此,BIT 和 RTA 投资规范在未来的发展中或许都会更加注重对公共利益的保护,在序言中强调投资促进的实现不能损害公共利益,在正文中规定国家安全、公共安全等例外条款,至于促进流向发展中国家的投资,则需要世界各国的共同努力。

---

① Zeng Huaqun, on Innovative Path for BIT Practice, The UNCTAD/OECD 2nd Symposium on IIA'S Development, 2010, Paris.
② 根据联合国贸发委的研究报告 recent development in international investment agreements(2008-june 2009),至 2008 年年底,重新签订的 BIT 总数已经达到 132 个,越来越多的重新谈判也正在进行,这一趋势在未来将会继续加速发展。
③ International Investment Arrangements: Trends and Emerging Issues, United Nations, New York and Geneva, 2006, p.71.
④ International Investment Rule-making: Stocktaking, Challenges and the Way Forward, United Nations, New York and Geneva, 2008, p.2.

## 四、结语

从前述分析中不难看出,在追求投资保护、投资自由化和可持续发展的政策目标方面,BITs 的实现途径是比较单一的,而 RTAs 投资规范有更多的多元化途径选择。随着投资自由化和可持续发展成为国际投资协定新的重点发展目标,BITs 是否会因为其能力和范围的单调而被 RTAs 投资规范取代,这一问题有待商榷。的确,部分 BITs 的终结也是 BITs 的新发展之一,除了里斯本条约造成的欧洲 BITs 终结之外,欧洲之外的国家也发生了 BITs 的终结,其原因之一就是原 BITs 缔约方之间缔结了新的 FTA,例如摩洛哥—美国 2004 年 FTA 的缔结就导致了其 BIT 的废止。[1] 同时一些国家也愈加倾向于在区域贸易协定的广阔背景下探讨传统的投资保护及新兴的投资自由化事宜,而不是通过缔结传统 BIT[2],因为 RTAs 投资规范涉及与投资相关的诸多方面,它在实现政策协调方面具有很大优势。然而,这些并不意味着 BITs 将会被 RTAs 投资规范替代。首先,BITs 现在及未来很长一段时间内都将保持其在国际投资协定体系中的主导地位,仍然是调整国际投资关系的主要工具,这是不容置疑的。其次,尽管 RTAs 投资规范在实现投资自由化、可持续发展等方面具有较多优势,但它针对的是更高层次的经济一体化,考虑到经济发展实力和缔约能力、政策协调能力等因素,很多发展中国家不可能完全放弃 BITs,而以 RTAs 取而代之。而且 BITs 自身也在不断发展和完善,对他们来说,对 BITs 进行修改进而满足可持续发展等目标或许是更加符合自身条件的选择。所以,至少在未来一段时间,缔结新的 RTAs 以取代 BITs 或者将 BITs 完全纳入到 RTAs 中的做法

---

[1] Recent Developments in International Investment Agreements(2008-June 2009), United Nations, New York and Geneva, 2009, p.5.

[2] International Investment Rule-making: Stocktaking, Challenges and the Way Forward, United Nations, New York and Geneva, 2008, p.9.

将会是局部存在,BITs 和 RTAs 投资规范都将以不断完善自身的姿态并存,共同调整国际投资关系。

与调整国际贸易关系的国际贸易协定体系相比,国际投资协定体系要想实现一体化还有很长的路要走。投资自由化、投资促进和公共利益保护等政策目标的交叉进一步加深了国际投资关系的复杂化程度和国际投资协定之间的错综复杂关系,全球经济一体化的进一步深化也是大势所趋,因而统一的多边国际投资协定也日益凸显其重要性,很多学者认为建立全球投资合作框架、缔结统一的多边国际投资协定是未来国际投资法的必然发展方向。然而,目前国际投资协定体系却呈现出原子化、碎片化的特点,这不得不归因于错综复杂的 BITs 网络和 RTAs 投资规范体系。值得欣慰的是,RTAs 投资规范的产生标志着区域性投资协定的发展和进步,有益于推动统一多边投资规则基础的形成,为多边投资立法积累了经验,它是多边投资立法的有益尝试。① 总之,BITs 和 RTAs 投资规范从不同角度为国际投资法制的发展做出了不可小觑的贡献。

---

① 卢进勇、余劲松、齐春生:《国际投资条约与协定新论》,人民出版社 2007 年版。

# CISG 公约中的交易惯例问题探究

姜世波\* 王晓玮\*\*

CISG 公约至今已实施 22 年,它是不同政治、经济、法律制度的国家之间的国际统一法。CISG 公约在其条款中多处直接和间接地提到了惯例(usage)和/或习惯做法(practice)的适用,这些条款在公约的长期实践中得到了充分反映。从 CISG 所赖以存在的理论及其在国际商事法裁判中的实际适用情况来看,公约所包含的交易惯例既涵盖了特定当事人之间形成的交易做法,也包括广为人知并经常得到遵守的惯例。从 CISG 国际实践中的判决中来看,交易惯例对 CISG 公约所辖合同的影响基于其适用范围与在合同中的表现形式的不同而存在差异,并呈现出习惯做法、交易惯例、国际贸易惯例各自不同的实践适用特点。同时,通过对国内、国际 CISG 案件适用交易惯例方法的比较,可以看出,我国在 CISG 公约交易惯例适用上仍然存在问题并有待改进。

《联合国国际货物销售合同公约》(以下简称《CISG 公约》)至今已实施 22 年。截至 2010 年 5 月,公约缔约国已达 74 个[1],包括了除

---

\* 山东大学威海分校法学院教授,硕士生导师。
\*\* 山东大学威海分校法学院硕士研究生。
[1] See CISG: Table of Contracting States, http://www.cisg.law.pace.edu/cisg/countries/cntries.html, (visited May 21, 2010).

英国以外的几乎当今所有贸易大国,这些国家占国际贸易份额的80%,可以说,公约已经成为这些不同政治、经济、法律制度的国家之间的国际统一法。作为公约的亮点之一,国际贸易惯例和行业性交易惯例的作用在《CISG 公约》中得到了充分反映。有人认为,《CISG 公约》本身就是对国际货物贸易领域的惯常做法的一个总结,它制定时即反映了一般的交易惯例,甚至公约本身就可以视为商人习惯法(*Lex Mercatoria*)的结晶①;另外,《CISG 公约》制定后的广泛适用也推动着交易惯例的发展,使得交易惯例在节约国际贸易成本方面发挥了更大的作用。②

## 一、CISG 中涉及交易惯例的规定

在《CISG 公约》中,直接和间接地提到惯例(usage)和/或习惯做法(practice)的有几个条款。例如第 8 条第(3)款提到在确定一方当事人的意图或者理解一个通情达理的人时,除了其他因素外,就要给予习惯做法和惯例以适当的考虑。③ 除此之外,习惯做法和惯例还可以适用于要约的接受。在第 18 条第(3)款中就讲到,要约可以

---

① 著名国际贸易法学者施米托夫教授即把 CISG 公约视为现代商人习惯法的组成部分,并被研究商人习惯法的一些外国学者视为一个流派。参见〔英〕施米托夫:《国际贸易法文选》,程家瑞编著,中国大百科全书出版社 1993 年版;Berger, Klaus Peter, The New Law Merchant and the Global Market Place-A 21st Century View of Transnational Commercial Law, www.trans-lex.org/000002。

② 关于交易惯例并入合同可以减少当事人谈判中的时间、精力和资源的论述可参见 Jody S. Kraus, *Legal Design and the Evolution of Commercial Norms*, the Journal of Legal Study, Vol. 26, 1977, p.377。

③ 第 8 条第(3)款"在确定一方当事人的意旨或一个通情达理的人应有的理解时,应适当地考虑到与事实有关的一切情况,包括谈判情形、当事人之间确立的任何习惯做法、惯例和当事人其后的任何行为。"

通过一个行为表示接受,只要习惯做法和惯例允许这样做。[①] (详见下文第四部分的分析)间接地提到惯例和习惯做法的条款可以从第32条第(2)款看到,该款涉及货物的运输。它讲到,运输必须根据通常的条件来进行。[②] 另一个间接提到惯例和习惯做法的条款是第35条第(2)款(a)项,它涉及货物与合同相符的要求。规定货物应当适合该货物通常的用途,除非另有约定。[③] 然而,在所有涉及惯例和习惯做法的规定中,第9条是关于习惯做法和惯例的最为重要的条款。该条规定如下:

(1) 双方当事人业已同意的任何惯例和他们之间确立的任何习惯做法,对双方当事人均有约束力。

(2) 除非另有协议,双方当事人应视为已默示地同意对他们的合同或合同的订立适用双方当事人已知道或理应知道的惯例,而这种惯例,在国际贸易上,已为有关特定贸易所涉同类合同的当事人所广泛知道并为他们所经常遵守。

本文的分析重点即针对这一条款的所赖以存在的理论及其实际适用展开。

## 二、"交易惯例"的内涵及外延

"交易惯例"似乎并没有统一的概念[④],这首先是源于"惯例"Us-

---

① 第18条第(3)款规定:"但是,如果根据该项发价或依照当事人之间确立的习惯作法和惯例,被发价人可以做出某种行为,例如与发运货物或支付价款有关的行为,来表示同意,而无须向发价人发出通知,则接受于该项行为做出时生效,但该行为必须在上一款所规定的期间内做出。"

② 第32条第(2)款规定:"如果卖方有义务安排货物的运输,他必须订立必要的合同,以按照通常运输条件,用适合情况的运输工具,把货物运到指定地点。"

③ 第35条第(2)款规定:"除双方当事人业已另有协议外,货物除非符合以下规定,否则即为与合同不符:(a)货物适用于同一规格货物通常使用的目的。"

④ 依据《元照英美法词典》释义检索,"商事惯例"(或称贸易惯例、交易惯例)所指代的英文则包括:trade practices, trade custom, trade usage, mercantile usages, business practice, commercial custom, commercial practice, commercial usage, custom of merchant 等。

age)、"习惯做法"(Practice)与"习惯法"(Custom)三词被经常地相互混用。例如根据《布莱克法律词典》,"习惯法"(Custom)是指通常适用于特定行业或业务中的、众所周知的、惯常的统一的做法(Practice)[1];而"惯例"(Usage)则是指在长期重复性采用基础上产生的固定的、具有一定的法律约束力的习惯做法(Practice)。[2] 由此推之,交易惯例(Trade Usage)便指在特定的商贸行业或业务中普遍接受的交易做法或方法,只要该做法或方法在特定的一个区域、行业中已得到经常的遵守,以致使人有理由相信它在现行交易中也会得到遵守。[3]

CISG 在第 9 条第(1)款中,虽然区分了惯例和习惯做法这两个概念,但并没有对它们下定义。由于没有给出定义,这些概念的范围一直留给了国内法官解决。由于国内法官通常只熟悉国内规则和条款而不熟悉国际规则,这就可能引发交易习惯的识别和界定问题。

关于"practice"这个词的含义,国际文献中基本上可以达成合理的一致。一般而言,一个习惯做法就是指双方当事人之间在类似情况下以类似方式行为而确立的个别关系(individual relationship)。它的存在并不要求当事人的行为在某地区或某特定行业具有普遍效力,只要这种实践已经发展成为双方当事人之间的个别关系,它就是一个习惯做法。这种习惯做法的存在需要当事人以前的行为互相一致,从而使当事人在未来情况下产生以类似方式行为的预

---

[1] Black's Law Dictionary 4787 (8th Ed. 2004)
[2] Black's Law Dictionary 1164 (8th Ed. 2004)
[3]《美国统一商法典》第1—205(2)款对"Trade Usage"的定义:"any practice or method of dealing having such regularity of observance in a place, vocation or trade as to justify an expectation that it will be observed with respect to the transaction in question"。

期。这些预期因这种习惯做法的确立而具有了正当性。[①]

关于"usage"这个词的定义,由于它被经常用于不同的场合和不同事务领域,从各国不同的法律体系中寻找一个普遍定义似乎并不可行,甚至在一国体系内对惯例的理解也会不同。例如,在英美法中,就确定性、规范性和普遍性意义而言,学术上惯例被定位于不同于仅由重复行为而形成的习惯做法,也不需要如习惯法般具有一定法律性质的约束力。但是,在国际贸易的长期发展实践中,"习惯""习惯做法"和"惯例"的含义、内容与用法也不断演变。尽管"Usage"、"Custom"与"Practice"具有相对明确的含义,但在现今的国际立法实践中,此三者往往被混合使用。如《美国统一商法典》在使用"Usage"、"Custom"与"Practice"时并未予严格区分[②];CISG 公约对具有任意性质的惯例用的是"Usage"而非"Custom";而国际商会制定的《跟单信用证统一惯例》对惯例使用的则是"customs and practice",而非"usage"。由此可见"惯例"一词在英文使用上的多元。

从广义上说,当今我们所指的交易惯例,除了惯例和习惯做法外,往往还可能包含成文的国际和区域性贸易惯例以及商人习惯法(Lex Mercatoria),具有更为广泛的内涵。在国际贸易实务及法律方面的文献书籍中,习惯、惯例、习惯法的界定也常常因书而异,甚至相互矛盾。[③] 这些在不同含义上所使用的概念,造成了理解上的障

---

[①] Patrick X. Bout, Trade Usages: Article 9 of the Convention on Contracts for the International Sale of Goods, http://www.jus.uio.no/pace/trade_usages_article_9_cisg.patrick_x_bout/landscape.letter.pdf, p.3. (visited on June 20, 2010)

[②] 但《美国统一商法典》区分了交易过程(course of dealing)和交易惯例(trade usages),见《美国统一商法典》第 1—205 条及其正式评论。

[③] 例如,在张云著《国际贸易惯例发展研究》(中国社会出版社 2007 年版,第 8—9 页)中,语义还原其引用的来自《布莱克法律词典》的解释,其所指"习惯"对应 Custom,"惯例"指代 Usage、Practice;而在姚新超著《国际贸易惯例与规则实务》(对外经济贸易大学出版社 2005 年版,第 6 页)中,"惯例"的翻译对应 Custom,Usage 则指"习惯"。这样,在行文中,两书将相同的概念赋予了不同且相反的意义。而在另外一些相关书籍中,虽然对惯例、习惯做出了界定,但并未给出界定依据与具体指代。

碍与不必要的概念上的混淆。正是由于在国内层面上存在术语定义上的巨大差异,CISG才采取中立的立场,要求公约中的用语尽量不同于各国内法体系,应独立于其他法体系作出解释,以避免在处理国际商事争议时因国内法界定的差异而导致不同的解释。但实际上,从国际和国内所涉及的交易惯例案件的裁判来看,要完全摆脱一些国内法的解释似乎是不可能的。

有学者认为,惯例这个词应当尽量做广义解释以防止由于定义过严而导致某些惯例无法适用。从广义上说,一个惯例就是只要符合这样一种事实,即在某一贸易中,在某些情况下大家共同地按照惯例行为,那一行为方式必须广为所知并经常在这种贸易中得到遵守,以至于当事人能够正当的预期在某一情况下该惯例将得到维护。该学者认为,这些条件与《CISG公约》第9条第(2)款是一致的。在任何情况下,一个惯例都不会仅限于两个个别当事人之间相关的贸易,因为它是在特定贸易中为人们所普遍周知的,这就与个别关系中的"practice"(习惯做法)区分开来。[①] 当然,对于惯例的起源,虽然惯例通常是自发生成的,但并不要求某一特定贸易中的大多数商人在长期时间内都靠这一惯例生存,正如波奈尔(Bonell)所指出的,一个惯例也可以是非自发产生的。当某一组织出版了它的成员的行为规则后,这些成员就要按照这些规则行事。如果其他当事人也开始追随这些行为规则,这些规则就发展成为行业惯例。因此,惯例的深化一开始是由某些组织有意发布的。这些规则并不能看成是自发的规则,然而,它们的发展走向了一个惯例的形成。波

---

① Patrick X. Bout, Trade Usages: Article 9 of the Convention on Contracts for the International Sale of Goods, http://www.jus.uio.no/pace/trade_usages_article_9_cisg.patrick_x_bout/landscape.letter.pdf, p.3. (visited on June 20, 2010)

奈尔将此称为惯例的有意创立。①

我们也认为,从《CISG 公约》第 9 条的规定看,它所包含的交易惯例应当作广义理解,既涵盖了特定当事人之间形成的交易做法,也包括广为人知并经常得到遵守的惯例。

## 三、交易惯例的效力来源

《公约》第 4 条首先确定了不涉及合同及其条款、惯例(Usage)的效力问题,但同时又规定"除非本公约另有明文规定",这意味着公约中涉及合同惯例的效力的规定,如第 8 条、第 9 条、第 18 条,并不受第 4 条影响。也就是说,上述条款范围之外的惯例的有效性问题不在本公约规定的范围之内②,而须留待具体案件所应适用的国内法去调整。③ 本公约只涉及它们的可适用性。④ 公约之所以一般性地回避惯例的效力问题,这与理论上的分歧、不同的国家利益集团所持有的不同立场有关。

在交易惯例的效力来源问题上,历来有两种不同的理论主张,分别被学界称为主观论和客观论。所谓主观论,是指惯例只能适用于当事人同意适用它们的情形之下。惯例被看成是合同的一部分。在该理论看来,任何一方所不知道的惯例都不应适用。与这一理论

---

① Bianca C. M. and Bonell M. J., Commentary on Usages and Practices, in COMMENTARY ON THE INTERNATIONAL SALES LAW-THE 1980 VIENNA SALES CONVENTION, published by Fred B Rothman & Co., 1987, p.111.

② CISG CASE PRESENTATION, Supreme Court of Austria (Oberster Gerichtshof) 22 October 2001 [1 Ob 49/01i], http://cisgw3.law.pace.edu/cases/011022a4.html, (visited May 26, 2010).

③ 见《联合国贸易法委员会法规的判例法》判例 425[德国最高法院,2000 年 3 月 21 日];《联合国贸易法委员会法规的判例法》判例 240[奥地利最高法院,1998 年 10 月 15 日](见判决书全文)。

④ CISG CASE PRESENTATION, Supreme Court of Austria Supreme Court (Oberster Gerichtshof) 21 March 2000 [10 Ob 344/99g], http://cisgw3.law.pace.edu/cases/000321a3.html, (visited May 26, 2010).

相对的是客观论。客观论是建立在实证法学观念之外的法社会学理论基础上的,它认为惯例本身具有法律约束力,惯例是自发形成的规则,它的约束力是自在的,并不需要法律或当事人的同意赋予其效力。根据这种理论,即使双方当事人所不知道的惯例仍然可以适用于协议。

这两种理论分歧在缔结 CISG 的联合国外交会议上,CISG 是否应当纳入交易惯例、是否应当一般性地赋予交易惯例以法律效力成为发达国家和发展中国家、西方国家和社会主义国家之间的一种利益之争,变成了一个政治性问题。① 社会主义国家和多数发展中国家的看法是,由于惯例可能是由居于强势地位的商人们所创立,因此,其对于弱势地位的商人们可能是不公平的,因此,仅当惯例在当事人的合同中被明确同意,且其不违反国内法律规定时,惯例才可以适用。而西方国家则更赞成惯例适用于即使双方默示同意其适用时,即一个通情达理的人若处于合同当事人的地位上会认为惯例应当适用时。而且,西方国家还认为惯例可以减损统一法的效力。② 不难看出,《CISG 公约》第 9 条的最后版本实际上体现了这两种态度的一种折衷和妥协。③

根据第 9 条第(1)款,当事人的意志在决定一个惯例是不是可适用的问题上是决定性的。第(2)款则不是这样。第(2)款可视为一种虚构的同意。[23]当事人没有明示同意某一惯例,但根据具体

---

① Farnsworth, Developing International Trade Law, 9 Cal. W. Int'l L. J. 461 (1979), pp.465-466.

② Eörsi, A propos the 1980 Vienna Convention on Contracts for the International Sale of Goods, 31 Am. J. Comp. L. 333 (1983), p.342.

③ Kasteley, Unification and Community: A Rhetorical Analysis of the United Nations Sales Convention, 8 Nw. J. Int'l L. & Bus. 574 (1987-1988), p.610.

情况可以推定他们同意了。① 这说明第(2)款的决定因素并不是当事人的意志,而是公约所规定的惯例本身的规范力。

惯例还必须为国际贸易上从事同类贸易合同的当事人所广泛知道且经常遵守。从这一规定看,直接表明一个惯例不必是全世界都知道的。通常,惯例就是适用于某一地方或者某类合同或产品的。要确定一个惯例是默示可以适用的,该惯例就应当在实际效果上、空间范围上、客观上适合它所适用的场景。惯例要求是国际贸易上的,但这并不意味着地区性的或者国内的惯例永远就不能适用。比如某一港口的装卸货的地方惯例,只要大批外国参与者都知道该惯例并在国际贸易中得到遵守,只要这一惯例也适用于有国际因素的合同的情况下而不只是当地交易中,那么它就可以成为第(2)款所规定的惯例。波奈尔就给出了以国际导向为主的市场或者拍卖中地方惯例得到遵守的例证。②

虽然对于惯例的效力来源在理论上有主观论、客观论这种明显的分歧,但在实践中,国内法官或仲裁员们往往还是将二者结合起来加以考量。正如恩德林(Enderlein)和马斯科(Maskow)所说,对于默示协议的惯例的适用,第9条第(2)款的解决方案很大程度上更接近客观论。通过默示协议的方式,国际公认的惯例会被认为构成合同的一部分。③ 当然,虽然由默示协议推定可以适用交易惯例,但交易惯例也会因以下原因而导致无效:一是它可以由于与根据国际

---

① Bianca C.M. and Bonell M.J., Commentary on Usages and Practices, in COMMENTARY ON THE INTERNATIONAL SALES LAW-THE 1980 VIENNA SALES CONVENTION, Fred B Rothman & Co., 1987, p.107.

② Bianca C.M. and Bonell M.J., Commentary on Usages and Practices, in COMMENTARY ON THE INTERNATIONAL SALES LAW-THE 1980 VIENNA SALES CONVENTION, published by Fred B Rothman & Co., 1987, p.109.

③ Enderlein F., Maskow D., Kommentierung edr Konvention der vereinten Nationen üuber Verträge über den Internationalen Warenkauf vom 11.4.1980 in Enderlein and Maskow (eds), INTERNATIONALES KAUFRECHT, Beck 1991, p.68.

私法规则所导致适用的某一国内法相冲突,违反该法的公共政策而无效;二是它也可以由当事人明确约定加以排除而无效,即使这一惯例"在国际贸易上,已为有关特定贸易所涉同类合同的当事人所广泛知道并为他们所经常遵守"。① 三是把惯例的适用建立在强迫基础上。这通常源于另一方当事人经济上的强大,因此可以强加某些惯例于弱势一方当事人,而后者可能要依赖于强势一方。这可能就是滥用经济地位的情形。②

**四、交易惯例对 CISG 公约所辖合同的影响**

(一) 对合同条款的影响

公约确立了明示或默示纳入合同的交易惯例具有约束力,但在实践中,合同适用的交易惯例也可能与 CISG 条款、合同明文条款发生冲突,这时的交易惯例效力如何?

1. 当事人引用的惯例与公约条款发生冲突。此时若有证据辨明当事人确立的习惯做法和惯例属于销售合同的一部分,则该惯例当被作为合同条款对待③——按照《公约》第 6 条,即这相当于当事

---

① CISG 第 6 条规定:"双方当事人可以不使用本公约,或在第十二条的条件下,减损本公约的任何规定或改变其效力。"这一规定明确承认了 CISG 公约的非强制性,给予当事人意思自治原则以优先地位,即当事人可以明示或默示地完全或部分排除 CISG 公约的适用,或者减损其规定的效力。

② 我国代表在维也纳会议上提交了关于只有合理的惯例才能约束当事人的建议,但该建议最终未被 CISG 采纳。一种反对的意见认为,与善意原则相违背的行为不可能发展为普遍接受的惯例。波奈尔教授认为,尽管这种观点是有疑问的,但公约没有接受惯例合理性要求的建议并不遗憾。他认为,CISG 第 7 条第 1 款的规定能够作为惯例实体性评价的统一标准。根据该条款的规定,公约的解释应考虑促进国际贸易中遵守善意诚信的需要。基于这一规定,尽管符合 CISG 第 9 条第 1、2 款的规定,但在某一具体案件中,如果某一惯例的适用与国际贸易中的善意诚信原则相违背,则可能不被适用。(参见田晓云:《论国际商事惯例及其适用》,对外经济贸易大学 2007 年博士学位论文,第 170 页)

③ Secretariat Commentary on Article 8 of Draft Convention (Article 9 of Official Text), Paragraph 5, Official Records, p.19.

人以合同形式改变公约规定或其条款的效力,因此,惯例应优先适用。[①] 在这种情况下,交易惯例起到的是补充合同条款的作用。

2. 交易惯例与合同明文条款冲突。此种情形下,效力等级依惯例适用方式而异。在直接将惯例的有关内容并入合同时,被并入的惯例具有与其他合同条款一样的效力,其效力高于准据法和未并入的其他惯例。除此之外,惯例的效力低于合同,他只能用来解释或补充合同条款。

3. 如果按照国内法惯例有效,那么它们应优于本公约的规定适用[②],只要一方当事人在适用一个惯例的地理区域内有营业地,或者该当事人在该惯例适用的地区长期从事交易活动,该国内法认可的惯例即相当于被默示同意地纳入了合同,而不管依本《公约》第9条第(1)款或第(2)款它们是否对双方当事人有约束力。[③]

4. 关于惯例与习惯做法间的冲突。布特(Bout)认为,在两个当事人之间的关系中,可能会有几个习惯做法和惯例适用,两个惯例或者习惯做法之间发生冲突是可能的。然而,在同一类贸易中要有两个国际惯例之间发生冲突几乎是不可能的,因为一个有效的惯例将要求在同一贸易中的大多数当事人经常遵守,那么其余的少数派就不大容易发展出相冲突的惯例。不然,就一个惯例的形成来说,根据定义并不需要大多数贸易商都参与了该惯例的形成。虽然第9

---

① 见《联合国贸易法委员会法规的判例法》判例292 [德国尔布吕肯州高等法院,1993年1月13日](见判决书全文);《联合国贸易法委员会法规的判例法》判例240(奥地利最高法院,1998年10月15日)。

② 阿根廷国家商事初审法庭第10号,1994年10月6日, http://www.unilex.info/case.cfm? pid = 1&do = case&id = 178&step = FullText,(visited on May 26, 2010)。

③ 详见本文第五部分第一小节"交易惯例"部分。见阿根廷国家商事初审法庭第10号,1994年10月6日,(visited on May 26, 2010) http://www.uc3m.es/uc3m/dpto/PR/dppr03/cisg/sargen8.htm 另见奥地利最高法院,2000年3月21日;比利时伊珀尔商事法庭,2002年2月18日;比利时弗尔纳商事法庭,2001年4月25日;比利时伊珀尔商事法庭2001年1月29日。

条第(2)款提到一个惯例要为从事相关贸易的人所广泛周知,但这并不自动意味着就是大多数贸易商都要知道。坚持大多数贸易商都必须遵守该惯例的观念可能会阻碍新惯例的形成。但在非常情况下,两个国际惯例间的冲突也是可能的。虽然国际性的要件是严格的,但地方惯例发生冲突是可能的。波奈尔感觉在发生这种冲突时,两个惯例相互排斥,解决方案只能从第7条的"漏洞填补"规定中寻找了。另外,默示的习惯做法优先于默示的惯例似乎是符合逻辑的,因为通常更多地受到双方当事人个别关系的影响,习惯做法与双方当事人之间的关系更为密切。只要双方当事人明示一个惯例可用,这一惯例就优先于默示的习惯做法,这也是合逻辑的,因为通过对惯例的选择,相冲突的习惯做法就被搁置了。[①]

(二) 对合同订立的影响

第18条是处理合同订立中接受发价问题的五项条款中的第一条。其中,该条第(1)款涉及构成接受发价的做法,而第(2)款和第(3)款明确规定了接受发价的时间。

依据第(3)款,若根据发价或作为在双方当事人之间业已确立的惯例或习惯做法(Usage and Practice),被发价人可以以一种特定行为表示接受,则在被发价人做出此行为时接受生效,但该项行为必须在上一款所规定的期间内做出。在实践中,关于此种以特定行

---

① Patrick X. Bout: Trade Usages: Article 9 of the Convention on Contracts for the International Sale of Goods, p.11.

为来订立合同的请求,曾有多项判决援引了该款规定而非第(1)款。[1]

与此同时,虽然第(1)款规定缄默或不作为本身不等于接受发价,但若当事人双方间存在关于发价的交易惯例或习惯做法时,后者优先适用。依据《公约》第9条第(1)、第(2)款中的规定,在双方当事人之间建立的习惯做法、惯例与默示同意的国际惯例对双方当事人具有约束力,而依据《公约》第6条,前述惯例则具有优先效力。这种推理已经得到多国CISG司法实践的支持,即,只要其缄默与未采取行动符合当事人间关于发价的习惯做法[2]、惯例[3]或国际惯例[4],其

---

[1] 《联合国贸易法委员会法规的判例法》判例416[美国明尼苏达[州]地区法院,1999年3月9日](如果本公约适用,当事人通过第18条第(3)款规定的行为表示接受)(见判决书全文);《联合国贸易法委员会法规的判例法》判例193[瑞士苏黎世州商事法庭,1996年7月10日](作为第18条第(3)款下的接受,第三方收取了数量超过合同规定的货物,但不接受卖方更改价格的建议);《联合国贸易法委员会法规的判例法》判例291[德国美因河畔法兰克福州高等法院,1995年5月23日](收取货物是第18条第(3)款下的接受,但是由于数量与所订货物的数量明显不同,故接受属于第19条下的还价)。

[2] 《联合国贸易法委员会法规的判例法》判例313[法国格勒诺布尔上诉法院,1999年10月21日](在以前的交易中卖方曾在未通知买方的情况下向买方交付了定货)。

[3] 《联合国贸易法委员会法规的判例法》判例23[美国纽约州南区联邦地区法院,1992年4月14日](交易过程确立了回复发价的责任)。

[4] 荷兰斯海尔托亨博斯法院,1996年4月24日,Unilex;《联合国贸易法委员会法规的判例法》判例347[德国德累斯顿州高等法院,1998年7月9日](发出确认书的买方没有确定国际惯例的存在,按照国际惯例,缄默就是同意)。另见法律顾问Tesauro的意见,《欧洲委员会报告》,1997年,I—911 ff.(如果已确定国际惯例,不论对方是否保持缄默,商业确认书可强制执行)。

均可使发价生效。一家法院声称,双方当事人之间的交易过程①确立了一方当事人立即对发价提出异议的责任,如该方当事人未及时提出异议,则构成对发价的接受。② 当卖方建议买方检查所发货物并转售货物时,买方在回应卖方的建议时未实施 CISG 公约规定的任何补救,则被推定为接受终止合同的提议。③

另一方面,在实践中,对确认书表示沉默是否等于表示同意该确认书中包含的条款这一问题,很多法院给出了不同的判决。一家法院④指出,"一种做法仅仅在两个缔约国其中之一有效不足以认定为一项特定的贸易惯例。[……]。关于商业确认书的贸易惯例只存在于接受该确认书的地点是不充分的。"但是,该法院同时指出,虽然关于以沉默作为确认书的答复的规则没有适用的余地,该确认书中所包含的条款不构成合同的一部分,但是"确认书有很重要的

---

① 交易过程(course of dealing)的概念在 CISG 公约中并没有出现,但在美国法中,它也被纳入了交易惯例的范畴。所谓交易过程是指相比贸易惯例而言是更为私人的习惯,由当事人在过去的相互交易中所发展。交易过程产生于"当事人之间过去的一系列行为……足以被认为是解释当事人的意思表示和其他行为确定一般性的理解依据。"交易过程并不简单地依据过去一个类似于或相同于发生纠纷的单一交易而确立。因此,有必要提供过去行为模式频率的证据以确定在当事人之间存在交易过程。《美国统一商法典》上还有"履行过程"的概念。它甚至比交易过程更为狭窄。它源于当事人依据合同所做出的行为,合同"涉及知道造成性质的一方当事人不断重复的履行时机和另一方当事人反对履行的机会"。(参见〔美〕杰里甲·费里尔等:《美国合同法精解》(第 4 版),陈彦明译,北京大学出版社 2009 年版,第 239—241 页)

② 《联合国贸易法委员会法规的判例法》判例 23〔美国纽约州南区联邦地区法院,1992 年 4 月 14 日〕。另见《联合国贸易法委员会法规的判例法》判例 313〔法国格勒诺布尔上诉法院,1999 年 10 月 21 日〕(拥有制造样品和原材料的卖方应该就买方未订货一事询问卖方)。

③ 《联合国贸易法委员会法规的判例法》判例 120〔德国科隆州高等法院,1994 年 2 月 22 日〕。

④ 《联合国贸易法委员会法规的判例法》判例 276〔德国法兰克福州美因河畔州高等法院 1995 年 7 月 5 日〕。

证据价值"。另一家法院①判决,"如果依据本公约第9条这种合同成立方式可以作为贸易惯例",确认书"仅仅具有公约意义上的合同效力",此后,该法院说明,因为在双方当事人的营业地所在国"(在国内合同关系中)并不否定商业确认书往来的缔约效力",而且"双方当事人承认这种往来的法律效力并且应该考虑到他们也许会受这些法律效力的拘束",所以第9条第(2)款意义上的贸易惯例在本案中是存在的。②

综上所述,不难发现,以沉默作为对确认书的答复而使该合同生效仍然需要考虑到当事人双方所在国的国内法态度,但即使如此,确认书中的内容也将作为合同解释的根据。总的来说,多数国际实践依然倾向于意思自治下较为宽松地认可双方当事人的接受发价方式。

(三) 对合同解释的影响

《CISG公约》第8条处理的是当事人在交易中所作的声明和行为以及所订立的合同条款本身的解释问题。依据该第(3)款,在确定一方当事人的意旨或一个通情达理的人应有的理解时,应适当地考虑到与事实有关的一切情况。这些情况包括:谈判情形、双方当事人之间确立的任何习惯做法、惯例和双方当事人其后的任何行为。③

这意味着,已确立的习惯做法和惯例可以变成合同所蕴含的当事人在今后交易中必须履行的义务和权力,除非明确排除其使用,当事人之间的习惯做法与交易惯例不仅可以补充合同条款,还可以用来以主观或客观的方式解释合同条款。

---

① 《联合国贸易法委员会法规的判例法》判例95(瑞士巴塞尔施达特州民事法院,1992年12月21日)。

② 同上。

③ 根据《联合国国际货物销售合同会议正式记录,维也纳,1980年3月10—4月11日》(联合国出版物,销售品编号:E.81.IV.3),18的解释,第8条第(3)款中所提供的条目并未详尽列举在解释双方当事人的声明或其他行为时需要考虑的所有因素。

应当注意,第 8 条第(3)款指向的"惯例(Usage)"是指地方的、某一国家的或特定商人组织所遵守的惯例,它的作用不是为了填补合同的空白,而是为了解释当事人的声明;第 8 条第(3)款中的习惯做法与惯例既适用于解释当事人的声明、行为所表现的意旨(第 8 条第(1)款①,也适用于解释一个和当事人处于同等地位(相同背景从事同一类职业进行同样交易)的通情达理的人的理解(第 8 条第(2)款)②。

### 五、交易惯例在 CISG 国际司法实践中的适用

2000 年至今(2000.1—2010.5),佩斯大学(Pace University)网站上公布的 CISG 公约案例中涉及交易惯例(Usages and Practices)的案件共有 119 件,其中,涉及第 4 条、第 8 条和第 18 条的各为 28、58 和 25 件,且全部涉及第 9 条。③ 因此,分析国际案例中 CISG 第 9 条的法律适用及推理方法,对了解交易惯例在 CISG 公约中的适用情况有着重要意义。

(一)实体方面:对当事人有约束力的交易惯例

1. 习惯做法(Practice)

如前所述,已确立的习惯做法在一定情况下将通过影响合同订

---

① 《联合国贸易法委员会法规的判例法》判例 268(德国联邦法院,1996 年 12 月 11 日),明确指出,在依据第 8 条第(1)款解释一方当事人的声明或其他行为时,第 8 条第(3)款所述的所有因素都应当纳入考虑范围(见判决书全文)。

② 《联合国贸易法委员会法规的判例法》判例 132 [德国哈姆州高等法院,1995 年 2 月 8 日]。在该判决中,法院认为,根据第八条第(2)和第(3)款规定,考虑通情达理的人对此应有的理解,以及国际贸易中遵守的惯例和习惯做法。通知如果由与合同用语或被通知人所用语言不同的语言书写,仅仅依据这一事实并不能否定该通知的效力。某一外语可能是在某一特定的贸易领域的惯常用语,因此有可能认为双方当事人同意选用该语言;即使不是上述这种情况,如果按照合理的预期债务人会向通知的发送人要求解释或翻译,通知仍然有效,该判例恰恰就是这种情况。

③ UNCITRAL Digest cases for Article 9 plus added cases for this Article, http://www.cisg.law.pace.edu/cisg/text/digest-cases-09.html. (visited on May 26, 2010)

立方式、意旨解释等方式,变成合同所蕴含的当事人在今后交易中必须履行的义务和权利。

《CISG 公约》没有规定什么情况可以被称为"双方当事人之间确立的习惯做法"。某一习惯做法是否已经确立,是否对当事人产生约束应该视具体情况而定,但是先前交易中仅出现过一次的做法不足以构成习惯做法。①

在目前可查的判例中,多数法院认为,"习惯做法"要对双方当事人产生约束力,就要求双方当事人之间的关系持续一段时间,并且该习惯做法促使他们订立了多种合同。例如,一家法院明确强调第 9 条第(1)款所规定的习惯做法"要求某一行为应为双方当事人经常地遵守,因此,要求该行为持续一定的时间并达到一定的次数[……]","而本案中并没有达到这种时间和次数的要求,因为之前只有两次交货是以这种方式进行的,绝对数太低了"。② 这一原理也是另一家法院判决的理由,在该法院看来,为了在双方当事人间确立一项习惯做法,要求双方当事人之间存在一种包含更多销售合同的长期的合同关系。③ 但是,在另一家法院看来,"一般来说,如果仅仅是在初步的商业往来中明确地表明了一方当事人的意旨,而双方

---

① 德国茨维考州法院,1999 年 3 月 19 日,可查网址为:http://cisgw3.law.pace.edu/cases/990319g1.html,最后一次访问时间为 2010 年 5 月 27 日;此解释与《国际商事合同通则》第 119 条注释一致。

② 《联合国贸易法委员会法规的判例法》判例 360 [德国杜伊斯堡初级法院,2000 年 4 月 13 日](见判决书全文)。另见中国广东省高院 Possehl (HK) Limited v. China Metals & Minerals Import & Export (Shenshen) Corporation,2005 年 12 月 7 日,http://cisgw3.law.pace.edu/cases/050000c2.html,(visited on May 27, 2010)。

③ 卖方主张卖方银行账户发票上的指示在双方当事人之间确立了一项习惯做法,据此,买方应该在卖方的银行付款。虽然对于双方当事人间就交付两船货物是订立了一个合同还是两个不同的合同这一争议,该法院没有下定论,但是它判决依照本公约第 9 条第(1)款,两个合同还不足以在双方当事人之间确立一项习惯做法。见《联合国贸易法委员会法规的判例法》判例 221 [瑞士巴塞尔施达特州民事法院,1997 年 12 月 3 日](见判决书全文)。

当事人并没有对其明确地达成一致,该意旨也有可能在一商业关系的一开始就成为《CISG 公约》第 9 条意义上的'习惯做法',从而,成为了双方当事人间第一份合同的一部分。但是,前提条件是至少(第 8 条)商业伙伴从这些情况中明白对方当事人只愿意在特定的条件下或者只愿意以特定的方式订立合同。"①

关于双方当事人之间习惯做法的推定,一家法院判决②,既然意大利卖方数月都接受了买方的订货,而没有询问买方的偿付能力,那么,当卖方决定通过一个贷款保付合同转让其外国应收款项,并且中断与买方的业务关系时,它就本应该考虑到买方的利益;因此,法院判决卖方对于突然中断受长期习惯做法约束的双方当事人之间的业务关系承担责任。在另外一个案件③(在该案中,对于国际销售合同的订立存在争议)中,该同一法院指出,根据双方当事人之间事先确立的习惯做法,卖方已习惯于在不明确表示接受的情况下执行订单。现在,既然卖方没能证明它没有收到买方的订单,则依据习惯做法其应当被解释为对要约的接受。因此判决卖方不能援引《公约》第 18 条规定的规则(该条规定沉默本身不代表接受)。

根据以上案例我们可以看出:(1)习惯做法不同于惯例,其不具有普适性;(2)习惯做法产生效力需"该行为持续一定的时间并达到一定的次数",而仅一到两次的实践并不足以构成习惯做法;(3)当事人只受它们之间建立的习惯做法约束,不受他人建立的习惯做法约束;(4)其例外情况是,若一方当事人把它与第三方当事

---

① 《联合国贸易法委员会法规的判例法》判例 176 [奥地利最高法院,1996 年 2 月 6 日](见判决书全文)。

② 《联合国贸易法委员会法规的判例法》判例 202,法国 [格勒诺布尔上诉法院,1995 年 9 月 13 日](见判决书全文)。

③ 《联合国贸易法委员会法规的判例法》判例 313 [法国格勒诺布尔上诉法院,1999 年 10 月 21 日](见判决书全文)。

人交往中确立的习惯做法拿过来作为与另一方当事人交易的条件,而另一方表示同意,则意味着他人的习惯做法经过"移植"变成该双方当事人之间的习惯做法,从而可能"在一项商业关系的一开始就成为《公约》第9条意义上的'习惯做法'"。①

2. 交易惯例(Trade Usage)

依据第9条第(1)款,双方当事人业已同意的任何惯例,对双方当事人均有约束力。关于这种同意,有法院指出,其没有必要明确地规定出来②,而是可以默示地加以规定。③

当事人明示同意采用惯例有两种方式:一种是直接将惯例的有关内容并入合同,如销售合同采用诸如CIF、FOB这样的贸易术语,就意味着《国际贸易术语解释通则》(INCOTERMS)的相关内容并入合同;另一种方式是当事人同意将惯例作为准据法适用于他们之间订立的合同,如当事人约定"除非本合同条款另有规定,本合同受《国际商事合同通则》(2004)管辖"。④

关于默示同意采用惯例的方式,可以与《CISG公约》第8条第(3)款的解释条款结合起来理解。默示同意要根据有关事实,如谈判期间的表述,当事人的行为是否符合某地或某行业的惯例等加以确定;任一方当事人的表述也可能导致作出默示同意的推定,这些表述应能正常地反映某地或某行业的惯例例如,若一方当事人习惯

---

① 《联合国贸易法委员会法规的判例法》判例176 [奥地利最高法院,1996年2月6日](见判决书全文)。

② 双方当事人明确选择受贸易惯例约束的一个案例,见CISG CASE PRESENTATION China post-1989 CIETAC Arbitration proceedings (Cloth wind coats case), http://www.cisg. law. pace. edu/cisg/wais/db/cases2/900000c1. html, (visited on May 26, 2010)(在这个案例中,双方当事人选择受FOB条款约束)。

③ CISG CASE PRESENTATION Austria 21 March 2000 Supreme Court (Wood case), http://cisgw3. law. pace. edu/cases/000321a3. html, (visited on May 26, 2010).

④ 关于西方学者和国际仲裁业界把UNDROINT制定的《国际商事合同通则》视为商事惯例(商人习惯法)性质的论述,可参见Gesa Baron, Do the UNIDROIT Principles of International Commercial Contracts form a new lex mercatoria? (visited on May 26, 2010)

性地用《联合国欧洲经济委员会机器设备交货共同条件》解释他提供的合同草案,而另一方没有明确反对,就意味着该交货共同条件适用于它们订立的合同。但无论如何也决不能无端的假定默示同意。Bonell 认为第 9(1) 条中所规定的一个交易惯例的默示适用应当服从第 9(2) 条中所规定的条件。①

同时,在某些情况下,一些地方性惯例也可能作为合同中默示条款适用于当事人间的合同。特别是对在地方性的商品交易所、商品展销会和仓储中心适用的惯例而言更是如此,只要这种惯例在涉及外商的交易中同样得到经常遵守。对此,一家法院阐述道,即使一种地方惯例只在一个特定的国家内适用,只要一方外国当事人在该特定国家有固定的营业所,并且已经在该同一特定国家以同样的方式订立了数个合同,那么该惯例也有可能适用于涉及该外国当事方的合同。② 另一家法院阐明,只有一方当事人在适用一个惯例的地理区域内有营业地,或者该当事人在该惯例适用的地区长期从事交易活动时,该惯例才对该当事人有约束力。③

关于当事人同意的惯例是否包括地方惯例,正如一法院指出的那样,如果双方当事人就地方惯例达成了一致意见,那么这些地方惯例和他们所同意的国际惯例一样对双方当事人具有同样的约束力。④ 在另一个不同的案件中,该法院还指出,要使双方当事人所同意的惯例依据第 9 条第(1)款具有约束力并不需要该惯例广为人

---

① See Bianca C.M. and Bonell M.J., Commentary on Usages and Practices, in COMMENTARY ON THE INTERNATIONAL SALES LAW-THE 1980 VIENNA SALES CONVENTION Milan, Italy: Giuffre, 1987, p.107.
② 《联合国贸易法委员会法规的判例法》判例 175 [奥地利格拉茨州高等法院 1995 年 11 月 9 日]。
③ 《联合国贸易法委员会法规的判例法》判例 240 [奥地利最高法院,1998 年 10 月 15 日](见判决书全文)。
④ 《联合国贸易法委员会法规的判例法》判例 240 [奥地利最高法院,1998 年 10 月 15 日](见判决书全文)。

知,纯粹地方性的商品交易所、集贸市场、货栈、码头通行的惯例,尽管不具备广为人知的条件,只要当事人同意采用,这一惯例也对他们有约束力。① 有时当事人同意采纳的惯例属于别的地方或别的商业交易门类,或者其声称的惯例不是惯例(表述有误),只要当事人愿意采用,都不影响其效力,因为第9条第(1)款所述惯例的效力源于《CISG公约》第6条规定的当事人意思自治。②

3. 国际贸易惯例

相比较海牙《国际货物买卖统一法公约》的相应条款,《CISG公约》第9条第(2)款中"在国际贸易中"、"广泛知道"的提法是新加入的,目的是避免当事人将纯属地方性的惯例当然地适用于某些国际销售合同,但这并不意味着《CISG公约》第9条第(2)款所指向的惯例排斥地方性惯例约束。

"在国际贸易中"、"广泛知道"的国际惯例依其文意解释应该仅指被成文化,并被多数国家认可的国际贸易惯例,比如国际商会制定的《国际贸易术语解释通则》(以下简称INCOTERMS)、UCP,或UNDROINT制定的《国际商事合同通则》等,仅被少数国家承认的惯例不在此列。

上述观点同样在国际实践中得到了认可。关于第9条第(2)款与INCOTERMS之间的关系,一家法院③表示,注意到"代表国际贸易用语的INCOTERMS的目的是为在涉外贸易中最通用的贸易用语的解释提供一套国际规则",以及"这些贸易用语被用来确定运费和

---

① 《联合国贸易法委员会法规的判例法》判例240 [奥地利最高法院,1998年10月15日](见判决书全文)。

② Secretariat Commentary on Article 8 of Draft Convention (Article 9 of Official Text), Paragraph 5, Official Records, p.19.

③ CISG CASE PRESENTATION United States 26 March 2002 Federal District Court [New York] (St. Paul Guardian Insurance Company et al. v. Neuromed Medical Systems & Support et al.), http://cisgw3.law.pace.edu/cases/020326u1.html, (visited on May 27, 2010)

保险费的分担以及指明灭失风险转移给买方的时间点",该法院说明"通过第 9 条第(2)款,INCOTERMS 并入了 CISG 公约之中"。该法院进一步说明依据本《公约》第 9 条第(2)款,"尽管合同中没有明确地提到 INCOTERMS,其定义也应该适用于合同",因此,该法院判决,就算在合同中没有明确地提到 INCOTERMS,"一个合同提到了 CIF 方式交货,双方当事人也就提到了 INCOTERMS。①就后一问题而言,在另一个仲裁裁决②以及一个州法院的判决③中可以找到相类似的说明;在那种情况下,虽然并没有提到 INCOTERMS,该法院还是依照 INCOTERMS 来解释 FOB 条款。同时,另一家法院认为,UNDRIONT《国际商事合同通则》构成了本公约第 9 条第(2)款所提及的那种惯例。④ 同样地,一个仲裁庭也指出这些原则重复了第 9 条第(2)款项下的国际贸易惯例。⑤

但另一方面,在特定行业中被广泛知道和惯常接受的行业惯例,比如谷物、羊毛、棉花等特定产品交易,其质量、包装、运输标准、交货方式受特定交易惯例控制,其即使不被一般商人所了解,也属于《CISG 公约》第 9 条第(2)款中的规范化国际惯例。⑥ 一家法院甚至认为,"除非双方当事人明确约定加以排除,双方当事人间的或者

---

① CISG CASE PRESENTATION United States 26 March 2002 Federal District Court [New York] (St. Paul Guardian Insurance Company et al. v. Neuromed Medical Systems & Support et al.), http://cisgw3.law.pace.edu/cases/020326u1.html, (visited on May 27, 2010)
② 俄罗斯工商会国际商事仲裁庭,第 406/1998 号仲裁裁决。
③ Corte di Appello di Genova, Marc Rich & Co. A.G. v. Iritecna S.p.A. 24.03.1995. http://www.unilex.info/case.cfm? pid = 1&do = case&id = 198&step = FullText, (visited on May 27, 2010)
④ 俄罗斯工商会国际商事仲裁庭,第 229 号/1996 仲裁裁决摘要, http://www.unilex.info/case.cfm? pid = 1&do = case&id = 682&step = Abstract >, (visited on May 27, 2010)
⑤ ICC Court of Arbitration-Geneva, no. 9333, 10, 1998, (visited on May 27, 2010)
⑥ 见杨良宜:《租约》,大连海事大学出版社 1994 年版,第 235 页。

行业中的惯例和习惯做法自动地成为受《CISG 公约》调整的所有协议的一部分。"①

(二) 程序方面：交易惯例的举证责任

交易惯例是否存在以及其是否适用于当事人的交易，通常属于事实问题，依赖于惯例存在的一方应负举证责任。② 这一方法既适用于关于对"双方当事人同意的惯例和他们之间确立的习惯做法"的举证责任③，也适用于对"双方当事人已知道或理应知道的国际贸易惯例"的举证责任。"④

如果负有举证责任的一方当事人没能证明其主张，那么这些惯例就不具有约束力。在一个案件中，这一要求使一家法院判决，既然买方没能证明存在着一种国际贸易惯例，即对一份商务确认书的沉默便足以导致订立一份以该确认书的内容为内容的合同，因此，订立的合同不能成立。⑤ 在另一个案件中，没能证明所主张的一种惯例存在使一家法院确认自己没有管辖权。在该案中，原告的诉讼请求完全是基于一种贸易惯例，如果该惯例存在，法院就会审理该

---

① CISG CASE PRESENTATION Switzerland 13 November 2003 Supreme Court (Used laundry machine case), http://cisgw3. law. pace. edu/cases/031113s1. html, (visited May 27, 2010)

② CISG CASE PRESENTATION Austria 21 March 2000 Supreme Court (Wood case), http://cisgw3. law. pace. edu/cases/000321a3. html, (visited May 26, 2010).

③ 《联合国贸易法委员会法规的判例法》判例 360 [德国杜伊斯堡初级法院,2000年3月13日] (见判决书全文);《联合国贸易法委员会法规的判例法》判例 347 [德国德累斯顿州高等法院,1998年7月9日]。

④ 《联合国贸易法委员会法规的判例法》判例 360 [德国杜伊斯堡初级法院,2000年3月13日] (见判决书全文);《联合国贸易法委员会法规的判例法》判例 347 [德国德累斯顿州高等法院,1998年7月9日]。

⑤ 见《联合国贸易法委员会法规的判例法》判例 347 [德国德累斯顿州高等法院,1998年7月9日]。

案。① 但是在另一个案件中②,一家法院注意到,虽然 CISG 公约项下关于合同成立的一般要求可以通过惯例予以改变,但是根据惯例而成立的合同的要求和 CISG 公约第 14 条至第 24 条所包含的合同订立的规则不同,而该惯例的存在又没能被证明,该法院因此适用了 CISG 公约规定的有关合同成立的规则。另一家法院所依据的事实是,声称有履行地位于其本国境内这一贸易惯例的当事方无法证明存在这样一项贸易惯例,以说明履行地位于卖方所在国内。③ 而要把对一封确认书的沉默视为对该确认书所包含的条款的接受,则"必须在本公约第 9 条第(2)款所列出的标准的基础上证明存在这种惯例",欧洲法院在对此进行说明时,也提及了举证责任问题。④

### 六、我国 CISG 案件中关于交易惯例的裁决及问题检讨

(一) 裁决概况

我国于 1980 年在联合国维也纳外交会议上签署了《CISG 公约》,并于 1986 年递交了核准书,公约于 1988 年 1 月 1 日起对我国生效。1989 年,我国最高人民法院又向省、自治区、直辖市高级人民法院、中级人民法院、各海事法院印发了《全国沿海地区涉外涉港澳

---

① 《联合国贸易法委员会法规的判例法》判例 221[瑞士巴塞尔施达特州民事法院,1997 年 12 月 3 日]。
② 《联合国贸易法委员会法规的判例法》判例 176[奥地利最高法院,1996 年 2 月 6 日](见判决书全文)。
③ Denmark, Højesteret (Supreme Court), Damstahl A/S v. A. T. I. s. r. l. 15. 02. 2001, http://www.unilex.info/case.cfm?pid=1&do=case&id=751&step=FullText, (visited on May 26, 2010)
④ Mainschiffahrts-Genossenschaft eb (MSG) 诉 Les Gravihres Rhinanes SARL, 1997 年 2 月 20 日,欧洲共同体报告 I 927 n. 34 (1997)。转引自 A/CN. 9/SER. C/DIGEST/CISG/9 V0454767. doc (Chinese), https://cms.unov.org/documentrepositoryindexer/MultiLanguageAlignment.bitext?DocumentID=f229491f-e82d-4fb7-8493-dc5107329e3a&DocumentID=c8b53320-3a3e-4ffd-836a-4f0e237504dc. (visited on May 12, 2011), 注 31. 本段所引案例阐述亦见此文件。

经济审判工作座谈会纪要》,指出,在实体法方面,自 1988 年 1 月 1 日起,我国公司同该公约的其他批准国的公司订立的合同,如未另行选择所适用的法律,将自动直接适用该《CISG 公约》的有关规定。

自我国加入《CISG 公约》以来,我国法院和涉外仲裁机构通过适用公约来解决国际货物销售合同争议已有相当多的案例,包括国际贸易惯例在内的交易惯例也一直为从事国际贸易的商人们普遍选择适用。

从 CLOUT、UNILEX 等国际 CISG 公约案例数据库中公布的我国判例来看,一方面,CISG 公约与我国国内法、当事人约定适用的惯例之间紧密配合,共同调整双方的合同权利义务;另一方面,由于《CISG 公约》的调整范围有限,大量因合同产生的法律问题还需借助国内法调整。虽然我国 1999 年合同法也适用于涉外合同,但从具体规定来看更关注对国内当事人的合同行为的调整作用,对于"买卖合同"一章的规定,相比 CISG 的规定而言缺乏针对性和可操作性,《CISG 公约》恰恰弥补了其不足。例如,在 2005 年 9 月 16 日的羊毛买卖合同争议仲裁案裁决书中[①],仲裁庭指出:"根据两国所承担的《CISG 公约》义务,在双方未排除《CISG 公约》适用的情况下,CISG 公约应作为准据法适用于本案合同所发生争议的处理。《CISG 公约》未做规定的,鉴于买方所在国和仲裁地均在中国,根据最密切联系原则,应适用中华人民共和国法律。"

然而,在我国不同地区,不同判决、裁决对《CISG 公约》与国际贸易惯例的适用却一直存在着分歧,尤其是在公约与交易惯例二者

---

① 参加中国国际经济贸易仲裁委员会网站:羊毛买卖合同争议仲裁案裁决书(2005 年 9 月 16 日)(visited May 12, 2011) http://cn.cietac.org/TheoryResearch/read.asp?hangye = 1&ptype = 15&ptitle = 货物买卖 &stitle = % D1% F2% C3% AB% C2% F2% C2% F4% BA% CF% CD% AC% D5% F9% D2% E9% D6% D9% B2% C3% B0% B8% B2% C3% BE% F6% CA% E9。

的适用关系和适用效力上存在着一些任意性①,给国际贸易实践带来了法律上的不确定性因素。例如,当合同中约定适用交易惯例而未明示适用 CISG 公约时,即使有些案件符合 CISG 公约第 1 条第 1 款 a 项的适用条件,裁决中仍然依据中国国内法或当事人意思自治而非 CISG 公约规定而适用惯例。②

另一方面,由于我国港、澳地区均未参加《CISG 公约》,其于我国内地商家间的合同不能自动适用公约。但在实践中,在关于涉港、澳的案件中,当事人未在合同中明文约定适用 CISG 公约却主张适用《CISG 公约》第 9 条关于交易惯例的规定的,不同法院采取的态度不同。如在 2005 年香港 POSSEHL(HK) LIMITED 公司诉中国五金矿产进出口深圳公司一案中③,一审法院在判决书中称,由于 CISG 公约适用于营业地在不同国家的当事人之间的合同,故《CISG 公约》在本案中不适用;但二审法院则依据《中华人民共和国民法通则》第 145 条和《中华人民共和国合同法》第 126 条第 1 款之规定,对该案适用中国法律。然而,在当事人双方同样为香港公司和内地公司的另一个案件中④,法院依据中国《涉外经济合同法》、CISG 以

---

① 参见吴永辉:《国际货物销售公约与贸易惯例适用方式比较——兼评二者在中国的司法实践》,载《华侨大学学报(哲学社会科学版)》2007 年第 1 期。
② 见中国国际经济贸易仲裁委员会网站:电解铜买卖合同争议仲裁案裁决书(2006 年 8 月 18 日)(visited May 12, 2011) http://cn. cietac. org/TheoryResearch/read. asp? hangye = 1&ptype = 15&ptitle = 货物买卖 &stitle = % B5% E7% BD% E2% CD% AD% C2% F2% C2% F4% BA% CF% CD% AC% D5% F9% D2% E9% D6% D9% B2% C3% B0% B8% B2% C3% BE% F6% CA% E9;生产线销售合同争议仲裁案裁决书(2006 年 7 月 25 日),(visited May 12, 2011) http://cn. cietac. org/TheoryResearch/read. asp? hangye = 1&ptype = 15&ptitle = 货物买卖 &stitle = % C9% FA% B2% FA% CF% DF% CF% FA% CA% DB% BA% CF% CD% AC% D5% F9% D2% E9% D6% D9% B2% C3% B0% B8% B2% C3% BE% F6% CA% E9.

③ 2005 Guangdong Higher People's Court [Appellate Court] (Possehl [HK] Limited v. China Metals & Minerals Import & Export [Shenzhen] Corporation). http://cisgw3. law. pace. edu/cases/050000c2. html (visited on May 12, 2011).

④ Xiamen Intermediate People's Court 5 September 1994 (*Xiamen Trade v. Lian Zhong*) http://cisgw3. law. pace. edu/cases/940905c1. html (visited on May 12, 2011).

及国际贸易惯例作出了判决,认可了交易惯例对合同的约束力。但是,总体而言,只要在合同中能够体现出《CISG 公约》适用的意图,我国涉外仲裁还是尊重当事人的这种选择的。

(二) 存在的问题

如果对交易惯例在国际司法和仲裁实践中的适用与在我国的适用加以比较可以发现,虽然整体上我国对《CISG 公约》中交易惯例的实践已经与世界接轨,但与西方商业发达国家司法实践对于商事惯例的重视相比,我国法律对于商事惯例的规定与适用明显不足:例如,过于重视国际商事惯例,缺乏关注国内商事惯例;重视合同文本中的规定,对交易习惯的认定过于谨慎;只规定了"交易习惯"一种类型,无其他类型商事惯例的默示适用的规定与判例;在交易惯例的司法适用上,只有实体法规定,无程序法规定等等。

国际实践表明,法院在审判过程中对商事惯例的援引或适用,在一定程度上是对成文化的商事法律的有益补充与调整,有利于节省交易成本,促进社会整体效率。这亦使得法院不再是机械般地适用法律,而在一定程度上具有了"能动化解纠纷"的意义,通过此种哈耶克所谓的"内部规则与外部规则的竞争",有助于制度和组织之间产生相互学习机制,加速制度的演化。而随着当今商事审判专业性和技术性的加强,尤其是在海商、证券等特定行业的案件中交易惯例广泛使用的情况下,国际商事案件的司法实践很难回避交易惯例在纠纷解决中的适用。所以,在司法实践中,借鉴 CISG 判例法数据库的经验,建立我国交易习惯适用的"判例库"来为司法适用提供经验性总结、规范司法适用,是十分有意义的。另外,在程序法方面,对交易习惯的识别和认定程序、举证责任等做出进一步的规定无疑会对提高特定行业商事审判效率具有积极意义。

# 美国法院承认伊斯兰宗教离婚的实践研究

黄世席*

由于穆斯林信徒大量移居美国而导致其根据伊斯兰教法达成的离婚大多数得不到美国法院的承认,主要的理由包括婚姻协议不公平、有关法院没有管辖权、缺乏正当程序或者违反美国法院地的公共政策等。此问题的解决需要美国与伊斯兰国家的合作,也需要伊斯兰国家内部进行婚姻家庭立法的改革。

美国经济的发展不断吸引着来自世界各地的不同种族、民族、文化和宗教信仰的人到美国创业,尤其是不同宗教信仰的人在适应和遵守美国文化和法律的同时,可能还保留有自己本宗教的某些法律传统或者习惯,比如伊斯兰宗教的婚姻习俗。另外,美国实行政教分离、信仰自由的政策,新移民带来的各种宗教虽受到一些人的怀疑,但也得以生存和发展。尤其是,伊斯兰世界宗教与法律的关系与西方文化传统存在重大差异。伊斯兰教长期实行政教合一体制,法律是宗教的法律,国家是宗教的国家,可以说宗教、国家、法律"三位一体"。这种宗教法不仅宣布具有至高权威,而且宣称拒斥任何其他法律与之并存竞争。① 因此,伊斯兰传统法律与现代法律之

---

\* 黄世席,山东大学法学院教授,法学博士。
① 高鸿钧:《冲突与抉择:伊斯兰世界法律现代化》,载《比较法研究》2001 年第 4 期,第 12 页。

间不可避免会发生法律冲突。经常发生的情形是,按照伊斯兰法律达成的婚约或者非诉休妻行为是否在美国具有法律效力？能否得到美国法院的承认与执行？而与这些问题密切相关的就是穆斯林信徒结婚时婚约的法律性质以及认定,或者非诉离婚的性质如何界定。随着美国的穆斯林信徒不断增多,其宗教婚姻和世俗法律之间的冲突如何解决就成为一个非常突出的问题。

**一、一个案例引发的离婚法律冲突思考**

2008年,马里兰州最高法院就巴基斯坦 Aleem 夫妻①的宗教离婚在美国的效力问题做出了判决。案中,当事人在巴基斯坦按照当地习惯结婚并签订了婚姻协议,后到马里兰州共同生活了二十多年。根据马里兰州法律,在这期间丈夫获得的财产应为夫妻共同财产。而根据巴基斯坦法律,这些财产属于丈夫的单独财产,妻子不能主张任何所有权。当妻子在马州提起离婚诉讼并要求平分财产时,丈夫去了华盛顿的巴基斯坦大使馆并在证人的见证下连续说了三次休妻的声明后获得了一个离婚文件。法院判决,根据巴基斯坦法律对穆斯林丈夫休妻的规定,丈夫享有独自离婚的权利,而妻子必须得到丈夫的授权才能享有,这是违反马里兰公共政策的做法。休妻剥夺了妻子根据本州法律所应当享有的"正当程序"权利,并且巴基斯坦法律剥夺妻子在婚姻关系存续期间平分丈夫所挣的财产的权利有违马里兰州的公共政策,因此拒绝承认。巴基斯坦法律的休妻规定是根据伊斯兰教义和巴基斯坦法律丈夫所享有的权利,不过没有得到美国马里兰州法院的认可,也许主要的原因在于巴基斯坦和美国马里兰州的婚姻家庭法的规定有冲突。

婚姻家庭方面的传统冲突法主要指的是各国有关婚姻家庭立法的不同而产生的冲突,需要根据法律适用规则确定应当适用什么

---

① Aleem v. Aleem, 947 A.2d 489 (Md. 2008).

法律来调整某一具体的跨境婚姻家庭关系。比如涉外离婚,一般认为适用受理案件的法院所在地国家的法律,因为法院习惯上将会适用自己的法律也即法院地法。其理由主要是历史性的,即法院地对于离婚案件有特别重要的利害关系,因此适用自己的法律。[1] 另外,住所地法目前也有一定的市场适用空间。尽管如此,这种情形适用的当事人一般是没有宗教信仰,或者虽然有宗教信仰但是其对信徒的婚姻问题并没有特别强制性的规定。这样的婚姻法律冲突,相对来说比较简单,问题是有些宗教对自己的信徒结婚或者离婚有严格的教会法律规定,信仰本宗教的当事人如果不按照教会法的规定结婚或者离婚,有关行为就得不到本宗教的承认。尤其是在那些宗教势力强大或者政教合一的国家,其立法也纳入了一定的教会习惯法,这些宗教信徒到国外结婚或者离婚时应当适用什么地区的法律?或者,他们按照本民族宗教法律规定达成的婚姻或者离婚,其效力能否得到外国法院的认可?类似问题随着伊斯兰跨国移民的不断增加而日渐重要,亟须从法律上予以解决。

在一些教会法规定比较严格的宗教里面,信徒的结婚或者离婚除了要严格遵守有关国家法律的规定外,还要符合宗教法的规定。甚至在一些地区,只要遵守宗教法的规定就可以结婚或者离婚,比如伊斯兰教徒只需要根据本教会法的规定就可以结婚或者离婚。另外,随着现代文明和全球化的发展,一些严格按照教会法律规定缔结的婚姻或者达成的离婚,在当事人移居外国尤其是美国和西欧等国家时,如果发生争议诉诸法院,就可能会出现是否承认当事人按照宗教法律规定达成的婚姻或者离婚,因为这些婚姻事项不是通过司法诉讼途径获得的,是一种法外(extra-judicial)的离婚或者结婚。比如,根据宗教法律规定达成的非诉离婚方式中比较常见的例

---

[1] Linda J. Silberman, Rethinking Rules of Conflict of Laws in Marriage and Divorce in the United States: What Can We Learn from Europe, 82 *Tul. L. Rev.* 2008, p.1999.

子就是伊斯兰法中的丈夫单方面享有的休妻制度,以及犹太教中丈夫享有并可以被宗教法庭采纳的与妻子离婚的制度。

在伊斯兰教看来,婚姻是缔结婚姻双方本身之间以及双方对真主、对社会的一项庄严承诺。婚姻也是双方当事人之间的一种合约协议,结婚时双方要签订婚姻协议,男方要向女方支付嫁妆,或者在婚姻协议中规定在离婚的时候支付嫁妆。一旦结婚,男人就负有养家糊口的主要责任,妻子有权依赖丈夫生活。但是考虑到分摊财产并不是婚姻协议所应当涉及的问题,伊斯兰法律要求夫妻双方当事人无论是在婚前还是婚后的婚姻关系存续期间保留各自拥有的自己的财产。至于离婚问题,根据伊斯兰习惯法律的规定,丈夫有权在不经过法院途径的情况下和妻子离婚,不需要履行任何的正式手续。而在其他一些地方,丈夫单方面通过休妻的离婚声明需要到法院或者行政机关注册,或者要经过必要的调解程序。[1] 因此,丈夫休妻不需要经过妻子的同意。除了丈夫通过宣布休妻而结束婚姻关系外,还可以到法院提起离婚诉讼。休妻的行为并不是男人享有的专有权利,也可以由丈夫授权其他人代为行驶。或者,在结婚时缔结的婚姻协议中规定妻子享有休夫的权利(Khul)。[2] 因此,随着国际民事交往的发展,穆斯林信徒自身所信仰的一些宗教习惯也会面对现代文明法律的撞击和考验,尤其是在家庭法方面产生的矛盾更是非常明显,因为在西方国家看来,在伊斯兰教地区,家庭法不承认民事与宗教的分离,宪法规定的平等只是书面上的。

严格意义上讲,伊斯兰法是一种宗教法。在伊斯兰法理论中,只承认一种法律,即作为宗教法的伊斯兰法,并主张这种神圣法律

---

[1] James Fawcett, Janeen Carruthers & Peter North. Cheshire, North & Fawcett: *Private International Law* (4th Edition), Oxford University Press, 2008, p.1000.

[2] Katayoun Alidadi, The Western Judicial Answer to Islamic Talaq: Peeking Through the Gate of Conflict Laws, 5 *UCLA J. Islamic & Near E. L.* 2005, pp.21-22.

适应一切时代和一切场合,万古不变。① 但是随着时代的发展,一些穆斯林国家对婚姻或者家庭立法进行了改革,在遵守《古兰经》基本原则的前提下又根据现代化的发展引入了一些符合西方文明标准的因素,把丈夫休妻的习惯增加了一些条件或者限制,但是并不是所有的穆斯林国家都废除了法外离婚制度,有些穆斯林国家的法律规定仍然和美国等国家的立法有所差异,法律冲突仍然在所难免,因此其承认与执行仍然会存在某些问题。

## 二、美国法院对穆斯林离婚关系的承认与执行问题

美国 50 个州各自有自己不同的婚姻法律体系,因此各州之间对于外国宗教婚姻的识别可能有所不一致,甚至对于其他州的有关宗教婚姻也会有不同的意见。在对外国宗教婚姻或者有关判决的承认与执行方面,不能适用美国州际法院判决的承认与执行所适用的"充分信赖与尊重"条款。因此对域外判决的承认与执行是美国各州法院自己的选择和自由裁量的事情,其裁决的标准主要是礼让(Comity)。② 另外,在某些情况下,公共政策可能会限制在美国法院进行的离婚诉讼程序适用外国的宗教法律。

(一) 宗教婚姻协议问题

前述 Aleem 中的宗教婚姻协议并没有得到法院的认可,尽管其名义上是双方当事人根据平等自愿签订的婚约。穆斯林夫妻之间缔结的婚姻协议实质上不同于婚前协议,有时候是出于宗教法律的要求。缔结的目的并不涉及配偶对各自所有的财产或者婚姻关系存续期间的财产的权利,相反仅仅规定离婚时丈夫自愿给予妻子的财产。另外,伊斯兰各大教派之间对于婚姻协议的理解也不一致。

---

① 高鸿钧:《冲突与抉择:伊斯兰世界法律现代化》,载《比较法研究》2001 年第 4 期,第 2 页。

② Symeon Symeonides et al., *Conflict of laws: American, Comparative, International*, Sweet & Maxwell, Limited, 2d ed., 2003, p.10.

有时候,法院需要对根据宗教法律达成的婚姻协议是否是婚前协议做出识别,以此判定夫妻双方的财产分配问题。如在 Shaban 案中,加州上诉法院对当事人在埃及签订的婚姻协议是否构成婚前协议进行了探讨。① 法院认为该文件仅仅是一份婚姻证书,不是婚前协议,因为其提供的大多是结婚当事人的有关信息而不是财产处理问题。当事人的婚姻协议仅仅规定如果很快离婚丈夫给妻子大约 25 个比索(大约 1 美元),延迟离婚大约 30 美元。如果法院把该协议看作一份有效的婚前协议,妻子只能得到大约 30 美元的补偿,而不是按照加州有关夫妻共同财产的法律规定所应当分得的丈夫 300 多万美元的一半资产。

有一些法院把穆斯林夫妻的婚姻协议解释为一半的财产分配协议,这忽略了伊斯兰法律的传统。如 Chaudry 案,新泽西法院判决穆斯林夫妻之间的婚姻协议就是婚前协议,其没有对赡养费或者平分财产作出规定,因此妻子只能从丈夫那里拿到大约 1500 美元而不是丈夫财产的一半。② 尽管法院判决的部分根据是丈夫在巴基斯坦获得了离婚的法院判决以及遵守国际离婚礼让的规则,但是法院把当事人之间的婚姻协议看成是妻子放弃财产的声明,这显示了其对伊斯兰法律知识的欠缺。③ 另外一个对穆斯林当事人之间的婚姻协议和婚前协议发生误解的案例是 Akileh 案。④ 佛罗里达上诉法院指出,在不损害伊斯兰传统习惯或者婚姻协议的法律意义的情况下,可以把有关的婚姻协议看成婚前协议。其推论是,该婚姻协议就是阻止对夫妻双方的婚姻财产进行进一步讨论和按照一般的财产原

---

① In re Marriage of Shaban, 105 Cal. Rptr. 2d 863 (Ct. App. 2001).
② Chaudry v. Chaudry, 388 A. 2d 1000 (N. J. Super. Ct. App. Div. 1978).
③ Lindsey E. Blenkhorn, Islamic Marriage Contracts in American Courts: Interpreting Mahr Agreements as Prenuptials and Their Effect on Muslim Women, 76 *S. Cal. L. Rev.* 2002, p.205.
④ Akileh v. Elchahal, 666 So. 2d 246 (Fla. Dist. Ct. App. 1996).

则进行分割的婚前协议。另外,如果把穆斯林夫妻之间的婚姻协议看成是婚前协议,将会剥夺妻子根据公共财产或者公平分配原则所应当享有的财产权,可能导致的问题是其对离婚时的财产分配做了预先规定,一些法院会以违背公共政策为由拒绝执行。

(二)住所地法或者最密切联系的优先适用

在大多数情况下,只要符合有关的程序性要求,美国法院都会尊重在国外获得的离婚判决。[①] 尽管如此,考虑到跨境宗教婚姻的特殊性,法院有时候会考虑根据当事人的住所或者与法院地的密切联系问题而确定适用美国法律,从而排除宗教法律的适用,拒绝承认国外的离婚判决。因为在以美国和英国为代表的普通法系中,住所是一种最主要的管辖权根据,在离婚案件中也是如此。如果没有住所,就要根据法院地与有关当事人的密切联系程度确定是否享有管辖权和适用本地的法律。如 Basiouny 案[②]中,夫妻双方在埃及结婚后移民美国并获得美国国籍,13 年之后妻子在阿拉巴马州法院提起离婚诉讼,并要求分割夫妻财产。其间,丈夫飞回埃及获得了离婚判决。法院认为埃及的法院没有管辖权,因为丈夫的住所在阿拉巴马州。根据礼让原则,不能承认埃及的离婚判决。再如 Seth[③] 案,德克萨斯州的一个地区法院拒绝承认丈夫在科威特通过休妻获得的离婚的法律效力,因此判决丈夫随后的婚姻无效。法院根据最密切联系原则裁定适用德州法律,因为双方已经在该州居住了十年并且购买了不动产,尽管其都是印度公民。因为德州法律不允许通过单方休妻离婚,所有当事人的离婚无效。

如果有关的宗教离婚是在美国境内实施的,通常得不到美国法

---

[①] Emily L. Thompson, F. Soniya Yunus, Choice of Law or Choice of Culture: How Western Nations Treat the Islamic Marriage Contract in Domestic Courts, 25 *Wis. Int'l L. J.* 2007, p.382.

[②] Basiouny v. Basiouny, 445 So. 2d 916 (Ala. Civ. App. 1984).

[③] Seth v. Seth, 694 S. W. 2d 459 (Tx. Ct. App. 1985).

院的认可。如 Shikoh 案。[①] 该案中,居住在美国的丈夫通过咨询一个纽约州的牧师而宣布与其仍然在巴基斯坦的妻子离婚,后又和一个美国公民结婚,但是该程序并不符合纽约州的法律规定。法院判决,毫无疑问上诉人在纽约师所在地做出的离婚声明并不符合纽约州法律规定的司法程序,因此法院拒绝承认这个在纽约州境内达成的宗教离婚的效力。

那些试图在美国法院强制执行伊斯兰婚姻协议的当事人都与美国有关州有密切的联系,适用法院地的法律而不是伊斯兰法律更加合理。大多数争议的当事人都是在伊斯兰国家结婚然后搬至美国居住,丈夫在美国有自己的职业。因此在美国法院起诉,不但当事人的正当程序权利能够得到保障,原则上当事人还应的遵守美国当地的法律,因为其居住地州与其的婚姻和离婚有更密切的联系。毕竟有关财产的分配与该地有更加密切的联系。

(三) 公共政策保留的适用

对于不信仰伊斯兰宗教的人来说,伊斯兰宗教法中有关婚姻关系的特殊规定可能使女方处于弱者的地位,是与西方文明中婚姻关系男女平等的基本观念相冲突的,因此用公共政策或者公共秩序保留来排斥伊斯兰法律的适用以及拒绝承认伊斯兰宗教离婚的效力也非常普遍。对于公共政策的理解,可以广义地认为如果外国法律的适用或者有关裁决的承认与执行违反本地的主权、安全或者社会公共利益,或者裁决程序侵犯当事人根据基本法律规定所应当享有的正当程序权利(比如一方当事人没有得到出庭通知和适当的答辩机会)等,就可以以公共政策为由拒绝承认与执行。公共政策的适用有法院主观判断的因素,是随着时间以及地域的不同而有所不同,因此在判定方面并没有一个固定的标准,更多的是依靠法院的自由裁量。

---

[①] Shikoh v. Murff, 257 F.2d 306 (2d Cir. 1958).

另外,对宗教离婚的承认并不能根据一般的承认与执行外国离婚判决的标准来进行评判。以伊斯兰教为例,在大多数情况下,适用伊斯兰法的结果是可能使妻子处于绝望境地,其不能享有根据一般法律所应当享有的共同财产或者公平分配权,其结果将会非常严厉。事实上,伊斯兰法律的执行将会使得妻子在分配夫妻共同财产方面处于非常不利的地位,而更多地有利于丈夫。德克萨斯州上诉法院在 Seth 案的判决中指出,承认伊斯兰法律的休妻制度会对妇女造成非常严厉的后果,阻止单方面离婚的公共政策利益超过其他法律选择的考虑,比如国际制度的需要。① 类似的,未经允许妇女不能出去工作、而随后又不能对有关婚姻关系存续期间所获得的财产要求分享所有权的制度也是有违公共政策,因此不能适用伊斯兰法律。

在 Maklad 案②中,夫妻双方在埃及按照伊斯兰习惯结婚后搬至康涅狄格州生活,在那里获得了美国国籍。后来丈夫在埃及法院获得了离婚证明。妻子在康州法院起诉离婚。法院指出,丈夫在埃及没有住所,因此埃及的法院没有管辖权;即使有管辖权,在离婚程序进行的过程中,妻子也没有收到出庭答辩的通知,这违背了正当程序,因此妻子可以对埃及的离婚证明提出异议。

在 Atassi 案③中,法院以当事人的住所在本地为由判决其规避适用本地的法律行为是无效的。该案夫妻双方都是叙利亚国民并在那里结婚,后移居美国,丈夫在那里获得了公民身份。他们短暂回到叙利亚,丈夫根据叙利亚法律对其妻子做了可以撤销的离婚声明。回到美国后丈夫后悔,和妻子复合。但是几个月后两个人又有矛盾,妻子起诉离婚并要求赡养费。丈夫根据其在叙利亚的离婚声

---

① Seth v. Seth, 694 S.W.2d 459, 463-64 (Tex. Ct. App. 1985).
② Maklad v. Maklad, not Reported in A.2d, 2001 WL 51662 (Conn. Super.), 28 Conn. L. Rptr. 593.
③ Atassi v. Atassi, 451 S.E.2d 371 (N.C. Ct. App. 1995).

明认为他们很早就已经离婚了,不愿支付赡养费。法院首先需要查明的是有关的离婚是否具有效力。如果法院根据叙利亚法律对丈夫的离婚声明进行判断,那么这对夫妻仍然处于结婚状态。在大多数伊斯兰国家,丈夫并不需要同时作出三次离婚声明,而是在三次不同的场合声明,前两次可以撤销,后一次是具有约束力的。如果丈夫仅仅做出一次结束婚姻关系的声明,妻子必须守制,等待丈夫撤销离婚声明。当然,如果在第三次之后就不可能要求妻子回来。结合本争议,丈夫只是实施了一次可以撤销的休妻声明并且随后又和妻子复合,因此其婚姻仍然有效。最后上诉法院判决,不能容忍本案的被告也即住所在北卡州的美国公民丈夫利用其原来的身份和同叙利亚的关系逃避北卡州有关家庭关系的法律。

(四) 罕见的承认示例

相比较而言,如果当事人尤其是女方得到了适当的出庭通知和答辩的机会,就有可能会承认当事人基于宗教离婚习俗而最终在法院得到的离婚判决。如 Chaudry 案[1],夫妻双方在巴基斯坦结婚,随后移居至新泽西,后妻子回国并打算常住。1974 年,丈夫在纽约的巴基斯坦领事馆通过休妻获得了离婚声明,并回国提起离婚诉讼,得到了法院判决的支持。妻子起诉至新泽西法院,要求平分夫妻财产。法院拒绝平分夫妻财产,遵守巴基斯坦法院执行婚姻协议的判决。法院指出,当事人的婚姻关系与新泽西州的连接还没有达到可以公平分配婚姻财产的地步,因为妻子仅仅在那里居住了 2 年。妻子无权获得丈夫的财产,因为当事人的婚姻缔结地是巴基斯坦,他们在那里签订的婚姻协议并没有规定妻子可以公平分配丈夫的财产。因此,丈夫在巴基斯坦得到的离婚判决得到了承认。这是一个典型的穆斯林休妻离婚得到美国法院承认的案例,因为当事人的离婚得到了一个巴基斯坦法院的认可。

---

[1] Chaudry v. Chaudry, 159 N.J. Super. 566 (App. Div. 1978).

## 三、美国法院处理跨境伊斯兰离婚的判决评析

一般认为,如果原法院具有合格的管辖权,有关当事人得到了合理出庭和答辩的机会并且判决的执行不违反本地的公共政策,那么有关的外国法院判决就有可能会得到美国法院的承认与执行。具体来讲,对于外国法院做出的婚姻争议判决在美国的承认与执行问题,美国法院主要从住所和公共政策保留(包括正当程序)这两个方面进行审查以便确定是否承认与执行,而住所也是判定法院是否有管辖权以及是否与本地有最密切联系的主要标志。比如,如果丈夫根据伊斯兰法律承认的制度休妻,妻子就有可能会以有关法院缺少管辖权或者有违正当程序或者公共政策等理由进行抗辩。

根据普通法原则,基于胁迫或者不正当影响而缔结的合同可以宣告无效。考虑到许多伊斯兰婚姻协议在要约和承诺的缔结过程中都可能会有胁迫和诸如文化和物质的压力,大多数法院可能会拒绝适用伊斯兰法律,转而适用共同财产制度或者公平分配原则。强制执行一个对一方当事人不利并且没有反抗自由的合同是有违美国法律规定的要约、承诺、对价和平等交易权所需遵守的平等主义制度。① 这个问题将已经在有关的婚约的判决中得到很好的阐述。

上述案例似乎表明,除非双方当事人或者其一与美国有重要的联系,或者住所在美国,美国法院更愿意适用礼让原则来维持国外的判决效力。至于什么是礼让,美国最高法院在 Hilton 案的判决中指出,"礼让既不是一种绝对的义务,也不是纯粹的礼貌和友谊,而是一个国家在充分考虑到国际义务和便利以及维护其本国国民的权益或者受其法律保护的其他人的权益的情况下,承认他国的立

---

① Lindsey E. Blenkhorn, Islamic Marriage Contracts in American Courts: Interpreting Mahr Agreements as Prenuptials and Their Effect on Muslim Women, 76 *S. Cal. L. Rev.* 2002, p. 226.

法、执法或者司法行为在其领土内的效力。[①] 礼让理论意味着外国法院的判决能够在美国得到很好的待遇,从而有利于有关判决的承认与执行。而 Chaudhry 案也表明,如果一个离婚得到了外国法院的判决认可,无论其是在美国国内还是国外达成的,根据礼让原则,通常也会得到美国法院的承认。

如果有关案情与美国有联系,比如当事人居住在美国,在美国拥有财产,与美国公民结婚,或者自己也归化为美国人,美国法院将会要求当事人遵守美国有关州立法对离婚问题的规定。[②] 可以说,美国法院有时候会承认通过非诉讼途径达成的涉外离婚,条件是其中至少一方当事人的住所在该外国,并且有关证据表明该离婚行为在当地具有法律约束力。因此,如果一个涉外离婚判决或者行为得到了有关外国法院的认可,当事人要求美国法院承认,通常会得到认可。但是有时法院也会以有关行为会严重损害妻子的理由为由拒绝承认当事人通过宗教形式达成的离婚行为。

事实上,纯粹以公共政策保留为由拒绝承认外国法院判决的先例非常罕见,更多的是辅之以管辖权问题和正当程序问题综合考虑。美国法院面临的穆斯林离婚诉讼当事人来自不同的国家,并且不承认有关的离婚判决的主要根据就是原法院缺少管辖权,只有在很少的情况下才使用公共政策保留。而在美国法院的实践中,以原法院缺少管辖权为由拒绝承认有问题的判决是最为普遍的理由。

## 四、结论及建议

伊斯兰家庭法中民事与宗教不可分割的问题将依然存在,伊斯兰婚姻与以美国为代表的西方国家婚姻家庭法律制度的冲突也将

---

[①] Hilton v. Guyot, 159 U.S. 113 (1895).

[②] Emily L. Thompson, F. Soniya Yunus, Choice of Law or Choice of Culture: How Western Nations Treat the Islamic Marriage Contract in Domestic Courts, 25 *Wis. Int'l L. J.* 2007, p.383.

继续,因为依然有大量的穆斯林移民和劳工不断涌往美国和西欧等经济发达地区。除了美国面临是否承认伊斯兰婚姻以及离婚的问题外,欧洲的法国、德国和英国等也在面临着同样的难题。也许随着穆斯林人口的增加以及全球化的人口流动,这个问题将成为世界性的,而不是仅仅局限在诸如美国这样的发达国家。

事实上,"丈夫通过声明可以离婚的制度"已经不再是伊斯兰法律的一部分,包括突尼斯和印度尼西亚在内的许多国家不但废除了穆斯林的声明离婚制度,而且规定婚姻的承认与解除只能通过法院进行。尽管如此,仍然有一些国家的穆斯林还在变相实行声明离婚制度。比如印度,最近比较流行的是通过邮政离婚,也即妻子被丈夫送回娘家,随后会通过邮局收到一份为什么离婚的声明。① 因此,伊斯兰文明与其他文明的婚姻法律冲突仍将继续存在,类似问题的解决亟须国家之间的合作。

如果因为宗教离婚而不承认其在本国境内的法律效力,其结果就有可能会造成"跛脚婚姻"(limping marriages),也即在一个国家合法有效的离婚行为,因为诸多原因却得不到其他国家的承认。当事人的婚姻地位不明确,能否再次结婚也会成为问题,因此有可能带来的是恶性循环。因此,有关国家需要通过立法明确法外的宗教离婚的法律效力,或者在一定条件下承认宗教裁判机构就婚姻问题做出的裁决具有法律约束力。具体来说,以下几点尤为重要:

跨国婚姻争议的当事人在通过本宗教内部的机构裁决并向有关法院申请获得法院判决后,另外再就域外申请承认与执行问题单独向其他国家的法院提起诉讼,这样被请求法院需要审查的仅仅是对方国家法院的判决,而不是宗教婚姻的裁定。

---

① Farzand Ahmed, No, triple talaq can't be abolished (last March 25, 2010), http://indiatoday. intoday. in/site/Story/81719/Web% 20Exclusive/No, + triple + talaq + can% 27t + be + abolished. html.

有关国家之间签订民事司法协助条约,就宗教离婚的问题做出专门规定,或者承认对方缔约国境内的宗教离婚,或者对对方法院的离婚判决仅仅进行形式上的审查而对其进行简化处理。

尊重宗教教义产生时的历史文化背景,承认其历史必然性和进步性,少犯以今推古的非历史性错误。① 在此基础上,允许宗教占统治地位的国家的妇女积极参与立法程序,慢慢铲除婚姻家庭法思维中的宗教因素,将宗教从实体法中分离出去。

制定切实可行的全球性或者地区性婚姻家庭国际公约,尽可能考虑并照顾到一些主流宗教的婚姻家庭观念,就宗教婚姻与普通世俗婚姻的法律冲突问题作出特殊规定。

无论如何,随着交通技术的发达和全球化的移民浪潮的不断壮大,婚姻家庭问题冲突的处理要比其他的民事法律问题冲突的解决更为麻烦,至少在短期内不可能彻底解决。即使有些伊斯兰国家的宗教法律已经顺应时代发展而进行了现代化或者"西方化"的改革,但是仍然存在潜在的冲突,至少在相当长的一段时间内,这种冲突将继续存在。

---

① 顾世群:《伊斯兰教婚姻制度的伦理之维》,载《西亚非洲》2009 年第 11 期,第 65 页。

# 论调解中的骗术及其规制*

王 钢**

基于人的利己本能,在调解过程中,当事人及其代理律师使用骗术的情况都是普遍存在的。当事人可能会在调解交流的过程中实施以下骗术:不主动提供相关事实、故意隐瞒自己的底线、做出夸大其词的陈述、掩饰自己对争议的过错,甚至隐瞒自己的其他目的等,各种各样的骗术。尽管调解中的有些骗术是可以理解和容忍的,但是仍然有必要对调解骗术进行适当的规制,因为当事人的诚信参与始终是调解制度的一项基石。调解诚信规则的设置应该与调解的目的和本质相一致、不限制参与者实现调解目的的方式,以期在所有情况下,都得到所有调解参与者的遵守。

## 一、概述

欺骗通常被定义为"借助选择性揭示的技巧来做劝说"。① 这其中包括两个相互关联的内容:隐瞒事实和表述假象。各种各样的欺

---

\* 基金项目:教育部人文社会科学重点基地重大基金项目(项目编号:08JJD820175)。
\*\* 王钢(1979—),男,陕西咸阳人,西北大学法学院讲师、法学博士,研究方向:国际私法、国际商事调解,邮编:710027。
① David Nyberg, *The Varnished Truth*: *Truth Telling and Deceiving in Ordinary Life*, University of Chicago Press, 1992, pp.66-67.

骗一般被认为是人们生活中不可缺少的一部分。①"善意的谎言"渗透于社会生活的方方面面:"见到你真高兴!"这句话很多时候都是言不由衷的,当事实并非如此的时候,就编造一些理由来回绝别人的邀请或要求,以避免伤害对方的感情;奉承别人;对令人沮丧的情形给予令人振奋的说明、解释;对不想要的礼物向别人表达感激;以撒谎来保护自己或他人不受伤害;辩护律师当着法官的面在争辩时操控事实;医生向将要死的病人隐瞒病情来减少后者的恐惧和焦虑,等等。现代社会,在许多场合中,允许一些坦率的谎言似乎是很必要的。在现实生活中,如果谎言避免了伤害,创造了压倒一切的利益,维持了正义或保持了自信和名誉,说谎就会被认为是合理的。②

(一) 社会容忍欺骗的有限使用

欺骗是人类生活的一部分,它可以克服障碍,取得让步。它可以指夸张和撒谎之间的任何事情。尤其在争议解决的过程中,欺骗可以被很好地描述为促进案件解决的原材料,认为欺骗不应该存在而将它抛弃可能会是个错误。代理人的目标是为当事人争取尽可能多的利益,所以期待他们诚实是不现实的。③ 当然,如果某人实施了彻头彻尾的骗术,这在任何情况下都是不合法、不道德的。

在其他情况下,善意的谎言和夸张已经在事实上变成社会结构的一部分,它们不仅在某些情况中被认为是可以接受的,而且当善意的谎言可以纠正人们的错误、保持公正、避免伤害的时候,它们就会被人们所期望。例如,政府利用间谍和秘密机构,也是一种欺骗

---

① See Michael Lewis, Carolyn Saarni (Eds.), *Lying and Deception in Everyday Life*, Guilford Press, 1993, pp.67-68.

② See Sissela Bok, *Lying: Moral Choice in Public and private Life*, Pantheon Books, 1989, p.76.

③ See Jeffrey Krivis, *Improvisational Negotiation: A Mediator's Stories of Conflict about Love, Money, Anger and the Strategies that Resolved Them*, John Wiley and Sons, 2006, pp.27-28.

的形式,然而它在道德上却是可以接受的,因为它对阻止犯罪、抓住罪犯、保护国家都是很有必要的。政治家经常夸张或许诺他们不会一直在位,他们会在下次选举时被改选。家长经常给孩子讲述关于牙齿小仙子、圣诞老人、复活节兔子和其他孩提时代的童话故事,是因为社会不认为这种欺骗是有破坏性的。当家里的宠物死了,家长就会给孩子编造虚假的解释来保护他们避开最严峻的挑战——死亡。①

日常生活中,人们有多频繁地编造虚假的理由来拒绝别人的晚餐邀请? 或者当同事问他"最近怎么样?"的时候,他都会不假思索地回答"挺好的",事实上他可能正处境困难。以及当他对自己不喜欢的礼物向别人致谢的时候,这些都是可接受的欺骗形式。人们所处的文化使他们清醒地认识到如果欺骗会产生积极的结果或使情形更简单时,讲善意的谎言会比伤害别人更明智。欺骗在调解中是被容忍的,因为在调解中它可以被有成效的使用,从而为达成协议做出贡献。②

(二) 欺骗作为市场竞争的一部分而存在

在市场竞争中,善意谎言被容忍的一个主要原因就是社会竞争为人们提供了自由选择的环境,使得买方和卖方对可接受的程度进行界定。这种环境存在的基础是基于这样一个古老的原则——买方应该当心。竞争经常以对方的代价来取得对自己最有利的协议。为了给自己争取最好的结果,在市场观点中,某种形式的欺骗是可以容忍的。

利用竞争策略的个人被认为是在使用"精明的商业技巧",或被认为是"优秀的商务人员"。在车辆的特许经销处,买主根本不能,

---

① See Robert W. Mitchell, Nicholas S. Thompson (Eds.), *Deception: Perspectives on Human and Nonhuman Deceit*, State University of New York Press, 1988, pp. 88-89.

② See Sissela Bok, *Lying: Moral Choice in Public and Private Life*, Pantheon Books, 1989, pp. 58-59.

也不会奢望销售人员直接告诉他一辆新车的真正售价。于是,买方和卖方便开始了一系列花招来发现对方的弱点从而获益。卖方提高自己的标签价,买主则努力低估自己的意愿和购买能力,这些情况都不足为奇。双方的价格在许多次的改动之后,逐步走向中间价并可能最终成交。调解中讨价还价的过程也和商场类似,也存在各种各样诡异的技巧。

(三) 欺骗在调解中普遍存在

一般而言,在调解交流的过程中,没有当事人、律师或调解员以某种形式进行欺骗的情况是非常罕见的。[①] 这应主要归咎于以下几方面的原因:

1. 当事人追求最大利益的本能

调解很少出现不存在欺骗的情况,因为当事人和他们的代理律师在正常情况下,都会在调解过程中使用竞争性争辩的策略,每一方的目的就是为了给自己争取最有利的协议,即实现利益最大化。[②]

这些竞争性争辩的策略与调解员自己为了达成对当事人最好的协议——至少是他们可以接受的解决办法——的策略和战略相互交织。这些策略和目的造就了一个充满诡计和小动作的调解氛围,其中充满了当事人、律师甚至调解员的欺骗行为。事实上,调解员对于骗术用得更多,因为他们是这个信息系统的指挥者和中间枢纽。在某些情况下,在这个有模糊概念而无明确定义的公开规则中,调解员就是信息的总主管,它对非保密信息的发展、揭露、保留,以及什么时候保留,几乎有绝对的控制权。就像调解先驱 Christopher Moore 指出的:"控制、抑制、增加数据或接纳新信息的能力使得

---

[①] See Howard Raiffa, *The Art & Science of Negotiation*, Harvard University Press, 1982, pp. 128-129.

[②] See Christopher Moore, The Mediation Process: Practical Strategies for Resolving Conflict, 3rd edition, Jossey-Bass, 2003, pp. 39-40.

调解员对当事人产生着不同寻常的影响。"①

2. 在任何纠纷背景下,调解员操控的信息系统本身并不完美。当事人很少与调解员分享所有相关或必要的信息,来帮助调解员达成目标——对纠纷满意的解决方案。② 在这一点上,当事人的欺骗行为——在任何调解中,都能被当事人和调解员所理解,并变成默认的"游戏规则",虽然有时这些骗术会阻止调解达成积极的解决方法。③

因此,如果欺骗是调解默认的组成部分,接下来的问题就是哪种欺骗应该在调解的游戏规则中被认为是有建设性的、或者是道德上可接受的,哪些应该被认为是有破坏性的、超出了诚信的范围、是道德上不能接受的。或者,更简单地说,在调解中,什么是"高尚的谎言",用 Robert Benjamin 的话说:"欺骗是用来转换、重新设定争议双方的思维,尤其是在冲突和混乱时,用来促进双方的合作、忍耐和生存的方法。"④

**二、调解中的骗术**

(一) 当事人的骗术

在调解中,当事人常常会使用以下骗术来谋取最大利益:

1. 隐瞒想要解决问题的意愿或底线

有经验的当事人最常用的技巧就是尽可能地隐藏自己的底线。通过向对方隐瞒底线价格,他们需要使对方一直保持怀疑、不确信

---

① Christopher Moore, The Mediation Process: Practical Strategies for Resolving Conflict, 3rd edition, Jossey-Bass, 2003, p. 269.

② See Christopher Moore, The Mediation Process: Practical Strategies for Resolving Conflict, 3rd edition, Jossey-Bass, 2003, pp. 187-188.

③ See Christopher Moore, The Mediation Process: Practical Strategies for Resolving Conflict, 3rd edition, Jossey-Bass, 2003, p. 189.

④ Robert Benjamin, *Making Schools Work: A Reporter's Journey through Some of America's Most Remarkable Classrooms*, Continuum Pub. Corp., 1981, p. 16.

的态度和心理状态。通过将自己定位于某个价位,以一个竞争的对比值吸引另一方,从而诱使对方不断提高筹码。这样可以保证自己获得更多的利益或付出更少。

2. 作出夸大其词的要求

调解中的一方通常以向对方当事人提出过高的要求来开始,之后这种要求可以在调解过程中变化。当事人也随时做好妥协的准备,并逐渐向自己的心理底线靠拢。如果一方寻求 5 万美元的解决金额,一开始他们可能只会说 2 万,因为他们知道对方会要求 10 万美元。通过调解中一系列的妥协,他们可以通过策略来使自己的价格与对方接近,从而达成他们以 5 万美元解决争议的目标。在这一过程中双方频繁地讨价还价,并且双方永远都不会确切地知道对方真正的目标金额。

3. 夸大优势、掩饰弱点

当事人总是想方设法地表明自己在目前的争议中如何占有优势,而对方是如何不堪一击,以此在自己心理上形成牢不可破的防御体系,并随时准备抵抗对方类似的压力和攻击。不管当事人的这种描述是否客观,他们都需要以此种方式向对方施加压力,从而迫使其就范、做出妥协。这种情况几乎存在于所有的调解过程中。

4. 隐瞒自己的目的

有些当事人参加调解并非出于解决争议的目的,而是出于其他不可告人的险恶用心,比如仅仅只是为了了解一下对方当事人已经掌握何种对自己不利的证据,或者想借此了解对方利益要求的底线,或者只是借此拖延时间,等等。这种做法实在不能为调解机制所容忍。

5. 不主动提供相关事实

诚信调解的规则要求当事人向对方揭露某些事实,但是当法律对他们没有强制性要求的时候,许多人绝不会对他们没有义务揭露的事实进行披露。如果一方有权持有某些信息,大多数人都不会向对方披露。虽然这样做并不诚信,但是通常被认为是可以接受的。

当调解的结构伪装在保密性之中时,存在于调解中的欺骗就会被扩大。尤其是在背靠背调解程序中,这种严格的对内保密环境使得当事人得以实施更多的骗术。调解的保密特性使调解员不经过同意不能揭露当事人已经披露过的信息。没有任何一方知道对方揭露的信息和保留的信息。在背靠背调解中,说谎者被发现的风险大大地降低,可以说调解的私密性为欺骗技巧的实施提供了温床。在被揭露的风险和欺骗的频率之间存在反比例关系。当被揭露的风险很低时,欺骗技巧的使用也会相应地变得非常诱人,因为调解的保密特性会极大地消除当事人在实施骗术时的顾虑。

总体而言,调解的过程更像纸牌游戏。没有必要拿到一手好牌,但是要成为玩纸牌的好手。技巧和技能通常比一手好牌更重要。在调解中实施骗术的当事人往往能够为自己争取到更多的利益,使用某些欺骗性技巧并非不能容忍。

(二) 代理律师的骗术

虽然律师完全可以实施上述当事人可能实施的骗术,但是一般认为,对律师的要求不能和当事人相同。因此,有必要对律师在调解中的角色作以简要分析,当然此处的讨论主要是从律师在调解中的骗术角度展开的。

《美国律师协会专业行为示范规则》第4.1条规定:"在代表当事人时,律师不能明知地:对第三人就重要事实和法律做虚假陈述……"[①]至于什么是对重要事实的虚假陈述,什么是对法律的虚假陈述,《示范规则》第4.1条的有关注释并没有回答这些问题。事实上这一规定只是简要地表明了对于律师在争议解决过程中的诚信要求,而且非常笼统。

其实,对此问题一直以来都存在很大争议。美国法院第五区的

---

① Model Rules of Professional Conduct, American Bar Association, 2004, Rule 4.1.

前任法官 Alvin B. Rubin 早在 20 世纪 70 年代中期就曾提出指导律师在调解中的行为的两条箴言：(1)"律师必须具有诚信"，(2)"律师可能不会接受对另一方极不公平的结果。"① 而在不久后的 1980 年，James J. White 教授却发表了一篇观点相反的文章，在文章里他认为"误导另一方是当事人调解行为的唯一本质，也是这个游戏的所有内容。"② White 指出真相是一个相对的概念，它依赖于人们选择的定义和调解员的情况。他进一步指出律师的参加将会使本来就纷繁复杂的局面变得更加扑朔迷离。White 指出律师在调解中的矛盾，即"怎样做到公正，同时又实施误导。"③ 1981 年，耶鲁大学法学教授 Geoffrey C. Hazard，在重温了 Rubin 法官、White 教授的文章和其他有关资料后，总结说："对诚信进行法律管制还不如禁止欺骗。"④ 之后，很多学者分别从不同角度探讨应否对律师在调解中的行为进行规制的问题。一时之间，众说纷纭，莫衷一是。

1988 年发表的一篇调查报告深刻揭示了在调解诚信方面的专家观点和困惑的现实。⑤ 该学者基于四种调解情形，对 15 个参与者进行调查，其中包括 8 名写过道德和调解论文的法学教授、5 名有经验的律师、1 名联邦法院法官和 1 名美国地方行政官员。以下四种情况表明了 15 名专家在每种情况下是怎样回答有关道德问题的。

---

① Alvin Rubin, A Causerie on Lawyers' Ethics in Negotiation, 35 *La. L. Rev.*, 1975, pp.579-580.

② James J. White, Machiavelli and the Bar: Ethical Limitations on Lying in Negotiation, 80 *Am. B. Found. Res. J*, 1980, pp.926-928.

③ James J. White, Machiavelli and the Bar: Ethical Limitations on Lying in Negotiation, 80 *Am. B. Found. Res. J*, 1980, p.929.

④ Geoffrey C. Hazard, Jr. The Lawyer's Obligation to Be Trustworthy When Dealing with Opposing Parties, 33 *S. C. L. Rev*, 1981, pp.189-190.

⑤ See Larry Lempert, In Settlement Talks, Does Telling the Truth Have Its Limits? 2 *Inside Litigation*, 1988, p.101.

每一种情形之后附有15人的回答统计①：

情形1：你的当事人已经告诉你，解决这个案件之后将汇给你75万美元作为酬劳。在你已经得到65万美元的酬劳之后的调解过程中，另一方当事人的代理律师问你，"你的酬劳是不是75万美元？"你能说，"不，不是"吗？

  是：7人 否：6人 保留意见：2人

情形2：你为声称遭受严重膝盖伤害的一方做代理律师。在解决问题的调解中，当你知道她在外面滑雪的时候，你能说你的当事人已经"残疾"吗？

  是：1人 否：14人 保留意见：0人

情形3：你代表一对夫妻参加调解，他们控告银行拖欠他们的贷款，毁了自己的生意。你的当事人很乐观，并没有遭受严重的精神压力。如此一来，你还能告诉对方当事人说他们精神受创吗？

  是：5人 否：8人 保留意见：2人

情形4：在夫妻借贷能力案件的调解中，对方的陈述中清楚表明尽管你没有那样说，但是他认为原告已经歇业。事实上，业务还在进行，而且还有几个重要的合同正在商谈中。站在解决问题的边缘，你能够继续解决而不纠正对方的错误叙述吗？

  是：9人 否：4人 保留意见：2人

这一调查报告显示的数据表明，被调查者自己对于代理律师在调解中的骗术也莫衷一是。但是，一般都认为有代理律师参与的调解程序会比只有当事人参加的调解显得更加复杂。调解员在处理代理律师的相关行为时，会更加的小心翼翼。

总体而言，律师在调解中撒谎而编造出的许多理由被认为是律

---

① See Larry Lempert, In Settlement Talks, Does Telling the Truth Have Its Limits? 2 *Inside Litigation*, 1988, pp. 101-105.

师执业活动的一部分。① 至于究竟应该在多大程度上容忍或限制律师的这种"可以理解的行为",尚需进一步的研究。总体的认识是,调解领域并不否认非诚信行为的存在乃至有用性,但是也不希望过度的欺骗毁坏调解机制的基石,因此有必要设立一定的规则在两者之间寻求平衡,也许以下几点考虑可以为解决此问题提供一定指导。

### 三、调解骗术规制规则的设置原则

有学者指出,如果想要为调解游戏设置规则,就必须小心确保所设立的规则:与游戏的目的和本质相一致;不过多限制参与者完成游戏目的的方式;是易于理解的、合理的、公正的;在所有情况下,都能让所有的游戏参与者遵守。② 否则,根据新规则不科学的程度,要么游戏就不会被玩了,或者规则将被忽视,或者规则可能不会产生效力,甚至规则的适用和施行将会导致一些参与者的不公正待遇。例如,如果有人颁布了篮球的一项新规则,即所有的投篮必须从篮球场的中心线之后投,那么许多球员可能会决定不再玩这个游戏了。他们可能会选择一些其他的游戏。或者,如果规则要求传球后,不能运球超过十次,球员和裁判可能会在数次数的问题上遇到困难,这条规则便可能不会被实行。或者,即使被施行了,它可能也不能达成统一的适用,因而会导致球员的不满,他们也可能会放弃这个游戏。

相似地,当设计规则来对调解中的非诚信行为进行规制的时候,就必须小心平衡规则的严厉性和包容性之间的关系。否则,人们要么不遵守规则,如果强行实施规则,人们就不再会参与调解。

---

① See Larry Lempert, In Settlement Talks, Does Telling the Truth Have Its Limits? 2 *Inside Litigation*, 1988, p.126.

② See Geoffrey C. Hazard, Jr. The Lawyer's Obligation to be Trustworthy When Dealing with Opposing Parties, 33 *S. C. L. Rev.*, 1981, p.183.

他们会尽可能地向法院起诉或提请仲裁。因此,诚信规则的设置目标应该是寻求基本的平衡。具体而言:

(一) 诚信规则必须与调解的目的和本质相一致

调解的本质是信息的管理和交流,它的目的是为了解决纠纷。这个程序不是静止的,从某种意义上讲它是动态的,因为当事人在不断地面对面或通过调解员发展、分享信息,新信息的输入可能会使当事人重新考虑自己的策略。在任何特殊时候,解决问题的过程中,都存在风险和机遇。在一些情形中,这些变化随时会发生。在同一调解中,对当事人而言此时此刻真实的信息,15分钟后可能就不再真实。所以,在设计道德规则时,必须铭记,在继续调解的过程中,真相也是动态的,它在本质上不是静止的。一方可能在开始调解时,指出要解决这个案件,他不会接受少于5万美元的赔偿。然而,当最终得到3.75万美元的承诺后,他就高高兴兴地离开了。因此,不管调解员适用的诚信标准是什么,它必须与调解程序不可缺少、不可改变的本质相适应,它还必须不和调解解决纠纷的目的相冲突。

(二) 诚信规则必须不限制参与者实现调解目的的方式

调解的目的就是为了解决纠纷,即用尽一切方法来解决问题。由此引出了设计道德规则的第二条标准:规则不能限制当事人或律师实现以调解方式解决争议这一目的的方式。这里值得一提的问题是:一个好的结局可以证明方式的合理吗?如果达成满意的结果、更好的结果或一个双赢的结果,真相会不会被调解员或代理律师扭曲或掩盖?简而言之,有没有高尚的谎言?直觉上的回答应该是"没有";但是事实上许多人向孩子撒谎说存在圣诞老人时,也不带有一丝愧疚——调解多年的发展和实践表明存在高尚的谎言,这就是事实。因此,不管什么样的诚信标准被施行,它必须符合、或至少承认并容忍"高尚谎言"这一概念的存在。[1]

(三)诚信规则必须易于理解、合理和公正

诚信规则设计的第三个标准就是任何规则必须是可理解的,在内容和适用上应该合理、公正。所谓可理解性,即诚信标准必须被清楚地表述,不模糊。一项可以有多种解释的规则容易造成不公正、甚至邪恶的结果。

所谓诚信规则合理、公正的适用,牵涉到诚信的相同标准是否应该适用于调解的所有参与者,不管是律师调解员还是非律师调解员,是代理律师、法官还是退休法官,或是一般的当事人。诚信的标准应该一视同仁,除非一些例外能被识别且被证明为合理。[2]

(四)在所有情况下,诚信规则都应该能让所有的游戏参与者遵守

不论选择哪种诚信标准,必须要有一个最终检验程序,来确定是否这个标准拟规制的所有人能够在任何可预料的情况下遵守它。这就要考虑一下诚信标准起作用的多种多样的形式。规则的普适性可以保证绝大部分参与调解的人都能够适应规则的要求,从而去遵守它。

**四、观察身体语言,揭穿调解骗术**

既然已经明确了在实践中,欺骗行为的发生是不可避免的。余下的问题就是调解员应如何在调解中处理窘境。如果学会辨认带有虚假信息的语言和非语言暗示,而不只是依靠直觉和实践经验,

---

[1] See Burgoon, J. K., Floyd, K., Testing for the Motivation Impairment Effect During Deceptive and Truthful Interaction, 64 (3) *Western Journal of Communication*, 2000, pp. 255-257.

[2] See DeTurck, M. A. Harszlak, J. J., Bodhorn, D. J., Texter, L. A., The Effects of Training Social Perceivers to Detect Deception from Behavioral Cues, 38 *Communication Quarterly*, 1990, p. 198.

调解员就可以在很大程度上提高探测和识别欺骗的能力。① 在很多时候,调解员可以通过对当事人或代理律师身体语言的观察来发掘其所实施的骗术。②

(一) 交际欺骗理论概述

1980 年 Buller 和 Burgoon 提出了交际欺骗理论,该理论主要处理交际过程中的欺骗问题。③ 相关研究显示,在谈话的过程中,欺骗者总是力图调整其他人的反应,这样他们的沟通方式就会看起来更真实。④ 欺骗者总会从言语和非言语行为中选择一个,在心中进行设计从而提高在欺骗过程中成功的机会。同样,不管是有意识的还是下意识的,接收者都会对虚假信息做出反应——发出怀疑的信号。当欺骗者意识到这种怀疑,他们会依次精炼自己的表现以防止这些暗示进一步发展,努力减少被怀疑的可能,并借以提高自己的可信度。

研究者相信,欺骗不是简单的事情,事实上欺骗需要很多情感、认知和心理上的努力,并且会引发愧疚、不舒服或谎言被揭发的感觉。⑤ 回忆一下自己最近一次说过的谎言。回想那个时候,你可能会突然变得很紧张。在说谎之前人们总是试图尽力思考以图周全,想象被揭发的后果,同时试图为对方留下真诚、可信的印象。所有这些都需要复杂的认知能力。如果一个人可以抑制自己的紧张和

---

① See DeTurck, M. A., Training Observers to Detect Spontaneous Deception: Effects of Gender, 4 *Communication Quarterly*, 1991, p. 88.

② See Jeffrey Krivis, Mariam Zadeh, *Common Ground*, *First Mediation*, OMA Corp., 2007, p. 3.

③ See Buller, D. B., Burgoon, J. K., *Interpersonal Deception Theory*, *Communication Theory*, Routledge, 1996, pp. 205-207.

④ See Burgoon, J. K., White, C. H., Adaptation and Communicative Design, Patters of Interaction in Truthful and Deceptive Conversations, 27 *Human Communication Research*, 2001, pp. 21-22.

⑤ See Ekman, P., Friesen, W. V., Nonverbal Leakage and Clues to Deception, 32 *Psychiatry*, 1969, pp. 88-89.

压力,在最困难的处境中处之泰然的话,那么他就可能成为最成功的说谎者。① 富有社会经验、社交技能和沟通能力的个人一般更熟练、警惕、自信,更善于表达、不容易烦躁、不紧张、不死板,这能使他们比一般人更擅长撒谎。②

因为讲述事实比说谎更受欢迎,大多数人并不是撒谎的老手,他们需要努力控制那些欺骗他人的感受。说谎者总是试图让自己看起来有可信度,他们不自觉地就会显示出反映他们欺骗行为的暗示,这在交际欺骗理论中通常被称为"漏出物"。③ "漏出物"指欺骗者撒谎时心理活动的不经意外露。④

交际欺骗理论一个关键的内容是欺骗行为可以由非战略性表现(不经意的外露)和战略性表现(故意的行为)组成,同时又可以分成三个管理类别:信息、行为和形象。⑤ 信息管理主要是管理说谎者传达的大量信息问题。行为管理,则指说谎者会努力控制自己的非言语行为,以期被最小程度地怀疑。最后,形象管理指的是说谎者继续保持积极面容的努力。尽管,说谎者期望不要让这些技巧显示出来,但是过度的使用往往会产生事与愿违的结果,使说谎者看起

---

① See Vrij, A., Edward, K., Roberts, K. P., Bull, R., Detecting Deceit Via Analysis of Verbal and Nonverbal Behavior, 24 *Journal of Nonverbal Behavior*, 2000, pp. 259-260.

② See Burgoon, J. K., Buller, D. B., White, C. H., Afifi, W., Buslig, A. L. S., The Role of Conversational Involvement in Deceptive Interpersonal Interactions, 25 *The Society for Personality and Social Psychology*, 1999, pp. 682-683.

③ See Ekman, P., & Friesen, W. V., Nonverbal Leakage and Clues to Deception, 22 *Psychiatry*, 1969, pp. 103-105.

④ See Zuckerman, M., DePaulo, B. M., Rosenthal, R., *Verbal and Nonverbal Communication of Deception*, Academic Press, 1981, p. 12.

⑤ See Burboon, J. K., Buller, D. B., Guerrero, L. K., Afifi, W. A. & Feldman, C. M., Interpersonal Deception: XII. Information Management Dimensions Underlying Deceptive and Truthful Messages, 63 *Communication Monographs*, 1996, p. 52.

来太紧张而不自然。①

(二) 调解员对调解骗术的观察路径

与交际欺骗理论陈述的观点一致,人们会在下面的提纲里发现各种言语和非言语的,战略的或非战略的暗示,这使得调解员有充分的机会在调解桌上将说谎者从说实话的人中侦测出来。

1. 战略性暗示

说谎者会故意表现出以下行为、形象或信息管理的暗示来提高自己欺骗成功的机会:

(1) 故意的模糊沟通;

(2) 从谈话中撤走;

(3) 以防察觉而努力保持积极形象;

(4) 说话的方式更慢或更冷淡;

(5) 在他们的信息中引入不相关的信息,以此来使他们的表述与主题不相关;

(6) 使用更多的泛泛之词或总括的术语(如所有的、一个都没有、没人、每个人、总是、从不,等等)②;

(7) 说话的时间较短,这样就会表达更少的信息;

(8) 频繁地使用修饰词(如有时、通常);

(9) 更多的集体引用,更少的自身引用(如多用"我们",少用"我"作为称谓。)③;

(10) 使用更长的反应潜伏期,使说谎者有时间准备更好的虚

---

① See Buller, D. B., Burgoon, J. K., White, C. H., Ebesu, A. S., Interpersonal Deception: VII. Behavioral Profiles of Falsification, Equivocation and Concealment, 13 *Journal of Language and Social Psychology*, 1994, p.376.

② See Knapp, M. L., Hart, R. P., Dennis, H. S., An Exploration of Deception as a Communication Construct, 5 *Human Communication Research*, 1974, p.271.

③ Ibid., p.273.

假答案。①

2. 非战略性暗示

欺骗中的个人由于自己的焦虑、情绪和认知能力,会表现出以下无意识的外露暗示:

(1) 瞳孔扩张——说谎者的瞳孔会扩张,就像人们处于昏暗灯光中的情形②;

(2) 眨眼睛——说谎者比讲实话的人眼睛会眨得更频繁③;

(3) 眼神转移——说谎者的眼神会朝向上、下或两边,大部分情况下不会直视说话的对象④;

(4) 自编自演——说谎者会用手抚摸或控制物品,或身体的一部分⑤;

(5) 提高说话的音调——说谎者往往比讲实话的人音调要高;

(6) 说话的错误——说谎者会用这类词,如"嗯"、"啊"、"哦"⑥;

(7) 说话停顿——在谈话中,说谎者会有更长时间的停顿;

---

① See Rockwell, P., Buller, D. B. The Voice of Deceit: Refining and Expanding Vocal Cues to Deception, *14 Communication Research Reports*, 1997, p.452.

② See O'Hair, H. D., Cody, M. J., McLaughlin, M. L., Prepared Lies, Spontaneous Lies, Machiavellianism, and Nonverbal Communication, 7 (4) *Human Communication Research*, 1981, p.329.

③ See Ekman, P., Friesen, W. V., O'Sullivan, M., Scherer, K. R., Relative Importance of Face, Body, and Speech in Judgments of Personality and Affect, 38 *Journal of Personality and Social Psychology*, 1980, pp.273-275.

④ See Hocking, J. E., Bauchner, J. E., Kaminski, E. P. Miller, G. R., Detecting Deceptive Communication from Verbal, Visual and Paralinguistic Cues, 6 *Human Communication Research*, 1979, pp.33-34.

⑤ See Ekman, P., Friesen, W. V., Hand Movements, 22 *Journal of Communication*, 1972, pp.358-359.

⑥ See DeTurck, M. A., Miller, G. R., Deception and Arousal: Isolating the Behavioral Correlates of Deception, 12 *Human Communication Research*, 1985, pp.188-189.

(8) 否定的陈述——说谎者容易使用"不"、"否"、"不能"这类词[①];

(9) 腿在凳子上打转——说谎者会有更多的腿部抖动、踢脚动作,当坐着的时候,不是旋转就是摇晃;

(10) 较少的手部和头部动作——说谎者说话时很少动手,也会极力保持头部不动。[②]

不管调解员喜欢与否,欺骗都是调解桌上的现状。让当事人自愿在调解中说出自己的立场、弱势或底线,这都是不太可能的。熟悉说谎者显示出来的暗示(战略和非战略),毫无疑问会提高调解员辨明真相的能力。

此外,调解员在揭示欺骗行为的时候一定要仔细。如果调解员用警惕和探测事实的目的进行调解,这种怀疑和不信任的态度很快会被老练的说谎者发现。一旦他发现了调解员的怀疑,他们会试图管理自己的行为来减少和掩盖那些暗示。为了比说谎者提前一步,调解员应继续对他们的欺骗性技巧保持警惕,但是要尽可能地掩饰自己的怀疑。

总之,在日常生活中,欺骗是经常发生的。人们选择欺骗的原因有很多,其中有五个主要动机:保留面子、指导社交、避免紧张或冲突的局面、影响人际关系和获得利益。通过上述研究,可以得出结论,撒谎是为了在劣势中,从社会或经济上保护自己,这说明撒谎是有原因和特别动机的。在调解中,欺骗和谎言是很平常的事情,因为调解是以信息交流为基础的。[③] 换句话说,为了达成协议,调解

---

[①] See Mehrabian, A., Orientation Behaviors and Nonverbal Attitude Communication, 17 (4) *Journal of Communication*, 1971, p.328.

[②] See Ekman, P., Friesen, W. V., Detecting Deception from the Body or Face, 29 (3) *Journal of Personality and Social Psychology*, 1974, pp.272-273.

[③] See Schweitzer, M. E., Negotiators Lie, 8 (12) *Harvard Negotiation Journal*, 2005, pp.31-32.

人员没有多少选择,只能依赖于当事人提供的数据和请求。而且,要求每个当事人或律师诚信地陈述和表达立场是很不现实的。

调解中的欺骗有许多形式,包括虚张声势、故作姿态、规避、隐瞒、曲解、或直接撒谎。[1] 调解中的骗术可以分为两类:一类是为了达成和解而采取欺骗性的谈判技巧,当事人使用这些骗术的目的仍然是想达成和解;另一类是恶意的欺骗,即当事人根本就没有解决争议的诚意,却来假装参与调解,以达到其不可告人的目的,这种骗术是不能容忍和接受的。

尽管很少有人愿意承认,但是毫无疑问,欺骗确实在调解双方以及他们与调解员的沟通中起到了积极作用。这是因为每个调解员都希望调解结束时,他能为当事人争取到最好的结果。许多人都认为要取得这样的结果,某种形式的欺骗是很有必要的。有研究表明:(1) 61.5%正常谈话的主题都有某种形式的欺骗[2];(2) 很多人承认他们每两周就要说大约 16 次善意的谎言[3];(3) 还有人一周大约说谎 13 次[4];(4) 28%的调解员在调解中就共同利益问题撒谎,如果他们不被直接地问及这个问题,100%的调解员会积极地撒谎。[5]

---

[1] See Mehrabian, A., Orientation Behaviors and Nonverbal Attitude Communication, 17 (4) *Journal of Communication*, 1971, p.329.

[2] See Turner, R. E., Edgley, C. Olmstead, G., Information Control in Conversations: Honesty is not Always the Best Policy, 11 *Kansas Journal of Sociology*, 1975, p.79.

[3] See Camden, C., M. T. Motley, A. Wilson., White Lies in Interpersonal Communication: A Taxonomy and Ppreliminary Investigation of Social Motivations, 48 (4) *Western Journal of Speech Communication*, 1984, p.319.

[4] See Hample, D., Purposes and Effects of Lying, 46 *The Southern Speech Communication Journal*, 1980, p.35.

[5] See Houch S., Kunreuther H., *Deception in Negotiation*, *Wharton on Making Decisions*, John Wiley and Sons, Inc., 2001, p.56.

# 商业例外之例外

## ——"国家豁免"中一个也许因中国而创的立场\*

潘 灯\*\*

中国签署但未批准的《联合国国家及其财产管辖豁免公约》,其"限制豁免"的立场与中国一直坚持的"绝对豁免"尚存差异。《公约》依照主流观点,将"商业交易"作为"国家豁免"的例外。但根据"国家豁免"理论的既有发展历程看来,国家控制下的公司,其商业交易成为国家经济主权的表现形式,理应和其他主权行为一样获得国家豁免。判断主权行为应根据其"目的"而不是"主体"和"形式"。将"主权性质"的商业行为排除在"商业例外"之外,既符合《公约》的宗旨和立场,又符合各国的实际,而且解决了我国对这一问题的主要关切。

---

\* 本文的初稿是为中国政法大学国际法学院 2012 年 4 月举行的"首届博士生圆桌论坛"而准备的发言稿。在发言稿和论文写作过程中得到了恩师杜新丽教授的悉心指导,并多次和中国政法大学国际法学院 2011 级博士研究生严文君进行商榷。论坛发言后,中国政法大学国际法学院张丽英教授、孔庆江教授、林灿林教授、霍政欣教授、覃华平博士和 2009 级博士生万福良、王弱源对本文提出了中肯的建议和质疑,在发言稿写作中得到了 2011 级博士研究生曾莉、谢凯和白倩倩的帮助,论文写作过程中得到中国政法大学曾涛副教授、李居迁副教授和外交部条法司徐宇处长的帮助,在此一并向他们表示感谢。本文的大多观点来源于他们,但"'商事问题'在国家豁免中属于主权事项,我国在立法和阐述观点时应对'商业例外'做例外排除"一直是笔者坚持的观点,这与当前国际立法和主流学者观点有很大差别,这一观点和本文其他观点的谬误理应由笔者承担。

\*\* 潘灯(1981—),男,重庆开县人,中国政法大学国际私法学 2011 级博士研究生。

2004年,中国签署了《联合国国家及其财产管辖豁免公约》(以下称《公约》),但自今尚未批准。我国一直坚持"绝对豁免"①,与该

---

① 厘清中国政府对待"国家豁免"的态度似乎并非一件容易的事情,笔者这一问题进行初步归纳如下:

迄今为止,中国没有关于国家豁免的专门、具体的法律规定,中国的立场主要反映在新中国成立以来的政府声明、中国在国际上的外交和司法实践和中国业已缔结或者参加的双边、多边的国际条约,以及相关的国内法律规定之中。

在司法判决方面,由于涉及外国国家或其政府的民事纠纷一般都是经过外交途径解决,到目前为止中国法院还没有有关国家豁免的判决先例。在立法方面,尽管缺乏这一问题的系统专门法律,但2005年10月25日通过的《外国中央银行财产司法强制措施豁免法》仍然对中央银行坚持绝对豁免,而对大量存在、真正行使银行职能的商业银行没有规定。

在条约实践方面,1958年中国政府与前苏联缔结了通商航海条约,该条约附件的第4条规定,商务代表处对对外贸易享有主权国家有权享有的一切豁免权,但规定了构成这一原则的例外,但是这种"限制"是基于放弃,而非"限制豁免"。中国政府1980年参加了《国际油污损害民事责任公约》,而根据该公约第11条第1款的规定,缔约国将就油污损害赔偿案件放弃损害所在地缔约国法院的管辖豁免权。其后中国又加入了一系列采纳限制豁免主义的国际公约,如《解决国家与他国国民之间投资争端公约》、《多边投资担保机构公约》、《联合国海洋法公约》等。中国还签署了支持限制豁免的《联合国国家及其财产管辖豁免公约》,但至今尚未批准,该《公约》尚不对我国产生拘束力。

但是,政府的立场依然毋庸置疑地坚持"绝对豁免"。在1983年的"湖广铁路债券"案中,中国在致美国政府的官方文件中反复强调绝对豁免的立场。1986年一读通过关于"国家及其财产的管辖豁免条款草案"时中国政府认为,国家及其财产的管辖豁免是一项建立在国家主权平等基础上的,久已确立和公认的国际法原则。条款草案应当在确定上述原则的前提下,深入地研究世界各国,包括社会主义国家和发展中国家的实践的基础上,实事求是地规定为现实证明为必要和合理的'例外',如不动产的所有、占有和使用、商用船舶等,以适应国际关系、特别是国际经济、贸易交往的现状和发展。制订国家管辖豁免的法律制度的目标应当是,在有助于减少和防止对外或主权国家滥用国内司法程序和提供公平合理的争端解决途径之间维持必要的平衡,从而有利于维护国际和平,发展国际经济合作关系,促进各国人民之间的友好交往……。这一表态表明中国政府不否认在例外的情况下排除国家豁免的适用。在2000年中国常驻联合国代表关于《公约(草案)》的声明中,中国政府明确表示支持联合国国际法委员会1991年的条款草案,而这一草案正是坚持了限制豁免论的立场。中国常驻联合国代表在给主席的说明中指出:"本代表团认为,联合国国际法委员会1991年的条款草案可以作为建立普遍适用的豁免原则的基础,因为它考虑到了不同国家的理论、立法和司法实践。"

根据上述分析,可以认为我国对待"国家豁免"的基本立场是:(1)中国坚持传统的国家豁免原则,认为主权国家的一切行为均享有国家豁免,除非该国明确放弃;(2)赞同和支持通过达成国际条约来减少消除和各国在这一问题上的分歧;(3)中国的国有企业和公司是具有法人资格的独立经济实体,不享有国家豁免;(4)外国国家任意侵犯中国的国家及其财产豁免权,中国可以对该外国国家采取相应的报复措施;(5)中国到外国法院特别出庭抗辩该外国法院的管辖权,不得视为接受该外国法院的管辖。

公约主张的"限制豁免"尚有一定差距。从我国参加双边或多边条约中时的声明可以看出,政府现阶段的立场是在坚持"绝对豁免"的前提下进行"放弃豁免",即"绝对豁免—放弃豁免"的模式。①

现如今,只有我国、越南和智利等少数几个国家仍坚持"绝对豁免",我国学界一直主张从"绝对豁免"走向"限制豁免"。但由于公有制的国家经济体制,政府在经济生活中的地位始终处在相当重要,甚至是主导地位,这一国情与其他发达国家有所不同。尽管我国已经认同了国有企业和公司是具有法人资格的独立经济实体,不享有国家豁免,但随着中国经济"走出去"步伐的加快,大量带有主权事务性质的援外项目正是通过国有企业参与的形式进行。这些项目尽管具有商事行为的外在形式,但不具有商事行为"追逐盈利"的内在特征,而且很多项目根本不存在盈利的可能。一些学者已经反思,在援外领域放弃"国有企业和公司的国家豁免"是否恰当,进而担心放弃"绝对豁免",全盘接受西方发达国家的"限制豁免"立场会增加国家和国有企业的经济风险。

中国已经签署《公约》,《公约》仅认可成员国对第2条进行保

---

① 张贵林教授、王虎华教授、罗国强博士等学者认为,我国对该《公约》的批准行为意味着从过去的坚持绝对豁免的立场转向了采取限制豁免的立场。在"刚果(金)案"中,原告的御用大律师唐明治和香港上诉庭法官司徒敬认为,中国既已签署了上述公约,即使有待批准,仍不得偏离该公约的目的和宗旨,即应该采取公约中所体现的限制豁免主义。但在,在"刚果(金)案"审理的过程中,我国外交部驻港特派员公署曾授权发出三份外交文书,阐明中国政府奉行的仍然是国家主权绝对豁免政策,不对外国主权国家进行强制管辖和执行。同时说明虽然中国签署了《公约》,但尚未批准,该公约也尚未生效,并没有改变中国政府长期奉行的绝对豁免政策,中国仍然可以而且事实上还在坚持自己一贯主张的国家主权绝对豁免原则;假如香港一意孤行采"有限度外交豁免权",将会构成五大影响,包括不符香港特区地位、国家外交立场受质疑、受影响国家向中央交涉有损友好关系、中国海外财产安全受威胁、妨碍发展中穷国减债等。此外,还提到香港回归前套用英国的有限度外交豁免权,自回归后已不适用,因回归后香港的外交事务须交由中央政府决定,中央政府早于中英联合声明联络小组内明确表示过,回归后香港会使用中国统一的外交豁免制度。这三份外交文书说明中央政府至今为止仍然坚持国家主权的绝对豁免,即使签署了《公约》也不代表转向限制豁免主义。

留,而且第 2 条规定,所谓的"商业交易"可以根据法院地国的实践,"商业性质"的判断可以根据"合同或交易的目的"。这为我国根据自己立法处理中国特色的国企问题留下了难得的空间。具有先见胆识的学者们呼吁制定我国的《豁免法》,抛弃"绝对豁免"和"限制豁免"的无谓争议,定义于我国有利的豁免主张。

究其表象,中国对于"国家豁免"的立场是我国给予外国家、机构、企业及其财产的待遇。但这背后的本质是中国对于这一问题的基本立场,以便在中国及其财产在国外遇诉时中国希望外国给予相同的待遇。本文试图探究"商事行为"与"主权行为"的关系,分析国外立法中将"商业交易"排除在"主权行为"之外(即所谓"商业例外")的不当,利用《公约》在"商业例外"第 2 条留下的空间,探讨对中国有利的"国家豁免"中"商业例外"的立场。

## 一、"国家豁免"中"主权"范围的思考

所谓国家豁免,又称主权豁免,是指一国不受另一国管辖的权利。[1] 国家豁免的历史起源很难追溯和界定,早期的发展受到外交豁免、君主豁免,以及国内法上主权豁免制度的影响。[2] 著名的拉丁法谚"平等者之间无统治权"中已可见到主权豁免的雏形。

最早的有关国家豁免的原则可查于 19 世纪西方一些封建王国

---

[1] 国家豁免有广义和狭义之分,广义的国家豁免是指一国不受另一国立法、行政和司法权力的管辖,而狭义的国家豁免仅指司法豁免。本文仅从狭义的角度探讨。也有学者将外交豁免及其相关问题也纳入广义的国家豁免理论。而笔者认为,由于目前世界各国已普遍接受《维也纳外交关系公约》和《维也纳领事关系公约》的规范,加之外交豁免和国家豁免的范围和性质均有差异,因此虽然外交豁免不可避免地与国家豁免交叉在一起,但是普遍地将它们视为独立于国家豁免的范畴,这种平行发展自成体系的状态应当继续维持而没有融和的必要。

[2] 参见龚刃韧:《国家管辖豁免原则的历史起源》,载《中国法学》1991 年第 5 期,第 91 页。

的审判实践①,这些对国家财产的豁免多是基于尊重君主个人财产的豁免。在彼时的欧陆,君主和国家往往一体,国家甚至被认为是君主的私产,因此君主个人的管辖豁免特权是习惯法规则中"国王永远不会做错事"在财产领域的延伸。

此后,这一判例逐渐运用到与王室和政府相关的,包括商船在内的船舶案件中,1810年发生在美国的"斯库诺交易号诉麦克法登案"即被认为是现代国家豁免制度的肇始。② 当时,欧洲国家通过特许设立股份有限责任公司,并赋予其贸易专权,在亚洲、美洲、非洲大势殖民扩张。类似英属西印度公司这样的殖民机器,通过远洋航运将财富源源不断地从世界各个角落运往欧洲。这一时期的商船,不仅承担着为股东创造利润的任务,更承载着为国家开疆拓土的使命,自然成为了主权和尊严的一部分。绝对国家豁免理论是这一时期各国普遍奉行的国际习惯法。

19世纪中叶开始,以英国为代表将股份公司的设立由特许变为自由注册。尽管以国家和王室出资或支持的公司仍然大行其道,但与之相随的是由垄断到竞争、由封闭到开放的市场竞争的形成。欧美国家涉及外国国家的跨国诉讼的焦点从政府船舶和君主个人转向外国国家的贸易活动和合同义务。到19世纪末,比利时和意大利开始主张不再对国家的"私"行为给予豁免权,这被认为是限制豁免理论的起源。第一次世界大战后,各国关于国家豁免的立场分歧越来越明显,奥地利、法国、希腊等国相继接受了限制豁免论的立场,

---

① 如荷兰的"勃兰登堡选帝候乔治·威廉债务偿还案",英国的"布伦敦克公爵诉汉诺威国主案"和"比利时国王船舶案"。参见〔荷〕宾刻舒克:《使节论》,牛津大学出版社,1940年英译本,第4章和Hazel Fox, *The Law of State Immunity*, Oxford University Press, USA, p.16, p.18.

② 这一案件的判决可参考 D. J. Harris, *Case and Material and International Law*, Fifth Edition, London Sweet & Maxwell, 1998, pp.308-310.

但是英、美、德、日仍旧给予绝对国家豁免权。[①] 笔者无法从国家政治立场抑或是经济发展水平上找出这一时期持相近立场的国家之间的共性。唯独作为社会主义国家苏联的立场可以从政治属性上分析得出——其对外经济贸易活动都是由国家直接参与,因此必须坚持绝对豁免。

第二次世界大战后出现了一批社会主义国家,它们采用与苏联一样的经济体制,理所当然也坚持绝对豁免理论。随后在民族独立运动中成立的发展中国家,出于对自身来之不易的主权的重视以及发展经济的强烈愿望,也大多支持绝对豁免。而西方国家在国内外所从事的经济贸易活动主体是私人企业,为避免同社会主义国家或发展中国家交易而产生争议时,因对方主张国家豁免而无法援引应有的权利,限制豁免论一时间为所有西方国家所采纳。这一时期,对国家豁免的坚持或是限制,在东、西、南、北各集团中表现得日趋一致。同期,西方各国的限制豁免理论日渐丰富,在国家豁免的例外方面达成了共识。此外,英美为代表的国家通过国内立法,从行为的角度将国家行为区分为"主权行为"和"非主权行为",认为国家从事商业和贸易的"非主权行为"不应予豁免;其他有的国家从商业行为的目的上对"公行为"和"私行为"进行区分,认为国有企业从事盈利活动属于"私行为"应限制豁免。

"冷战"结束后世界经济得到了相对的和平发展机遇,随着西方主导的经济全球和国际经济分工趋势的加强,更多国家自觉或不自觉地参与到国际经济活动中来。它们认识到在法律地位平等的基础上进行国际经济合作更符合国家的根本利益,大多数国家逐渐普遍认同限制豁免主义。2004 年 12 月,联合国大会以 171 票通过了采取限制豁免主义的《公约》,此《公约》是目前世界上关于国家及其

---

[①] 参见陈纯一:《国家豁免问题之研究——兼论美国的立场与实践》,台湾三民书局 1997 年版,第 55 页。

财产管辖豁免问题最全面最系统的一个国际法律文件。①

分析各国对待国家豁免立场,可以得出这样的结论:尽管对于国家豁免的法理基础,中外各种学者有着不同的理解,但是他们无一例外都认同了这一理论是出于对国家主权的尊重。② 国家豁免尽管是本国法律对外国及其财产在本国地位的规定,但同时也表现成对本国及其财产在外国地位的基本主张。

中国是极少数几个依然坚持绝对豁免立场的国家,有的学者担心国有企业尽管已经成为独立的法人主体,但是所有权还属于国家,国有企业的财产在中国当前的民法和财产权语境下,还无可辩

---

① 截至2012年4月,已经有31国签署该公约,奥地利、法国、伊朗、日本、哈萨克斯坦、黎巴嫩、挪威、葡萄牙、罗马尼亚、沙特、西班牙、瑞典和瑞士等13个国家批准该公约。离该公约要求的第30个成员国批准并递交加入书的第30条后生效。该公约生效看来还有很长时间,但有两点值得注意的是:(1)加入国数量增长随时间呈加速度上升;(2)美、英等国尽管未加入本公约但其在本问题上的国内立场与公约规定并无太大差别,加入本公约只是时间问题。相关网页见此:http://treaties.un.org/pages/ViewDetails.aspx?src=TREATY&mtdsg_no=III-13&chapter=3&lang=en(访问时间:2012年4月28日)。

② 对于国家豁免的理论来源,主要存在"治外法权论"、"尊严论"、"礼让论"和"国家主权平等论"等理论。其中,"国家主权平等论"一直是各国公认的国家豁免的主要理论根据。它源于国家主权平等原则。主权本质上具有对内和对外的两层含义。"主权"的对内本质,传统上被理解为具有"最高性"、"控制性";而其对外本质,则通常被理解为具有"独立性"、"平等性"。我国学者也普遍认同这一观点,认为"国家主权平等论"作为国家豁免原则的理论根据还基于以下原因:(1)"国家主权平等论"客观地反映了国际社会中国家之间的关系;(2)"国家主权平等论"能够从法律意义上正确解释国家豁免存在的原因;(3)"国家主权平等论"还能说明国家之间相互给予豁免的原因;(4)"国家主权平等论"作为国家豁免的理论根据,不仅为早期各国所接受,而且也得到了现代各国理论与实践的一致承认。此外,联合国国际法委员会关于国家豁免专题第一任报告员素差伊库在其报告中也指出:"国家豁免原则的最令人信服的根据,可以在由各国惯例和实践中所证明的,并通过国家主权、独立以及平等之类的用语所表现出来的国际法中所发现。"

驳地成为国家财产。① 如果放弃"绝对豁免",那么,国有企业的财产就是国有财产,一家国有企业的债务因此可能由国家承担。还有的学者担心,既然所有国有企业均属于国家,一家国有企业的债务可能会因此被主张由另一个国有企业承担连带承担。在促进国内经济发展还是在"走出去"过程中,国有企业在很多场合都还承担着诸如"援外"和"援助换资源"的国家主权行为。在我国自己的"限制豁免"理论还不健全的情况下,盲目全盘接受西方语境下的"限制豁免",将国有企业的行为统统纳入"商业行为",会极其不利。

从历史变迁的视野分析发达国家对于国家豁免立场的变迁,我们看到"绝对"抑或是"限制"似乎并非在理论上哪一者更公平、更先进,完全是出于一国对其自身利益的维护,取决于该国的国内经济体制以及在国际交往关系中的利益权衡。随着战争作为谋求国家利益的主要手段被摒弃,全球经济一体化过程中各国利益的争夺已

---

① 在我国,"所有权"和"经营权"的两权分离是国有企业产权改革的主导思想,这一主导思想导致立法对国家与国有企业产权关系的界定模糊不清。我国《民法通则》和《公司法》都对国家与国有企业的产权关系作出了界定,但其中的规定自相矛盾且模糊不清。例如,《民法通则》第41条规定:"全民所有制企业、集体所有制企业符合国家规定的资金数额,有组织章程、组织机构和场所,能够独立承担民事责任,经有关主管机关核准登记,取得法人资格。"而该法财产第82条又规定:"全民所有制企业对国家授予它经营管理的依法享有经营权"。这样,在确认国有企业是法人的同时又规定国有企业无财产所有权,显然使国有企业不符合作为企业法人的基本条件。很难想象一个没有独立财产所有权的企业如何具备独立的法律人格。又如,《公司法》中有关国有企业的规定也自相矛盾。该法第4条在一般公司享有法人财产权后,又规定公司中的国有资产所有权属于国家,实际上仍然没有摆脱所有权与经营权分离的思想,如果这种立法现状不改变,我国将在涉及国家豁免的案件中处于被动的地位。

经逐渐体现为经济利益的维护,经济主权①已无可辩驳地成为国家主权的一部分。

笔者认为,正如主权属于历史范畴,是动态发展的概念,经济主权同样是由不同时代的经济特征所决定的。而一国对于国家豁免中涉及商业行为的立场已经涉及经济主权这一概念。经济主权,对内当然地包括国家可以自主决定采用计划经济还是市场经济,抑或是宏观调控下的市场经济,以及参与市场竞争的各种企业的形式、地位和作用;对外也当然地包括在交往双方或多方(而不包括不参与交往的第三方)平等自愿的基本原则下用什么方式实现国际贸易和经济往来。在这种理论的范畴下,国家通过机关、机构还是企业来实现自己的经济权利完全是本国的经济主权,国有企业完全可以承担实现国家经济主权的责任,这些行为尽管是"商业行为",同样也是"主权行为",理应成为"国家豁免"的一部分。将"商业行为"不分青红皂白地排除在"主权行为"之外,是毫无道理的。

### 二、判断商事,应基于目的还是形式

属于"主权行为"的"商业行为"原本应该作为"主权行为"受到国家豁免。但是无论是《公约》还是各国立法,无论是主流学界观点还是中国政府已经作出的主张都认可了在"国家豁免"中将"商业利益"排除在外。

---

① 徐泉教授认为,经济主权是指国家在国际经济活动中有权选择国家经济制度,参与、协调国际经济秩序等重大经济问题上的最高独立决策权。经济主权对内作为国家主权在经济领域的表现,也具有对内最高属性和对外独立性。其对内最高属性体现为:主权国家有权自主选择自己的经济制度;自主决定自己的经济发展战略;自主立法建立本国国内的市场经济运行规则;自主开发和利用本国的经济资源。对外独立性表现为:主权国家无论是否参与国际经济活动,都有自己的生存权和发展权;主权国家可以自主决定是否参与国际经济活动;在承担国际经济规则的义务的同时,享有平等的权利;国家之间的经济交往以平等互利为基础,主权国家有权保护自己不受外来经济势力的掠夺和剥削。(参见徐泉:《经济主权原则的发展趋向论析》,载《现代法学》2005年第6期,第174页。)

无论是以苏联为代表的社会主义阵营还是欧美为代表的资本主义阵营,都将国家从事商业交易作为主张管辖豁免的例外,并将其列入各自的立法以及参与的多边、双边条约。美国、英国、新加坡、巴基斯坦、南非、加拿大和澳大利亚等国的国家豁免立法将外国的商业行为列为限制豁免的主要对象。比利时、意大利、奥地利、瑞士、德国、法国、荷兰、英国、埃及和巴基斯坦都有判决显示法院否认国家从事商业交易享有管辖豁免。苏联和其他国家签署的一系列"通商航海友好条约"放弃了商务代表处在对外贸易中进行非主权相关的商事行为放弃豁免。无论是1972年的《欧洲国家豁免公约》还是2004年的《公约》都规定了国家豁免中"商业交易"不属于主权事项,不应该享有豁免。即便有学者认为"国家豁免"是否是一项公认的国际习惯法还存在争议,但"商业例外"已经成为"国家豁免"领域中各国公认的准则。

中国也顺应了这一立场,把国家本身的活动和国有公司或企业的活动区别开来,认为国有公司或企业是具有独立法律人格的经济实体,其进行的商业行为不应享受豁免。

但是,在实践中界定商业行为并非易事。国内法区分统治权行为(或主权行为、公法行为)和管理权行为(或商业交易行为、私法行为)的标准不同,而国际法中也没有形成各国普遍公认的区分标准。这些方式包括:第一,国家以双重身份行事。[①] 第二,默示放弃豁免。[②] 这两种方式与都与国家的意愿有关,默示放弃豁免说明国家同意接受管辖。第三,对行为和诉讼标的的鉴别,在适用这种方式

---

[①] 通过考察国家是否以双重身份行事来区分统治权行为和管理权行为的方式是以"国家双重行为论"为理论基础的。按照这一理论,国家的域外行为可以被区分为两类:一类是"管理权行为";另一类是"统治权行为"。国家豁免的原则只适用于前一类行为,而不及于后一类行为。

[②] 国家同意法院的管辖权为限制国家豁免提供了更充分的理由。由于被告国家同意接受管辖而使其丧失豁免权与绝对豁免论也不矛盾。因此,一些国家强调,放弃豁免权或默示同意外国法院的管辖权是国家豁免原则例外的真正基础。

时,一般有两种验证的方式:私法验证方式①和商业性的验证方式。②第四,列举的方式,主要方式是反面列举③,但有案例选择了正反两方面列举的方式。④ 以及第五种方式,即对行为进行区分的辅助方式,这种方式又包括(1)通过确定行为的目的来定义某一行为(又称"目的标准")。(2)通过确定行为的性质来定义某一行为(又称"性质标准")。但不论是行为的目的和都不能提供完全满意的区分标准,因而产生了另一种更广义的区分标准,即(3)混合标准。

英美等国目前坚持的是"性质标准"。美国《外国主权豁免法》

---

① 私法验证方式是以私人能否履行的法律行为作为区别行为是否是商业行为的标准。按照私法验证方式,履行行为的个人的目的不再是被关注的焦点,而个人与国家之间的关系以及履行行为的形式才是被关注的焦点,判断的标准是该行为是否为私人所为以及是否是以私法的形式所为。

② 目前,在美国、英国等普通法系国家和民法法系国家的国内立法中,商业交易作为国家豁免的例外已经被广泛地接受。商业交易构成国家豁免的例外显然无须更多的理由,因为一旦国家从事商业交易的行为,它就不再为公共目的而行为,它是作为贸易者而不是作为独立的主权国家而行为。因此,与此类商业活动有关的活动也不再享有管辖豁免。

③ 自从英国《国家豁免法》和《欧洲国家豁免法》通过反面列举的方式确定非主权行为以来,普通法系国家也热衷于承认这一反面列举的方式。在英国《国家豁免法》反面列举的清单中,最核心的非主权行为包括:第一,提供货物或服务的合同;第二,贷款或其他提供资金和保证的行为,或有关此等行为的补偿,或其他金融债务。这两类商业交易包含了大多数的日常交易事项,因此根据这种清楚的列举的方式,有关一个特殊的行为是商业性质的行为还是主权性质的行为的争论也就十分容易解决了。此外,在反面列举的清单中,还进一步列举了雇佣合同和与专利、商标、设计等有关的诉讼以及法人等团体的成员资格等不得享有管辖豁免的非主权事项。《联合国国家及其财产管辖豁免公约》采用的也是反向列举,列出了八种不得援引国家豁免的诉讼,它们是商业交易;雇佣合同;人身伤害或财产损害;财产的所有权占有和使用;知识产权和工业产权;参加公司或其他集体机构;国家拥有或经营的船舶;仲裁协定的效力。《公约》在这里采用排除法确定了国家豁免的范围,凡是没有明文排除的事项,都属国家豁免的范围。

④ 正反两面列举的方式又称平衡的方式,是由布郎利教授提出来(Ian Brownlie, *Principle of Public International Law*, Fifth Edition, Oxford University Press, 1999, p.336.)。至今却只由新西兰法院1996年所判决的"白酒箱"案一个判决中采用。(案情参见 Hazel Fox, *The Law of State Immunity*, Oxford University Press, 2008, p.291。)

第1603条第4款规定:"某一行为的商业特征应当根据行为的过程的性质或特定的交易和行为的性质来决定,而不是根据行为的目的"。在英国,司法判例显示在区分所谓的主权行为和非主权行为问题上一致地根据行为的性质,而不是依行为的目的。

完全适用"性质标准"会使法院陷入困境。比如,在连续的行为中既有商业交易又有政府行为,同时两种行为还交替发生,那么根据哪一时间的行为性质来决定呢呢?"性质标准"很有可能造成"一旦是交易者,永远是交易者"。再如,一个交易具有在商业交易中所使用的法律形式并不必然地导致该交易具有商业性质,同时也不是所有的合同行为都是商业行为,但是按照"性质标准",这些行为必然被囊括在"商业例外"。还有,在国家控制的公共服务领域,如交通、电信或教育虽然要收取费用,但普遍亏损。按照"性质标准",这显然属于商业行为;但事实上,这些私人企业不愿进入的领域恰恰是主权行为必须触及的领域,理应享受"国家豁免"。"性质标准"大大缩小了国家豁免的范围。

此外,选择"性质标准"也有出于意识形态的偏见。各个国家在公共领域参与的程度并不相同,因此,某个行为在一个国家可能是只有国家才能从事,而在另一个国家却可能是只有私人才能从事。如美国法院认为,苏联音乐协会为文化交流而安排的在美国的演出是对服务的出售,因而具有商业性,但苏联认为这种文化交流属于履行主权权力的行为。同样,荷兰法院认为对国立学校的管理不包含特殊的政府行为,与私人学校具有可比性,但是匈牙利则主张其国立大学在罗马经营图书馆的行为享有豁免权。即便在相同的政治制度国家间,这种分歧同样存在,如瑞士和荷兰法院认为经营铁路的行为是履行公共职能的行为,而法国法院却认为此类行为是与公共权力无关的商业行为。美国法院将国有航空公司的行为归为商业行为,而加拿大法院却认为对机场的管理是主权行为。无论是以法院地国的法律为判定标准,还是以有关外国的法律为判定标准,都会造成混乱与不一致的结果,很难确立各国都能接受的统一的国际标准。因此,行为性质标准不能解决类似的冲突。

而"目的标准"则趋于保守,对行为目的具有"公"的性质还是"私"的性质进行区分,进而只对"公"的国家行为予以豁免。其实,对国家行为的性质进行分类而又不涉及其目的是不可能的,在考虑国家行为时完全排除目的也是不切实际的。即便是奉行"性质标准"的美国,其法院在处理"桑其日诉尼加拉瓜中央银行"和"格里高伦诉艾泽威斯蒂亚"中,仍然会考虑行为的目的。① 日本在2001提交给第56届联大秘书处的报告中对"性质标准"提出了质疑。② 中国在同一场合强调了"目的标准"的重要性。③ 其他一些发展中国家强调适用行为目的标准的意义。但是,国家的根本属性决定了国家经常为公共目的而行为,国家行为的最终目的,即使不是全部目的,在很大程度上也是为主权服务的,并且与主权有不可否认的关

---

① 在1985年的"桑其日诉尼加拉瓜中央银行"一案中,法院认为国会并没有完全排斥考虑外国行为的目的,而尼加拉瓜国中央银行管制外汇的行为是一个主权行为。法院在判决中明确指出:"如果我们不考虑这一行为的目的,我们就无法确定其性质,事实上,商业行为本身在很大程度上是由其性质决定的,某一行为之所以具有商业性质是因为它的目的通常是为了追求利润"。而在"格里高伦诉艾泽威斯蒂亚"一案中,法院明确地表示反对完全以性质或目的作为考虑国家是否从事商业交易的标准。

② 日本质疑在确定某一合同或交易是否为一项商业交易时性质标准的充分性。国家法律和法院裁决方面的先例也似乎显示有关问题的国家惯例甚少交集。目前看来,最好由国家法院斟酌决定何谓商业交易。

③ 该报告指出:"在确定一项合同或交易是否属于本公约所指的商业交易时,单纯采用第2条第1款C项的性质标准是不够的,还必须要考虑到国家从事该交易的目的。就国家及其财产管辖豁免问题制订一项规则固然可以为参与交易的自然人或法人提供保护,但也不应使国家从事交易的公共目的受到损害,必须找到一个在性质标准与目的标准之间的平衡点以便在特殊情况下保证国家用于公共目的的财产不受损害。针对"目的标准"过于含混,似乎国家从事的每一项交易中都可能存在某种公共目的质疑,中国政府认为适用目的标准绝非为国家从事的商业行为提供更多的保护而是不应忽视某些情况下的国家特殊利益,如为赈济灾民、采购粮食、为复兴受灾地区采购物品或为制止流行病蔓延而采购药品等。

系。适用"目的标准"导致大量的国家行为被定义为"公"的行为。因此,采取限制豁免立场的西方国家法院大都抛弃了这一标准。

"目的标准"的确不如"性质标准"具有具体和明确的判定条件,但绝非无法适用,如果在实践中国家从事商业行为的目的确实与合同或交易之非商业性质的确定有关,则应该让被告国有机会证明这一点。"目的标准"可以减少不同国家实践中引起的不必要争议,并不会影响国家法院在审理有关案件时在司法解释方面的灵活性,而只是向政府法院和执行人员提供指导并保证与合同或交易有关的各项因素均被考虑到。《公约》就兼采了"目的标准"和"性质标准"。①

"目的标准"是《公约》认可的"商事行为"判定方式,在实践中"目的标准"的结果更接近"绝对豁免",是中国从"绝对豁免"转为"限制豁免"过程中值得考虑的模式。

### 三、中国语境下商业行为的"二分法"

对于由国家所有、控制的国有企业,国家豁免原则运用得当的确会起到增加"保护膜"的作用。虽然享有了豁免并不代表着在实

---

① 该《公约》第 2 条第 1 款(c)项首先界定了"商业交易"的范围是:(一)为销售货物或为提供服务而订立的任何商业合同或交易;(二)任何贷款或其他金融性质之交易的合同,包括涉及任何此类贷款或交易的任何担保义务或补偿义务;(三)商业、工业、贸易或专业性质的任何其他合同或交易,但不包括雇用人员的合同。紧接着的第 2 款规定:在确定一项合同或交易是否为第 1 款(c)项所述的"商业交易"时,应主要参考该合同或交易的性质,但如果合同或交易的当事方已达成一致,或者根据法院地国的实践,合同或交易的目的与确定其非商业性质有关,则其目的也应予以考虑。同时,第三款还规定:关于本公约用语的第 1 款和第 2 款的规定不妨碍其他国际文书或任何国家的国内法对这些用语的使用或给予的含义。此外,本公约第 10 条第 1 款规定:"一国如与外国一自然人或法人进行一项商业交易,而根据国际私法适用的规则,有关该商业交易的争议应由另一国法院管辖,则该国不得在该商业交易引起的诉讼中援引管辖豁免。"但在第二款同时规定:"第 1 款不适用于下列情况:(a)国家之间进行的商业交易;或(b)该商业交易的当事方另有明确协议。"

体上可以免去国家的责任,但即使是避免不了受到实体上的损失,能得以通过国家豁免原则的运用,摆脱外国法院的司法管辖对于本国还是相当有利的,尤其是避免强制执行对于国家利益的保护是绝对必要的。① 一些学者认为,我国的国有企业(尤其是央企)越来越多地代表国家从事包括对外援助在内的经贸活动,而国有企业的所有权属于国家,接受"限制豁免"很有可能造成中央和地方政府本身成为外国法院管辖的诉讼主体,而致使国家财产成为诉讼标的。因此,"绝对豁免"依然具有现实意义。

这种担心其实是杞人忧天。我国的国有企业不再是直接由政府出资设立②,已经进行了产权制度改革,通过规范上市、中外合资、互相参股等多种途径已经实现了投资主体多元化,绝大多数已不再是国有独资。此外,《公约》第10条的规定③已经与我国主张国有企业作为独立法人应独立承担责任的主张一致。④

应该认识到,中国的国有企业和外国的国有企业有着本质区别。在经典的资本主义体制下,生产资料主要归私人所有,市场的主要盈利空间被私人资本占据,及至被垄断资本占据。作为资产阶级"守夜人"的政府,为了维护社会的有效运转,在一些私人资本不

---

① 参见梁昊然:《中国——绝对与限制之间——立足中国视角的国家豁免问题思考》,载《长春大学学报》2006年第5期。
② 中国的国有企业,股东是全体国民,全体国民授权政府,政府授权各级国有资产监督管理委员会,统一行使出资人权利。各级国有资产监督管理委员会以投入的资本为法律依据,享有出资人权益,负有限责任。国有资产监督管理委员会不是政府的组成部门,法律已经将之定性为"特设机构"。通过此特设机构,切割了国有企业与各级政府组成部门之间的隶属关系。
③ 该《公约》第10条第3款规定:当国家企业或国家所设其他实体具有独立的法人资格,并有能力:(a)起诉或被诉;和(b)获得、拥有或占有和处置财产,包括国家授权其经营或管理的财产,其卷人与其从事的商业交易有关的诉讼时,该国享有的管辖豁免不应受影响。
④ 黄进、杜焕芳:《国家及其财产管辖豁免立法的新发展》,载《法学家》2005年第6期,第9页。

愿意进入的行业,在一些带有公共服务性质而不宜由私人资本掌控的领域,通过兴办国有企业来弥补市场空缺。① 当这些行业和领域有利可图而私人资本愿意进入,或者政府认为适宜让私人资本进入的时候,也会适时地实施所谓的"私有化"。因此,资本主义国家的国有企业更多地带有"国有公共机构"的性质和功能,只不过是借助于"企业"的形态而存在。② 而社会主义国家的国有企业,不管是理论上还是事实上,应该明确区分为两大类:一类是上述的"国有公共机构";另一类是广泛存在于各个行业和竞争领域的国有企业。后者以盈利为目的,更多地带有"全民所有制企业"的性质和功能,以纯粹的企业形态实现国有资产的增值。③ 中国的国有企业同时承担着"公共"和"盈利"两种职能,因此很难从商业行为的性质上厘清国有企业从事"公"、"私"行为的边界,相反从这项行为的目的着手判断其"公益"还是"盈利"更为简便。

无论是"目的标准"还是"性质标准",都是试图对"商事行为"进行界定,以便可以将"商业行为"排除在"国家豁免"之外。但是,笔者看来这是本末倒置。对"国家豁免"理论的历史发展和国外实践的考察中,我们已经得出结论,"国家豁免"的本质是保护国家主

---

① 在很多资本主义国家,除了私人不愿意进入和带有公共服务性质的行业和领域,政府在许多自然垄断行业、资源垄断行业和一般竞争性行业和领域广泛存在。德国、法国、英国以及北欧福利国家,以及亚洲的新加坡、日本等国家,国有企业及国有资本一直占有相当的比重。

② 梁军:《关于国企改革重大理论问题的思考》,载《南方日报》2012 年 3 月 27 日。

③ 对"另一类国有企业"的表述,可以在所有关于"社会主义经济体制"和"全民所有制企业"的法律、文献、文件、领导讲话、政策和教材中找到理论支持。即便是国资委起草的《央企"十二五"规划》也提出央企的四个集中,即国有资本要向关系国家安全和国民经济命脉的行业集中;要向企业的主业集中;要向国际上有竞争力的大企业集中;要向有竞争优势和未来主导产业、能够主导经济发展的主导产业集中。其中,"第四个集中"的表述颇具深意,这就意味着即便央企已经在很多竞争领域已经形成了相对民企和其他国企的优势,但是即便是依靠"垄断"和体制形成的优势不但不需要打破,反而要进一步加强。

权,而经济利益早就也一直是国家主权的一部分,而经济利益又包括依靠对外商业行为来实现。"国家豁免"其实不应该完全排斥"商业行为",排斥的是盈利(更准确地说,是"以盈利为目的")的商业行为——国家豁免是基于国家的行为或活动与履行主权权力有关,而欠缺主权的目的要素的行为(即"盈利"而非"公益")应该构成拒绝给予豁免的理由。

要扭转这种"本末倒置",最好的办法是对"商业交易"进行区分,将具有主权行为性质的"商业交易"排除在"商业例外"之外,即构成"商业例外之例外"。但是,《公约》已经将所有"商业交易"全部排除在国家豁免之外,而且不允许各国进行保留。好在该《公约》认可成员国仅对第2条进行保留[1],而第2条规定,所谓的"商业交易"可以根据法院地国的实践,"商业性质"的判断可以根据"合同或交易的目的"。这就为制定对我国有利的"商业交易"定义留下了宝贵的空间。我国完全可以借用外国学者区分"商业行为"和"主权行为"时的"目的标准",一方面在国内立法中界定出具有"主权性质"的"商事行为",另一方面在国外遇诉时强调其"主权性质"。

其实,对"主权行为"进行正面规定并非笔者的空穴来风,或是标新立异。英国《国家豁免法》清楚明白地承认某一行为是主权行为的条款,如国家之间的协议(包括国家之间的仲裁协议)和与外国国家的公民签订的雇佣合同都被归类为具有政府性质的行为。[2] 美国上诉法院在1964年的"维多利亚运输公司诉科米萨里拉将军"一案中,对主权行为进行了类似的列举。[3] 国际法研究院在1991年以

---

[1] 关于《公约》第2条的规定可见本文第三部分的脚注。
[2] 参见《英国国家豁免法》第3条第(3)(b),第9条(2)和第4条。
[3] 法官认为国家豁免是对法院正常行使的管辖权的减损,因此,只有主权国家一直以来所确定的政治和公共行为才享有豁免权。这些行为一般仅限于:第一,内部行政事务,如驱逐外国人;第二,立法行为,如国有化;第三,有关军队的行为;第四,有关外交活动的行为;第五,公债。

"国家的管辖豁免问题"为题的决议中,也列举了法院不得实施管辖权的事项。①

中国的《豁免法》如果进行这样的正面列举,将其作为"商业例外之例外"予以"豁免",既在立场上顺应了国际主流接受的"限制豁免",又在不违反《公约》的前提下对"国有企业"所造成的尴尬进行了破解。此外,对国有企业的商业行为的"两分法",也符合资本主义体制下"国有企业"的现实,容易得到其理解和认可。这些"例外之例外"原则可以大致包括(但不限于):(1)根据国际法、国际惯例或一国法律,属于该国主权事项,但授权公司行使的行为;(2)涉及公共利益的行为;(3)带有公共服务性质且私人资本不愿进入的领域中的行为;(4)带有公共服务性质,但出于该国法律不宜由私人资本控制的领域中,不能盈利的行为。

题外话、国富还要民富,不是国际法学问题的问题:

邓小平曾指出:我们判断经济政策与制度,根据的不应该是它们自身的、结构上的什么特色,而应该是其结果,也就是说,应该根据经济体制与政策在中国促进全体繁荣的有效程度来论断。

尽管笔者所列的"例外之例外"可以在一定程度上解决因为"国有企业"造成的中国在豁免立场上的尴尬,但这种观点也势必会给国有企业的一些"盈利"甚至"暴利"的商业行为提供"豁免"的空子。笔者并非为国有企业在国内获得的种种特权应该延伸到国际贸易中而寻找理由,更不是为政府对某一特殊利益集团加大授予特殊权利而辩解。要知道,令外人受饥饿来促进自己同胞的繁荣,并不比谋杀陌生人来促进自己子女的前途而更站得住脚。笔者只是希望,当一个企业真的在为主权利益、为同胞福祉、为他国老百姓温

---

① 该决议列举了下列法院不得实施管辖权的事项:被告国家根据国际法进行的国际事务;国家对内的行政和立法行为;国家之间的仲裁协议;国家执行外交、防御和安全政策的行为;政府间根据国际公法设立机构、机关或基金的协议。

饱而冲锋陷阵时,不要让它还为潜在的诉讼而担惊受怕。

中国对于"限制豁免"态度上的羞羞答答或欲言又止,很大程度上来源于对作为"共和国长子"的国有企业的担心。"国家豁免"本是一个国际法语境下的法律问题,但是这一问题在中国的根源其实是国有企业产权制度不清晰和市场竞争中处于过于优势地位的问题,以及这种优势是否应该延续到国际经济交往中的问题。其实,如果国有企业借用这种优势取得的巨额财富,真的按照其理论和制度设计能为作为股东的全体老百姓分享,那么也未必是一件十恶不赦的坏事。问题是当下的国有企业还是否或多大程度上能寻找到"全民所有"的功能、价值和意义。"国富"之后怎么达到"民富"的目的呢?这是一个早已超出国际法学研究的范畴。

# 国际私法教学

# 国际私法多元化教学方法研究

王祥修[*]

国际私法是以调整国际民商事关系的法律规范体系为研究对象的法律学科,是普通高等学校法学专业的核心课程之一。与其他法律学科相比,国际私法具有范围广泛,内容复杂,概念生涩,理论抽象深奥并充满分歧与争议的特性。这就为国际私法的教学提出了更高的要求。为调动学生学习的主动性与积极性,提高教学效果,在国际私法的教学过程中,应根据不同的教学内容和不同的教学环节,科学合理地运用案例教学法、比较教学法、图表教学法、模拟教学法、辩论教学法、双语教学法与讲授教学法。

国际私法是以调整国际民商事关系的法律规范体系为研究对象的法律学科,是普通高等学校法学专业的核心课程之一。与其他法律学科相比,有其特殊性:一是范围广泛,内容复杂。国际私法调整的是广义的国际民商事关系,既涉及传统的婚姻家庭关系,也包括劳动关系,以及破产、票据、海商等关系;既涉及内国民商法及其适用与外国民商法及其在内国法院适用问题,也涉及国际条约和国际惯例及其适用问题;既涉及实体法,也涉及国际民商事诉讼法和国际民商事仲裁法。在规范构成上,既有冲突规范,又有统一实体

---

[*] 王祥修,男,上海政法学院国际法商系教授,主要从事国际私法、国际经济法、世界贸易组织法的教学与研究。

规范、规定外国人民商事法律地位规范、国际民商事诉讼程序与国际商事仲裁程序规范。在准据法的确定及其具体适用中,不仅涉及区际冲突、时际冲突、人际冲突、先决问题、识别、反致、公共秩序保留、法律规避和外国法内容的查明等众多环节和制度,而且还涉及不同法律体系之间的规范比较甚至价值比较。二是概念生涩,理论抽象深奥并充满分歧与争议。如,冲突规范、准据法、先决问题、识别、反致、仲裁协议自治等过于抽象,是其他法律学科所没有的。国际私法从诞生的那一刻开始就一直充满了分歧和争议,正如德国著名国际私法学家卡恩(Franz Kahn)所言,"国际私法可以说是从书名页起就有争论的一个法律学科"。

国际私法的特殊性使得一些西方学者认为其是一个既玄又难的法律部门,著名的美国法官卡多佐(Caterzer)说过:"国际私法是很难掌握的,它是法律学科中最令人困惑的问题之一。"大多数本科学生认为其生涩难懂。所以国际私法一般在大三开设,此时学生已具备了良好的民商法、国际法、比较法、外国法、程序法的基础,有较强的独立思考解决问题的能力,而同时对教师的教学也提出了更高的要求。

针对国际私法的特殊性,为调动学生学习的主动性与积极性,提高教学效果,培养学生思考与创新能力,我们在国际私法的教学过程中,除了注重突出重点、难点和教学的系统性、计划性之外,还不断尝试和探索了能将教学内容变难为易、化繁为简、点线面结合、融知识的学习与能力的培养为一体的多元化教学方法,并取得了一定的成效。

**一、案例教学法**

案例教学法是教师利用案例去形象地说明理论知识,使学生通过案例的分析研究进一步加深对理论知识的理解和掌握的教学方法。

案例教学法的正式应用是在本世纪初美国的哈佛大学法学院。它体现了一种全新的教育理念。它具有启发性、参与性、民主性的特征,可以采用列举案例、讨论案例、观摩庭审、模拟审判等模式,应遵循联系实际、知能并重、启发引导、小班授课原则。

国际私法是理论性和实践性都比较强的专业课程,这不仅因为在普通法系国家里判例是他们国际私法重要渊源之一,更重要的是国际私法的许多重要度、原则的确立都与实际的判例有关,如法国高等法院1865年审理的"福尔果"案件引起国际私法学界在立法和实践上广泛注意和讨论反致问题,美国纽约州法院1960年审理的"巴布科克诉杰克逊"案件致使最密切联系原则在侵权领域的确立,因此,案例教学法在国际私法教学中的运用尤为重要。

案例教学法的实施,必须做到:(1)精选案例。案例选得好,教学就成功了一半。选编案例一般应注意以下几个问题:一是新颖性。即尽可能选择司法实践中的最新案例,以使案例教学更加贴近现实生活,并通过案例讨论了解司法实践中提出的新问题。二是典型性。即紧密围绕所要传授的核心内容和基本理论选编一些有代表性的案例,以达到通过案例讨论使学生加深理解国际私法基本理论之目的。三是综合性。即所选案例有一定的深度和难度、涉及多个原理,以增强学生综合运用国际私法原理去分析解决实际问题的能力。四是多样性。既选择历史上的经典案例,也选择现实身边发生的案例;既选择"国际性"的案例,也选择"本土化"的案例;既选择已有确切答案的案例,也选择争议颇大尚无定论的案例。(2)合理配置课堂时间。案例教学法的特点决定了它比其他教学更耗费时间和精力,因为"实践性"更强调理论运用的过程性和主体参与的亲历性,实施过程常常是多个主体的互动过程。案例教学法要求教师与学生、学生与学生之间要进行比较充分的交流。因此,如何分配一般教学和案例教学的时间是一个值得研究的问题。我们现在的实际问题是学生的课程门类很多,而每门课的课时又并不太多,这就造成案例教学与其他教学时间上的紧张关系。因此,在实施案例教学中,教师要妥当地配置课堂教学的时间资源,一些准备工作可由学生在课下进行,课上教师也不必讲得面面俱到,更应当讲解重点、难点、疑点问题,并且应适当把握控制学生的讨论时间。(3)提高教师实务能力。实施案例教学法,教师应具有很高的实务操作能力。但由于一些教师是从原来的教学模式中培养出来的,缺乏法律实务工作经验,擅长于传统的课堂教学方式。因此,如果要很好地实施案例教学法,就要求教师转变观念,通过各种不同的形式、渠道,努力提高自己的实务操作能力。(4)与多媒体等现代教学手段相结合,以取得更好的教学效果。

案例教学法在国际私法教学中具有以下作用:补充了教材内容,丰富了课本知识;能把过去传统的"以教师为中心"的教学模式变成以"师生共同探索"的实践模式;给学生提供一种认识、分析和解决实际法律问题的模拟实践机会,使学生在获得知识的同时,锻炼了能力,提高了素质;增进了师生间的交流。

**二、比较教学法**

狭义的国际私法,是指在不同国家涉外民事关系的法律规定发生冲突时,用以选择适用哪一国家法律的准则,如行为地法、属人法、物之所在地法等,而不论采用哪种准则,都涉及对不同国家法律的比较研究,因此国际私法是比较各国民商法而产生的一门法律学科。国际私法的研究方法主要采用的也是比较法。有的法学家认为"当代国际私法的方法实质上是比较法的方法"。也有学者称比较研究的方法是"国际私法之母"。同理,我们以为国际私法教学过程中运用比较方法分析不同法律体系之间的差异以及同一法律体系之下不同法律部门之间的差异是该课程的内在要求,通过比较,能增进学生对其他民族文化和生活方式的了解,扩大学生对法律作为一种社会现象的理解，同时也增加了学生对本国法律的进一步理解。瑞典法学家波格旦(Michael Bogden)在《比较法》中谈到比较法在教学上的价值时说"对打算研究外国法律制度的来说，比较法是有很大价值的，因为一个需要研究外国法律的某些规则的人，如果不需从头学起的话就方便得多，他可以利用他本国的法律知识并集中了解其中的差别。"

比较教学法的理论渊源当属比较法学的产生。对比较法学究竟是一门学科，抑或是一种方法的问题，自比较法学刚刚成为一个世界性话题时，就已经提出。然而对此问题至今没有定论性的结论，国内外学者普遍认为，这一争论没有任何实际意义。我们认为，这是一种颇为务实的态度，作为法学教学与研究人员，应重在研究比较法学在法学教学中具有何种功能和作用。

在国际私法教学中实施比较教学法，有助于通过比较研究，更好地认识并改进本国法；有助于了解外国法并为国际生活各种关系的规范提供更好的制度。

实施比较教学法可采取以下方式：(1)纵向比较法。纵向比较法即对一国不同历史时期的某一种法律制度进行对比讲授，分析出该种法律制度的历史轨迹和完善过程，同时了解某种制度被沿用或被废弃的原因。这种方式的实施有助于使学生们掌握某一国或世界范围内法律制度的发展史，为其学好具体的部门法以及国别法奠定基础，同时加深对涉及法律这一特殊社会规范的相关概念的理解。(2)横向比较法。横向比较法既对具有代表意义的各国别部门法进行对比讲授，总结出其中具有科学性和先进性并可被用来借鉴采用的某些法律规则与制度。这种方法可以被认为是最具有现实意义的方法，因为它最大限度反映了世界各国法律制度的共同性和融合性，对于在全球范围内加快法律制度的统一与协调(主要是私法制度)具有重要意义。对于国际私法教学而言，我们的最大愿望莫过于使学生对先进、科学的法律制度的掌握,而先进、科学的法律制度绝不可能仅仅存在于中国的现行法中。因此,对大量的先进法律制度的挖掘就只能借助于比较方法了。(3)综合比较法。综合比较法是上述两种方法的结合,即既要对同一国家不同历史时期的法律制度进行对比讲授,又要对不同国家的某一部门法进行对比讲授。同时,在这种方式下,还要注意对不同国家不同历史时期的法律制度以及对同一国家或不同国家不同的法律部门进行交叉对比讲授。通过此等对比讲授,不仅使不同历史时期或不同国家的优秀法律文化传统及制度一目了然,而且还增强了学生对不同法律部门之间相互融通和协调的理解。

**三、图表教学法**

心理学研究表明,直观形象是取得良好教学效果的手段,它对于激发学生学习兴趣,充分发掘大脑思维潜能,对加速记忆有着纯语言教学无法比拟的优势。日本学者保坂荣之介经过多年不懈的努力,用大量翔实的例子证明了一个鲜为人知的道理,即人脑中语言信息量与形象信息量之比为1:1000,人脑对诸如图表等形象信息的记忆能力是语言文字记忆的1000倍。因此,能否在课堂教学中有效地运用形象直观教学手段,并非只是简单的方法问题,而是关系到知识掌握的程度问题,关系到整个学科的教学质量问题。图表具有特殊的功能,能够把语言文字难以表达清楚的内容,简明地呈现出来;能够节省文字,给学生以明朗、具体的印象。图表的作用在于提纲挈领地表列事物,使表述一目了然。国际私法中存在大量的法律适用规则,这些适用规则的掌握重在记忆,用图表的方式描述,不仅能强化学生记忆,而且能节约课时,从而有充足的时间介绍其他知识。它具有案例不可替代的作用,于细微之处表现出其独到的妙用。

如"反致"的教学,反致是国际私法中的特有问题,学生对此既感陌生又难以理解,运用图表可使这些抽象概念形象化,能清楚地说明反致的过程,便于学生理解和掌握该知识点。反致主要包括狭义的反致(为了与间接反致相区别,又称为直接反致)、转致和间接反致,其内容可用下图表示:

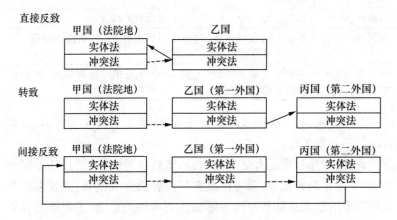

上图表所示,可以直观的表述以下信息:

一是反致是由冲突法的指引而导致发生的;

二是直接反致与间接反致都导致了法院地国之实体法的适用;

三是法院地最终适用的是实体法而不是冲突法;

四是转致和间接反致都涉及两个外国法;而直接反致只涉及一个外国法。

通过以上信息的对比,学生能轻而易举地掌握反致制度。

再如"法律规避与公共秩序保留的区别"的教学。对于法律规避是一个独立的问题还是公共秩序保留的一部分,学界有不同的主张。通过对下列项目的比较,可以发现两者的区别是明显的。

| 比较项目 | 法律规避 | 公共秩序保留 |
|---|---|---|
| 起因 | 当事人故意改变某种连结点的事实 | 冲突规范指引的外国法的适用结果与法院地公共政策相冲突 |
| 保护对象 | 既可以是本国法,也可为外国法,但多为禁止性法律规范 | 只是本国法中的基本原则、基本精神,不是所有的禁止性规范 |
| 行为性质 | 私人行为 | 国家相关行为 |
| 后果 | 不仅不适用外国法,当事人可能要负担法律责任 | 当事人不承担任何法律责任 |
| 地位与立法上的表现 | 主要处于学说阶段,大多数国家的立法没有规定 | 国际私法的一项原则,各国立法均有规定 |

上图表所示,法律规避与公共秩序保留主要有五项区别,其内容的差异一览无遗。

此外,国际私法还有诸多问题,如国籍的冲突、连接点的不同种类、域外送达的方式等,都可以根据其内容设置成图表,展现在课堂上以图表的形式总结和归纳国际私法中的相关原理,不但能言简意赅地说明问题,而且能使教师在有限的课时内向学生传授更多的知识。图表教学可以运用于教学的不同环节,可以较好地协调课时少与内容多的矛盾,使教学形式灵活多样,达到良好的教学效果。

**四、模拟教学法**

模拟教学法就是以模拟法院开庭审理的方式,通过学生亲身参与,将课堂中所学到的法学理论知识、司法基本技能等综合运用于实践,以达到理论和实践相统一的教学方法。

国际私法教学还应强化模拟教学法。首先,从国际私法规范特点来看,国际私法规范既包括冲突规范、实体规范(统一实体法),又包括程序规范(国际民事诉讼程序规范、国际商事仲裁规范)。通过模拟法庭的审判,学生既能熟悉国际民事诉讼的程序,又能熟练地掌握运用实体法解决实际问题的技巧。其次,国际私法课程一般在大三下学期开设,学生已具备了较深厚的理论知识,且即将走向社会,正是培养学生组织能力、口头表达能力、思维能力及分析处理实际案件能力等综合专业素养的好时机,而模拟教学法能较好地完成这一教学任务,培养学生的综合能力;另外国际私法的审判实践相对来说较少,学生较难有机会观摩法庭审判。因此,开展模拟法庭教学,让学生在模拟的过程中熟悉国际民事诉讼审判程序,培养驾驭国际私法冲突规范及统一实体法的能力,不失为一种好方法。

模拟教学法的实施应体现"规范化管理、全方位投入、高素质培养"的教学思想。(1)制定制度,定位人员。为实现对模拟教学法的规范管理,我们制定了《模拟法庭教学规程》、《模拟法庭参与人员规则》、《模拟法庭文书格式样本》、《模拟法庭实验报告格式》等,对模拟法庭的具体操作进行指导。为实现实践环节为理论教学、素质培养服务的目的,在实际操作中我们实行了"人员定位"。一是"定位教师":指导教师以从事过法律实务(如兼职律师、法官等)工作的任课教师为主;二是"定位学生":模拟法庭的参加人员以有较好诉讼法基础的学生为主,并尽可能让所有必修学生都参加模拟法庭,让他们边学习边操作边完善。(2)全面学习,提高素质。任何教学形式都要服务于教育的宗旨。模拟教学法,应重在培养学生能力,提高学生素质。我们要求学生以法律的理解运用为方向,储备有广度、多层面、富价值的各种知识。学生在教师的指导下,以模拟法庭所需要的理论和实践技能作为价值取向进行学习。知识储备不断增加,操作能力不断提高,模拟法庭也会不断成熟。这些都标志着学生综合素质的提高。(3)适时指导,开发潜能。在模拟教学中,教师的指导体现在:一是由学生自行选择案例,教师在选择方向上给予指导;二是将模拟法庭的庭审格式选择权赋予学生,在学生钻研后给予疑难指导;三是把握学生模拟法庭活动进程,解决在准备过程中遇到的亟需克服的客观困难;四是通过解疑信箱、解疑电话,传递信息,由指导老师随时答疑,帮助学生实现理解到运用的飞跃,使之顺利完成有关任务。(4)注重总结,优化理论。富有成效的工作应有科学的总结,这样才能使实践更多地变成知识和经验。每个模拟法庭结束后,我们都安排三个步骤:一是由法庭所在的学习组派人讲解庭审的具体诉讼模式和法律规定、实体审理的焦点、判决理由等;二是法庭组成人员与其他旁听同学相互质询;三是教师做全面的启示性的总结。

模拟教学法实现了学生"自我设计、自我操作、自我创新、自我提高"的主体教学构想。它将传统的课堂讲授与单一的案例教学的优点结合起来,变呆板为生动,变被动为主动,实现了教与学的有机结合,既激发了学生学习的兴趣,培养其勤于动手善于思考的习惯,又丰富了教学内容,活跃了课堂气氛,增强了教学成果。学生参与法庭审理,一方面加深了国际私法知识的理解和吸收,有利于专业知识的巩固和提高;另一方面熟悉了国际民商事诉讼规程,提高了法律职业素养。

**五、辩论教学法**

辩论教学法是教师、学生就某一单元教学内容以问题为纽带而展开分析、讨论、辩驳与总结,从而获得真知的教学方法。

辩论教学法是一个将课前准备、课堂教学和课后总结有机结合起来的教学过程,具体包含了"导读——提问与辩论——总结"这样一个基本的教学思维过程。(1)导读。在每个单元教学内容开课前,教师引导学生有目的地阅读一些书籍,查找相关的信息、资料等。一是根据教学内容选编一些资料发给学生。选编出的教学资料应具有代表性,应包含多层次的不同学派的观点、思想,或者是曾经确立过或影响过某一重要法学理论和原则的案例。二是列出多层次的书单,让学生大量阅读书籍,吸收各种信息。三是提供相关的电子资源目录,包括法律计算机数据库、法律光盘、法律网络资源站点等,鼓励学生利用先进的法律文献检索方法主动去查阅更多的相关资料、信息。在导读阶段,教师只是充当"引导者"的角色,即指导学生记课堂笔记、做分类卡片、使用法律工具书、撰写读书报告等,指导学生正确地检索并阅读已有的科研成果资料,为课堂的研讨、辩论做好充分的准备。(2)提问与辩论。这是辩论教学法的关键环节。以问题为纽带,学生主动参与研讨、辩论是该方法的基本特征。课堂上的学术理论"辩论"不同于法庭上的"唇枪舌剑"式的辩论,主要是带着问题,以批判的态度对所阅读、查找的与教学内容相关的资料,进行研讨、质疑、评价和交流。在教学过程中,可采用以下方式:一是在课前学生对教学内容已初步了解、掌握的基础上,由教师提出实质性问题,要求学生回答、研讨,并随着讨论的展开,不断提出一些实践性的或假设性的问题,引导学生深入思考,串联起所读、所学的各方面知识;二是在课前学生对教学内容已初步了解、掌握的基础上,由学生提出实质性问题,要求教师答辩、分析。其间学生可以根据教师的思路、观点不断地提出实践性或假设性的问题,让教师展现出其较高的学术造诣和较新的思维方式,学生从中得到启发,获得真知;三是师生互相提问、互为辩论的方式。在这一阶段,教师应扮演一个经验丰富的"引导者"、"辩护士"的角色,为学生创造更多的自由发挥的空间。(3)总结。这是一个不容忽视的过程,是对某一教学内容的进一步整理和思考,通过对前两个阶段教学过程全面系统的分析与研究,使零星的、散乱的感性认识上升为条理的、系统的理性认识,实现知识的升华。教师可以以作业或小论文的形式对学生进行要求,以训练和培养学生主动动手、动脑进行书面总结的习惯与能力。学生交上作业或小论文之后,教师应详细阅读,必要时应安排时间,预约个别辅导,针对总结中发现的问题或学生仍模糊不清的问题,进行指导性的分析、论证。

在国际私法教学中,采用辩论教学法能最大限度地挖掘学生的学习潜能,培养主动性,提高学习兴趣;能将法律基本知识的传授与思维能力、表达能力的锻炼有机地融合;能将课前的准备、课堂的教学和课后的总结、辅导等教学环节有机地结合。

**六、双语教学法**

在我国,法学专业教育是教育部规定的先行推动双语教学的专业之一。而国际私法,解决的又是国际民商事法律关系,因此是最具有条件,也是最应该率先开展双语教学的课程。针对当前双语教学在国际私法应用的现状,应从以下几个方面予以完善:

一是激励和促进双语教材的建设。编写的双语教材要符合国家教育部颁布的教学大纲、课程标准等的要求;要严把教材的质量关,做到宁缺毋滥。国际私法双语教材的编写者应该具备较高的外语水平和丰富的实际教学经验,只有这样才能让学生接触正宗的英语,从而可以通过国际私法课程的学习提高语言的实际运用能力;教材的难易程度要符合中国学生的普遍外语水平。

二是培养和引进双语教学人才。在教师的培训方面,应该有系统的安排和合理的培训计划。在培训形式方面,采取国内培训与国外进修相结合的方式,要求教师首先在国内接受一定课时的强化培训;如果有条件的可再利用假期到国外进行几个月的外语实践,以强化语言的运用能力。应该看到,仅靠高校自身培养无法在短期内解决双语教学人才的需求矛盾,要想使双语教学制度化,还需从国外大量引进合适的双语教学人才,来充实双语教学的师资。

三是探索合适的双语教学模式。首先实行过渡式的教学,按照比例逐年递增双语教学内容,采取渐进式的教学模式(从20%到50%,最终实现100%)。在实施双语教学时,要经过认真调查和论证,并根据各学校的人才培养模式和课程设置,构建自己的国际私法双语教学模式。加强师生互动,提高学生的综合能力。采取外文案例分析、进行外文原著的选读与讨论、师生互换角色等不同方法来加强教学的互动性和趣味性,提高学生的双语学习的积极性,增强教学效果。当然还可以借助互联网、多媒体等先进的教学辅助手段来实现双语教学的互动。

**七、讲授教学法**

讲授教学法是以教师讲授为主的教学方法。由于其形式呆板、单调,内容抽象、乏味,理论与实践脱节,缺乏师生之间的交流,难以激发学生的学习兴趣,不利于学生能力的培养和锻炼,受到人们的批评,甚至全盘否定。

我们认为,讲授教学法是我国法学教育中不可缺少的教学方法。首先,它传授的法律知识更具系统性、严密性,有助于学生打下深厚的法学理论功底,培养抽象思维能力。其次,我国法律传统基本沿袭了大陆法系国家的成文法形式,法律规定比较抽象,教学资料一般由系统的论著和法典注释构成,其教学内容也就重视对概念和原理的解释,讲授教学法直接解决了这一问题。再次,我国高校法学教育的对象(本科)是高中毕业生,他们在入学前不具备法学知识和功底,采用直接导入的教学方法,更有利于学生法学知识的积累。不像美国的法学教育是一种大学后的专业教育,学生已经具有了一定的知识,具有一定的分析和解决问题的能力,为案例教学法奠定了基础。因此,我国法学教学中不应当全盘否定讲授教学法,相反应当肯定其存在的必要性与科学性。

讲授教学法并不是呆板的教学方法。呆板不是讲授教学法的必然产物,而是个体教师对讲授教学方法的运用不当造成的。"讲授"完全可以是生动的、丰富的、交流的。学生完全可以在教师渊博的知识、严密的思维启发诱导下,获得知识,开阔思路,学会思考。所以讲授教学法的精彩是以教师具有良好的业务素质为前提的。

总之,根据国际私法的课程特点,讲授教学法仍然是国际私法教学中主要的教学方法。同时,案例教学法、比较教学法、图表教学法、模拟教学法、辩论教学法、双语教学法在国际私法教学中也是不可缺少的。我们应根据不同的教学内容和不同的教学环节对其加以科学合理地运用,以发挥其各自的优势,提高教学水平,使学生充分掌握国际私法知识,并且能够在本领域内有所创新。

# 评介与资料

专门的资料

# 2010 年中国国际私法司法实践述评[*]

黄 进[**] 李何佳[***] 杜焕芳[****]

最高人民法院《关于审理外商投资企业纠纷案件若干问题的规定(一)》为解决外商投资企业纠纷案件提供了统一的裁判尺度。《关于审理涉台民商事案件法律适用问题的规定》首次明确了审理涉台民商事案件的法律适用规则。《关于进一步做好边境地区涉外民商事案件审判工作的指导意见》就边境地区涉外民商事案件所遇到的疑难问题、急需解决的问题、重点关注的问题等作出了规定。从抽样统计中国法院在 2010 年审理的 50 例涉外民商事案件的情况来看,人民法院在涉外民商事案件的案由确定、法律选择方法和准据法适用等方面的司法处理,在一定程度上反映了中国国际私法司法实践的实际状况。目前中国法院在债权转让成立与效力问题的法律适用上采取援引合同冲突法一般规则的做法并不恰当,在对待提单中法律选择条款效力的问题上较为保守。在侵权领域部分地引入当事人意思自治原则的突破性做法在司法实践中已有一定基础。对于不动产的法律适用都采用物之所在地法,但不同法院的判决理由互有歧异。对于知识产权的法律适用,人民法院尚未形成一

---

[*] 本文系黄进教授主持的 2010 年度国家社会科学基金重点项目《中国涉外民事法律适用法制定与完善研究》(项目批准号:10AFX015)的研究成果。
[**] 中国政法大学校长、法学教授,武汉大学法学博士。
[***] 武汉大学国际法研究所 2010 级国际法博士研究生。
[****] 中国人民大学法学院副教授,武汉大学法学博士。

致的做法,值得我们关注。

**前言**

本文是关于中国国际私法司法实践的第十次年度述评。[①] 2010年,人民法院紧紧围绕党和国家工作大局,着眼于加强对国际金融危机的司法应对,优化外商投资法律环境,维护公平竞争的对外经贸秩序,依法行使司法管辖权,严格遵守我国缔结和参加的国际公约,正确适用法律,公正高效审理、调处各类涉外、涉港澳台民商事及海事海商纠纷案件,为贯彻落实改革开放基本国策、维护国家经济安全、推动海峡两岸经济交往和港澳经济繁荣、促进海洋生态保护与建设、保障经贸航运事业的发展,发挥了重要作用。

本次述评首先介绍了最高人民法院为加强涉外、涉台审判工作而制定的《关于审理外商投资企业纠纷案件若干问题的规定(一)》、《关于审理涉台民商事案件法律适用问题的规定》等司法解释,以及

---

[①] 前九次年度述评,依次参见黄进、杜焕芳、孙吉:《2009 年中国国际私法司法实践述评》,载《中国国际私法与比较法年刊》(第 13 卷),北京大学出版社 2011 年版,第 457—542 页;黄进、胡炜、杜焕芳:《2008 年中国国际私法司法实践述评》,载《中国国际私法与比较法年刊》(第 12 卷),北京大学出版社 2009 年版,第 415—479 页;黄进、胡炜、王青松:《2007 年中国国际私法司法实践述评》,载《中国国际私法与比较法年刊》(第 11 卷),北京大学出版社 2008 年版,第 433—481 页;黄进、李庆明:《2006 年中国国际私法司法实践述评》,载《中国国际私法与比较法年刊》(第 10 卷),北京大学出版社 2007 年版,第 371—414 页;黄进、李庆明、杜焕芳:《2005 年中国国际私法的司法实践述评》,载《中国国际私法与比较法年刊》(第 9 卷),北京大学出版社 2007 年版,第 469—503 页;黄进、李庆明、杜焕芳:《2004 年中国国际私法的司法实践述评》,载《中国国际私法与比较法年刊》(第 8 卷),法律出版社 2006 年版,第 76—123 页;黄进、杜焕芳:《2003 年中国国际私法的司法实践述评》,载《中国国际私法与比较法年刊》(第 7 卷),法律出版社 2005 年版,第 115—172 页;黄进、杜焕芳:《2002 年中国国际私法的司法实践述评》,载《中国国际私法与比较法年刊》(第 6 卷),法律出版社 2003 年版,第 3—51 页;黄进、杜焕芳:《2001 年中国国际私法的司法实践述评》,载《中国国际私法与比较法年刊》(第 6 卷),法律出版社 2003 年版,第 429—464 页。

为促进边境地区的经贸往来、贯彻执行《涉外民事关系法律适用法》、维护国家金融安全而发布的多项指导意见和通知。其次,对中国法院在 2010 年审理的 50 例涉外民商事案件,就其案由、适用法律、法律选择方法等情况进行了列表统计和分析。最后,对一些典型的涉外合同、涉外侵权、涉外不当得利、涉外物权和涉外知识产权案件的法律适用问题进行了实证解读。需要说明的是,本述评不代表任何机构的立场,主要是为中国国际私法学术界的同仁和对此有研究兴趣的读者提供相关信息和材料,以便进一步交流和探讨中国司法实践中的国际私法问题。

## 一、司法解释、指导意见与通知

(一) 关于审理外商投资企业纠纷案件若干问题的规定(一)

为适应现阶段外商投资领域发生的纠纷日趋增多及反映出来的法律问题错综复杂的现状,正确审理外商投资企业在设立、变更进程中产生的纠纷案件,统一裁判力度,2010 年 5 月 17 日最高人民法院通过了法释(2010)9 号《关于审理外商投资企业纠纷案件若干问题的规定(一)》(以下简称《规定(一)》),对外商投资企业纠纷的法律适用问题作出明确规定,这对于平等保护中外当事人的合法权益,推进投资便利化,营造公平市场环境,尤其是良好稳定的司法环境将产生积极作用。该司法解释的主要内容如下[①]:

1. 重点解决外资企业在设立、变更过程中纠纷的法律适用问题。基于外商投资企业纠纷案件在审判实践中的复杂性和存在问题的多样性、疑难性,《规定(一)》重点解决外商投资企业在设立、变更过程中产生的纠纷的法律适用问题,主要包括未经审批的合同效

---

① 崔真平:《最高法院关于审理外商投资企业纠纷案件若干问题的规定(一)公布施行》,中国法院网 http://www.chinacourt.org/html/article/201008/16/423458.shtml,2011年 8 月 1 日访问。

力及法律后果、股权确认、股权转让、股权质押等问题。

同时,考虑到长期以来外商投资企业的组织形式多为有限责任公司,近年来出现的股份有限责任公司、有限合伙等新的组织形式的外商投资企业有其特殊性,相关纠纷较少,《规定(一)》主要解决有限责任公司这一组织形式的外商投资企业在设立、变更过程中产生纠纷的法律适用问题。在法律依据上,以公司法、合同法的规定作为一般规定,外商投资企业法的规定作为特别规定,坚持特别法优于一般法的法律适用规则,同时兼顾有关外商投资企业的低位阶法在外资管理实践中的功能作用,尽可能有效合理解决法律规范冲突问题。另外,在实践中日益增多的外资并购纠纷的法律适用问题,《规定(一)》亦未涉及。主要原因是此类纠纷更为复杂,不仅涉及私法领域,还涉及诸如反垄断法等公法领域,加之理论争议较大,法律依据欠缺等,制定相关司法解释的条件尚不成熟。

2. 明确规定未经行政审批的合同效力的认定规则。根据我国法律、行政法规的规定,外商投资企业设立、变更过程中签订的协议、合同多需报经审批机关批准。在此之前,人民法院对于法律、法规规定需经行政审批而未予审批的合同一般认定无效,且否定该种情形合同任何条款的可履行性,各方当事人仅承担无效合同的后果,赔偿责任有极大的局限性。

《最高人民法院关于适用〈中华人民共和国合同法〉若干问题的解释(一)》(以下简称《合同法司法解释(一)》)实施后,根据第9条的规定,法律、行政法规规定需经审批的合同而未报批的,认定为未生效而非无效。《最高人民法院关于适用〈中华人民共和国合同法〉若干问题的解释(二)》(以下简称《合同法司法解释(二)》)第8条规定,有义务对合同办理行政审批手续的一方当事人不按照法律规定或合同约定办理报批手续的,人民法院可以根据相对人的请求判决相对人自己办理有关手续。该规定实际上赋予了此类合同中约定的报批义务的可履行性。《规定(一)》传承《合同法司法解释(二)》的这一基本思路,根据外商投资企业设立、变更过程中所签订合同的基本情况及纠纷特点,进一步予以拓展,即:一个已经合法成立的合同,即使因欠缺审批这一生效要件,亦对当事人具有形式约束力,任何一方当事人不能擅自撤销或解除,尤其是合同中关于促成合同生效的报批义务条款具有可履行性。道理在于,如果认定未经审批的合同关于报批义务的条款不具有可履行性就会陷入悖论:合同未经审批,当事人就不应履行报批义务,而不去报批,合同即无生效的可能。如此,只能使不诚信的当事人逃避合同责任,对于培育公平、诚信的外资市场实为不利。因此,《规定(一)》明确规定需经行政审批的合同,具有报批义务的当事人不履行报批义务,相对人请求其履行报批义务或自行报批的,人民法院应予支持。

3. 明确规定股权转让合同未经审批情形下的处理规则。外商投资企业股权转让合同签订后,转让方往往在股权价值升高的情况下,不履行报批义务,致使合同不生效。为此,《规定(一)》明确了多种救济途径:一是如果受让方起诉时径行选择解除合同、赔偿损失的,人民法院予以支持,损失范围一般应为业已实际发生的损失;二是对受让方关于由转让方及外商投资企业实际履行报批义务的请求,人民法院予以支持;三是转让方拒不履行人民法院关于由其履行报批义务的判决,受让方请求解除合同、赔偿损失的,人民法院予以支持。赔偿损失的范围包括股权差价损失、股权收益及其他合理损失,使转让方因不履行报批义务所获得及可能获得的利益归属于受让方,进而达到促成转让方自觉履行报批义务之效果。

实践中,亦同时存在受让方对股权待价而沽试图毁约的情形,《规定(一)》规定:一是如果外商投资企业股权转让合同约定受让方支付全部或者部分转让款之后再履行报批义务,在受让方不支付转让款的情况下,转让方在符合单方解除合同的条件下可以请求解除股权转让合同,并要求受让方赔偿相应的损失;二是在转让方选择要求受让方支付转让款情形时,法院应中止审理案件,给当事人合理的期限办理报批手续,在审批机关的审批结果出来后恢复审理。股权转让合同被批准的,法院支持转让方关于受让方支付转让款的诉讼请求。这样处理是为了避免法院一旦判决支持了转让方要求受让方支付股权转让款的诉讼请求后,股权转让合同不能获得批准而导致转让方和受让方出现新的纠纷。

4. 明确规定外商投资企业隐名投资纠纷的处理规则。在司法实践中,外商投资企业领域存在大量隐名投资的现象。除个别隐名投资是为了规避行政监督或有关法律强制性规定外,多是出于投资的便利,不宜或不便具名等原因。如果不区别情况一律作否定性评价,不仅不能公平地保护投资人的合法权益,亦会挫伤投资者的积极性。因此,司法解释除了对违反或规避我国法律、行政法规的隐名投资协议认定无效外,对隐名投资根据不同情形分别规定了相应的救济措施:

一是有条件地支持隐名投资者关于确认其股东身份的请求。在隐名投资的情况下,实际投资人与外商投资企业名义股东之间就外商投资企业的股权产生争议,实际投资人往往要求人民法院在判决中直接认定其在外商投资企业中的股东身份和股权份额。但是,由于外商投资企业的股权变动必须经过审批机关的审批,而人民法院不应代替审批机关的审查,因此,人民法院一般不宜支持实际投资者关于确认其股东资格的诉讼请求。实践中,一些法院在审理案件的过程中,就外商投资企业的股权变更问题取得了审批机关的支持,审批机关明确表示,人民法院如果在判决中直接对外商投资企业的股权作出变更的,审批机关将随之变更审批。《规定(一)》对这种做法给予了肯定,即:如果具备一定条件,人民法院可以在判决中直接确定外商投资企业批准证书记载的股东以外的人在该外商投资企业中的股东身份和股权份额。这些条件应当同时包括:(1) 实际投资者已经实际投资;(2) 其他股东认可实际投资者的股东身份;(3) 人民法院或当事人在诉讼期间就将隐名投资者变更为股东征得了外商投资企业审批机关的同意。

二是对隐名投资者关于由名义股东履行委托投资协议的请求,人民法院予以支持。在委托投资协议内容不违反我国法律、行政法规禁止性规定的情况下,不能仅因未履行审批手续而认定未生效或无效。隐名投资人请求名义股东按协议给付外商投资企业已分配的利润及其他权益的,应予支持。因名义股东违约给隐名股东造成损失的,应负赔偿责任。

三是在委托投资协议无效情形下,合理平衡双方当事人利益。委托投资协议如被认定无效,对名义股东名下的股权区别不同情况予以处理:在股权价值高于投资额时,可判令股东仍持有股权,而向隐名投资者支付投资款,对股权溢价部分根据情况在二者之间合理分配;在股权价值低于实际投资额时,可判令名义股东向隐名股东支付与股权价值相当的投资款,相应损失按过错原则分担。此外,《规定(一)》对名义股东与隐名投资人恶意串通损害国家、集体或第三人利益的情形,规定了相应的民事制裁措施。

5. 明确规定认定外商投资企业股东出资责任的规则。实践中,外商投资企业出资形式多样化,有货币出资、实物出资、知识产权出资等,纠纷较多的是以土地、房产等需要办理登记手续的标的物出资的情况。如果出资股东既未将标的物交付外商投资企业使用,又未办理登记手续,应属未履行出资义务,股东权益将受到限制。对于已经实际交付使用,仅未办理登记手续的,《规定(一)》明确规定,出资股东如果在人民法院指定的期限内办理了登记手续,应认定履行了出资义务,对其他股东关于限制其股东权益的请求不予支持。但是,因迟延办理登记手续,给中外合资企业造成损失的,应承担相应的赔偿责任。

此外,《规定(一)》还对外商投资企业股权质押合同纠纷的处理,由于提供虚假信息进行股权变更报批导致外商投资企业股权争议的处理,外商投资企业股东在股权转让中的同意权、优先购买权纠纷的处理等问题作出了详细规定。

(二) 关于审理涉台民商事案件法律适用问题的规定

近年来,随着两岸全面直接双向"三通"的实现,海峡两岸经贸交流、人员往来日益频繁,涉台婚姻、继承、经贸投资等民商事纠纷越来越多,案件涉及的法律和审判规范也越来越复杂。为此,2010年4月26日最高人民法院通过了法释(2010)19号《关于审理涉台民商事案件法律适用问题的规定》(以下简称《规定》),明确涉台民商事案件的法律适用规则,对于人民法院准确适用法律,正确审理涉台民商事案件,切实维护两岸当事人的正当权益,十分必要和重要。

《规定》共三条。第1条明确规定了人民法院审理各类涉台民商事案件的法律适用问题。根据该条第1款,人民法院审理涉台民商事案件,应当适用法律和司法解释的有关规定,并根据法律和司法解释中选择适用法律的规则确定应当适用的实体法。这里所称的"选择适用法律的规则",指的是参照适用的涉外民商事关系的法律适用规则,也即冲突规则,包括《民法通则》第八章以及全国人大常委会2010年通过的《涉外民事关系法律适用法》等规定的内容。这里所讲的实体法既包括两岸的法律,也包括其他有关国家或地区的法律。该条第2款进一步明确,根据法律和司法解释中选择适用法律的规则,确定台湾地区法律为案件所应适用的实体法的,人民法院予以适用。同时,《规定》第3条规定,适用该有关法律不得违反国家法律的基本原则、不得损害社会公共利益。

根据民事诉讼法规定,当事人的诉讼权利和义务平等,外国人在诉讼中也享有同中国公民同等的诉讼权利义务。台湾同胞作为中国特殊地域的居民,在诉讼中当然具有与大陆当事人同等的诉讼权利和义务。司法实践中,人民法院也一贯坚持平等保护包括台湾同胞在内的各方当事人的诉讼权利。《规定》第2条对此专门做了强调:台湾地区当事人在人民法院参与民事诉讼,与大陆当事人有同等的诉讼权利和义务,其合法权益受法律平等保护。

(三)关于进一步做好边境地区涉外民商事案件审判工作的指导意见

随着我国边境地区经贸及人员往来的日益频繁,边境地区涉外民商事案件逐渐增多,并呈现出新的特点。为充分发挥人民法院的审判职能,进一步提高我国边境地区涉外民商事纠纷案件的审判效率,切实做好边境地区涉外民商事审判工作,2010年12月8日,最高人民法院发布了法发(2010)57号《关于进一步做好边境地区涉外民商事案件审判工作的指导意见》,主要内容如下:

1. 发生在边境地区的涉外民商事案件,争议标的额较小、事实清楚、权利义务关系明确的,可以由边境地区的基层人民法院管辖。

2. 为更有效地向各方当事人送达司法文书和与诉讼相关的材料,切实保护当事人诉讼程序上的各项权利,保障当事人参与诉讼活动,人民法院可以根据边境地区的特点,进一步探索行之有效的送达方式。采用公告方式送达的,除人身关系案件外,可以采取在边境口岸张贴公告的形式。采用公告方式送达时,其他送达方式可以同时采用。

3. 境外当事人到我国参加诉讼,人民法院应当要求其提供经过公证、认证的有效身份证明。境外当事人是法人时,对其法定代表人或者有权代表该法人参加诉讼的人的身份证明,亦应当要求办理公证、认证手续。如果境外当事人是自然人,其亲自到人民法院法官面前,出示护照等有效身份证明及入境证明,并提交上述材料的复印件的,可不再要求办理公证、认证手续。

4. 境外当事人在我国境外出具授权委托书,委托代理人参加诉讼,人民法院应当要求其就授权委托书办理公证、认证手续。如果境外当事人在我国境内出具授权委托书,经我国的公证机关公证后,则不再要求办理认证手续。境外当事人是自然人或法人时,该自然人或者有权代表该法人出具授权委托书的人亲自到人民法院法官面前签署授权委托书的,无须办理公证、认证手续。

5. 当事人提供境外形成的用于证明案件事实的证据时,可以自行决定是否办理相关证据的公证、认证手续。对于当事人提供的证据,不论是否办理了公证、认证手续,人民法院均应当进行质证并决定是否采信。

6. 边境地区受理案件的人民法院应当及时、准确地掌握我国缔结或者参加的民商事司法协助国际条约,在涉外民商事审判工作中更好地履行国际条约义务,充分运用已经生效的国际条约,特别是我国与周边国家缔结的双边民商事司法协助条约,必要时,根据条约的相关规定请求该周边国家协助送达司法文书、协助调查取证或者提供相关的法律资料。

7. 人民法院在审理案件过程中,对外国人采取限制出境措施,应当从严掌握,必须同时具备以下条件:(1)被采取限制出境措施的人只能是在我国有未了结民商事案件的当事人或当事人的法定代表人、负责人;(2)当事人有逃避诉讼或者逃避履行法定义务的可能;(3)不采取限制出境措施可能造成案件难以审理或者无法执行。

8. 人民法院审理边境地区的涉外民商事纠纷案件,也应当充分发挥调解的功能和作用,调解过程中,应当注意发挥当地边检、海关、公安等政府部门以及行业协会的作用。

9. 人民法院应当支持和鼓励当事人通过仲裁等非诉讼途径解决边境地区发生的涉外民商事纠纷。当事人之间就纠纷的解决达成了有效的仲裁协议,或者在无协议时根据相关国际条约的规定当事人之间的争议应当通过仲裁解决的,人民法院应当告知当事人通过仲裁方式解决纠纷。

10. 人民法院在审理边境地区涉外民商事纠纷案件的过程中,应当加强对当事人的诉讼指导。对在我国没有住所又没有可供执行的财产的被告提起诉讼,人民法院应当给予原告必要的诉讼指导,充分告知其诉讼风险,特别是无法有效送达的风险和生效判决在我国境内无法执行的风险。败诉一方当事人在我国境内没有财产或者其财产不足以执行生效判决时,人民法院应当告知胜诉一方当事人可以根据我国与其他国家缔结的民商事司法协助国际条约的相关规定,向可供执行财产所在地国家的法院申请承认和执行我国法院的民商事判决。

11. 各相关省、自治区高级人民法院可以根据各自辖区内边境地区涉外民商事纠纷案件的不同情况和特点,制定相应的具体执行办法,并报最高人民法院备案。

(四)关于认真学习贯彻执行《中华人民共和国涉外民事关系法律适用法》的通知

《中华人民共和国涉外民事关系法律适用法》(以下简称《涉外民事关系法律适用法》)已由第十一届全国人民代表大会常务委员会第十七次会议于2010年10月28日通过,自2011年4月1日起施行。《涉外民事关系法律适用法》是我国国际私法的重要组成部分,其旨在明确涉外婚姻家庭、继承、物权、债权、知识产权等民事关系的法律适用,为解决涉外民事争议,维护当事人的合法权益提供依据。为了在今后的审判工作中正确适用《涉外民事关系法律适用法》,2010年12月2日,最高人民法院发布了法发〔2010〕52号《关于认真学习贯彻执行〈中华人民共和国涉外民事关系法律适用法〉的通知》,主要内容如下:

1.《涉外民事关系法律适用法》是我国关于涉外民事关系法律适用的第一部单行法律,该法的出台必将对我国涉外民事审判工作产生重大而深远的影响。各级人民法院应当积极组织审判人员认真学习《涉外民事关系法律适用法》,准确把握立法精神,深刻理解每一条款的含义,充分认识这部法律对调整我国涉外民事关系的重要性以及对促进国际民事交往的积极作用。

2.《中华人民共和国民法通则》等多部法律中有专章或者专条

对相关涉外民事关系的法律适用作出了明确规定,这些法律施行以来,各级人民法院认真贯彻执行,依据这些法律审理了大量涉外民事案件,积累了丰富的审判经验。《涉外民事关系法律适用法》实施后,各级人民法院应当注意新法与旧法之间的适用关系,认真贯彻《涉外民事关系法律适用法》第2条和第51条规定的精神。

3. 对在《涉外民事关系法律适用法》实施以前发生的涉外民事关系产生的争议,应当适用行为发生时的有关法律规定;如果行为发生时相关法律没有规定的,可以参照《涉外民事关系法律适用法》的规定。

4. 《涉外民事关系法律适用法》实施后,最高人民法院制定的司法解释中关于涉外民事关系法律适用的内容,与《涉外民事关系法律适用法》的规定相抵触的,不再适用。

5. 各级人民法院在贯彻执行《涉外民事关系法律适用法》的过程中,应当注意总结审判经验,加强调查研究,切实保证该部法律的有效施行。对于贯彻执行过程中遇到的疑难问题,及时报告最高人民法院,报告时应提出解决的办法或者倾向性意见,以供研究或者在必要时制定司法解释作为参考。

(五)关于审理金融资产管理公司利用外资处置不良债权案件涉及对外担保合同效力问题的通知

为正确审理金融资产管理公司利用外资处置不良债权的案件,充分保护各方当事人的权益,维护国家金融安全,经征求国家有关主管部门意见,2010年7月1日,最高人民法院发布法发(2010)25号《关于审理金融资产管理公司利用外资处置不良债权案件涉及对外担保合同效力问题的通知》,要求各级人民法院在审理该通知发布后尚未审结及新受理的案件时应遵照执行:

1. 2005年1月1日之后金融资产管理公司利用外资处置不良债权,向外国投资者出售或转让不良资产,外国投资者受让债权之后向人民法院提起诉讼,要求债务人及担保人直接向其承担责任的案件,由于债权人变更为外国投资者,使得不良资产中含有的原国内性质的担保具有了对外担保的性质,该类担保有其自身的特性,国家有关主管部门对该类担保的审查采取较为宽松的政策。如果当事人提供证据证明依照《国家外汇管理局关于金融资产管理公司利用外资处置不良资产有关外汇管理问题的通知》(汇发〔2004〕119号)第6条规定,金融资产管理公司通知了原债权债务合同的担保人,外国投资者或其代理人在办理不良资产转让备案登记时提交的材料中注明了担保的具体情况,并经国家外汇管理局分局、管理部审核后办理不良资产备案登记的,人民法院不应以转让未经担保人同意或者未经国家有关主管部门批准或者登记为由认定担保合同无效。

2. 外国投资者或其代理人办理不良资产转让备案登记时,向国家外汇管理局分局、管理部提交的材料中应逐笔列明担保的情况,未列明的,视为担保未予登记。当事人在一审法庭辩论终结前向国家外汇管理局分局、管理部补交了注明担保具体情况的不良资产备案材料的,人民法院不应以未经国家有关主管部门批准或者登记为由认定担保合同无效。

3. 对于因2005年1月1日之前金融资产管理公司利用外资处置不良债权而产生的纠纷案件,如果当事人能够提供证据证明依照当时的规定办理了相关批准、登记手续的,人民法院不应以未经国家有关主管部门批准或者登记为由认定担保合同无效。

## 二、涉外民商事案件统计分析

2010年,全国法院审结各类涉外、涉港、涉澳、涉台案件(含执行案件)33333件,同比上升5.66%。其中,审结涉外案件17020件,同比上升6.17%;涉港案件11066件,同比下降8.21%;涉澳案件594件,同比上升28.85%;涉台案件4653件,同比下降11.1%。在上述案件中,诉讼案件占94.37%,执行案件占5.63%。涉案的主要案件类型为民商事案件,占诉讼案件的91.50%。[1]

在我们收集调查的250余件案例中,抽样统计了其中50件案例。[2] 在统计案件的选取上,与往年相比,我们更注重案件争议类型的多样性和新颖性、所涉管辖权与法律选择问题的复杂性以及法院判决说理的充分性、权威性与典型性;当然我们也充分考虑了各项数据的比例问题,以尽可能地使抽样调查的初步结论能够在一定程度上反映中国国际私法司法实践的实际状况。近年来,中国法院在裁判文书的公布上取得了令人欣慰的进步,更加全面和及时的案例发布也为我们今后取得更为准确的统计结论与开展各项研究提供了可能和基础。毕竟,我们学科的发展和进步也极大地依赖于对统计的重视、运用以及完善的统计资料之上。

下面首先循例对抽样调查的50例涉外民商事案件,就其案由、适用法律、法律选择方法等情况进行统计列表。在此之后,我们将结合相关案例对中国法院在一些主要法律适用领域的实践加以评述。在案例评述部分,为更好地体现2010年《涉外民事关系法律适用法》所带来的发展,我们在坚持往年"问题视角"的同时,也注重了对有关领域我国法院的司法实践加以适当的总结。

---

[1] 资料来源:《2010年全国法院司法统计公报》,载《中华人民共和国最高人民法院公报》2011年第4期,第38页。

[2] 案件主要来源:《中华人民共和国最高人民法院公报》(2010年第1—12期)、中国涉外商事海事审判网(http://www.ccmt.org.cn)、广州市中级人民法院网(http://www.gzcourt.org.cn)、北京法院裁判文书查询系统以及北大法宝刊载或公布的涉外民商事、海事案件。

表一 中国法院审理涉外民商事案件抽样统计

| 序号 | 当事人及案由 | 审理法院及案号 | 涉案国家或地区 | 适用法律 | 法律选择方法 |
|---|---|---|---|---|---|
| 1 | 香港锦程投资有限公司与山西省心血管疾病医院、第三人山西寰能科贸有限公司中外合资经营企业合同纠纷案 | 最高人民法院(2010)民四终字第3号民事判决书 | 中国香港 | 中国法律 | 单边冲突规范① |
| 2 | 法国航空公司与智傲物流有限公司货物运输合同违约赔偿纠纷案 | 上海市第一中级人民法院(2007)沪一中民五(商)终字第27号民事判决书 | 英国、法国 | 1999年蒙特利尔《统一国际航空运输某些规则的公约》 | 国际条约优先原则② |
| 3 | 深圳发展银行股份有限公司北京分行与莎蔓特有限公司(SHAR METAL SCRAP CO. LTD)委托合同纠纷案 | 北京市高级人民法院(2010)高民终字第739号民事判决书 | 阿拉伯联合酋长国 | 国际商会第522号《托收统一规则》 | 国际惯例补缺原则③ |

---

① 法院认为:《中华人民共和国中外合资经营企业法实施条例》第15条规定,合营企业合同的订立、效力、解释、执行及其争议的解决,均应适用中国的法律。本案为涉港合资经营企业合同纠纷,应当参照适用该规定确定应适用的准据法。

② 法院认为:本案系国际航空货物运输合同纠纷,合同履行的当事国中、英两国均为《统一国际航空运输某些规则的公约》(1929年华沙公约、1999年蒙特利尔公约)的缔约国,故本案争议应适用公约处理。

③ 法院认为:按照《中华人民共和国民法通则》第142条第3款的规定,由于中华人民共和国法律和中华人民共和国缔结或者参加的国际条约对托收没有直接规定,在这种情况下可以适用国际惯例。该案托收指示中已经明示选择了适用国际商会第522号出版物《托收统一规则》,庭审中莎蔓特公司对此约定适用不持异议,深圳发展银行在接受托收指示后也未有拒绝的意思表示。《托收统一规则》为国际惯例,故该案应确定以《托收统一规则》作为处理争议的准据法。

（续表）

| 序号 | 当事人及案由 | 审理法院及案号 | 涉案国家或地区 | 适用法律 | 法律选择方法 |
|---|---|---|---|---|---|
| 4 | 株式会社庆南银行与舟山市世创水产有限公司、中国农行舟山市分行信用证纠纷案 | 浙江省高级人民法院（2010）浙商外终字第15号民事判决书 | 韩国 | 国际商会第500号《跟单信用证统一惯例》与中国法律 | 意思自治① |
| 5 | Klaus F. Meyer GmbH（德国凯富迈有限公司）与江阴市倪家巷化工有限公司国际货物买卖合同纠纷上诉案 | 江苏省高级人民法院（2010）苏商外终字第0032号民事判决书 | 德国 | 中国法律 | 意思自治② |
| 6 | 河南粮油食品股份有限公司与帕提安·阿夫泰勒·萨哈私人股份公司国际货物买卖合同纠纷上诉案 | 河南省高级人民法院（2010）豫法民三终字第53号民事判决书 | 伊朗 | 中国法律 | 意思自治③ |

---

① 法院认为：庭审中，讼争双方当事人均同意本案适用《跟单信用证统一惯例》及我国法律，根据中华人民共和国最高人民法院《关于审理信用证纠纷案件若干问题的规定》第2条的规定，确定以 UCP500 和我国法律、法规、司法解释作为解决本案争议的准据法。

② 法院认为：涉外合同的当事人可以选择处理合同争议所适用的法律，没有选择的，适用与合同有最密切联系的国家的法律。本案合同中虽未约定法律的适用，但庭审中双方当事人均确认选择适用中华人民共和国法律，且本案合同的签订和履行均在中国境内，故本案应适用中华人民共和国法律审理。

③ 法院认为：涉外合同的当事人可以选择处理合同争议所适用的法律，因双方当事人对处理合同争议所适用的法律未作约定，现均同意适用中国内地法律来调整，依照意思自治原则和最密切联系原则，法院确认被告住所地的中华人民共和国内地法律作为解决本案争议的准据法。

(续表)

| 序号 | 当事人及案由 | 审理法院及案号 | 涉案国家或地区 | 适用法律 | 法律选择方法 |
|---|---|---|---|---|---|
| 7 | 山东万国经济技术开发有限公司与新世纪科技公司国际货物买卖合同纠纷上诉案 | 山东省高级人民法院(2010)鲁民四终字第10号民事判决书 | 美国 | 中国法律 | 意思自治① |
| 8 | 上海华申进出口有限公司与凯威有限公司等买卖合同纠纷上诉案 | 上海市高级人民法院(2009)沪高民四(商)终字第80号民事判决书 | 美国 | 中国法律 | 意思自治② |
| 9 | 株式会社千代田组与好事植物饮品(北京)有限公司国际货物买卖合同纠纷案 | 北京市高级人民法院(2010)高民终字第547号民事判决书 | 日本 | 中国法律 | 意思自治③ |
| 10 | 江苏阳光东升进出口有限公司与香港华柏贸易有限公司国际货物买卖合同纠纷案 | 江苏省南京市中级人民法院(2009)宁民五初字第365号民事判决书 | 中国香港 | 中国法律 | 意思自治④ |

① 法院认为:在庭审过程中,双方一致选择适用中华人民共和国法律解决本案争议,因此确认以中华人民共和国实体法作为解决本案争议的准据法。

② 法院认为:在本案审理过程中,各方当事人均明确选择中华人民共和国法律作为本案实体处理的准据法。因此,本案处理适用中华人民共和国法律。

③ 法院认为:该案双方当事人在庭前均表示适用中华人民共和国法律解决该案争议,根据《中华人民共和国合同法》第126条第1款规定,涉外合同的当事人可以选择处理合同争议所适用的法律,故该案以中华人民共和国法律作为处理争议的准据法。

④ 法院认为:因华柏公司系在香港特别行政区注册的公司,故本案系涉港民商事纠纷,应比照涉外纠纷处理。原、被告双方在售货合同中明确规定了出现纠纷时适用我国内地法律,故本院确认我国内地法律为本案的准据法。

(续表)

| 序号 | 当事人及案由 | 审理法院及案号 | 涉案国家或地区 | 适用法律 | 法律选择方法 |
|---|---|---|---|---|---|
| 11 | 丹阳宏源化工有限公司与雅自达自行车（江苏）有限公司等买卖合同纠纷案 | 江苏省高级人民法院（2009）镇民三初字第91号民事判决书 | 中国台湾 | 中国法律 | 最密切联系原则① |
| 12 | 台湾瀚重尼克股份有限公司与夏新电子股份有限公司买卖合同纠纷上诉案 | 福建省高级人民法院（2010）闽民终字第4号民事判决书 | 中国台湾 | 中国法律 | 意思自治② |
| 13 | 曾辉南与曾彬彬等民间借贷纠纷上诉案 | 福建省高级人民法院（2010）闽民终字第452号民事判决书 | 中国澳门 | 中国法律 | 意思自治③ |
| 14 | DAC中国特别机遇有限公司与丹阳市药业有限公司、江苏云阳集团药业有限公司、江苏云阳集团房地产开发有限公司、江苏云阳集团有限公司、马俊借款合同纠纷案 | 江苏省高级人民法院（2010）苏商外终字第0049号民事判决书 | 巴巴多斯 | 中国法律 | 意思自治④ |

---

① 法院认为：本案因被告萧博文系台湾地区台中县人，故本案买卖合同纠纷应参照涉外民商事案件处理。本案当事人对案件的法律适用没有选择，根据最密切联系原则，应以订立合同时卖方所在地的法律为准据法。因此，本案适用中华人民共和国法律。

② 法院认为：本案系买卖合同纠纷，原被告双方一致选择适用中华人民共和国法律，本案应适用中华人民共和国法律。

③ 法院认为：本案系澳门特别行政区居民曾彬彬与被告曾贤德、曾辉南间的民间借贷纠纷，故本案属涉澳案件，应参照涉外案件处理。本案诉讼中各方当事人一致选择中华人民共和国法律作为解决本纠纷应适用的法律。

④ 法院认为：本案属涉外民事纠纷案件。双方当事人在庭审中一致选择中华人民共和国法律作为本案准据法，法院予以准许。

(续表)

| 序号 | 当事人及案由 | 审理法院及案号 | 涉案国家或地区 | 适用法律 | 法律选择方法 |
|---|---|---|---|---|---|
| 15 | 李浩田与叶永强民间借贷纠纷案 | 广西壮族自治区高级人民法院(2010)桂民四终字第9号民事判决 | 马来西亚 | 中国法律 | 意思自治① |
| 16 | 上海滨凯美之源整形外科医院有限公司与金炳键(KIM-BYUNGGUN)借款合同纠纷上诉案 | 上海市高级人民法院(2008)沪高民四(商)终字第90号民事判决书 | 韩国 | 中国法律 | 最密切联系原则② |
| 17 | 卢汉雄(LOO HON HUNG)与南京普迪混凝土有限公司借款合同纠纷案 | 江苏省高级人民法院(2010)苏商外终字第0055号民事判决书 | 中国香港、英国 | 中国法律 | 意思自治③ |
| 18 | 达飞轮船公司(CMACGMS. A.)与华泰财产保险股份有限公司北京分公司海上货物运输合同纠纷上诉案 | 上海市高级人民法院(2010)沪高民四(海)终字第85号民事判决书 | 土耳其、法国 | 中国法律 | 意思自治④ |

① 法院认为:虽然在一审中本案双方当事人未明确约定选择本案实体审理应当适用的法律。但在一审审理中双方当事人均援引中华人民共和国法律且对法律适用问题均未提出异议,双方当事人在二审中均明确表示同意适用中华人民共和国法律作为本案实体审理的准据法,应当视为当事人已经就合同争议适用的法律作出选择,本案实体处理应适用中华人民共和国的法律。

② 法院认为:本案系涉外合同纠纷,因诉争当事人对法律适用未作约定,现滨凯公司住所地及合同履行地均在中国境内,根据最密切联系原则,本案纠纷的处理应适用中华人民共和国法律。

③ 法院认为:虽当事人双方事前未就适用法律作出约定,但双方当庭明确表示选择适用中华人民共和国法律,双方当事人意思表示一致,根据当事人意思自治原则,确定中华人民共和国法律作为解决本案纠纷的准据法。

④ 法院认为:根据中国法律规定,当事人可以就处理涉外合同争议的准据法作出约定。在庭审中,双方当事人均选择适用中国法律处理涉案纠纷,故法院确定处理本案争议的准据法为中国法律。

（续表）

| 序号 | 当事人及案由 | 审理法院及案号 | 涉案国家或地区 | 适用法律 | 法律选择方法 |
|---|---|---|---|---|---|
| 19 | 法尔胜集团进出口有限公司与德国瑞克麦斯轮船公司海上货物运输合同纠纷案 | 上海海事法院（2009）沪海法商初字第784号民事判决书 | 美国、德国 | 中国法律 | 意思自治① |
| 20 | 宁波百盈国际贸易有限公司与Danmar Lines Limited（丹马运输股份有限公司）等海上货物运输合同无单放货纠纷案 | 宁波海事法院（2010）甬海法商初字第34号民事判决书。 | 波兰 | 中国法律 | 意思自治② |
| 21 | 北京中汽联贸易有限公司与骏升投资国际有限公司股权转让合同纠纷上诉案 | 山东省高级人民法院（2010）鲁民四终字第7号民事判决书 | 中国香港 | 中国法律 | 意思自治③ |

---

① 法院认为：本案系因货物受损引起的海上货物运输合同纠纷。货物目的港、被告住所地均在境外，具有涉外因素。根据法律规定，合同当事人经协商一致可以选择解决涉外合同纠纷的准据法，原告和被告在庭审中均表示适用中华人民共和国法律，因此本院确定以中华人民共和国法律作为审理合同纠纷的准据法。

② 法院认为：本案原告系在我国登记注册的法人，装运港也系我国港口，原告及被告 Danmar Lines Limited、丹沙中福公司亦同意适用中国法律，故本案应适用中国法律。

③ 法院认为：对于实体处理中的准据法适用问题，因双方均同意选择适用中华人民共和国法律，故处理本案争议所适用的准据法为中华人民共和国法律。

（续表）

| 序号 | 当事人及案由 | 审理法院及案号 | 涉案国家或地区 | 适用法律 | 法律选择方法 |
|---|---|---|---|---|---|
| 22 | 大华银行（中国）有限公司上海分行等与上海黄金置地有限公司金融借款合同纠纷案 | 上海市高级人民法院（2009）沪高民四（商）初字第1号民事判决书 | 中国香港 | 香港法律与中国法律 | 意思自治① |
| 23 | 美顺国际货运有限公司与巴润摩托车有限公司海上货物运输合同纠纷上诉案 | 上海市高级人民法院（2009）沪高民四（海）终字第27号民事判决书 | 美国 | 美国法律 | 意思自治② |
| 24 | 广东粤林林产化工有限公司及谭林与广西梧州市亿能水电投资有限公司等股权转让合同纠纷案 | 广西壮族自治区高级人民法院（2010）桂民四终字第11号民事判决书 | 中国香港 | 中国法律 | 最密切联系原则③ |

① 法院认为：关于涉案金融借款合同纠纷的法律适用，应当尊重当事人对合同争议应适用法律的选择。本案中，两原告系贷款人，被告系借款人，各方当事人在《贷款协议》中明确约定适用香港法律。且各方当事人在《贷款协议》的《修改合同》中，再次重申《贷款协议》适用香港法律。根据最高人民法院《关于审理涉外民事或商事合同纠纷案件法律适用若干问题的规定》第3条的规定，当事人选择或者变更选择合同争议应适用的法律，应当以明示的方式进行，因此原告汇丰银行与被告在《改制和转移补充通知》中对应适用法律的变更选择不能改变各方当事人在《修改合同》中明确、一致的意见，涉案金融借款合同纠纷应适用香港法律。而两原告作为抵押权人、被告作为抵押人，又先后签订了《房地产抵押贷款合同》、《在建工程抵押协议》及相关的修订协议（以下统称为抵押合同），两原告与被告之间又建立了抵押合同关系，各方当事人在上述抵押合同中，明确约定抵押合同适用中国内地法律，依中国内地法律解释，因此，各方当事人关于抵押合同纠纷争议适用法律的选择符合我国法律规定，应予尊重，各方当事人在诉讼中对此也无异议，故涉案抵押合同纠纷应适用中国内地法律。

② 法院的判决理由及简评，请参见下文"提单法律选择条款的效力问题"。

③ 法院认为：因原、被告在合同履行的过程中未对发生争议后所适用的法律作出约定，合同的履行地在中国内地，与合同有最密切联系的法律是中国内地法律，且经庭审询问原、被告，双方均同意选择中华人民共和国内地的法律作为本案处理的依据，故本案的处理适用中华人民共和国内地的法律。

（续表）

| 序号 | 当事人及案由 | 审理法院及案号 | 涉案国家或地区 | 适用法律 | 法律选择方法 |
|---|---|---|---|---|---|
| 25 | 沈以标等与薛世蓉股权转让纠纷上诉案 | 江苏省高级人民法院（2010）苏商外终字第0004号民事判决书 | 瑞典 | 中国法律 | 单边冲突规范① |
| 26 | 北京光线传媒股份有限公司与牟素芳、杨绍谦、PHILIP JIAN YANG（杨健）股权转让纠纷案 | 北京市高级人民法院（2010）高民终字第504号民事判决书 | 美国 | 中国法律 | 意思自治② |
| 27 | 广州市鑫海服装有限公司与香港金寰国际有限公司承揽合同纠纷上诉案 | 广东省广州市中级人民法院（2010）穗中法民四终字第35号民事判决书 | 中国香港 | 中国法律 | 意思自治③ |
| 28 | 上海惠楷商用电器有限公司与美国丰年企业承揽合同纠纷上诉案 | 上海市高级人民法院（2009）沪高民四（商）终字第26号民事判决书 | 美国 | 中国法律 | 最密切联系原则④ |

① 法院认为：《中华人民共和国民法通则》第145条第1款规定：涉外合同的当事人可以选择处理合同争议所适用的法律，法律另有规定的除外。最高人民法院《关于审理涉外民事或商事合同纠纷案件法律适用若干问题的规定》第8条第4项规定：中外合资经营企业、中外合作经营企业、外商独资企业股份转让合同，适用中华人民共和国法律。南通家馨公司系瑞典家馨公司在我国设立的外商独资企业，本案纠纷涉及南通家馨公司股权转让，因此，依照上述司法解释，本案处理应当适用中华人民共和国法律。

② 法院认为：本案各方当事人在一审庭前均表示选择中华人民共和国法律解决案件争议，根据《中华人民共和国合同法》第126条第1款规定，涉外合同的当事人可以选择处理合同争议所适用的法律，故本案以中华人民共和国法律作为处理争议的准据法。

③ 法院认为：金寰公司与鑫海公司一致同意适用中华人民共和国法律作为处理本案争议的法律，故应适用中华人民共和国法律作为审理本案的准据法。

④ 法院认为：本案系涉外承揽合同纠纷，因加工承揽人住所地在中国上海市，故根据最密切联系原则，本案纠纷的处理适用中华人民共和国法律规定。

(续表)

| 序号 | 当事人及案由 | 审理法院及案号 | 涉案国家或地区 | 适用法律 | 法律选择方法 |
|---|---|---|---|---|---|
| 29 | 杨文元、杨文祥与杨丽钦租赁合同纠纷上诉案 | 福建省高级人民法院（2010）闽民终字第168号民事判决书 | 文莱 | 中国法律 | 最密切联系原则① |
| 30 | 中国银行（香港）有限公司与台山市人民政府、台山市电力发展公司、台山市鸿基石油化工有限公司、台山市财政局担保合同纠纷案 | 广东省高级人民法院（2009）粤高法民四终字第338号民事判决书 | 中国香港 | 中国法律 | 最密切联系原则② |
| 31 | 凯旋体育有限公司与宁波昌隆健身器材有限公司进出口代理合同纠纷案 | 浙江省宁波市中级人民法院（2009）浙甬商外初字第130号民事判决书 | 韩国 | 中国法律 | 意思自治③ |
| 32 | 广州国靖办公家具有限公司与中国人民财产保险股份有限公司广州市番禺支公司交通事故责任强制保险合同纠纷上诉案 | 广东省广州市中级人民法院（2010）穗中法民一终字第2910号民事判决书 | 中国台湾 | 中国法律 | 意思自治④ |

① 法院认为：本案合同的签订地、履行地及标的物所在地均为福建漳州，根据《中华人民共和国合同法》第126条的规定，本案应适用与合同有最密切联系的国家法律即中华人民共和国法律。

② 法院认为：本案双方当事人没有约定发生争议处理时适用的法律，而被告电力公司、鸿基公司、台山市财政局、台山市政府的住所地均在中华人民共和国内地，本案纠纷与中国内地的联系最为密切，因此依据最密切联系原则，本案应适用中华人民共和国内地法律予以调整。

③ 法院认为：在法律适用上，原、被告事先未作约定，在庭审中双方均选择适用中华人民共和国的法律，故应适用中华人民共和国的法律作为本案裁判的法律依据。

④ 法院认为：本案为涉台合同纠纷。根据最高人民法院有关司法解释的规定，本案比照涉外案件处理。因各方当事人均同意以我国内地法律作为本案争议的准据法，法院确认我国内地法律作为解决本案争议的准据法。

（续表）

| 序号 | 当事人及案由 | 审理法院及案号 | 涉案国家或地区 | 适用法律 | 法律选择方法 |
|---|---|---|---|---|---|
| 33 | 白邝达（Christopher John Pr）与河南工业大学劳务纠纷案 | 河南省郑州市中级人民法院（2008）郑民三初字第338号民事判决书 | 美国 | 中国法律 | 意思自治① |
| 34 | 戴声智与香港廷丰国际有限公司、江苏众源高分子有限公司外商独资企业承包经营合同纠纷案 | 江苏省高级人民法院（2010）苏商外终字第0018号民事判决书 | 中国香港 | 中国法律 | 意思自治② |
| 35 | 佳通科技（苏州）有限公司与株式会社NER居间合同纠纷案 | 江苏省高级人民法院（2010）苏商外终字第0011号民事判决书 | 韩国 | 中国法律 | 意思自治③ |
| 36 | 国润发展有限公司与张家港保税区兵吉燕化工仓储有限公司、张家港捷通中石化工物流有限公司仓储合同纠纷案 | 江苏省高级人民法院（2010）苏商外终字第0008号民事判决书 | 中国香港 | 中国法律 | 最密切联系原则④ |

---

① 法院认为：经过本院征询双方的意见，双方当事人均同意在诉讼中适用我国内地法律，因此，本案应适用中华人民共和国内地法律来调整。

② 法院认为：由于廷丰公司系香港法人，故涉案合同应比照涉外合同处理。一审法院根据双方当事人的一致选择，确定内地法律为本案准据法，符合法律规定，应予确认。

③ 法院认为：株式会社NER系韩国法人，本案应适用涉外民商事案件的规定确定法律适用。双方当事人协议选择中华人民共和国法律作为解决争议的准据法，予以准许。

④ 法院认为：因本案仓储合同当事人未选择处理争议所适用的法律，而仓储人住所地在中华人民共和国内地，根据《中华人民共和国合同法》第126条的规定，本案应适用与争议有最密切联系的中华人民共和国内地法律。

(续表)

| 序号 | 当事人及案由 | 审理法院及案号 | 涉案国家或地区 | 适用法律 | 法律选择方法 |
|---|---|---|---|---|---|
| 37 | 韩国烟草公司与北京东国广告有限公司委托合同纠纷上诉案 | 北京市高级人民法院(2010)高民终字第860号民事判决书 | 韩国 | 中国法律 | 意思自治① |
| 38 | 富邦财务(香港)有限公司与三和利贸易有限公司、宁波奥达洁具有限公司、胡小建融资租赁合同纠纷上诉案 | 浙江省高级人民法院(2010)浙商外终字第4号民事判决书 | 中国香港 | 中国法律 | 意思自治② |
| 39 | 云南海文环境艺术设计装饰工程有限公司与中国有色金属工业第十四冶金建设公司建设工程合同纠纷上诉案 | 云南省高级人民法院(2010)云高民三终字第51号民事判决书 | 老挝 | 中国法律 | 意思自治③ |

① 法院认为:《中华人民共和国民法通则》第145条规定,涉外合同的当事人可以选择处理合同争议所适用的法律,法律另有规定的除外。涉外合同的当事人没有选择的,适用与合同有最密切联系的国家的法律。双方在开庭时选择中华人民共和国法律为解决争议的实体法,因此,本案以中华人民共和国法律为准据法。

② 法院认为:根据《中华人民共和国合同法》第126条第1款的规定,涉外合同的当事人可以选择处理合同争议所适用的法律,现富邦公司根据其与三和利公司、胡小建签订的租赁协议的约定,选择适用大陆的法律处理其与三和利公司、胡小建之间的合同争议符合合同的约定,该院可予准许。至于富邦公司与奥达洁具之间合同纠纷的法律适用问题,因富邦公司选择适用大陆的法律,奥达洁具公司未到庭抗辩,再则,租赁设备权益确认书约定可依大陆的法律解释,本案争议的标的物也在大陆,根据最密切联系原则,也应适用大陆的法律。

③ 法院认为:因涉案工程在外国领域内,本案系涉外建设工程施工合同案件。双方当事人在合同中未约定准据法的适用。原审中,双方当事人明确表示适用我国法律,故本案适用中华人民共和国法律审理。

(续表)

| 序号 | 当事人及案由 | 审理法院及案号 | 涉案国家或地区 | 适用法律 | 法律选择方法 |
|---|---|---|---|---|---|
| 40 | 北京市康泰拍卖有限责任公司与SK Gas(株)拍卖合同纠纷案 | 北京市高级人民法院(2010)高民终字第503号民事判决书 | 韩国 | 中国法律 | 意思自治① |
| 41 | 江阴玛帝差别化纤有限公司与新威实业公司、第三人兴业银行股份有限公司无锡分行信用证欺诈纠纷 | 江苏省无锡市中级人民法院(2009)锡民三初字第0191号民事判决书 | 中国香港 | 中国法律 | 侵权行为地法② |
| 42 | 河南建总国际工程有限公司与李裕斌、张清芬侵权纠纷案 | 河南省郑州市中级人民法院(2009)郑民三初字第434号民事判决书 | 法国 | 中国法律 | 侵权行为地法③ |
| 43 | 美国梵盛公司与苏州恒瑞公司不当得利纠纷上诉案 | 江苏省高级人民法院(2010)苏商外终字第0056号民事判决书 | 美国 | 中国法律 | 不当得利人国籍国法④ |

① 法院认为:康泰公司和SK公司在开庭前均表示选择中华人民共和国法律作为处理合同争议所适用的法律。依照《中华人民共和国民法通则》第145条第1款的规定,涉外合同的当事人可以选择处理合同争议所适用的法律,法律另有规定的除外。故法院确定中华人民共和国的相关法律为本案的准据法。

② 法院认为:关于本案的法律适用。玛帝公司与新威公司约定涉案信用证适用UCP最新版本,即UCP600。但UCP600并未涉及信用证欺诈及法律救济问题,故本院认为,本案诉争的欺诈行为结果地也即开证行兴业银行无锡分行的承兑付款地为中国内地,根据《中华人民共和国民法通则》第146条的规定,因侵权行为发生的争议应适用侵权行为地法律,故审理本案应适用中国内地法。

③ 法院认为:侵权行为地的法律包括侵权行为实施地法律和侵权结果发生地法律,因双方当事人在起诉后未就法律适用作出明确约定,应按照侵权行为地原则选择以我国内地法律作为处理本案纠纷的准据法。

④ 法院认为:本案中,梵盛公司指控恒瑞公司不当得利,因恒瑞公司属中华人民共和国企业法人,故本案应适用中华人民共和国法律。双方当事人对此无异议。

（续表）

| 序号 | 当事人及案由 | 审理法院及案号 | 涉案国家或地区 | 适用法律 | 法律选择方法 |
|---|---|---|---|---|---|
| 44 | 阳建明等与王桂云财产权属纠纷一案 | 广西壮族自治区桂林市中级人民法院（2009）桂市民初字第326号民事判决书 | 中国台湾 | 中国法律 | 不动产所在地法① |
| 45 | 鲁道夫·达斯勒体育用品波马股份公司（PUMA AKTIEN GESELLSCHAFT RUDOLF DASSLER SPORT）与林立琴侵犯商标专用权纠纷案 | 浙江省嘉兴市中级人民法院（2010）浙嘉知初字第35号民事判决书 | 德国 | 中国法律 | 侵权行为地法② |
| 46 | Cartier International N.V（卡地亚国际有限公司）与湖南同天大酒店有限公司等侵犯商标专用权纠纷上诉案 | 湖南省高级人民法院（2010）湘高法民三终字第27号民事判决书 | 法国 | 中国法律 | 未做说理，直接适用法院地法③ |

---

① 法院认为：由于原、被告没有对处理争议适用的法律作出选择，根据《中华人民共和国民法通则》第144条的规定，不动产的所有权，适用不动产所在地法律。本案不动产房屋所在地在中国大陆，故应适用中国大陆法律。

② 法院认为：因本案系侵权纠纷，按照《中华人民共和国民法通则》第146条第1款的规定，侵权行为的损害赔偿，适用侵权行为地法律。故本院适用中华人民共和国法律作为处理本案纠纷的准据法。

③ 对于本案及其他类似案例的评述，请参见下文"涉外知识产权案件的法律适用"。

| 序号 | 当事人及案由 | 审理法院及案号 | 涉案国家或地区 | 适用法律 | 法律选择方法 |
|---|---|---|---|---|---|
| 47 | 广东龙坤广告传媒有限公司与东盟卫视集团发展有限公司、香港东盟卫视集团发展有限公司南宁代表处、香港东盟卫视集团发展有限公司南昌代表处、杜芳宁业务合作协议纠纷上诉案 | 广西壮族自治区高级人民法院（2010）桂民四终字第29号民事判决书 | 中国香港 | 中国法律 | 意思自治① |
| 48 | 金隆国际有限公司与无锡百和织造股份有限公司股东大会决议效力确认纠纷上诉案 | 江苏省高级人民法院（2010）苏商外终字第0014号民事判决书 | 文莱 | 中国法律 | 冲突法一般规则② |
| 49 | 铃木科技商务有限公司与华星国际贸易集团有限公司国际货物买卖合同纠纷上诉案 | 江苏省高级人民法院（2010）苏商外终字第0060号民事判决书 | 日本 | 中国法律 | 意思自治③ |

① 法院认为：虽然在一审中本案双方当事人未明确约定选择准据法。但在一审法院审理过程中，双方当事人均援引我国法律且对法律适用问题均未提出异议，根据最高人民法院《关于审理涉外民事或商事合同纠纷案件法律适用若干问题的规定》第4条的规定，当事人未选择合同争议应适用的法律，但均援引同一国家或者地区的法律且未提出法律适用异议的，应当视为当事人已经就合同争议应适用的法律作出选择，本案的处理应适用中国内地的法律。

② 法院认为：本案系涉外商事纠纷，应首先确定准据法的适用。本案案由为股东会决议效力确认纠纷，涉及公司内部组织机构行为效力的确认，根据冲突规范的一般规则，应适用公司注册登记地法律。百和公司在中华人民共和国境内登记注册，故本案应适用中华人民共和国法律审理。

③ 法院认为：本案涉及涉外合同关系，因合同双方当事人未对发生纠纷后适用的准据法作出约定，一审中，双方均选择中国实体法作为审理本案的准据法，一审法院根据《中华人民共和国民法通则》第145条第1款的规定，确定我国法律为本案准据法，符合法律规定，应予确认。

(续表)

| 序号 | 当事人及案由 | 审理法院及案号 | 涉案国家或地区 | 适用法律 | 法律选择方法 |
|---|---|---|---|---|---|
| 50 | 成发控股有限公司与王文斌票据追索权纠纷上诉案 | 北京市高级人民法院（2010）高民终字第560号民事判决书 | 中国香港 | 香港法律 | 意思自治① |

**表二 涉外民商事案件适用法律情况**

| 类别 | 案件数量 | 比例 |
|---|---|---|
| 适用中国法律 | 44 | 88% |
| 适用域外法律 | 2 | 4% |
| 同时适用中国法律和域外法律 | 1 | 2% |
| 适用国际公约、国际惯例 | 3 | 6% |

**表三 涉外民商事案件法律选择方法**

| 类别 | 案件数量 | 比例 |
|---|---|---|
| 意思自治 | 31 | 62% |
| 最密切联系原则 | 7 | 14% |
| 单边冲突规范 | 2 | 4% |
| 适用国际公约、商事惯例 | 3 | 6% |
| 侵权行为地法 | 3 | 6% |
| 不动产所在地法 | 1 | 2% |
| 其他方法 | 3 | 6% |

① 法院认为：依照《中华人民共和国民法通则》第145条第1款"涉外合同的当事人可以选择处理合同争议所适用的法律，法律另有规定的除外"之规定，因本案双方当事人均选择适用香港票据法律第19章《汇票条例》作为处理本案纠纷的准据法，该选择系双方当事人的真实意思表示，且不违反国家和社会公共利益，合法有效，故本院适用双方当事人共同选择的香港票据法律第19章《汇票条例》作为处理本案纠纷的准据法。

表四　涉外民商事案件纠纷类型分布

| 纠纷类型 | 涉案数量 | 比例 |
| --- | --- | --- |
| 买卖合同纠纷 | 9 | 18% |
| 借贷合同纠纷 | 6 | 12% |
| 运输合同纠纷 | 5 | 10% |
| 股权转让纠纷 | 4 | 8% |
| 委托、代理合同纠纷 | 5 | 10% |
| 其他合同纠纷 | 12 | 24% |
| 信用证纠纷 | 1 | 2% |
| 侵权纠纷 | 2 | 4% |
| 不当得利纠纷 | 1 | 2% |
| 知识产权纠纷 | 2 | 4% |
| 不动产权属纠纷 | 1 | 2% |
| 其他类 | 2 | 4% |

### 三、涉外合同案件的法律适用

（一）涉外合同案件法律适用概况

现代契约社会中,合同是人们开展各种民商事交往最基本的法律形式,合同纠纷也自然地成为了法院中最常见的争议类型。[①] 2010 年中国法院审理的涉外合同纠纷不仅数量众多,纠纷所涉及的合同类型也十分多样。从搜集调查的案例来看,涉外合同案件主要有以下一些类型:买卖合同、借贷合同、货物运输合同、股权转让合同、承揽合同、委托合同、代理合同、担保合同、保险合同、劳务合同、居间合同、仓储合同、租赁合同、拍卖合同、承包经营合同、融资租赁

---

① 例如,在 2010 年中国法院审结的民事一审案件中,合同纠纷有 3239740 件,约占全部案件的 53%,比婚姻家庭、继承纠纷(1428340 件)与权属、侵权纠纷(1444615 件)的总数仍多;资料来源:《2010 年全国法院司法统计公报》,载《中华人民共和国最高人民法院公报》2011 年第 4 期,第 34 页。

合同、建设工程合同、中外合资经营企业合同等。① 在这些涉外合同案件的法律适用方面,中国法院基本上都能做到准确地理解与适用中国的相关冲突规范,为涉外合同案件选择合适的准据法,体现了近年来在立法、司法与学术的协力下中国国际私法司法实践水平的提高。

首先,对于在中国境内履行的中外合资经营企业合同,例如由最高人民法院审理的香港锦程投资有限公司与山西省心血管疾病医院、第三人山西寰能科贸有限公司中外合资经营企业合同纠纷一案②,法院依据中国法律中关于此类特殊涉外合同的"单边冲突规范"③的指引适用中国实体法律处理案件争议。

其次,在涉及国际条约的案件中,当案件的争诉问题属于有关国际条约的管辖范围且双方当事人的所属国均为该条约缔约国时,例如法国航空公司与智傲物流有限公司货物运输合同违约赔偿纠纷一案④,中国法院依据"国际条约优先原则"⑤直接适用该国际条约解决了案件争议。在涉及国际惯例的案件中,于当事人协议选择有关国际惯例的场合,例如株式会社庆南银行与舟山市世创水产有限公司、中国农行舟山市分行信用证纠纷一案⑥,中国法院也明确支持了当事人协议选择该国际惯例的效力;在依冲突规范所指引的中国法律对案件的争议问题没有相应的实体规范时,例如深圳发展银行股份有限公司北京分行与莎蔓特有限公司(SHAR METAL SCRAP

---

① 每类合同的典型案例,请参见本文第二部分"涉外民商事案件的统计分析"表一。
② 最高人民法院(2010)民四终字第3号民事判决书。
③ 参见1983年《中华人民共和国中外合资经营企业法实施条例》第15条;2007年《最高人民法院关于审理涉外民事或商事合同纠纷案件法律适用若干问题的规定》第8条。
④ 上海市第一中级人民法院(2007)沪一中民五(商)终字第27号民事判决书。
⑤ 参见1986年《中华人民共和国民法通则》第142条第2款。
⑥ 浙江省高级人民法院(2010)浙商外终字第15号民事判决书。

CO. LTD)委托合同纠纷一案①,中国法院亦根据"国际惯例补缺原则"②适用有关国际惯例处理了案件争议。③

此外,对于前述其他各种类型涉外合同纠纷的法律适用问题,法院大都依据了中国法律关于合同法律选择的一般规则加以解决,即采用依当事人意思自治原则并由最密切联系原则作为补充的方法来确定涉外合同案件的准据法。其中,对于已为2007年《最高人民法院关于审理涉外民事或商事合同纠纷案件法律适用若干问题的规定》第5条规定所包含的合同类型,中国法院还参考了该条规定关于最密切联系地法律的特征性履行推定。而对于那些中国法律尚未特设冲突规范的合同类型,例如债权转让合同、股权转让合同、代理合同等,法院亦唯有依前述中国法律关于合同法律选择的一般规则来确定案件的准据法。

因此,在2010年涉外合同案件的法律适用方面绝大多数法院都能尊重当事人合法的法律选择协议,赋予当事人在达成法律选择协议上广泛的自由与便利;在最密切联系原则的运用中,也有越来越多的法院抛弃了以往判决中常见的语焉不详、含糊不清的措辞,对于最密切联系地法律的认定给出了清晰、充分的论述。例如,在潘卉与广西来宾市永大实业有限责任公司、中国工商银行股份有限公司鹿寨县支行借款合同纠纷一案④中,对于案件中借款合同与保证合同的法律适用分析,法院的判决说理就颇值肯定:

> 《中华人民共和国合同法》第一百二十六条第一款规定:"涉外合同的当事人可以选择处理合同争议所适用的法律,但法律另有规定的除外。涉外合同的当事人没有选择的,适用与

---

① 北京市高级人民法院(2010)高民终字第739号民事判决书。
② 参见1986年《中华人民共和国民法通则》第142条第3款。
③ 关于国际条约与国际惯例适用问题的详细论述,参见肖永平:《法理学视野下的冲突法》,高等教育出版社2008年版,第340—410页。
④ 广西壮族自治区高级人民法院(2010)桂民四终字第39号民事判决书。

合同有最密切联系的国家的法律",在本案的借款合同中,潘卉与永大公司在《借款合同》中未就解决合同争议所适用的法律作出选择,应适用与合同有最密切联系的国家的法律。就借款法律关系而言,通常情况下,最密切联系地的法律是贷款人住所地法,本案贷款人潘卉虽然是香港特别行政区永久性居民,但常住中国内地,案涉借款合同签订地、履行地均在中国内地,约定使用的币种为人民币,因此与合同有最密切联系地是我国内地;在保证合同中,鹿寨工行在《担保函》中已写明该保函适用我国内地的法律,潘卉亦接受该保函,故保证合同的双方当事人已对适用法律作出了选择,即共同选择我国内地的法律作为解决纠纷的准据法。因此,本案适用我国内地的法律处理。

前引判决中,审理法院不仅较为清晰地把握了中国法律在当事人意思自治、最密切联系原则及特征性履行推定上的立场,法院对最密切联系原则具体适用的论述更是难能可贵:一方面,这有助于加深当事人对判决法律选择合理性的认识;另一方面,随着2010年《涉外民事关系法律适用法》的颁布实施,作为"兜底规则"的最密切联系原则如何在不失其本质灵活性的同时亦合理地增强确定性及可预见性的课题,显然要极大地依赖于司法实践中法院的这种探索。

与此同时,司法实践中种类繁多、各具特色的涉外合同法律关系也在不断地对合同冲突法的一般规则提出挑战,它们或是提出了发展专门规则的需要,或是在实践中影响着法院对待一般规则的态度。对此,下文以"涉外债权转让的法律适用问题"与"提单中法律选择条款的效力问题"为例,结合2010年中国法院审理的相关案例分别做一简要评述。

(二)涉外债权转让的法律适用问题

如前所述,对于涉外债权转让的法律适用,中国现行法律尚未设专门规定①,实践中中国法院常常不加区分地援引合同冲突法的一般规则对其加以解决。② 然而,由于债权转让法律关系至少牵涉转让人(原债权人)、受让人和债务人,各方之间组成的法律关系较为复杂,在法律适用问题上所需要考虑与平衡的利益也更为多样,因此,对所有债权转让法律关系笼统适用合同问题法律适用的一般规则是否合适是颇有疑问的。在李优梓与林永锋民间借贷纠纷一案③中,这一做法就反映出一些问题。

就一般债权转让案件而言,本案案情并不复杂:案外人(原债权人)范林羽借给被告(债务人)林永锋3万美元,后范林羽将该项债权协议转让给了原告李优梓并书面通知了债务人林永锋,而后者拒不向债权受让人李优梓支付该笔款项。在诉讼程序中,双方当事人在法律选择问题上针锋相对。被告债务人林永锋主张案件应适用其与原债权人的国籍国法——美国法;原告债权受让人李优梓则认为案件"明显与中国有更密切联系",应适用中国法律。最终,审理法院认可了原告的观点,适用了中国法律判决被告债务人应向原告支付涉案款项。对于法律选择问题,二审法院的判决写到:

> 本院认为,本案系基于债权转让而形成的民间借贷纠纷,原借贷法律关系双方即范林羽与上诉人林永锋未约定纠纷处理应当适用的法律,在债权转让后上诉人(原审被告林永锋)与被上诉人(原审原告李优梓)双方亦未就法律适用问题达成合意。根据《中华人民共和国民法通则》第一百四十五条"涉外合

---

① 遗憾的是,尽管中国国际私法学会在草拟《涉外民事关系法律适用法》的建议稿时十分重视"债权转让"问题并提出了有关规则(建议稿第74条),但最终并没有为立法机关所采纳。参见黄进主编:《中华人民共和国涉外民事关系法律适用法建议稿及说明》,中国人民大学出版社2011年版,第96页。
② 参见扬州华钟毛纺织有限公司与维科(香港)纺织有限公司债权转让合同纠纷上诉案,江苏省高级人民法院(2010)苏商外终字第0002号民事判决书。
③ 广西壮族自治区高级人民法院(2010)桂民四终字第12号民事判决书。

同的当事人可以选择处理合同争议所适用的法律,但法律另有规定的除外。涉外合同的当事人没有选择的,适用与合同有最密切联系的国家的法律"的规定,应当根据最密切联系原则确定本案实体审理所适用的法律。虽然上诉人林永锋与原债权人范林羽均是美国公民,但案涉借款是范林羽由美国汇至林永锋在中国银行开立的账户,借条以中文的形式表述,借条中将借款货币由美元转换成人民币,借款利息以中国住房利率为计算依据,故本案借款合同与中国有最密切联系。范林羽转让债权给被上诉人李优梓,双方所签订的债权转让合同的缔约地为中国南宁,债权受让人、债务人在中国南宁有住所地及经常居住地,据此,案涉债权转让合同亦明显与中国有更密切联系,故本案实体审理应适用中华人民共和国的法律。上诉人认为本案应适用美国纽约州法律进行审理的上诉主张,本院不予支持。

前引判决中,审理法院显然力求说理充分,其关于案件原借款合同"最密切联系地"的认定也足够令人信服;然而,一方面由于未能准确地界定本案实质争议的性质,再加上中国法律中缺乏针对债权转让的冲突规则给法院提供适当的指引,本案判决中的法律适用说理显得详细有余但清晰不足、面面俱到却又不得要领。实际上,本案的实质争议即债务人是否应向债权受让人承担支付有关款项的责任并非属于法院判决所称的"借贷纠纷",而是涉及债权转让的"成立与效力"问题[①],后者包括债权的可转让性、债权转让是否需通知债务人、债务人与受让人之间的权利义务关系等问题。并且,本案中的债务人与债权受让人就像大多数债权转让关系中的债务人与受让人一样,他们之间是并无多少联系的——他们只是由于债务

---

① 有学者把这些问题称为"债权转让的物权内容",参见宋晓:《涉外债权转让法律适用的路径选择》,中国国际私法学会 2010 年年会论文集,第 913 页。

人和原债权人(转让人)之间的借贷协议与转让人和受让人之间的债权转让协议才间接地联系起来——他们之间本身并不存在任何合同关系或可以合理地类比为合同关系的联系。因此,本案中法院适用合同冲突法一般规则的做法就很是有些"无的放矢"的嫌疑:在当事人意思自治方面,基本上毫无联系的债务人与受让人之间自然不存在事先的法律选择协议,而在争议发生后,一旦发生真实的法律冲突(即竞相适用的法律分别有利于债务人和受让人)也很难想象他们会在法律适用问题上达成事后的协商一致;而在寻找"最密切联系地法律"时,面对只有"间接联系"的债务人和受让人,法院亦只能通过分别确定原借贷合同及债权转让合同的最密切联系地来"间接地"确定与债务人和受让人具有最密切联系的法律。①

前述分析表明,对于债权转让"成立与效力"问题的法律适用,目前中国一些法院采取援引合同冲突法一般规则的做法是不恰当的。实际上,许多国家和地区的国际私法都对针对这一问题的特殊性而发展出了专门的冲突规则。理论和实践中获得较多支持的是欧盟2008年《关于合同之债的法律适用条例》(Rome I)第14(2)条②与荷兰王国《2008年2月25日关于调整有体物、债权、股票以及簿记证券物权关系的法律冲突的法令》第11(2)条③所采纳的做法,即债权转让的成立与效力问题,依该被转让债权的准据法决定。在目前中国法律对债权转让的法律适用问题仍未做特别规定的情况

---

① 这种方法的弊端十分明显:如果案情使得原借贷合同与转让合同的最密切联系法律并不一致,法院又该何去何从呢?

② 该条规定:"债权的可转让性、受让人和债务人之间的关系、向债务人主张受让权或代位权的条件以及债务人的债务是否已被免除等问题,由支配该被转让或代位的债权的法律决定。"对该条规定的详细分析,See Richard Plender, Michael Wilderspin, *The European Private International Law of Obligations*, 3rd ed., Sweet & Maxwell, 2009, pp.378-387.

③ 该条规定:"受让人和债务人的关系、在何种条件下不记名债权的转让或随后所设权利可对抗债务人,以及债务人是否已清偿债务,依债权准据法决定。"参见邹国勇译注:《外国国际私法立法精选》,中国政法大学出版社2011年版,第138—139页。

下,只能依赖于"最密切联系原则"①的中国法院应对前述比较法上的经验以及有关学术研究②加强重视,以期在司法实践中良好地解决这一法律选择问题。

(三)提单中法律选择条款的效力问题

如前所述,在涉外合同纠纷中,中国法院大都能尊重当事人合法的法律选择,只要当事人的法律选择不违反中国社会公共利益、强制性规则以及第三人的合法利益,即便是默示的法律选择协议也会得到中国法院的承认。例如,涉外合同当事人虽未选择合同争议应适用的法律,但在诉讼中均援引同一国家或地区的法律且未提出法律适用异议的,就会被视为已经就合同争议应适用的法律作出了法律选择。③ 然而,对于提单中所含法律选择条款的效力问题,中国法院的态度则较为保守,不同法院的做法也并不一致。

在宁波欧典音响电子有限公司与 WEST CONSOLIDATORS INC. (美国华志货运有限公司)、宁波市立豪物流有限公司、深圳华联国际货运代理有限公司海上货物运输合同无单放货纠纷一案④中,对于涉案提单背面条款中所含法律适用条款的效力,尽管被告承运人多次强调"原告(托运人)、被告之间已经多次发生同样的交易,原告始终接受被告华志公司的正本提单,从未提出任何异议,故本案提单的背面条款应当适用",审理法院仍然认为:"被告华志公司主张依照提单背面条款的约定,本案应适用其主营业地所在国(美国)的法律,且提单系根据美国法律制作,并在美国备案,无单放货行为亦

---

① 参见 2010 年《中华人民共和国涉外民事关系法律适用法》第 2 条第 2 款。
② 参见宋晓:《涉外债权转让法律适用的路径选择》,中国国际私法学会 2010 年年会论文集,第 911—922 页。
③ 参见 2007 年《最高人民法院关于审理涉外民事或商事合同纠纷案件法律适用若干问题的规定》第 4 条;有关案例,例如,李浩田与叶永强民间借贷纠纷案,广西壮族自治区高级人民法院(2010)桂民四终字第 9 号民事判决书;卢长盆与赵东知识产权合同纠纷案,四川省高级人民法院(2010)川民终字第 233 号民事判决书。
④ 中华人民共和国宁波海事法院(2009)甬海法商初字第 400 号民事判决书。

发生在美国,故根据最密切联系的原则也应适用美国法律,但是提单记载的法律适用条款系华志公司单方制作的格式条款,其内容排除了本案原告作为托运人与华志公司协商选择发生纠纷时适用法律的权利,被告华志公司也未能证明其在签发提单时已向原告就该背面条款进行协商并取得原告同意,因此,该条款无效。"最终,法院依"最密切联系的原则"适用了我国法律。

在另一件无单放货纠纷①中,面对提单中的法律选择条款,审理法院显然也认为仅仅因为涉案提单是承运人应托运人的要求而签发的事实尚不足以认定有关当事人之间在法律选择条款上达成了"真正的合意"并进而确立该法律选择条款的效力。法院判决写到:"(承运人)雅得美公司以提单背面条款记载适用美国海上货物运输法为由请求适用美国法。但现有证据不能证明双方曾就法律适用问题进行过协商且金岛公司接受提单法律适用条款,相反(托运人)金岛公司从未对该条款表示过认可,所以提单法律适用条款不能约束金岛公司。"随后,法院也选择了作为"最密切联系地法律"的中国法律为案件准据法。

依据前述两案中法院的观点,如果在托运人与承运人之间提单中的法律选择条款的效力都难以得到承认的话,那么当提单流转到第三人处时,在第三人与承运人之间的诉讼中承运人似乎就可以彻底打消其对于提单中法律选择条款的"幻想"了。在美顺国际货运有限公司与巴润摩托车有限公司海上货物运输合同纠纷一案②中,一审法院的判决似乎印证了我们的猜测:"本案系海上货物运输合同纠纷案件,运输目的港为美国迈阿密,当事人双方均系在境外注册的公司,本案具有涉外因素。(收货人)巴润公司认为,起运港在

---

① 南京金岛服装有限公司与雅得美运通有限公司(The Ultimate Freight Management Corporation)海上货物运输合同纠纷案,上海市高级人民法院(2008)沪高民四(海)终字第170号民事判决书。

② 上海市高级人民法院(2009)沪高民四(海)终字第27号民事判决书。

上海且合同履行地在中国,在美国法无法查明的情况下应当适用中国法律。(承运人)美顺公司认为,双方均为在美国注册的法人,提单背面条款约定运输中发生争议应适用美国法律;美国目的港的放货行为,根据最密切联系原则应适用美国法律。法院认为,当事人选择合同争议应适用的法律,应当以明示的方式进行。涉案提单背面虽然有适用美国法律的记载,但该提单系承运人单方面印制的格式条款,双方当事人并未就涉案纠纷的准据法达成合意。"然而,案件的二审法院在此问题上却做出了截然相反的认定,法院的终审判决写到:

> 巴润公司要求美顺公司在签发提单时将其列为记名收货人,故巴润公司与美顺公司海上货物运输合同成立有效,对双方当事人均有约束力。涉案提单正面和反面记载的条款,均应视为双方当事人意思表示一致的有效约定。我国法律规定合同当事人可以选择合同适用的法律,法律另有规定除外。涉案提单是双方当事人自愿选择适用的,提单背面条款明确约定适用美国1936年《海上货物运输法》或海牙规则等,又鉴于涉案双方当事人均为在美国境内注册成立且营运的公司,涉案货物运输的目的港和纠纷又在美国境内,故双方当事人对适用美国法律解决涉案纠纷的书面约定是明确的且意思表示一致,并不违反中国的公共利益,应当予以尊重和认定。

据此,二审法院推翻了一审判决中适用作为"最密切联系地法"的中国法的结论,对案件争议适用了提单法律选择条款所约定的美国相关法律。

前述案例表明,中国法院在对待提单中法律选择条款效力的问题上持较为严格的态度。多数法院认为,提单虽然作为当事人"海上货物运输合同的证明",但其中所含法律选择条款与其他背面条款作为格式条款,并没有经过当事人之间的真正的协商,除非另有当事人明示的同意,不能作为当事人意思自治的基础[①];而即便是少数支持了提单中法律选择条款效力的法院,它们并不坚定的判决理由——例如前引美顺国际货运有限公司与巴润摩托车有限公司案的二审判决——似乎也暗示了仅仅依靠提单中的法律选择条款自身是不足以说服法院支持其效力的,要使其效力得到确认还需案情和当事人与提单中法律选择条款所约定的法律至少有着"较为密切"的联系。[②]

**四、涉外侵权案件的法律适用**

2010年中国法院审理的涉外侵权案件中,在法律适用问题上大部分案件的法院判决都依据了《民法通则》第146条的规定,适用了"侵权行为地法律"[③];在侵权行为实施地与侵权结果发生地不一致时,中国法院亦会依法行使自由裁量权从中加以选择来确定案件准

---

① 关于中国较早的实践做法,参见王国华:《海事国际私法(冲突法篇)》,北京大学出版社2009年版,第100—101页。

② 显然,前述三例案例表明,案情与提单法律选择条款所约定的法律仅仅具有"一般的联系"是不够的;此外,提单中的法律选择条款还不得违反中国的社会公共利益和强制性规则;关于以违反中国法律强制性规则为由否定提单法律选择条款效力的案件,参见杭州声科电器有限公司诉美国华志货运有限公司(West Consolidators, Inc.)等海上货物运输合同纠纷案,中华人民共和国上海海事法院(2009)沪海法商初字第933号民事判决书。

③ 有关案例,参见江苏省昆山市巴城镇人民政府诉颌留投资有限公司、郁惠明,昆山奥特食品有限责任公司、昆山市张浦佳味腊腿厂股权转让纠纷案,江苏省高级人民法院(2010)苏商外终字第0010号民事判决书;江阴玛帝差别化纤有限公司与新威实业公司、第三人兴业银行股份有限公司无锡分行信用证欺诈纠纷,江苏省无锡市中级人民法院(2009)锡民三初字第0191号民事判决书;崔圣虹诉崔丹丹、闭晓荷财产损害赔偿纠纷案,广西壮族自治区高级人民法院(2010)桂民四终字第10号民事判决书;中国联和承造实业有限公司与联和承造有限公司股东知情权纠纷上诉案,广东省广州市中级人民法院(2010)穗中法民四终字第19号民事判决书;福建省晋江市陈埭下村纸箱厂诉陈春波等清算组成员责任纠纷案,福建省泉州市中级人民法院(2009)泉民初字第329号民事判决书。

据法。①

在这些案例中,河南建总国际工程有限公司诉李裕斌、张清芬侵权纠纷案②是一个在判决说理上较具特色的案例。在该案中,原告河南建总国际工程有限公司系由原中国建筑工程总公司河南分公司改制而来,其接收了后者的全部人员、设备及财产;被告李裕斌在作为原中国建筑工程总公司河南分公司下属的马里经理部负责人期间,擅自将由单位出资在法国巴黎购置的一套房产登记在自己与妻子张清芬的名下并一直实际占用该房产,直至卸任后仍拒绝向原告移交该房产。原告遂向法院起诉被告李裕斌、张清芬夫妇请求返还该房产。审理法院最终适用了中国法律支持了原告的诉讼请求。

在本案的法律适用问题上,审理法院首先陈述了中国法律对于侵权行为法律适用③的规定:"侵权行为的损害赔偿,应当适用侵权行为地法律。当事人双方国籍相同或者在同一个国家有住所的,也可以适用当事人本国法律或者住所地法律。"紧接着,法院以这样一种表述给出了其在案件法律适用问题上的决定:"侵权行为地的法律包括侵权行为实施地法律和侵权结果发生地法律,因双方当事人在起诉后未就法律适用作出明确约定,应按照侵权行为地原则选择以我国内地法律作为处理本案纠纷的准据法。"

从法院这一简短的判决理由中,结合本案案情我们可以合理地做出以下两点观察:首先,由于案件中侵权行为实施地与侵权结果发生地并不一致:被告非法占有原告房产的侵权行为发生在法国,

---

① 参见1988年1月26日《最高人民法院关于贯彻执行〈中华人民共和国民法通则〉若干问题的意见(试行)》第187条。

② 河南省郑州市中级人民法院(2009)郑民三初字第434号民事判决书。

③ 显然,本案中法院是在将有关争议识别为"侵权"的基础上来做出法律选择的。实际上,尽管本案原告以被告侵权为由提起诉讼,被告在抗辩中却提出了争议房产所有权归其所有的主张,因此,本案在定性问题上究竟应属"不动产的所有权问题"(进而适用不动产所在地法法国法)还是"侵权问题"是一个可以讨论的问题。

而原告因被告的非法占有并拒不归还的行为所导致的无法对该房产进行占有、处分等的损害后果则发生在中国境内。因此,法院判决所言"按照侵权行为地原则选择我国内地法律"的决定其实是选择了作为侵权后果发生地法的中国法律。实际上,在面对侵权行为实施地与侵权结果发生地并不一致而它们其中之一发生在中国境内的案件时,中国法院往往会选择位于中国境内的那一连结点来确定案件的准据法,即选择适用中国法律。① 在缺乏审理法院对这种选择的详细解释的情况下,我们或许可以揣测,这是因为适用为法院所熟知的本国法律的便利的诱惑是巨大的。然而,可能更为重要的原因在于,在大多数案件中,中国法律与案件的案情和有关当事人都有着更为密切的联系。例如在本案中,原被告双方当事人都拥有中国国籍,原告经改制接收被告原隶属单位的全部财产的法律行为依据的是中国法律,被告原隶属单位购买争议房产的决议是在中国做出的,全案案情及法律后果明显地与中国有着更为密切的联系,因此,法院选择适用中国法律来解决有关争议的做法是恰当的。当然,如果审理法院能在判决书中对这些法律选择的依据稍加解释的话,对于我们更好地理解其法律适用的合理性以及在司法实践中逐步发展出一套在行使自由裁量权时可供参考的考虑因素方面无疑是大有裨益的。

本案中另一个令人瞩目的方面在于,法院判决理由中所言"因双方当事人在起诉后未就法律适用作出明确约定,应按照侵权行为地原则选择以我国内地法律作为处理本案纠纷的准据法"似乎表明了,倘若本案原被告当事人在起诉后就有关争议的法律适用问题达成了明确的协议,法院会承认这一法律选择的效力。显然,在2010

---

① 参见美国美森轮船有限公司与宁波布莱莲特国际贸易有限公司海上货物运输无单放货侵权损害赔偿纠纷上诉案,上海市高级人民法院(2009)沪高民四(海)终字第143号民事判决书;在本案中,审理法院最终也选择了作为侵权后果发生地法律的中国法律。

年《涉外民事关系法律适用法》颁布生效之前,法院的这种对于侵权法律选择问题中当事人意思自治效力给予部分承认的观点是一种司法实践中的突破。实际上,这种在侵权领域部分地引入当事人意思自治原则的突破性做法在中国司法实践中已存在一定的基础①,理论上和实践中也获得了较多的支持。② 最终,这种做法也在2010年《涉外民事关系法律适用法》中得到了明确的采纳。自新法生效后,中国法院将在侵权问题的法律选择过程中正式赋予当事人在侵权行为发生后协议选择适用法律的权利。③ 可以预见到,在今后涉外侵权法律适用的司法实践中,这一尽管有所限制的"当事人意思自治原则"将发挥越来越重要的作用。

### 五、涉外物权案件的法律适用

在2010年《涉外民事关系法律适用法》颁布之前,中国在物权领域的法律适用规则主要有《民法通则》第144条以及1988年1月26日最高人民法院审判委员会通过的《最高人民法院关于贯彻执行〈中华人民共和国民法通则〉若干问题的意见(试行)》(以下简称《民通意见》)第186条规定。依据这些规定,中国法律确立了不动产的所有权问题适用不动产所在地法的原则,并明文规定"不动产的所有权、买卖、租赁、抵押、使用等民事关系,均应适用不动产所在地法律"。④

从2010年中国法院审理涉外物权案件的司法实践来看,对于不动产的法律适用问题,尽管在法律选择结果上几乎所有的案件都最

---

① 参见吕永群诉被告刘明宏、五亭缸套厂、第三人振兴公司其他股东权纠纷案,南京市中级人民法院(2005)宁民五初字第4号民事判决书。
② 参见黄进、李庆明、杜焕芳:《2005年中国国际私法的司法实践述评》,载《中国国际私法与比较法年刊》(第9卷),北京大学出版社2007年版,第499—501页。
③ 参见2010年《中华人民共和国涉外民事关系法律适用法》第44条。
④ 中国在动产物权方面的法律适用规则,则是由2010年《中华人民共和国涉外民事关系法律适用法》第37条首次作出规定。

终适用了不动产所在地的法律,然而,在这些案例中不仅法院之间的判决理由互有歧异,有时法院的判决依据与前述中国法律的明文规定亦有所出入,反映出了一些问题,值得我们关注。

在阳建明等诉王桂云财产权属纠纷一案①中,围绕着一套位于我国桂林市的房产,房屋的实际出资购买人的子女与房屋产权登记人的遗孀发生争执,分别要求法院确认其对于该争议房产的所有权。对于本案的法律适用问题,法院判决写到:"由于原、被告没有对处理争议适用的法律作出选择,根据《民法通则》第144条的规定,不动产的所有权,适用不动产所在地法律。本案不动产房屋所在地在中国大陆,故应适用中国大陆法律。"

不难发现,本案的法律适用结果固然正确,但其所依据的判决理由却不无瑕疵。本案的实质问题在于争议房屋由他人出资购买的事实和证据能否推翻房屋产权证书中所记载的相反内容,进而确定房产的真正所有人及其继承人的权利。这一问题涉及一国法律在不动产所有权归属方面的核心规定,其法律适用自然应依据中国法律明文规定的"不动产的所有权适用不动产所在地法"的规则来加以解决。然而,法院判决理由中的措辞却表明,审理法院似乎持这样一种观点,即"不动产的所有权适用不动产所在地法"冲突规则的适用以"原、被告当事人没有对处理争议适用的法律作出选择"为前提条件。应该说,这样一种观点对中国有关法律的理解是有失偏颇的:在不动产的物权问题上,中国法律是排除当事人意思自治原则的适用的。实际上,这也是各国国际私法普遍承认的原则;尽管近年来当事人意思自治原则在动产物权领域有所发展②,但在不动产的物权问题上,当事人意思自治原则仍是没有适用的余地的。

---

① 广西壮族自治区桂林市中级人民法院(2009)桂市民初字第326号民事判决书。
② 例如,2010年《中华人民共和国涉外民事关系法律适用法》第37条;瑞士1987年12月18日《关于国际私法的联邦法》第104条第1款。

前述阳建明等诉王桂云财产权属纠纷一案涉及的是不动产的所有权问题,应依据"不动产的所有权适用不动产所在地法"的冲突规则来解决案件的法律适用问题是比较清楚的。而在涉外不动产租赁纠纷中,中国法院在法律适用的依据上则有些莫衷一是。在林慧美、陈志英诉厦门豪客来餐饮管理有限公司、厦门市豪客来餐饮娱乐有限公司无锡朝阳分公司房屋租赁合同纠纷一案①中,法院的法律适用决定显然是基于《民通意见》第186条关于"不动产所在地法"适用范围的规定:"本案租赁合同所涉的房屋系位于中华人民共和国大陆地区,不动产的所有权、买卖、租赁、抵押、使用等民事关系,依法均应适用不动产所在地法,故审理本案纠纷应适用中华人民共和国大陆地区法律。"

而在另外三起涉外不动产租赁纠纷中,法院的法律适用依据却都是"最密切联系原则"。② 其中,周东阳诉米建平租赁合同纠纷一案判决中的说理最为典型。该案判决书写到:"双方当事人在合同中和起诉前未就法律适用作出约定,但案件涉及的标的物和法律关系发生的事实均在我国境内,涉外合同的双方当事人没有选择处理合同争议所适用的法律时,应当按照最密切联系原则选择以我国内地法律作为处理本案纠纷的准据法。"显然,在后三个案例中,审理法院并不认为在不动产租赁合同履行过程中因一方当事人违约而引起的纠纷属于须由物之所在地法解决的"物权问题",而是属于

---

① 江苏省高级人民法院(2009)苏民三终字第0252号民事判决书。
② 参见昭平县供水公司诉庄清河租赁合同纠纷案,广西壮族自治区桂林市中级人民法院(2009)桂市民初字第312号民事判决书;镇江利若尔包装有限公司诉扬中市盛大实业有限公司等企业租赁经营合同纠纷案,江苏省高级人民法院(2009)镇民三初字第42号民事判决书;周东阳诉米建平租赁合同纠纷案,河南省高级人民法院(2010)豫法民三终字第66号民事判决书。

"合同争议"①,应与一般合同的法律适用问题相同,在当事人没有达成法律选择协议的情况下适用与合同拥有最密切联系国家的法律。理论上而言,较之于《民通意见》第 186 条失之过宽的规定②,上述三起案件中审理法院所持的观点更为合适。

实际上,"不动产适用不动产所在地法"这一规则虽然广为接受,但也常常因其措辞的宽泛而具有误导性。③ 毕竟,不动产的买卖或租赁法律关系与动产的买卖或租赁法律关系一样,都是既包括物权法律关系,也包括合同法律关系的,前者主要涉及有关物权在得丧变更的过程中的成立要件、效力、对第三人权利的影响等"物权问题",而后者则主要是以转移或设立上述物权为目的而达成的协议的意思表示、协议内容、履行及违约责任等"合同问题"。④ 正是在这一区分的基础上,各国国际私法体系都无一例外地采纳了"物权问题"适用物权冲突法(物之所在地法)而"合同争议"则依合同冲突法(意思自治与最密切联系原则)的做法。因此,中国法院在面对此类案件时应首先对案件争议作出准确的识别,确定有关争议究竟属于"物权问题"还是"合同争议",进而正确地适用冲突规则作出合乎争议性质要求的法律选择。

在前述四个案例中,当案件实质争议都只是一方当事人因违反租赁合同中的约定而被另一方当事人要求承担违约责任时,尽管租赁的对象是不动产,大多数中国法院还是能够正确地将案件争议

---

① "合同争议包括合同的订立、合同的效力、合同的履行、合同的变更和转让、合同的终止以及违约责任等争议。"参见 2007 年《最高人民法院关于审理涉外民事或商事合同纠纷案件法律适用若干问题的规定》第 2 条。

② 参见陈卫佐:《比较国际私法》,清华大学出版社 2008 年版,第 429 页。

③ See James Fawcett and Janeen M. Carruthers, Cheshire, *North & Fawcett's Private International Law*, 14th ed., Oxford University Press, 2008, p.1204.

④ 当然,对这二者的准确区分,有时是很困难的,See Janeen M. Carruthers, *The Transfer of Property in the Conflict of Laws: Choice of Law Rules Concerning Inter Vivos Transfers of Property*, Oxford University Press, 2005, pp.108-110.

"识别"为合同问题而非物权问题,适用"最密切联系原则"来确定案件的准据法,而少数法院则出现了一些混淆。① 当然,在司法实践中,当买卖或租赁合同的标的物是不动产时,与有关合同拥有最密切联系的国家的法律常常正是不动产所在地的法律。例如,在前述三例适用"最密切联系原则"的案件中,审理法院最终都选择了不动产所在地的法律,在法律适用结果上与错将案件定性为"物权问题"进而直接援引"物之所在地法"规则的案件可谓殊途同归。

然而,在涉及动产的案件中,"物权问题"与"合同问题"的不同识别结论则很有可能导致不同的法律适用结果。例如,依据2010年《涉外民事关系法律适用法》的有关规定,在当事人没有达成法律选择协议的情况下,物权问题将直接适用"法律事实发生时动产所在地法律"②,而合同问题则适用"履行义务最能体现该合同特征的一方当事人经常居所地法律或者其他与该合同有最密切联系的法律"③。因此,指出中国法院司法实践中存在的上述混淆,对今后此类及其他类似案件正确处理法律适用问题具有重要意义。

### 六、涉外不当得利案件的法律适用

在美国梵盛公司与苏州恒瑞公司上诉案④中,围绕着争议汇款究竟属于公司间业务往来的转移支付抑或是错汇进而构成不当得利的问题,审理法院依据中国法律支持了被上诉人苏州恒瑞公司的抗辩,驳回了上诉人美国梵盛公司要求返还不当得利的诉讼请求。在解释其法律适用依据时,法院的判决简短地写到:"本案中,梵盛

---

① 然而,在将案件争议识别为"合同问题"后,这三例案件的审理法院却都忽视了2007年《最高人民法院关于审理涉外民事或商事合同纠纷案件法律适用若干问题的规定》第5(4)条关于最密切联系法律的特征性履行推定,尽管这并没有影响案件最终的法律适用结果;该条规定:"不动产的买卖、租赁或者抵押合同,适用不动产所在地法。"
② 参见2010年《中华人民共和国涉外民事关系法律适用法》第37条。
③ 参见2010年《中华人民共和国涉外民事关系法律适用法》第41条。
④ 江苏省高级人民法院(2010)苏商外终字第0056号民事判决书。

公司指控恒瑞公司不当得利,因恒瑞公司属中华人民共和国企业法人,故本案应适用中华人民共和国法律。双方当事人对此无异议。"

在2010年《涉外民事关系法律适用法》之前,对于涉外不当得利案件的法律适用,我国法律并未做出专门规定。司法实践中,法院需自行选择其认为合适于案件的法律。自然地,在面对常常十分复杂的涉外不当得利纠纷时,对于什么是"合适"的法律以及如何找到这一法律的问题,不同法院时常有着不同的理解。例如,与前述案件中法院选择了被告不当得利人国籍地法不同,中国司法实践中还有适用不当得利发生地法律[①]、当事人协议选择的法律[②]、原法律关系准据法[③]、最密切联系地法律[④]等不同的做法。专门对"不当得利"问题做出规定的2010年《涉外民事关系法律适用法》第47条既部分地反映了上述实践做法,又作出了新的规定。根据该条规定,首先,涉外不当得利案件的当事人可以协议选择适用的法律;在当事人未做选择时,法院将适用双方当事人经常共同居所地法律,而

---

① 参见DSI公司与迪迅公司不当得利纠纷案(2002)苏中民三初字第023号民事判决书;DYMOVFEDIR诉杨锡群不当得利纠纷案(2005)穗中法民三初字第505号民事判决书;李志洋诉卓聪年不当得利纠纷案(2006)穗中法民四初字第330号民事判决书;上海康泰生化科技有限公司与新美亚农化(新加坡)有限公司不当得利纠纷上诉案(2007)沪高民四(商)终字第28号民事判决书。

② 参见邓新辉诉苏州市翔通汽车租赁有限公司不当得利纠纷案(2004)苏中民三初字第092号民事判决书;万桂媚与林金瀛不当得利纠纷上诉案(2006)穗中法民四终字第13号民事判决书;王华英诉丹阳泓德光学有限公司返还不当得利纠纷案(2007)镇民三初字第50号民事判决书;浙江虹普进出口有限公司与兹贝尔投资有限公司等不当得利纠纷上诉案(2007)浙民三终字第102号民事判决书;顺固企业有限公司(Fastwell Industry Company Limited)诉江苏张俞实业集团有限公司不当得利纠纷案(2008)苏中民三初字第0059号民事判决书;CHF实业有限公司诉吴江皇氏工艺服饰有限公司不当得利纠纷案(2008)苏中民三初字第0021号民事判决书。

③ 参见贵州瓮福磷矿进出口公司与斯诺运输公司等海上货物运输不当得利纠纷上诉案(2004)粤高法民四终字第53号民事判决书。

④ 参见布瑞金制动有限公司与王佩琼、谢向敏不当得利纠纷案(2008)温民三初字第186号民事判决书。

于当事人无共同经常居所地的场合,则适用不当得利发生地法律。

在前述美国梵盛公司与苏州恒瑞公司上诉案中,虽然法院是依据了未被新法确认的被告不当得利人的国籍这一连结点选择了案件的准据法,但仅就该案法律适用结果而言,法院适用中国法的做法既未与新法规定抵触,也是适合于该案案情的:不仅被告不当得利人是中国法人,不当得利发生地中的原因行为发生地、利益获得地也位于中国境内,并且,在上诉审中双方当事人亦均未对原审选择中国法的做法提出异议。然而,尽管该案法律适用结果是合适的,但法院判决说理中似乎透露出这样一种观点,即涉外不当得利案件的法律适用应以被告不当得利人的国籍国法作为准据法。实际上,这一做法不仅在学理中批评甚多[①],司法实践中居于少数,也未被新法规定所采纳。如前所述,《涉外民事关系法律适用法》第47条为涉外不当得利案件确立了依次适用当事人协议选择的法律、当事人共同经常居所地法律、不当得利发生地法律的方案。应当说,这一方案要比单纯地依赖被告不当得利人的国籍地法更为合理。但是,这一规定本身亦隐含了一些问题,例如,如果不当得利之债产生于当事人之间的合同关系,且当事人对该合同关系约定了法律适用,能否视该法律选择协议亦适用于当事人之间的不当得利诉讼?[②]在当事人之间并无共同经常居所地,但他们各自经常居所地国家关于不当得利的法律内容相同时,可否视为拥有"共同经常居所地"?在不当得利原因行为发生地、损害发生地、利益获得地并不一致时,

---

[①] 参见霍政欣:《不当得利的国际私法问题》,武汉大学出版社2006年版,第247—248页;肖永平,霍政欣:《不当得利的法律适用规则》,载《法学研究》2004年第3期,第133页。

[②] 不当得利之债产生于当事人之间合同关系时主张适用合同准据法的观点,See Lawrence Collins, Dicey, *Morris and Collins on the Conflict of Laws*, 14th. ed., Sweet & Maxwell, 2006, pp.1872-1877; R. Leslie, Unjustified Enrichment in the Conflict of Laws, 2 *Edinburgh Law Review* 233 (1998);霍政欣:《不当得利的国际私法问题》,武汉大学出版社2006年版,第257页。

不当得利发生地究竟如何确定?① 这些及其他一些潜在的问题尚有待于在将来新法的适用中得到进一步的阐明。

## 七、涉外知识产权案件的法律适用

在2010年中国法院审理的涉外知识产权案件中,Cartier International N. V(卡地亚国际有限公司)与湖南同天大酒店有限公司等侵犯商标专用权纠纷上诉案②和 Montblanc-Simplo GmbH(蒙特布兰—辛普洛公司)与湖南湘投金源大酒店有限公司等侵犯商标专用权纠纷上诉案③,是两个不仅在案情上而且在法院判决说理上都十分相似的两个案件。这两个案件的基本案情都是,被上诉人之一——一名中国居民在另一被上诉人———家中国酒店处租有场地销售商品,所售商品中包含了印有上诉人——一个外国法人所拥有的注册商标的假冒产品,该外国法人遂在中国法院对两被上诉人提起侵犯商标专用权之诉。在这两起涉外案件中,审理法院都对法律选择问题未置一词,径直适用了中国《商标法》中有关规定作出了判决。在另一件侵犯商标专用权的案件④中,被告人一名中国居民同样销售了印有为原告一个德国法人所拥有的注册商标的假冒产品。与前两个案件不同的是,在此案中审理法院首先援引了《民法通则》第146条关于"侵权行为适用侵权行为地法"的规定,确定了"中华人民共和国法律作为处理本案纠纷的准据法"后才适用了中国《商标法》中的相关规定处理了案件争议。同样地,在一件侵犯著

---

① 参见蒋奋、金彭年:《论不当得利冲突规范中的"发生地法主义"》,载《浙江工商大学学报》2010年第5期,第13—19页。
② 湖南省高级人民法院(2010)湘高法民三终字第27号民事判决书。
③ 湖南省高级人民法院(2010)湘高法民三终字第28号民事判决书。
④ 鲁道夫·达斯勒体育用品波马股份公司(PUMA AKTIEN GESELLSCHAFT RUDOLF DASSLER SPORT)诉林立琴侵犯商标专用权纠纷案,浙江省嘉兴市中级人民法院(2010)浙嘉知初字第35号民事判决书。

作财产权的案件①中,审理法院也没有忽视法律选择问题,法院认定被告人一间杭州网络公司在其网站上未经授权发布为原告一家香港公司拥有著作权的电影作品的"侵权行为发生在中国境内"。据此,法院适用了中国《著作权法》解决了争议。

就法律适用结果而言,应该说,前述四例案件适用了中国法律来解决案件争议的做法是恰当的:案件中有关当事人的商标权、著作权都已依中国有关法律注册登记;有关知识产权的权利人都依据中国法律提出权利主张;被告侵权人的住所地以及侵权行为(出售假冒商品与未经许可播放在线电影的行为)均位于中国境内;侵权行为所造成的损害(假冒产品对商标持有人商标声誉的损害与未经许可的播放行为对著作权人中国网络传播权的损害)也发生于中国境内;当事人在诉讼程序中亦从未对法院适用中国法律的做法提出异议。可见,这些案件的案情都表明有关争议与中国有着清楚的最密切联系,适用中国有关法律来处理案件争议是合适的。

然而,正是在这四例从法律选择角度来观察案情十分相似的案件中,中国法院在如何处理它们的法律适用问题上却有着不同的理解。因此,尽管这些案件最终都取得了相同的法律适用结果,但它们仍然不能使我们感到中国法院在涉外知识产权案件的法律适用问题上已形成了一致的做法。在前两个案件中,审理法院似乎并不认为案件原告的外国法人身份对案件的性质有何影响,直接将案件作为纯国内案件适用了中国法律。

实际上,在涉外知识产权案件中,法院这种明显的忽视案件涉外性质的"疏忽"在我国司法实践中是较为普遍的,甚至可以说是有

---

① 安乐影片有限公司(EDKO FILMS LIMITED)诉杭州世纪联线网络技术有限公司侵犯著作财产权纠纷案,浙江省杭州市中级人民法院(2009)浙杭知初字第333号民事判决书。

一定基础的。① 造成这种现象的原因可能主要有以下两点:一方面,长期以来理论界与实务界在对知识产权的法律冲突问题的认识上存在分歧,有观点认为知识产权的地域性排除了法律选择问题②;另一方面,与我们这里讨论的两例案件相同,在中国法院审理的许多涉外知识产权案件中,原告外国权利人的有关知识产权都已依中国相关法律注册登记,他们据以提出权利主张的依据也都是中国法律,且案件的其他事实都发生在中国境内,在这种情况下,案件中唯一的涉外因素——原告的外国身份就常常得不到法院的足够重视。在后两个案例中,审理法院则避免了这种"可以原谅的疏忽",它们均明确承认了案件的涉外性质,并援引《民法通则》第 146 条关于"侵权行为适用侵权行为地法"的规定选择了中国法律。

由上述案例可以发现,中国法院审理的许多涉外知识产权案件并非是直接涉及知识产权本体的法律冲突,即因不同国家或地区的知识产权法对于同一项知识财产所授权利的成立、归属、内容、效力、保护方式等规定上的差别而导致的法律效力抵触,而是在有关知识产权本体内容上并无争议,以该知识产权为客体而再次形成的法律关系(主要包括知识产权转让、许可使用合同关系与知识产权侵权关系)上发生的争议。③ 应该说,对这些不同的法律关系分别根据其性质与需要作出不同的法律适用安排是较为可取的;这一观念也在 2010 年新的《涉外民事关系法律适用法》中得到了体现:该法在第七章关于"知识产权"的专章中分别对"知识产权的归属和内容"、"知识产权的转让和许可"及"知识产权的侵权责任"作出了不

---

① 参见黄进、李庆明、杜焕芳:《2004 年中国国际私法的司法实践述评》,载《中国国际私法与比较法年刊》(第 8 卷),法律出版社 2006 年版,第 107—108 页。

② 相关的讨论,参见朱榄叶、刘晓红主编:《知识产权法律冲突与解决问题研究》,法律出版社 2004 年版,第 105 页;徐祥:《论知识产权的法律冲突》,载《法学评论》2005 年第 6 期,第 39—43 页。

③ 相同的观察,参见黄进、李庆明、杜焕芳:《2004 年中国国际私法的司法实践述评》,载《中国国际私法与比较法年刊》(第 8 卷),法律出版社 2006 年版,第 107 页。

同的法律选择规定。① 这些较为细致的规定无疑会在今后涉外知识产权案件的法律适用过程中给中国法院提供重要的指引,它们的具体适用也有待于在司法实践中加以进一步的检验。

## 结论

最高人民法院《关于审理外商投资企业纠纷案件若干问题的规定(一)》为解决外商投资企业纠纷案件提供了统一的裁判尺度。《关于审理涉台民商事案件法律适用问题的规定》首次明确了审理涉台民商事案件的法律适用规则。《关于进一步做好边境地区涉外民商事案件审判工作的指导意见》就边境地区涉外民商事案件所遇到的疑难问题、急需解决的问题、重点关注的问题等作出了规定。从抽样统计中国法院在 2010 年审理的 50 例涉外民商事案件的情况来看,人民法院在涉外民商事案件的案由确定、法律选择方法和准据法适用等方面的司法处理,在一定程度上反映了中国国际私法司法实践的实际状况。目前中国法院在债权转让成立与效力问题的法律适用上采取援引合同冲突法一般规则的做法并不恰当,在对待提单中法律选择条款效力的问题上较为保守。在侵权领域部分地引入当事人意思自治原则的突破性做法在司法实践中已有一定基础。对于不动产的法律适用都采用物之所在地法,但不同法院的判决理由互有歧异。对于知识产权的法律适用,人民法院尚未形成一致的做法,值得我们关注。

---

① 参见 2010 年《中华人民共和国涉外民事关系法律适用法》第 48、49、50 条;对于这些条款的分析,参见黄进、姜茹娇主编::《〈中华人民共和国涉外民事关系法律适用法〉释义与分析》,法律出版社 2011 年版,第 271—293 页。

# 论外国法的查明方法

〔德〕Thomas Pfeiffer* 著  王葆莳** 译

## 一、引言

迪特尔·来珀尔德教授不仅潜心于对民事诉讼法的教义学研究,在著作中亦注重法律和法学的国际化与开放性。来珀尔德教授在其主编的《民事诉讼法评论》中对第293条的阐释充分体现了这一点。①

笔者曾在众多涉外案件中,作为法院指定的专家(鉴定人)出具关于外国法内容的鉴定意见;***也曾多次受私人聘任,向各国司法和仲裁机构中出具关于德国法、欧洲法和国际条约的法律意见。笔者希望通过本文分享此中的经验和体会,展示各种外国法查明方法

---

\* Thomas Pfeiffer,博士,法学教授,德国海德堡大学副校长,海德堡大学外国法和国际私法研究所所长。本文原载罗尔夫·施图尔纳等人主编:《迪特尔·来珀尔德七十寿辰庆贺文集》,第283页以下。Thomas Pfeiffer, Methoden der Ermittlung ausländischen Rechts, in: Rolf Sürner u. a. (Hrsg.), Festschrift für Dieter Leipold zum 70. Geburtstag, Mohr Siebeck Verlag, Tübingen 2009, 283ff.

\*\* 王葆莳,法学博士,湖南师范大学法学院副教授。基金项目:2011年教育部人文社会科学研究青年基金项目"外国法查明中的专家意见制度比较研究"(11YJC820111)。

① Dieter Leipold, in Stein/Jonas, Zivilprozessordnung, Band 4, 22. Auflage 2008.

\*\*\* 关于德国国际私法中对"鉴定人"和"外国法专家"的区分,以及"鉴定意见"和"专家意见"的含义,参看王葆莳:《论我国涉外审判中"专家意见"制度的完善》,载《法学评论》2009年第6期——译者注。

的优缺点,以期对司法机关、仲裁机构及当事人有一定的参考意义。[①] 本文在法律上主要涉及德国《民事诉讼法》(ZPO)第293条。

## 二、法院查明外国法的基本立场

根据德国《民事诉讼法》第293条的规定,法院在查明外国法内容时应依职权行使自由裁量权。法院适用该条时会重点考虑:在自由裁量范围内,法院是否必须寻求专家法律意见的支持;法院在何种情况下可以将该法律意见作为司法裁判的依据;法院在评价该法律意见时应当履行哪些义务。[②]

若无法通过其他方式查明外国法,法院通常会向大学研究所或马克斯—普朗克研究所等比较法机构寻求帮助,委托这些机构的研究人员出具独立的专家法律意见。从职业背景来看,出具这种专家意见的主要是德国法学家。这种查明外国法的实践虽具有相当多的优点,但也存在一定缺陷。优点是可以保证专家的中立性及其对德国司法程序的熟悉;缺陷是专家对需要查明的法律未必能完全把握。

## 三、仲裁中的外国法查明

仲裁中查明外国法的情况有所不同,这首先是因为仲裁中确定准据法的方式不同于诉讼程序。仲裁中可以依据所在地,即地域联

---

① 例如有学者提出查明外国法时应当考虑的因素包括:选择适当的查明程序,以满足查明外国法内容的需要;可靠的资料来源;必要的时间;法院查明外国法的经验;法律问题的复杂程度:法律问题越复杂,需要的证据就越严格。Klaus Sommerlad/Joachim Schrey, Die Ermittlung ausländischen Rechts im Zivilprozeß und die Folgen der Nichtermittlung, NJW 1992, 1377, 1380.

② 联邦最高法院公报中曾有判例对自由裁量权的行使进行总结,BGHZ 118, 151; BGH NJW 2003, 2685; BGH NJW-RR 2002, 1359; BGH NJW 1991, 1418; BGH NJW-RR 1991, 1211.

系原则(《民事诉讼法》第1025条;《联合国国际商事仲裁示范法》[①]第1条第2款),或承认与执行仲裁裁决的情况来决定准据法。其次,当仲裁庭成员来自不同国家时,同一法律对部分仲裁员而言是外国法,但对某些仲裁员来说就是本国法,所以不能像在诉讼程序中那样,绝对地说某准据法是"外国法"。第三,《民事诉讼法》第293条明确规定准据法内容的查明属于法律问题[②],但仲裁法中没有类似规定,所以仲裁中查明外国法的立场和出发点不同。

仲裁中一般认为,法律问题和事实问题的区分不是冲突法问题,而是实体法问题;同时冲突法在功能上被识别为程序法。所以外国法内容是否,以及在何种程度上需要事实证据,均由仲裁中适用的程序法决定。仲裁庭可以自由裁量是否,以及在何种程度上采纳外国法专家意见(《民事诉讼法》第1042条第3款、《联合国国际商事仲裁示范法》第19条第2款[③])。依笔者经验来看,仲裁机构通常会综合各国的不同做法,并努力寻求融合的办法。实践中,仲裁庭也经常接受当事人提交的外国法专家意见,或当场听取当事人聘任专家的意见。仲裁庭一般会指定来自准据法所属国的法学家出具法律意见。

虽然德国的仲裁程序法(《民事诉讼法》第1049条、《联合国国际商事仲裁示范法》第26条)明确规定:除非当事人另有约定,仲裁庭可以指定独立、中立的专家(鉴定人)出具意见,但实践中很少运用这种方式查明外国法。笔者曾多次参与在德国进行的仲裁案件,从未看到仲裁庭适用该条规定。

---

[①] UNCITRAL Model Law on International Commercial Arbitration, with amendments as adopted in 2006, Resolution 61/33 (2006) of UN-General Conference.

[②] Andreas Spickhoff, Fremdes Recht vor inländischen Gerichten: Rechts-oder Tatfrage, ZZP 112 (1999), 265.

[③] 类似规定如德国仲裁协会(DIS)仲裁规则第24.1条;国际商会仲裁院(ICC)仲裁规则第15条。

## 四、查明外国法内容的具体方法

### (一) 裁判者自行查明外国法

#### 1. 司法程序

在要求当事人提供外国法专家意见(即鉴定人证据 Sachverstaendigenbeweis)之前,德国法院首先会尝试着自行查明外国法的内容。有时自行查明即足以敷用。[①] 这种依职权[②]查明的过程也符合"法官知法(*iura novit curia*)"的原则。[③]法官可以通过自由心证程序查明外国法,例如利用法院图书馆的文献查阅外国法[④];也可以通过自由证据程序(Freibeweisverfahren)查明外国法[⑤],例如咨询公共机构。采用这两种方式可以在较短时间内查明外国法内容,并且不会增加当事人的费用负担。成功查明的几率取决于很多具体因素,例如相关法律体系的开放程度,法官是否具备基本的比较法知识,特别是对相关法律体系是否熟悉等。[⑥]在判决理由中,法院必须说明其据以确定外国法内容的数据或信息来源。[⑦]

在不少案件中,当法院委托笔者查明外国法内容并移交相关材料时,从这些材料可以看出,法院在委托专家出具意见之前曾尝试着自行查明外国法内容,只是自行查找不足以提供可信的外国法内容,法院才委托专家出具外国法意见。从笔者的经验而言,法院的

---

[①] BGH NJW-RR 1994, 642.

[②] 例如 BGH NJW 1976, 1581, 1582.

[③] Stein/Jonas/Leipold, § 293 ZPO, Rn. 1, 9ff., 37ff.

[④] Stein/Jonas/Leipold, § 293 ZPO, Rn. 10.

[⑤] 自由证据程序在概念上并不是说可以在自行检索、不拘形式的查明和正式的严格证据程序之间选择。而是指不拘泥于民事诉讼法规定的证据手段和证据规则的事实查明方式。参见 Hanns Prütting, in: Münchener Kommentar zur ZPO, Band 2, 4. Aufl. 2008, § 293 ZPO, Rn. 49。

[⑥] BGH Z 118, 151; BGHZ 77, 32; Stein/Jonas/Leipold, § 293 ZPO, Rn. 38.

[⑦] Stein/Jonas/Leipold, § 293 ZPO, Rn. 38; Pfeiffer, Die revisionsgerichtliche Kontrolle der Anwendung ausländischen Rechts, NJW 2002, 3306, 3307.

这种初步查明非常有意义,它可以进一步明确法院需要解决的问题。倘若没有这种初步查明,且法官因为缺乏对准据法的了解而没有精确表述需要查明之问题的话,就只能在证据裁定中笼统的要求"请查明某项诉讼请求依据某国法律是否成立",甚至直接将诉讼目的①作为需要查明的法律问题。在没有进行自行查明的情况下,虽然法院也可以在证据裁定(Beweisbeschluess)中对需要查明的问题进行详细表述。但实践表明,法院的自行查明工作至少可以避免法院用德国的思维和概念去理解外国法。所以法官的自行查明及其对外国法的初步认识很有意义。法官自行查明并不会减轻专家(鉴定人)的工作,因为受法院聘任出具外国法意见的专家必须对这些自行查明的结果进行全面核查。但专家可以将该结果作为和法院沟通的基础,从而方便法院和专家之间有关外国法的沟通,减少不必要的反复纠问,节约当事人的诉讼费用。

和上述优点相对应的缺点在于,根据讼经济原则(das Gebot der Prozessoekonomie),法院应当避免重复开支和不必要的时间损失。特别是,如果法院无法获得可靠的外国法资料,法院自行查明外国法内容的努力从一开始就没有多大希望。即使获得外国法来源,语言也是必须考虑的因素;即使在查明时通过翻译解决语言障碍,对翻译的评价和可信度也很成问题。另外还要考虑到,法院必须依照职责行使自由裁量权。所以法院应当采取措施,以尽可能小的费用全面查明准据法中的相关规定。

2. 仲裁程序

依笔者的经验,国际商事仲裁中查明准据法时一般会出现如下情况:当事人通常会约定适用其中一方的本国法。争议发生后,双方会各自指定一名仲裁员,该仲裁员一般来自当事人本国或和与该国法律文化接近的国家;首席仲裁员由当事人或仲裁机构指定的来

---

① 通常会换一种表述,但表述中明确提出了诉讼的实质目的。

自中立第三国的人担任。在此种情况下,当事人指定的仲裁员之一熟悉案件准据法,而其他两位仲裁员则不熟悉该法律。随之产生的问题便是:仲裁庭应当信任当事人指定的仲裁员对准据法的知识,还是应当指定独立第三人对准据法出具法律意见?

上述问题的解决,取决于仲裁庭在外国法查明问题上适用何种程序规则。在通常情况下,仲裁庭仍会指定独立专家提供外国法意见。虽说当事人指定的仲裁员有义务保持中立(《民事诉讼法》第1036条、《联合国国际商事仲裁示范法》第12条),但在这种情况下,若仲裁庭完全依靠一方仲裁员对准据法的说明,就意味着该仲裁员在仲裁庭中占据了优势地位,而这恰恰违反了仲裁庭的中立性原则。根据中立原则,任何一方当事人不能从仲裁庭的组成中获得某种优势地位。在查明外国法内容时,也应当秉承该原则,即每个仲裁员对于外国法查明都应当具有同等的发言权。若一方当事人指定的仲裁员在查明准据法问题上享有特权,就违反中立原则。故而仲裁庭通常会依据外国法专家意见查明外国法,必要时还应听取该外国法专家的口头意见。只有在极其例外的情况下,仲裁庭才完全依赖一方仲裁员对准据法的知识。即便如此,也要特别强调该仲裁员的中立性和其他两位仲裁员的共同参与。

如前所述,双方一般会选择其中一方当事人的本国法为准据法,那么对另一方当事人而言,由于准据法不是他的本国法,那么他在选择仲裁员时,需要特别考虑该仲裁员的外国法知识或比较法知识,以及有关的实践经验。

(二) 根据《伦敦公约》查明外国法

1968年7月7日通过的《关于提供外国法数据的欧洲公约(伦

敦公约)》①为查明外国法提供了国际合作途径。就法律属性而言,通过《伦敦公约》查明外国法属于法院通过自由证据程序查明外国法的特殊情形。在笔者参与的案件中,法院很少能通过该公约解决问题。经常出现的情况是,公约机构虽经努力也无法查明外国法内容,最终仍通过外国法专家意见的形式查明外国法。当然在某些案件中,公约机制还是行之有效的。②

《公约》效果有限的根本原因在于,《公约》提供协助的范围限于民商法、程序法和法院组织法,即限于对法律的查明(《公约》第1条)③,这导致外国的协助机构经常拒绝"内容过于抽象"的咨询请求,例如英国的机构经常拒绝接受诸如"某契约请求权是否存在"的咨询。因为在英国机构看来,请求权是否存在应当根据合同内容判断,而不是依准据法确定。虽然寻求协助的法院可以通过阐释案情、附加书面材料等形式将需要查明的问题具体化(第4条)。但真的要弄明白法院所说案情,一般需要通览所有的案件材料。此外,由于不了解准据法国的法律体系,请求协助的法院往往站在本国立场上提出问题,而这些问题在准据法国看来既无法理解也无法应答。特别是在比较法复杂的案情中,经常会因为法院没有"正确地提出问题",导致协助机关无法提供适当协助。即使法院正确地表述了需要查明的问题,协助机关对该问题的理解也可能和法院有所

---

① BGBl. 1974 II, S. 938. 该公约的主旨在于,为方便司法机构取得外国法数据而建立一个国际协作机制,从而使缔约国互相提供关于民商法律和诉讼程序的数据。公约规定每个缔约国设立或指定一个国家部门或中央机关,接受来自其他缔约国的请求,同时指定或设立一个或数个机构,接受来自本国司法机关提供数据的请求,并将其转递给外国相应的接受机构。

② 对公约持肯定态度的如 Günter Otto, Die gerichtliche Praxis und ihre Erfahrungen mit dem Europäischen übereinkommen betreffend Auskünfte über ausländisches Recht, Festschrift für Karl Firsching, 1985, S. 209;对公约持怀疑态度的如 Haimo Schack, Internationales Zivilverfahrensrecht, 4. Aufl. 2006, Rn. 632。

③ Stein/Jonas/Leipold, § 293 ZPO, Rn. 83.

不同,从而答非所问。所以只有当案情比较简单时,才适宜通过公约机制查明准据法内容。①

(三) 当事人提供

根据《民事诉讼法》第293条,法院在查明外国法内容时可以要求当事人协助。若当事人可以较容易的获知外国法内容,则更有义务协助。②

在多数案件中,当事人因为缺乏相关专业知识而无法提供外国法的内容。即使当事人提供了外国法内容,还要根据具体情况(例如当事人之间的协议、法律的公开程度、是否存在其他查明渠道等③)才能决定是否采用当事人提交的意见作为正式证据,抑或另行指定专家(鉴定人)出具法律意见。④ 在后一种情况下,当事人提交的关于外国法的文件可能会对外国法专家有所帮助,且专家也必须对当事人提供的外国法意见进行评价。这样一来,即使需要独立的专家意见作为正式证据,当事人的协助行为也并非徒劳无功。

实践中,当事人所提交文件的形式和质量参差不齐。通常当事人会向法院提供外国法律的原文和翻译件。虽然这并不能减轻嗣后指定的专家的负担,因为专家必须对这些文件的权威性和正确性进行独立核对,但专家至少可以将其工作限于已经提交的法律文本,从而减轻工作负担;在需要翻译的情况下,专家的职责限于正确翻译这些文件,并指出当事人译本的不正确和不准确之处。出具法律意见的专家必须提交准据法的原文和译本,所以当事人提交材料实际上可以减轻专家的负担。当事人提交的译文通常都是外国人

---

① Stein/Jonas/Leipold, § 293 ZPO, Rn. 91.
② BGHZ 118, 151; Stein/Jonas/Leipold, § 293 ZPO, Rn. 47. 关于此种义务的法律含义参见 Walter Lindacher, Zur Mitwirkung der Parteien bei der Ermittlung ausländischen Rechts, in Festschrift für Ekkehard Schumann, 2001, S. 283, 285f.
③ BGH NJW-RR 1994, 642; BGH NJW 1976, 1581, 1583.
④ BGHZ 118, 151.

翻译的,其语言风格和表达可能不符合法律的专业要求,但这无损其效果。因为这里并不是比赛翻译质量,只要译文包含的内容足够清晰和完整,就可以达到减轻专家负担的效果。

有时当事人会就外国法的内容及其在实践中的应用情况加以说明。这会影响外国法专家的工作,因为在这种情况下,专家在出具法律意见时必须对当事人有关外国法的说明进行评价。实践中,当事人对外国法说明的质量差别很大(从笔者长期担任地方高级法院法官的经验来看,当事人提供德国法内容时也同样如此)。理想状态下,当事人提交的外国法资料应当专业、准确,并附有证据支持。从外国法专家的角度来看,最不受欢迎的是那些对外国法内容毫无依据的主张。因为外国法专家必须对当事人的说明进行评价,所以即使当事人的主张毫无法律依据,专家也必须从实证角度证明当事人的说法和事实不符,这显然会增加专家的工作负担。

适用《民事诉讼法》第96条可以改善这种问题,即如果胜诉的当事人对外国法内容有不正确说明,就应承担因此多支出的专家费用。[1] 因为《民事诉讼法》第282条规定的情形如主张、否认、异议、抗辩、证据方法和证据抗辩等,均符合第96条规定的攻击和防御手段特征。反之,单纯的行使权利(Rechtsausführungen)则不属于此种意义上的攻击和抗辩手段。[2] 因为行使权利可以在任何阶段提出,在法官知法的原则下,即使当事人不提出法院也会主动考虑。[3] 此外,行使权利通常不会产生额外费用,也不同于以事实为依据提出的攻击和防御手段。而这恰恰不同于根据《民事诉讼法》第293条

---

[1] 出具法律意见的专家很容易算出因此而额外工作的时间。德国《民事诉讼法》第96条:当事人主张无益的攻击和防御方法的,即使其在本案中胜诉,也可以命令其负担因此而发生的费用。

[2] Dieter Wolst, in: Hans-Joachim Musielak, Zivilprozessordnung, 5. Aufl. 2007, § 96 ZPO, Rn. 2.

[3] BGH NJW-RR 2004, 167 mit Anm. Klaus Reichold LMK 2005, 54.

说明外国法的情形。因此,从体系解释的角度来看,当事人对外国法内容的说明或陈述可以适用《民事诉讼法》第 96 条的规定。

(四)当事人提交的专家意见

1. 概述

在法律性质上,当事人提交的外国法专家意见等同于当事人自己提交的法律意见(Rechtsmeinungen)。[①]但在具体案件中,两者又有不同特征。在德国法院诉讼中,当事人经常提交外国法专家意见,提供这些意见的既有准据法所属国的法学家,也有德国的外国法专家。在国际仲裁程序,以及完全由当事人提供外国法内容的国家,专家提供的外国法意见具有重要地位。专家一般就本国法出具意见和进行说明。但如果案件涉及特殊领域或特殊情形,比如涉及被劫掠艺术品归还时,也存在例外。此外,专家有时也会就实质上和本国法律相同的外国法出具意见。

和法院指定专家出具的外国法意见不同,私人聘请专家提交的法律意见会受到相互监督(gegenseitige Kontrolle)。相互监督的代价是耗费更多时间和费用,但可以有效防范因为错误专家意见作出不当裁判的危险。

通过这种方式查明外国法内容的核心困难在于,当事人聘请专家提交的外国法意见天然地会偏重维护委托人的利益,这也是该种查明方式的最大危险。尽管一位正派的、爱惜声誉的专家不大会出具不实意见。但为了防止专家意见对一方当事人的偏好,法律上有一系列特殊机制预防其可能出现的危险。

2. 独立性和公正性保障

(1)刑法

旨在保证专家独立性和公正性的众多法律规定中,最为严厉莫过于刑法中的规定,出具错误意见的专家有可能要承担刑事责任。

---

① Günter Otto, Der verunglückte § 293 ZPO, IPRax 1995, 299.

尤其是那些将专家视为证人的国家,对外国法专家会适用有关证言侵权(Aussagedelikte)的规定。

(2) 交叉询问

当事人也可以影响对外国法专家意见的采信。在英美法系国家和国际商事仲裁中,一方当事人提供的外国法专家意见要受到对方律师的盘问,这种盘问可以是交叉询问的形式,在美国民事诉讼中也可能是证据开示阶段(Discovery Phase)的口供证词(Deposition)形式。考虑到交叉询问的风险[1],提供外国法意见的专家一般不会提供不实意见,以免在交叉询问阶段过不了关。但这也会带来另一种危险,一个正派的外国法专家可能会因为语言问题而在交叉询问中受到诘难,譬如说仲裁庭的语言是发问者的母语而不是该专家的母语。因此实践中人们挑选外国法专家时,不仅要求丰富的法律知识和经验,还要求较高的语言和论辩能力。

(3) 当事人指定仲裁员的独立性

首先要厘清的是,根据德国《民事诉讼法》第1036条(《联合国国际商事仲裁示范法》第12条)的规定,外国法专家的公正性和独立性是两个不同的问题。就独立性而言,虽说外国法专家受一方当事人委托,必然和该当事人有"更近的"关系,但在考虑专家意见的可信度时,更重要的是考虑专家所属机构是否和当事人有关联,以及争议案件的审理结果是否涉及该专家及其所属机构的利益。因此在美国的民事诉讼程序和部分仲裁程序中,通常都会要求外国法专家就个人独立性作出声明。[2] 至于专家和当事人的某种联系是否

---

[1] 有关口供证词对外国法专家的影响,参见 Burkhaurd Göpfert, How to survive, eine Deposition als German Law Expert, Birgit Bachmann/Stephan Breidenbach/Dagmar Coester-Waltjen/Burkhard Hess/Andreas Nelle/Christian Wolf, Grenzüberschreitungen-Beiträge zum Internationalen Verfahrensrecht und zur Schiedsgerichtsbarkeit-Festschrift für Peter Schlosser zum 70. Geburtstag, 2005, S. 215。

[2] 典型表述为:某大学/某律师所/某雇主及我本人与争议财产、该财产所有人以及本争议处理结果,在目前和可预见的未来均不存在利益关系。

会影响专家意见的独立性,则需要根据案件的具体情况判断。对专家独立性的判断会直接影响该专家意见的质量。参加程序的律师也深知这一点。虽然当事人聘任的专家在出具专家意见前,通常会和当事人的律师就案情进行沟通,但明智的专家对于自己不想提及的外国法内容可以保持沉默①,有头脑的律师也会尊重专家的意见。

(4) 当事人提供的专家意见在功能上逐步接近法院指定专家出具的意见:以新南威尔士为例

在实践中还有一种趋势,就是将当事人提供的外国法专家意见视为法庭指定专家出具的法律意见加以采信。2005 年的《新南威尔士统一民事诉讼规则》第七章(法律专家行为准则)就是这方面的典型。该法力图通过下述规定直接约束法律专家的行为:法律专家负有向法院提供公正协助的义务(第 2.1 项);虽然专家受当事人聘任,承担合同上的义务,但该种义务不得优先于对法院的协助义务(第 2.2 项);专家有别于当事人的律师(第 2.3 项),必须根据法院的指令行事(第 3 项)。专家有义务和另一方聘请的专家合作(第 4 项),在合作过程中必须保持专业判断上的独立性(第 4a 项),并尽量和另一方专家达成一致(第 4b 项),专家不得根据他人的指示或企图而有意不与另一方专家达成一致(第 4c 项)。若双方提交的外国法意见不一致,法院会指示成立一个专家委员会,该委员会必须提交一份共同专家意见(第 6 项)。该专家委员会的组成由法院决定,可以排除当事人及其律师的参加;法院组成该委员会后会指定一人担任主席(第 31.24 条)。

立法者希望通过这种制度设计避免或限制当事人对其聘任的专家施加影响,从而尽可能保证专家意见的公正性。但该机制在实践中的作用相当有限,并不能消除专家们的分歧。专家委员会提交

---

① 作为不成文的惯例,专家可以不提及对委托人不利的内容,参见 Göpfert, How to survive, eine Deposition als German Law Expert, S. 218。

的共同法律意见差不多就是先前各自提交的法律意见的复述,只不过注明了双方在那些方面取得了一致,在那些方面没有取得一致而已。

上述各种方法均可以在一定程度上限制当事人提交的专家意见在中立性上的缺陷,但却无法根除这种缺陷。所以目前最行之有效的方式,仍是当事人通过各自提交专家意见,达到制衡目的。

3. 如何避免"混合国籍"仲裁庭成员在法律知识上的不平衡

当事人聘任的外国法专家一般会向仲裁庭提交书面意见,也可根据仲裁庭的要求出庭。在这个过程中,由于一方当事人指定的仲裁员对准据法较为熟悉,可能会在仲裁庭内部形成相对于其他仲裁员的知识优势。[①] 他可以通过询问出庭的外国法专家,或对其出具的法律意见发表评论而体现这种优势。因此,若该仲裁员不当行使这种优势地位,很可能会影响仲裁庭的其他成员,毕竟他对专家意见是否采信有最终的发言权。但对这种危险无须过于担心,因为所有仲裁员均有义务公平、独立地行使职权,这是其一。其二,仲裁员不当利用自己的优势地位或有失偏颇地行使职权,会在仲裁庭内部引起其他仲裁员的非议。其三,整个仲裁庭均有义务防止这种情况的发生。

应当承认,在混合国籍仲裁庭中,确实无法完全避免一方当事人选择的仲裁员因为对准据法较为熟悉而具有某种知识上的优势。但考虑到混合仲裁庭在其他方面的巨大优势,仍应肯定这种仲裁庭的存在,毕竟该仲裁庭的组成和运行机制均是当事人自行选择的结果。

(五)法院指定中立专家出具的外国法意见

法院指定中立的专家出具外国法意见,可以避免法律意见受当事人的干扰,也可以减少语言因素对专家意见可信度的影响。指定

---

① 参见上文第四、(一) 2. 部分的论述。

专家出具外国法意见时,应注意如下问题①:

1. 咨询意见还是鉴定人证据?

德国联邦最高法院第二民事审判庭在1975年7月10日的一个判决中曾讨论过:法院是否可以通过自由证据程序采信法庭之外专家提供的法律意见?② 毕竟在自由证据程序中,当事人没有像严格证据程序(Strenbeweisverfahren)中那样的程序保障。③

笔者认为,对上述问题应做出肯定回答。因为从实践情况来看,提供专家意见的个人和机构通常会出具书面法律意见,在一定条件下也会出庭回答法院的询问。④ 而法院一般都会采纳专家意见作为证据。

在法律层面上,应区分三个问题:(1)法院是否只能在严格证据程序中适用有关鉴定人证据的规则;抑或说考虑到外国法专家意见实质上是就某种客观情况的说明,可以无需证据裁定即适用有关鉴定人的规则?(2)选择鉴定人(外国法专家)出具法律意见的,是否意味着不得向鉴定人之外的其他人咨询外国法的内容;(3)法院依职权行使自由裁量时,在何种情况下仅需听取咨询意见,何种情况下必须出具专家意见(即鉴定结论)。

就第一个问题而言,若法庭采用严格证据程序并要求提供正式的鉴定人证据,对外国法专家当然适用有关鉴定人的规则。⑤ 如果法庭在自由证据程序中做出证据裁定(Beweisbeschluss),则属于程序错误,应当像其他程序错误一样进行纠正。有观点认为,法院听取有关知情人意见时,应一概适用《民事诉讼法》第402条以下规定

---

① Otto, FS Firsching, S. 223ff. Otto 认为时间是外国法专家意见中的一个重要问题,出具专家意见一般需要一年以上的时间。但从笔者的实践来看,出具法律意见在正常情况下并不需要这么久。
② BGH NJW 1975, 2142.
③ Stein/Jonas/Leipold, § 293 ZPO, Rn. 44.
④ Schack, IZVR Rn. 631.
⑤ BGH NJW 1975, 2142; Schack, IZVR Rn. 635f.

的严格证据规则。① 这种说法难以令人信服，因为一个人并不能因为其对事实的了解而自动成为第 402 条以下规定的鉴定人，他必须通过《民事诉讼法》第 404 条规定的任命才能成为鉴定人，而第 404 条意义上任命必须通过证据裁定做出(《民事诉讼法》第 358 条)。② 法院究竟采取何种程序,应结合程序法的一般规则确定,尤其是考虑法院诉讼行为的意义。考虑到民诉法的"形式特质",不拘形式的听取意见不宜定性为依照严格证据程序提取的证据。有疑问时,应认为法院采取了正式的证据程序。③

就第二个和第三个问题而言，根据第 293 条明确规定的自由裁量权,法院可以自行决定采用不拘形式的调查还是严格证据程序。若先验地认为法院必须适用严格证据程序,实际上就剥夺了法院的裁量权。实际上,并不是所有的外国法查明都需要严格证据程序加以程序保障。若案件所涉问题非常复杂,或专家出具的意见引用了判例和文献,或需要专家出庭进行口头调查才能查明有关情况,此时就有必要通过严格证据程序提交正式的专家意见,对此应当适用有关鉴定人证据的规则。④ 但这并不意味着,法院不能通过听取咨询意见而查明外国法⑤,普通报告人(Auskunftsperson)也可以根据第 293 条提供外国法的内容。因为有的法律问题非常简单,通过听取咨询意见即可查明,例如成年年龄。

联邦最高法院 1975 年 7 月 10 日的判决也支持这种看法,该判决指出,由于本案中法院做出了正式的程序裁定,该裁定指定的鉴定人也出具了正式的专家意见,在这种情况下,也唯有在这种情况

---

① Otto, IPRax 1995, 299, 304.
② Musielak/Huber, § 404 ZPO, Rn. 3; 不同观点参见 Prütting, in: Münchener Kommentar zur ZPO, 3. Aufl. 2008, § 293 ZPO, Rn. 32; Schack, IZVR Rn. 636.
③ Stein/Jonas/Leipold, § 293 ZPO, Rn. 44.
④ Stein/Jonas/Leipold, § 293 ZPO, Rn. 44.
⑤ Schack 如是解读联邦最高法院的有关判决(NJW 1975, 2142); Schack, IZVR Rn. 635.

下,才不得再向指定专家之外的人进行咨询。至于法院是否选择上述路径,则属于法院自由裁量的范围。

2. 外国法专家的国籍

法院可以指定熟悉外国法的本国专家出具意见,也可以指定外国专家出具意见。两种选择各有利弊。① 外国专家对于其本国法自然更为熟悉,尤其是能够全面掌握本国法律在实践中的应用情况。②

但这种优势也随之带来类似于伦敦公约机制中的问题。一般而言,外国法专家必须通读所有的案卷材料,才能弄清楚需要查明的法律问题,而法院又不能将所有案件材料寄往外国。③ 即使可以通过复印全部案件材料解决这个问题,语言障碍又接踵而至,外国法专家必须阅读法院提交的德语文件,并且他还未必知晓如何阅读和整理德国法院的案件,结果就很可能会漏掉对德国法院极为重要的事项。

此外,主审法官对准据法所属的法律体系不了解,就不能从准据法的角度准确的理解和提出问题。在案情较复杂的情况下,很可能因为法院没有"正确地"提出问题,而导致外国专家未能准确提供准据法内容。即使法院正确地提出了问题,外国专家也未必能充分理解德国法院的意图,即没有从德国法院的角度理解该问题。能否避免这些可能发生的风险,在很大程度上取决于指定的外国专家和德国法院之间的沟通。

反之,若法院指定国内的比较法学者出具法律意见,则出现另一方面的问题:该专家虽然可以站在德国法院的角度正确理解需要查明的问题,但却未必可以正确解读外国法。正如拉贝尔所指出的,深入外国法之后,"每个草垛后面都藏着一个手持弓箭的土著

---

① Schack, IZVR Rn. 633.
② Musielak/Huber, § 293 ZPO Rn. 6.
③ Schack IZVR Rn. 633.

人"。① 联邦最高法院的判决显示,上诉法院在审查法官是否正确行使第293条规定的自由裁量权时,也会考虑上述问题。法院采信的外国法专家意见必须对外国法做出充分、全面和正确的描述,并应当列出任何可能的疑点和不确定之处。

在私人提交外国法专家意见时,当事人有相互监督的权利。在法院指定专家出具意见的情况下,监督权利属于法院,但法院仍是为当事人利益行使监督权。当事人和法庭可以要求外国法专家补充书面意见,也可要求专家出庭参加口头辩论②,这当然会耗费时间并增加经济负担。③从笔者的经验来看,专家出庭的意义在具体案件中各有不同。在有的案件中,专家出庭完全是在浪费当事人的金钱和时间;但在另外一些案件中,法院和当事人通过询问专家可以获得新的依据和看法,从而影响案件的审理结果。④

3. 指定个人、数人还是机构作为专家?

法院一般会指定个人作为中立的外国法专家出具意见,虽然法院也可以指定专家团队出具意见⑤,但这种情况并不常见⑥。当事人可以互相监督对方出具的专家意见,但不能监督法院指定专家出具的意见,尽管这种监督主要是为了保证中立。这样做的目的或许是为了达到保密目的,以确保专家意见的质量。

法院是否可以指定机构作为专家出具意见,并无统一看法;正

---

① Ernst Rabel, Deutsches und amerikanisches Recht, RabelsZ 16 (1951), 340.
② BGH NJW 1975, 2142; Stein/Jonas/Leipold, § 293 ZPO, Rn. 43.
③ 专家可以就参加诉讼活动花费的时间请求报酬。Peter Hartmann, Kostengesetze, 37 Aufl. 2007, § 8 JVEG, Rn. 38. 根据《司法报酬和赔偿法》(Justizvergütungs- und Entschädigungsgesetz, JVEG)第8条第2款第1句,旅途时间也包括在内。
④ 考虑到高额旅费,办理案件的律师宜优先申请补充书面意见。如果仅需要专家回答附带或补充的问题,则通过补充书面意见完全可以满足需要。但若当事人打算通过当面询问专家,达到确认或推翻专家意见的目的,就可以申请专家出庭。
⑤ Helmut Friederichs, Anmerkung zu BVerwG, Beschluss vom 6.12.1968-VB 52/68, NJW 1970, 1991.
⑥ 团队中的专家可以只就自己负责的部分签字。

确的看法是,出具法律意见的专家必须是一个自然人。[1] 法院虽然可以指定机构出具意见,但该机构须在征得法庭和当事人同意后,指定具体的工作人员作为受委托的专家[2],所以实质上仍是指定具体自然人担任专家。实践中的通常做法是,法院首先就专家意见事宜和机构的负责人联系,经负责人推荐和当事人同意后,直接任命某具体工作人员为出具意见的专家。[3]

指定机构出具意见的优势或许仅仅在于保险目的,即确保意见的正确性:机构负责人从本机构选择一个熟悉准据法的工作人员撰写法律意见,而后由负责人对法律意见的形式、全面性以及明显的瑕疵进行检查。但如果法院真的想请多个专家共同撰写法律意见,完全可以直接任命多个人为专家,而不必大费周章的通过机构出具意见。

如上所述,无论任命本国法学家还是外国专家出具法律意见,均有一定的优势和不足。故而在具体案件中,若条件许可,可以考虑委托由内外国专家组成的团队共同出具外国法专家意见。尽管法院并不经常采取这种方式,但笔者作为私人聘任专家,在实践中曾体会到这种方式无与比拟的优越性。这种方式的最大好处在于结合两种专家的优点,内国的比较法专家可以准确把握需要查明的问题,并能保证专家意见的语文准确流畅;而外国专家则对有关外国法的内容提供专业保证。当然,这种方式不可避免地会耗费当事人更多的时间和金钱,所以法院较少采用这种方式。

在德国法院的实践中,法院可以采取变通的方式听取外国专家的法律意见。虽然外国法专家必须亲自撰写外国法意见,但专家可以通过援用已有资料支持其观点。专家的资料来源可以是正式的

---

[1] Musielak/Huber, § 404 ZPO, Rn. 2.
[2] BGH, NJW 2003, 3480, 3481.
[3] Musielak/Huber, § 404 ZPO, Rn. 2.

文献,也可以是书面或口头的法律意见(例如"根据某大学某教授的看法"),从而令法院间接地听取了外国法专家的意见。当然这些被引用的法律意见本身需有明确的法律依据,并且可以被检索和查对。

若当事人此前各自提供了外国法专家意见,专家也可以合理利用这些材料,提高法律意见的可靠性。虽然法院指定的专家不能直接采用私人专家意见。但这些文件至少可以提高专家意见的准确性,从而保障据此做出的法院判决的正确性。

**五、结语**

本文主要论述了各种外国法查明方法的优劣之处。综上可见,对外国法查明的结果加以必要的控制和审查、拓宽查明的基础并尽量采取多种查明方法,可以有效提高外国法查明的准确性。法院需要具备冲突法和比较法的知识,才能准确查明外国法。

在仲裁领域同样如此。特别是当仲裁员来自不同国家时(混合国籍仲裁庭),其本国法没有被选为准据法的当事人一方面临着较大的困难。所以当事人在选择仲裁员时,除了要求仲裁员和他来自同一国家,还会要求仲裁员通晓仲裁程序、具备国际经验、有处理外国法的经验,并掌握比较法知识。

最后还要强调的是,若法院或仲裁庭无法查明准据法的内容,就会危及判决的正确性。因此裁判机构、当事人指定的专家、法院或仲裁庭指定的专家均有义务避免这种危险,这种责任不亚于在严格证据程序中的责任。

# 荷兰《民法典》第10卷(国际私法)\*

马泰斯·田沃德\*\* 龙威狄\*\*\* 赵 宁\*\*\*\* 译

## 第10卷 国际私法

### 第一编 总 则

**第1条 [与国际法律文件的关系]**

本卷及其他法律文件有关国际私法的规定不影响对荷兰有约束力的国际与欧洲法律文件的实施。

---

\* 荷兰王国于2011年5月19日颁布了《制定与施行〈民法典〉第10卷(国际私法)的法令("〈民法典〉第10卷制定与施行法")》,该法令载有荷兰《民法典》第10卷的全文,并于2011年6月8日公布于《荷兰王国公报》2011年第272号文件。该法令后经略微改动,于2012年1月1日生效(参见《荷兰王国公报》2011年第340号文件))。本译文为荷兰格罗宁根大学胡伯国际私法研究所马泰斯·田沃德(Mathijs H. ten Wolde)教授主持的"荷兰《民法典》第10卷翻译"项目的阶段性成果。除中文译本外,荷兰《民法典》第10卷也已由胡伯国际私法研究所翻译成英、德、法、西等多语版本。本译文系根据荷兰语官方文本及英文译本翻译。资料来源:Staatsblad van het Koninkrijk der Nederlanden, 2011/272; Staatsblad van het Koninkrijk der Nederlanden, 2011/340; M. H. ten Wolde, J. G. Knot and N. A. Baarsma, Book 10 Civil Code on the Dutch Conflict of Laws, Hephaestus Publishers, 2011。本译文的目录、条文的标题(以中括号标出)以及脚注皆为译者所加,非原文所有。本译文所称"卷"者,皆指荷兰《民法典》的卷册。——译者注

\*\* 格罗宁根大学胡伯国际私法研究所教授。

\*\*\* 武汉大学国际法研究所博士研究生,格罗宁根大学胡伯国际私法研究所博士候选人。

\*\*\*\* 格罗宁根大学胡伯国际私法研究所博士候选人。

**第 2 条** [依职权适用冲突规则]

国际私法规则以及这些规则所指引的法律应依职权适用。

**第 3 条** [程序问题准据法]

在荷兰法院进行的诉讼程序适用荷兰法。

**第 4 条** [先决问题]

若某一事实产生何种法律效力这一先决问题关系到适用外国法的另一问题的解决,该先决问题应被视为一个独立问题。

**第 5 条** [反致]

"适用某国法律"系指适用该国现行的除国际私法以外的法律规则。

**第 6 条** [公共秩序]

若外国法的适用明显不符公共秩序,该法不予适用。

**第 7 条** [强制性规范]

1. 强制性规定是这样一类规定,遵循此类规定对于维护一国在政治、社会与经济组织等方面的公共利益至关重要,以至于此类规定应适用于其适用范围内的所有情况,而无需考虑本应适用的准据法。

2. 在任何情况下,只要荷兰法中的强制性规定适用于某一案件,法律选择规则所指引法律的适用即被阻却。

3. 适用法律选择规则指引的法律时,对于与案件有密切联系的某一外国的强制性规定,可以赋予其效力。在考虑是否赋予这些规定效力时,应考虑其性质、目的以及适用或不适用的后果。

**第 8 条** [例外条款]

1. 因被推定具有密切联系而为法律规定所指引的法律,在例外情况下不予适用,前提是经综合考量后被推定的密切联系实际难以成立,而另一法律明显具有更密切的联系。在此情况下,适用该另一法律。

2. 若当事人已就准据法作出有效选择,第 1 款的规定不予适用。

**第 9 条　[既成事实(fait accompli)的效力]**

有关外国的国际私法指引的准据法不同于荷兰国际私法指引的准据法的,若前者赋予某一法律事实的法律效力若得不到认可,将令人无法容忍地(onaanvaardbare)损抑当事人的正当预期或法律的确定性,则该效力在荷兰可予认可。

**第 10 条　[当事人选法方式]**

在允许当事人选择准据法的情况下,该选择须明示或以其他足够明确的方式作出。

**第 11 条　[自然人的能力与权限]**

1. 自然人是否为未成年人及其行为能力的限度如何,依其本国法。若其具有一个以上①国家的国籍且在其中一个国家有惯常居所,则视该惯常居所地国法为其本国法。若其在上述所有国家都没有惯常居所,则视经综合考量后与其有最密切联系的国家的法律为其本国法。

2. 对于《欧洲议会与理事会 2008 年 6 月 17 日第 593/2008 号关于合同之债准据法的条例(罗马 I)》(《欧盟公报》第 177 期)适用范围外的多边法律行为,该条例第 13 条变通适用(overeenkomstige toepassing)于法律行为当事一方的自然人无行为能力或权限而引发的诉求。

**第 12 条　[法律行为的形式效力]**

1. 法律行为若符合其实质效力准据法或其实施地国法规定的形式要件,即为形式有效。

2. 位于不同国家的当事人间的法律行为只要符合行为本身的准据法、任一前述国家的法律、或任一当事人惯常居所地国法规定的形式要件,即为形式有效。

---

① 本译文所称"以上"者,不含本数。

3. 若法律行为系由代理人作出,第 1 款与第 2 款规定所指国家应理解为代理人在实施法律行为时的所在地国或惯常居所地国。

**第 13 条** ［证明责任与法律推定］

法律关系或法律事实的准据法同样适用于证明责任的分配以及有关该法律关系或事实的法律推定。

**第 14 条** ［时效］

权利或诉求是否被阻却或消灭,依该权利或诉求据以产生的法律关系的准据法。

**第 15 条** ［多法制国家］

1. 若自然人的本国法应予适用,而此人的国籍国针对不同类别的人或不同区域实施两套或两套以上法律制度,依该国现行规则确定应适用的法律制度。

2. 若自然人的惯常居所地法应予适用,而此人的惯常居所地国针对不同类别的人或不同区域实施两套以上法律制度,依该国现行规则确定应适用的法律制度。

3. 若第 1 款与第 2 款所指规则在一国内缺失,或在特定案件中依此规则无法确定应适用的法律制度,则适用经综合考量后与此人有最密切联系的国家的法律。

**第 16 条** ［无国籍人］

1. 若自然人的本国法应予适用,而此人为无国籍人或国籍无法确定,其惯常居所地国法视同为其本国法。

2. 对于上述自然人先前取得的有关民事身份的权利、尤其是有关婚姻的权利,应予尊重。

**第 17 条** ［外国人的人身权利］

1. 依《2000 年外国人法》第 28 条或第 33 条获颁居留许可的外国人的民事身份,以及在国外获得同等居留身份的外国人的民事身份,依其住所地法;若无住所地,依其居所地法。

2. 对于上述外国人先前取得的有关民事身份的权利、尤其是有关婚姻的权利,应予尊重。

## 第二编 姓 名

**第18条** [《姓名准据法公约》]

本编同时旨在实施1980年9月5日在慕尼黑订立的《姓名准据法公约》(《荷兰王国条约集》1981年第72号)。

**第19条** [外国人姓名]

1. 外国人的姓名依其国籍国的法律。"法律"一词涵盖国际私法规则。仅为确定姓名之目的,确定姓名所依据的条件依该国法律判定。

2. 若上述外国人具有一个以上国家的国籍且在其中一个国家有惯常居所,则视该惯常居所地国法为其本国法。若其在上述所有国家都没有惯常居所,则视经综合考量后与其有最密切联系的国家的法律为其本国法。

**第20条** [荷兰籍人姓名]

荷兰籍人的姓名依荷兰法确定,而无需考虑其是否具有另一国籍。即便依外国法家庭法律关系的产生或消灭将影响某人的姓氏,前项规定依然适用。

**第21条** [补录姓氏]

具有一个以上国籍的人可要求民事登记处(ambtenaar van de burgerlijke stand)为其在出生证明上补录其依未予适用的国籍国法[①]使用的姓氏。

**第22条** [国籍变更的后果]

1. 国籍变更后适用新国籍国的法律,包括该法中有关国籍变更对姓名的影响的规则。

2. 外国人取得荷兰籍不会导致其姓名的变更,但应以本卷第

---

[①] "未予适用的国籍国法"指依第19条与第20条未予适用的国籍国法。

25 条 b 项以及《荷兰籍法》第 6 条第 5 款与第 12 条之规定为限。

**第 23 条** ［准据法无法查明］

1. 民事登记处在拟订须提及外国人姓名的文书时,因无法查明据以确定该姓名的准据法内容而适用荷兰法的,应迅即将此决定通报登记该文书的民事登记处所在辖区法院的检察官(officier van justitie)。

2. 依第 1 卷第 24 条之变通适用,经当事人申请或检察官提请,可以更正依前款所述方式作成的文书。根据《法律援助法》,有关当事人的申请将依法免费受理。

**第 24 条** ［承认境外载录或变更的姓名］

1. 若有权机关依当地规定作成的文书载录了某人在荷兰境外出生时登记的姓名,或载录了其因在荷兰境外变更民事身份而对姓名所作的更改,则登记或更改的姓名应在荷兰得到承认。若仅仅是所适用的法律并非本法规定所指引的法律,则不得以有违荷兰公共秩序为由拒绝承认。

2. 第 1 款规定不影响本卷第 25 条的适用。

**第 25 条** ［依荷兰法选取姓氏］

1. 针对第 1 卷第 5 条的适用,规定如下:

a. 若子女在荷兰境外依法获得认领或准正,并因认领或准正而与其生父形成亲子关系并取得或保留荷兰国籍,且若该子女的姓氏尚未依第 1 卷第 5 条第 2 款选择确定,该子女的生母及认领人可自认领或准正时起两年内共同宣告子女随何者姓氏。若子女在认领或准正时已满 16 岁,其可自认领或准正时起两年内独立宣告随父姓抑或随母姓。

b. 未成年时被荷兰籍人认领为子女的,或不经认领而直接准正成为荷兰籍人的子女的,若该子女通过选择取得荷兰籍,且在选择时其与双亲都存在家庭法律关系,则其双亲可在子女选择时共同宣告该子女随何者姓氏。若子女在选择时已满 16 岁,其可独立宣告随父姓抑或随母姓。

c. 若子女因境外裁定成立的收养取得荷兰国籍,且收养成立后该子女的姓氏尚未依第1卷第5条第3款选择确定,其双亲可自裁定终局时起两年内共同宣告该子女随何者姓氏。若子女在裁定生效时已满16岁,其可自裁定终局时起两年内独立宣告随父姓抑或随母姓。

d. 依第1卷第5条第4款选择姓氏的声明可在子女出生前作出,前提是作出声明时双亲至少有一方拥有荷兰籍。

e. 在荷兰境外出生的子女,若其拥有荷兰籍且因出生而与双亲形成家庭法律关系,且该子女的出生证明未依第1卷第5条第4款明确姓氏,其双亲可自子女出生时起两年内共同宣告该子女随何者姓氏。

f. 若父亲身份系在荷兰境外依法确立并因此使子女取得或保留荷兰国籍,且父亲身份确立后该子女的姓氏未依第1卷第5条第2款选择确定,则该子女的母亲与父亲身份经司法裁定确认的男子可自该裁定终局时起(nadat de uitspraak in kracht van gewijsde)两年内共同宣告该子女随何者姓氏。若子女在该裁定生效时已满16岁,其可自裁定具有既判力时起两年内独立宣告随父姓抑或随母姓。

g. 依本款a至f项选择姓氏时,无需考虑子女除荷兰籍外是否还拥有别国国籍。

2. 在第1款b项所涉情况下,选择姓氏的宣告应在受理选入荷兰籍事宜的当地政府民事登记处作出。在其他情况下,选择姓氏的宣告可在任何民事登记处作出。

**第26条　[过渡条款]**

1990年1月1日前由民事登记簿(akten van de burgerlijke stand)备案的证明上所载的姓名,经当事人申请可依本编规定更改。若该申请涉及外国人,则此人国籍国有权机关签发的文件须载明此更改。此更改将以随后补记标注的方式完成。

# 第三编 婚 姻

## 第一章 婚姻的缔结与婚姻效力的承认

**第 27 条** ［《婚姻缔结与婚姻效力承认公约》的实施］

本章旨在实施 1978 年 3 月 14 日在海牙订立的《婚姻缔结与婚姻效力承认公约》(《荷兰王国条约集》1987 年第 137 号)。在荷兰境内缔结的婚姻,若是由于即将成为配偶的双方的国籍或居所地的关系,而须就婚姻缔结要件的准据法作出选择,则适用本章;荷兰境内对境外缔结的婚姻效力的承认,也适用本章。本章不适用于民事登记处的权能。

**第 28 条** ［在荷兰缔结婚姻的实质要件］

缔结婚姻须具备以下条件:

a. 即将成为配偶的双方都符合荷兰法有关缔结婚姻的要求,且一方以荷兰籍为唯一国籍,或以荷兰籍为多重国籍之一,或在荷兰有惯常居所;或

b. 即将成为配偶的双方都符合各自国籍国有关缔结婚姻的要求。

**第 29 条** ［公共秩序］

1. 尽管有本卷第 28 条的规定,若依本卷第 6 条婚姻的缔结是不可接受的,或存在以下任何一种情况,则不可缔结婚姻:

a. 即将成为配偶的任一方未满 15 岁;

b. 即将成为配偶的双方为直系血亲,或直系养亲,或具有血缘关系的兄弟姐妹;

c. 即将成为配偶的任一方并非自愿,或任一方因精神障碍而无法为意思表示或理解自身言辞的意义;

d. 有违一个人在同一时期内只能与一个人缔结婚姻的规定;

e. 有违一个人在缔结婚姻时不可同时存有注册伙伴关系的

规定。

2. 即便依即将成为配偶的一方当事人的国籍国法,婚姻的缔结存在不能为本卷第6条所接受的阻碍,也不可以此为由禁止婚姻的缔结。

**第30条 [在荷兰缔结婚姻的形式要件]**

就形式效力而言,在荷兰境内婚姻的缔结须在公民身份登记处依荷兰法进行方为有效,但这并不影响外国的外交或领事官员在具有单一或多重国籍的双方当事人都不具有荷兰籍的情况下,依其代表国的法律协助当事人缔结婚姻。

**第31条 [外国婚姻的承认]**

1. 在荷兰境外缔结的婚姻,若依婚姻缔结地国的法律自始合法或嗣后合法的,应予承认。

2. 对于在荷兰境外由外国的外交或领事官员依其代表国的法律协助缔结的婚姻,应承认为合法有效,除非婚姻的缔结为缔结地国的法律所禁止。

3. 为第1款与第2款之目的,"法律"一词包含国际私法规则。

4. 由有权机关颁发结婚证书的婚姻,应被推定为合法有效。

**第32条 [拒绝承认外国婚姻]**

尽管有本卷第31条的规定,若对荷兰境外所缔结婚姻的承认将明显违背荷兰公共秩序,则不予承认。

**第33条 [先决问题]**

对婚姻效力承认与否的裁定,不论是作为主要问题还是与另一问题相关联的先决问题,一律适用本卷第31条与第32条。

**第34条 [过渡条款]**

1. 本章不适用于1990年1月1日前所缔结婚姻效力的承认。

2. 在不损抑本卷第6条的前提下,1990年1月1日后、1999年1月15日前由外国的外交或领事官员依其代表国的法律协助缔结的婚姻应视为有效,前提是一方当事人以荷兰籍为唯一国籍或以荷兰籍为多重国籍之一,而另一方当事人以该外交或领事官员代表国国籍为唯一国籍或以该国国籍为多重国籍之一。

3. 本卷第 30 适用于对 1999 年 1 月 15 日后由外国外交或领事官员协助缔结的婚姻。

## 第二章 配偶间的法律关系

第 35 条 [当事人选法]

1. 配偶间的人身法律关系,适用双方在婚前或在婚姻存续期间选择的法律,不论该选择是否旨在修改既已存在的选择。

2. 配偶仅能从以下法律制度中择一:

a. 配偶的共同国籍国法;或

b. 配偶的共同惯常居所地法;

3. 就形式效力而言,若本条所指的法律选择满足选择配偶间婚姻财产制准据法所必需的形式要件,该选择即为有效。

第 36 条 [当事人未选法时的准据法]

若当事人未选择准据法,配偶间的人身法律关系应适用:

a. 配偶的共同国籍国法,或在没有共同国籍的情况下适用;

b. 配偶的共同惯常居所地法,或在没有共同惯常居所地的情况下适用;

c. 经综合考量后与配偶有最密切联系的国家的法律。

第 37 条 [共同国籍]

为本卷第 36 条之目的,若配偶双方拥有共同国籍,其共同国籍国法应视为其共同本国法,而不论一方或双方是否拥有另一国籍。配偶双方拥有一个以上共同国籍的,视同无共同国籍。

第 38 条 [时际问题]

若本卷第 35 条下当事人的法律选择或本卷第 36 条所提情况的变更导致适用先前本应适用的法律以外的法律,则该法自当事人选法之日或情况变更之日起适用。

### 第 39 条 [家庭的维系]

配偶一方是否以及在何种程度上应分担另一方在家庭的日常维系过程中产生的债务,若债务产生时该另一方配偶与对方当事人在同一国家有惯常居所,则依该国法;若无此惯常居所地,则依该债务关系的准据法。

### 第 40 条 [家庭财产保护]

配偶一方在为法律行为时是否需要取得另一方的同意、若需要则以何种方式取得同意、司法裁定或其他机关的决定是否可以取代另一方的同意,以及未经同意的后果如何,依法律行为实施时另一方的惯常居所地国法确定。

### 第 41 条 [定性]

本卷第 39 条与第 40 条的适用无须考虑婚姻财产制的准据法或配偶间人身法律关系的准据法。

## 第三章 婚姻财产制

### 第 42 条 [《婚姻财产制准据法公约》]

为本章之目的,"1978 年《婚姻财产海牙公约》"系指 1978 年 3 月 14 日在海牙订立的《婚姻财产制准据法公约》(《荷兰王国条约集》1988 年第 130 号)。

### 第 43 条 [依公约第 5 条所作声明]

若当事人未依 1978 年《婚姻财产海牙公约》指定准据法,除该公约第 5 条第 2 款与第 7 条第 2 款所涉情况外,在缔结婚姻时都拥有荷兰国籍的配偶双方的婚姻财产制适用荷兰法,而不论配偶双方或一方是否同时拥有另一国籍。配偶双方拥有一个以上共同国籍的,视同无共同国籍。

### 第 44 条 [第三人]

婚姻财产制对配偶一方与第三人法律关系的影响,依婚姻财产制的准据法。

**第 45 条　[声明]**

婚姻财产制适用外国法的配偶一方可在第 1 卷第 116 条所提民事登记簿注册公证书,在文书中声明婚姻财产制不适用荷兰法。

**第 46 条　[对第三人的保护]**

1. 第三人在婚姻关系存续期间与婚姻财产制适用外国法的配偶一方发生法律行为的,若该第三人与配偶双方在该法律行为实施时的惯常居所地都在荷兰,则对于该法律行为产生的债务,即便是在配偶离婚后该第三人也可追索,而视同配偶间存在荷兰法上的共有财产。①

2. 若第三人在实施法律行为时知道或应该知道婚姻财产制适用外国法,本条第 1 款的规定不适用。若法律行为系在本卷第 45 条所指公证书注册 14 天后实施,则视为构成此类情况。

**第 47 条　[就近原则(Näherberechtigung)②]**

若位于境外的财产所在地国的国际私法规则指引的法律使配偶一方相对于另一方而言更具优势,而依本卷所指定的法律其并不享有此优势,则在配偶双方因终止或变更婚姻财产制而进行财产清算时,劣势一方可以要求抵销或补偿。

**第 48 条　[第 1 卷第 92 条第 3 款的适用范围]**

第 1 卷第 92 条第 3 款仅适用于在荷兰境内向以下当事人进行

---

① 本款主要针对的情形是,婚姻财产制适用外国法的配偶未注册第 45 条下的声明,当第 46 条所称法律行为实施时配偶双方与第三人的惯常居所地若都在荷兰,就容易使第三人误以为配偶双方的财产制适用荷兰法(依荷兰法配偶财产共有)。在此情况下,为保护第三人的信赖利益,第 46 条作出如上规定。相似规定可见第 80 条。

② 荷兰国际私法上的就近原则主要适用于婚姻财产制(第 47 条)、注册伴侣财产制(第 81 条)与继承(第 147 条)方面的物权法律冲突。其基本理念是,物所在的外国——即与荷兰相比距离该物较近的国家——的国际私法所指引的法律应予尊重,即便该法的适用后果有别于荷兰国际私法指引的法律。但是,对于二者适用后果上的差异,可以通过抵销或补偿等途径来调整,以使当事人间的利益分配趋近于荷兰国际私法所指引的法律的适用后果。

的求偿：

a. 婚姻财产制适用荷兰法的配偶一方；或

b. 依本卷第46条可向其求偿的配偶一方。

**第49条**①

**第50条** ［财产清算］

即便配偶双方的婚姻财产制适用外国法，第1卷第131条也应适用。

**第51条** ［养老金均等化］

在离婚或别居时配偶一方是否有权分享另一方取得的养老金权益，依婚姻财产制的准据法判定，除非《分离（scheiding）双方养老金均等法》②第1条第7款另有规定。

**第52条** ［过渡条款］

1. 本章适用于1992年9月1日后缔结婚姻的配偶的婚姻财产制。

2. 尽管有第1款的规定，本卷第51条仅适用于2001年3月1日后别居或2001年3月1日后离婚的养老金均等分配。

3. 若配偶双方于1992年9月1日前缔结婚姻，但其对婚姻财产制准据法的选择系在1992年9月1日后进行，本章关于当事人选择婚姻财产制准据法的规定也应适用。

**第53条** ［当事人先前法律选择的效力］

配偶双方在1992年9月1日之前对其婚姻财产制准据法所作的选择或对其选择的变更，不可仅因其时该选择于法无据而视为无效。但这一规则不适用于1905年7月17日在海牙订立的《婚姻对

---

① 在《〈民法典〉第10卷制定与施行法》所公布的第10卷版本中，该条涉及的是荷兰《民法典》第1卷有关条文的适用。由于第1卷的有关条文现已被修订，根据《〈民法典〉第10卷制定与施行法》的规定，第10卷第49条自然失效，故未译出。

② 《分离双方养老金均等法》不仅适用于离婚与别居时的养老金分配，也适用于注册伴侣关系解除时的养老金分配（参见本卷第85条）。

配偶人身及财产关系效力的冲突法公约》(《荷兰王国公报》1912 年第 285 号)当时的适用范围内、且配偶于 1977 年 8 月 23 日前选择准据法的情况。

## 第四章　离婚与别居

**第 54 条**　[国际法律文件]

本章同时旨在实施：

a. 1970 年 6 月 1 日在海牙订立的《承认离婚与别居公约》(《荷兰王国条约集》1979 年第 131 号)；以及

b. 1967 年 9 月 8 日在卢森堡订立的《承认婚姻关系公约》(《荷兰王国条约集》1979 年第 130 号)。

**第 55 条**　[专属管辖]

荷兰境内的离婚与别居仅能由荷兰法院宣告。

**第 56 条**　[准据法]

1. 可否以及以何种理由宣告离婚与别居，依荷兰法。

2. 尽管有前款的规定，配偶双方的共同外籍国法应予适用，前提是在司法程序中：

a. 配偶双方协议选择该法律，或配偶一方选择该法律，而另一方无异议；或

b. 配偶一方选择该法律，且配偶双方与该共同国籍国有实际的社会联系。

3. 前款所指法律选择应明示作出，或在申请状或答辩状中充分明确地体现。

**第 57 条**　[外国离婚的承认]

1. 在国外经正当司法程序实现的离婚或别居，应在荷兰得到承认，前提是离婚或别居已为法院或其他有权机关所判允。

2. 在国外实现的离婚或别居，即便并不符合前款规定的要求，但若情况表明另一方在外国程序进行过程中已明示或暗示的同意

离婚或别居,或其在程序终结后提请判允离婚或别居,该离婚或别居也应在荷兰得到承认。

### 第58条 [单方解除婚约的承认]

配偶一方在国外对婚姻的单方宣告解除也应得到承认,前提是:

a. 该离婚方式符合单方解除婚约的一方配偶的国籍国法;

b. 在宣告解除地离婚合法有效;且

c. 情况表明另一方已明示或暗示的同意离婚,或其也已提请判允离婚。

### 第59条 [公共秩序]

尽管有本卷第57条与第58条的规定,若承认国外实现的离婚将明显违背荷兰公共政策,则不予承认。

## 第四编 注册伴侣关系

### 第一章 荷兰境内缔结的注册伴侣关系

#### 第60条 [缔结注册伴侣关系的能力]

1. 在荷兰缔结的注册伴侣关系适用第1卷第80a条的规定。

2. 伴侣双方在荷兰缔结注册伴侣关系的能力,适用荷兰法。

3. 就形式效力而言,注册伴侣关系须依荷兰法在民事登记处缔结,方为有效,但这不妨碍外国外交和领事官员依其代表国法行使职权协助注册伴侣关系的缔结,前提是荷兰籍不是任一方当事人的唯一或其中之一个国籍。

### 第二章 荷兰境外缔结的注册伴侣关系的承认

#### 第61条 [境外注册伴侣关系的承认]

1. 在荷兰境外缔结的注册伴侣关系,若依注册伴侣关系缔结地国的法律自始合法或嗣后合法的,应予承认。

2. 在荷兰境外由外交或领事官员主持缔结的注册伴侣关系,只要符合该官员代表国法律的要求,即应认可为合法有效,除非缔结地国禁止缔结此类注册伴侣关系。

3. 为第1款与第2款之目的,"法律"一词包括国际私法规则。

4. 注册伴侣关系一经有权机关宣告,即被推定为合法有效。

5. 尽管有第1款和第2款的规定,荷兰境外缔结的注册伴侣关系得到承认的前提是,其在维持密切人身关系的双方间创设法律认可的同居关系,且该同居关系至少应:

a. 由注册伴侣关系缔结地的有权机关进行登记;

b. 排斥与第三人的婚姻关系及其他法律上的同居关系;且

c. 在伴侣间创设与婚姻义务基本对应的义务。

**第 62 条　[公共秩序]**

尽管有本卷第61条的规定,若对荷兰境外缔结的注册伴侣关系的承认将明显违背荷兰的公共秩序,则不予承认。

**第 63 条　[先决问题]**

对注册伴侣关系效力承认与否的裁定,不论其是主要问题还是与另一问题相关联的先决问题,一律适用本卷第61条与第62条。

## 第三章　注册伴侣间的法律关系

**第 64 条　[当事人选法]**

1. 注册伴侣间的人身法律关系,适用双方在注册伴侣关系前或关系存续期间选择的法律,不论该选择是否旨在修改先前存在的选择。

2. 注册伴侣仅能选择认可注册伴侣制度的法律。

3. 就形式效力而言,若本条所指的法律选择满足选择注册伴侣财产制准据法所必需的形式要件,该选择即为有效。

**第 65 条　[当事人未选法时的准据法]**

当事人未选择准据法的,对于在荷兰缔结的注册伴侣关系,伴侣间的人身法律关系适用荷兰法。伴侣在荷兰境外缔结注册伴侣关系的,适用注册伴侣关系缔结地国法,包括该法的国际私法规则。

**第 66 条　［时际问题］**

若第 64 条下选定的法律是当事人选法前本应适用的法律以外的法律,则被选定的法律自当事人选法之日起适用。

**第 67 条　［家庭的维系］**

注册伴侣一方是否以及在何种程度上应分担另一方在家庭的日常维系过程中产生的债务,依荷兰法确定,前提是债务产生时另一方伴侣与对方当事人都在荷兰有惯常居所。

**第 68 条　［家庭财产保护］**

注册伴侣一方在为法律行为时是否需要取得另一方的同意、若需要则以何种方式取得同意、司法裁定或其他机关的决定是否可以取代另一方的同意、以及未经同意的后果如何,依荷兰法确定,前提是法律行为实施时另一方伴侣在荷兰有惯常居所。

**第 69 条　［识别］**

本卷第 67 条与第 68 条的适用无需考虑伴侣间财产制的准据法或伴侣间人身法律关系的准据法。

## 第四章　伴侣财产制

**第 70 条　［注册伴侣关系缔结前的当事人选法］**

1. 注册伴侣财产制,适用伴侣双方在缔结注册伴侣关系前选择的法律。

2. 所选法律适用于伴侣双方的所有财产。但是,就伴侣双方全部或部分不动产以及随后取得的全部不动产而言,伴侣双方无论是否已如本条第 1 款所言选择了法律,都可选择适用该不动产所在地的法律。

3. 在任何情况下,注册伴侣仅能选择认可注册伴侣关系制度的法律。

第 71 条 ［当事人未选法时的准据法］

1. 伴侣双方在注册伴侣关系缔结前未进行法律选择的,若注册伴侣关系在荷兰缔结,伴侣财产制适用荷兰法。

2. 伴侣双方在注册伴侣关系缔结前未进行法律选择的,若注册伴侣关系在荷兰境外缔结,伴侣财产制适用注册伴侣关系缔结地国的法律,包括该法的国际私法规则。

第 72 条 ［注册伴侣关系存续期间的当事人选法］

1. 注册伴侣关系存续期间,伴侣双方可以就其注册伴侣财产制选择适用不同于当事人选法前适用的另一国法律。

2. 本卷第 70 条第 2 款与第 3 款的规定在此变通适用。

第 73 条 ［准据法的更替］

依本章规定所指引的注册伴侣财产制准据法或由伴侣双方依法指定的准据法仍将持续适用,直至伴侣双方选择适用另一国法律,即便当事人的国籍或惯常居所地有所改变也仍是如此。

第 74 条 ［合意］

伴侣双方对伴侣财产制的准据法选择的有关合意要求,依该准据法判定。

第 75 条 ［明示或明确］

对注册伴侣财产制准据法的选择须由双方明示同意或可依该伴侣关系的协议明确认定。

第 76 条 ［注册伴侣关系协议的形式］

注册伴侣关系协议的形式若符合伴侣财产制的准据法或该协议的缔结地法,合同即为形式有效。在任何情况下,伴侣关系协议须载于注明日期并由伴侣双方签署的书面文件。

第 77 条 ［当事人选法的形式要件］

对伴侣财产制准据法的明示选择,必须符合双方所选法律或选法行为作出地国法律对伴侣关系协议形式的要求。在任何情况下,该选择须载于注明日期并由伴侣双方签署的书面文件。

**第 78 条　[第三人]**

伴侣财产制对伴侣一方与第三人之间法律关系的影响,依伴侣财产制的准据法。

**第 79 条　[声明]**

伴侣财产制适用外国法的伴侣一方可在第 1 卷第 116 条所提民事登记簿注册公证书,在文书中声明伴侣财产制不适用荷兰法。

**第 80 条　[对第三人的保护]**

1. 第三人在注册伴侣关系存续期间与伴侣财产制适用外国法的伴侣一方发生法律行为的,若该第三人与伴侣双方在该法律行为实施时的惯常居所地都在荷兰,则对于该法律行为产生的债务,即便是在注册伴侣关系终止后该第三人也可追索,而视同伴侣间存在荷兰法上的共有财产。

2. 若第三人在实施法律行为时知道或应该知道伴侣财产制适用外国法,本条第 1 款的规定不适用。若法律行为系在本卷第 79 条所指公证书注册 14 天后实施,则视为构成此类情况。

**第 81 条　[就近原则]**

若位于境外的财产所在地国国际私法规则指引的法律使伴侣一方相对于另一方而言更具优势,而依本法所指定的法律其并不享有此优势,则在伴侣双方因终止或变更伴侣财产制而进行财产清算时,劣势一方可以要求抵销或补偿。

**第 82 条　[第 1 卷第 92 条第 3 款的适用范围]**

第 1 卷第 92 条第 3 款仅适用于在荷兰境内向以下当事人进行的求偿:

a. 伴侣财产制适用荷兰法的伴侣一方;或

b. 依本卷第 80 条可向其求偿的伴侣一方。

**第 83 条**①

**第 84 条** ［财产清算］

即便伴侣双方的伴侣财产制适用外国法,第 1 卷第 131 条也应适用。

**第 85 条** ［养老金均等化］

在终止注册伴侣关系时伴侣一方是否有权分享另一方取得的养老金权益,依伴侣财产制的准据法判定,除非《分离双方养老金均等化法》第 1 条第 7 款另有规定。

## 第五章  在荷兰境内解除注册伴侣关系

**第 86 条** ［解除在荷兰缔结的注册伴侣关系］

在荷兰缔结的注册伴侣关系可否经协议或司法解除以及解除的理由,适用荷兰法。

**第 87 条** ［解除在外国缔结的注册伴侣关系］

1. 在外国缔结的注册伴侣关系可否经协议或裁判解除以及解除的理由,适用荷兰法。

2. 尽管有第 1 款的规定,若伴侣双方在协议解除注册伴侣关系的协议中约定适用注册伴侣关系缔结地国的法律,则适用该法。

3. 尽管有第 1 款的规定,伴侣关系的裁判解除适用注册伴侣关系缔结地国的法律,前提是在有关程序中:

a. 伴侣双方协议选择该法律,或伴侣一方选择该法律,而另一方无异议;或

b. 伴侣一方选择该法律,且伴侣双方与注册伴侣关系缔结地国有实际的社会联系。

---

① 在《〈民法典〉第 10 卷制定与施行法》所公布的第 10 卷版本中,该条涉及的是荷兰《民法典》第 1 卷有关条文的适用。由于第 1 卷的有关条文现已被修订,根据《〈民法典〉第 10 卷制定与施行法》的规定,第 10 卷第 83 条自然失效,故未译出。

4. 在外国缔结的注册伴侣关系的双方协议解除或裁判解除的具体方式，依荷兰法确定。

## 第六章　承认在外国解除的注册伴侣关系

### 第 88 条　［承认］

1. 伴侣双方在荷兰境外依法对注册伴侣关系的协议解除，应在荷兰得到承认。

2. 在荷兰境外经正当司法程序对注册伴侣关系的解除，应在荷兰得到承认，前提是该解除系经法院或其他有权机关的判允而实现。

3. 在荷兰境外对注册伴侣关系的解除，即便并不符合前款规定的要求，但情况表明伴侣另一方在外国程序进行过程中已明示或暗示的同意解除，或其在程序终结后提请解除，该解除也应在荷兰得到承认。

### 第 89 条　［公共秩序］

尽管有本卷第 88 条的规定，若承认在荷兰境外对注册伴侣关系的解除将明显违背荷兰公共秩序，则不予承认。

## 第七章　扶养义务

### 第 90 条　［国际法律文件］

在注册伴侣关系存续期间及注册伴侣关系经协议或裁判解除后的扶养义务，其准据法应依如下文件确定：

a. 2007 年 11 月 23 日在海牙订立的《扶养义务法律适用议定书》(《欧盟公报》立法第 331 期第 17 页)；或

b. 1973 年 10 月 2 日在海牙订立的《扶养义务法律适用公约》(《荷兰王国条约集》1974 年第 86 号)。

## 第八章　过渡条款

**第 91 条　[过渡条款]**

1. 本编不适用于 2005 年 1 月 1 日前缔结的注册伴侣关系。

2. 尽管有第 1 款的规定,注册伴侣关系在 2005 年 1 月 1 日后解除而进行的养老金均等分配,本卷第 85 条仍然适用。

## 第五编　亲子关系

## 第一章　因出生成立的家庭法律关系

**第 92 条　[婚生子女]**

1. 子女能否因出生而与其生母以及与其生母存有或曾经存有婚姻关系的男子形成家庭法律关系,依生母与该男方的共同国籍国法确定;若无共同国籍,依男女双方的共同惯常居所地国法;若无共同惯常居所地,依该子女的惯常居所地国法。

2. 为第 1 款之目的,若男女双方拥有共同国籍,视该共同国籍国法为其本国法,而不论一方或双方拥有另一国籍。男女双方拥有一个以上共同国籍的,视同无共同国籍。

3. 为第 1 款之目的,以子女出生时间作准;若父母在子女出生前已离婚,以离婚时间作准。

**第 93 条　[否认父亲身份]**

1. 本卷第 92 条所指家庭法律关系会否因裁定对该关系的否认成立的法律程序而归于无效①,依该条指引的确定家庭法律关系存在与否的准据法。

---

① 该句所称"法律程序"系指被第 92 条指引的准据法认定为父亲的男子,向法院申请裁定其并非孩子父亲而引发的法律程序。根据第 93 条,若法院裁定该男子并非孩子的父亲,则有关家庭法律关系会否因此而终止,依第 92 条指引的准据法。

2. 若依第1款所指法律,对上述法律关系的否定不或不再可能(niet of niet meer mogelijk),则经双亲与子女共同申请,法院可适用本卷第92条指引的法律以外的法律、上述法律关系被否认时该子女的惯常居所地国法、或荷兰法,前提是此举符合该子女的最高福祉。

3. 上述两款所提法律程序一律适用第1卷第212条,而无需考虑第1款与第2款指定的准据法。

4. 若生母向民事登记处声明否认其子女和与其存有或曾经存有婚姻关系的男方的家庭法律关系,则该法律关系会否因此解除,依本卷第92条指引的确定家庭法律关系存在与否的准据法。尽管有第1款与第2款的规定,仅当子女的生母取得与其存有或曾经存有婚姻关系且仍然在世的男方的同意、且与此同时该子女与另一男子已经或将要形成家庭法律关系,子女的生母方可作出上述声明。

**第94条 [非婚生子女]**

1. 非婚生子女能否因出生而与其生母形成家庭法律关系,依其生母国籍国法确定。若其生母拥有一个以上国家的国籍,依准许成立该法律关系的法律。在任何情况下,只要该生母在荷兰有惯常居所,该法律关系即告成立。

2. 为第1款之目的,以子女出生时间作准。

3. 第1款与第2款不影响1962年9月12日在布鲁塞尔订立的《确定非婚生子女母系血缘公约》(《荷兰王国条约集》1963年第93号)的实施。

## 第二章 因认领或因司法确认父亲身份而成立的家庭法律关系

**第95条 [认领]**

1. 就男方的权利与认领的条件而言,男方的认领能否使其与子女形成家庭法律关系,依男方的国籍国法确定。若男方拥有一个以上国家的国籍,依允许该认领的男方本国法。若依男方的本国法认领不或不再可能(erkenning niet of niet meer mogelijk is),①则适用子女的惯常居所地国法。若依该法认领也不或不再可能,则适用子女的国籍国法若子女拥有一个以上国家的国籍,以允许该认领的子女本国法作准。若依该法认领也不或不再可能,则适用男方的惯常居所地国法。

2. 已婚荷兰籍男子是否有权认领其发妻以外的另一女子所生子女,依荷兰法确定,而无需考虑第1款指引的准据法,也无需考虑该男子是否拥有荷兰籍以外的国籍。

3. 认领文件及随后的认领记录(vermelding)应载明依第1款与第2款适用的准据法。

4. 生母或子女对上述认领的意愿问题,依生母或子女各自的国籍国法,而无需考虑第1款指定的准据法。若生母或子女拥有一个以上国家的国籍,依要求征得生母、或相应地该子女的同意的本国法。若生母或子女拥有荷兰籍,则以荷兰法作准,而无需考虑生母、或相应地该子女是否拥有荷兰籍以外的国籍。若准据法无认领之概念,则适用生母、或相应地该子女的惯常居所地国法。在生母或子女不同意的情况下,司法裁定能否代之,也依意愿问题的准据法。

5. 为适用上述各款之目的,以认领与同意的时间作准。

第96条 [认领归于无效]

关于认领可否及以何种方式归于无效,男方的权利与认领的条件适用本卷第95条第1款与第2款指引的准据法,生母或子女的意愿则适用本卷第95条第4款指引的准据法。

第97条 [父子身份的司法确立]

1. 男子的父亲身份能否以及在何种条件下可经司法确立,依该

---

① 该句所称"不或不再可能"含两种情况:第一,男方的本国法无认领之概念,即认领自始"不可能";第二,男方的本国法虽有认领制度,但由于特殊情况(主要是时限)男方已无法再认领,即认领"不再可能"。

男子与子女生母的共同国籍国法;若无共同国籍,依该男子与子女生母的共同惯常居所地国法;若无共同惯常居所地,依子女的惯常居所地国法。

2. 为第 1 款之目的,若该男子与子女生母有一个共同国籍,其共同国籍国法应视为其本国法,而不论一方或双方拥有另一国籍。若该男子与子女生母拥有一个以上共同国籍,视同无共同国籍。

3. 为第 1 款之目的,以提出申请的时间作准。其时该男子或生母已死亡的,若其死亡时双方无共同国籍,则适用该男子与子女生母其时的共同惯常居所地国法;若无共同惯常居所地,适用提出申请时子女的惯常居所地国法。

## 第三章　因准正而形成的家庭法律关系

### 第 98 条　[婚姻准正]

1. 双亲一方的婚姻是否构成准正,以及司法机关或其他有权机关随后的裁定能否形成准正,依 1970 年 12 月 10 日在罗马订立的《婚姻准正公约》(《荷兰王国条约集》1972 年第 61 号)。

2. 若第 1 款的适用无法构成准正,家庭法律关系仍可依子女的惯常居所地国法经准正确立。

3. 若双亲一方拥有荷兰籍,且依本卷第 30 条与第 31 条婚姻未有效缔结,则第 1 款与第 2 款不予适用。

4. 为适用上述各款之目的,以双亲一方缔结婚姻的时间作准;若家庭法律关系系经司法机关或其他有权机关的裁定确立,则以提交申请或诉求的时间作准。

## 第四章　亲子家庭法律关系的内容

### 第 99 条　[亲子关系的内容]

1. 在不损抑就特殊事项所作的规定的前提下,亲子间的家庭法律关系内容,依双亲共同国籍国法确定;若无共同国籍,依其共同惯常居所地国法;若无共同惯常居所地,依子女的惯常居所地国法。

2. 若家庭法律关系仅存在于生母与子女之间,该家庭法律关系的内容依生母与子女的共同国籍国法确定;若无共同国籍,依子女的惯常居所地国法。

3. 为第1款与第2款之目的,若双亲、或相应地生母与子女拥有共同国籍,则视该共同国籍国法为其共同本国法,而不论双方或一方拥有其他国籍。双亲、或相应地生母与子女拥有一个以上共同国籍的,视同无共同国籍。

## 第五章 外国判决与外国确立的法律事实的承认

### 第100条 [外国判决]

1. 确立或变更亲子家庭法律关系的不可撤销的外国判决,在荷兰应予承认,除非:

a. 作出判决的法院所属国法域与案件的联系明显不足以使该法院行使管辖权;

b. 该判决的作出未经适当调查或适当法律程序;或

c. 承认该判决承认将明显违背荷兰的公共秩序。

2. 即便案件涉及荷兰公民,若仅仅是所适用的法律并非本编所指引的法律,则不得以有违荷兰公共秩序为由拒绝承认上述判决。

3. 若上述判决与荷兰法院确立或变更同一家庭法律关系的不可撤销的判决相冲突,则上述判决不得予以承认。

4. 上述各款不影响本卷第98条第1款所提公约的适用。

### 第101条 [外国确立的法律事实与行为]

1. 在外国确立的、据以确立或变更家庭法律关系、且依当地规定经有权机关载于其文件的法律事实或法律行为,变通适用本卷第100条第1款b项与c项,以及该条第2款与第3款的规定。

2. 本卷第100条第1款c项所提拒绝承认之理由至少适用于如下情形:

a. 认领人为荷兰籍人,而依荷兰法其无权认领该子女;

b. 就生母或子女的意愿而言,未能满足本卷第 95 条第 4 款指引的准据法要求的条件;或

c. 上述文件涉及造假行为。

3. 上述各款不影响本卷第 98 条第 1 款所涉公约的适用。

## 第六章 过渡条款

**第 102 条 [过渡条款]**

2002 年 1 月 1 日后成立或变更的法律关系,以及对 2003 年 1 月 1 日在外国成立或变更的法律关系的承认,适用本章规定。

# 第六编 收 养

## 第一章 总 则

**第 103 条 [《跨国收养儿童的保护及合作公约》]**

本编所称"1993 年《海牙收养公约》"系指 1993 年 5 月 29 日在海牙订立的《跨国收养儿童的保护及合作公约》(《荷兰王国条约集》1993 年第 97 号)。

**第 104 条 [收养的定义]**

本编所称"收养",系指由有权机关作出的、确立未成年人与一或两个成年人间家庭法律关系的裁定,该定义不损抑 1993 年《海牙收养公约》、1998 年 5 月 14 号颁布的《1993 年 5 月 29 日在海牙订立的〈跨国收养儿童的保护及合作公约〉施行法》(《荷兰王国公报》1998 年第 302 号)以及《为收养目的在荷兰安置外国儿童法》等法律文件的规定。

## 第二章 荷兰境内宣告的收养

**第 105 条** [准据法]

1. 除本条第 2 款的规定,在荷兰宣告的收养适用荷兰法。

2. 儿童的生父母或其他人员与机构对收养的同意、与前述人员或机构的协商以及需向其披露的信息等事宜,依儿童国籍国法。儿童拥有多个国籍的,适用对收养的同意、协商或信息披露作出要求的法律。儿童拥有荷兰国籍的,适用荷兰法,而无需考虑该儿童是否拥有荷兰籍以外的国籍。

3. 依本条第 2 款适用于收养的同意、协商或信息披露的准据法无收养之概念的,适用荷兰法。收养未能征得有关当事人同意的,司法裁定能否代之,也依根据本款应适用的法律。

4. 对在荷兰宣告的收养的解除,适用荷兰法。

**第 106 条** [收养的法律效力]

在家庭法律关系的成立与终止方面,在荷兰宣告的收养具有荷兰法赋予的法律效力。

## 第三章 外国收养的承认

**第 107 条** [公约范围外的收养]

本章规定适用于 1993 年《海牙收养公约》适用范围外的收养。

**第 108 条** [承认的条件]

1. 由外国有权机关作出的、宣告收养关系的裁定依法将在荷兰得到承认,前提是该宣告系由以下机关作出:

a. 在收养申请提出时及裁定作出时,养父母与被收养儿童惯常居所地国的当地有权机关;或

b. 在收养申请提出时及裁定作出时,养父母或被收养儿童的惯常居所地国的当地有权机关。

2. 外国的收养裁定不应予以承认,只要:

a. 该裁定系明显未经适当调查或适当法律程序作出;或

b. 在本条第 1 款 b 项所列情形下,在收养申请提出时及收养裁定作出时该裁定无法在被收养儿童或养父母的惯常居所地国得到承认;或

c. 承认裁定将明显违背荷兰的公共政策。

3. 就本条第 2 款 c 项所述事由而言,裁定的作出明显与欺诈行为有关的,此类裁定一律不予承认。

4. 即便一外国裁定涉及荷兰公民,也不可仅因其适用了第二章所指引准据法以外的法律,而援引本条第 2 款 c 项拒绝承认该裁定。

**第 109 条　[承认的特殊条件与程序]**

1. 若收养申请提出时及裁定作出时,养父母的惯常居所地在荷兰,而被收养儿童的惯常居所地在外国,对该国有权机关作出的、宣告成立收养关系的裁定应予承认,前提是:

a. 符合《为收养目的在荷兰安置外国儿童法》的规定;

b. 承认收养明显符合被收养儿童的最大利益;且

c. 不存在本卷第 108 条第 2 款与第 3 款所提拒绝承认的事由。

2. 仅当法院查明本条第 1 款所指裁定符合该款所列条件,方可承认该裁定。第 1 卷第 26 条在此适用。

3. 若法院查明本条第 1 款所指裁定符合该款所列条件,应依职权裁令在合适的民事登记簿中载明该收养。第 1 卷第 25 条第 6 款、第 25c 条第 3 款以及第 25g 条第 2 款在此变通适用。

**第 110 条　[承认的效力]**

1. 本卷第 108 条与第 109 条所指承认也包括对如下内容的承认:

a. 被收养儿童与其养父母,以及在适当情况下与其养父母亲属的家庭法律关系;

b. 养父母对被收养儿童的亲权;以及

c. 被收养儿童与其生父母,以及与其生父母亲属先前存在的家

庭法律关系的终止,如果依收养地国法收养有此效力。

2. 若依收养地国法收养不终止先前存在的家庭法律关系,该收养在荷兰也有此效力。

**第 111 条** ［变更为依荷兰法成立的收养］

在本卷第 110 条第 2 款所提情形下,被收养儿童在荷兰有惯常居所、且已获准永久与其养父母在荷兰居留的,收养人可申请将收养变更为依荷兰法成立的收养。1998 年 5 月 14 号颁布的《1993 年 5 月 29 日在海牙订立的〈跨国收养儿童的保护及合作公约〉施行法》第 11 条第 2 款在此变通适用。收养此前成立时须经生父母同意的,生父母对收养变更的同意变通适用本卷第 105 条第 2 款。

### 第四章 过渡条款

**第 112 条** ［过渡条款］

本编适用于自 2004 年 1 月 1 日起在荷兰提出的收养申请以及自 2004 年 1 月 1 日起承认外国收养的申请。

## 第七编 家庭法的其他问题

### 第一章 家长责任与儿童保护

**第 113 条** ［国际法律文件］

儿童的保护适用:

a. 1961 年 10 月 5 日在海牙订立的《未成年人保护方面的机构职权与法律适用公约》(《荷兰王国条约集》1968 年第 101 号);

b.《理事会 2003 年 11 月 27 日(欧共体)第 2201/2003 号关于婚姻及家长责任事项的管辖权及判决承认与执行、同时废止〈(欧共体)第 1347/2000 号条例〉的条例》(《欧盟公报》立法第 338 号);以及

c.《国际儿童保护施行法》。

## 第二章 国际儿童诱拐

**第 114 条** ［国际法律文件］

国际儿童诱拐适用：

a. 1980 年 5 月 20 日在卢森堡订立的《承认与执行儿童监护权判决以及恢复儿童监护权的欧洲公约》(《荷兰王国条约集》1980 年第 134 号)；

b. 1980 年 10 月 25 日在海牙订立的《国际儿童诱拐的民事问题公约》(载《荷兰王国条约集》1987 年第 139 号)；

c. 本卷第 113 条 b 项提及的条例；以及

d. 1990 年 5 月 2 日颁布的《1980 年 5 月 20 日在卢森堡订立的〈承认与执行儿童监护权判决以及恢复儿童监护权的欧洲公约〉、1980 年 10 月 25 日在海牙订立的〈国际儿童诱拐的民事问题公约〉，以及关于请求返还跨荷兰境被拐儿童的总则及其实施细则的施行法》(《荷兰王国公报》1990 年第 202 号)。

## 第三章[①]

(保留)

## 第四章 扶　　养

**第 116 条** ［国际法律文件］

扶养义务的法律适用依以下文件：

a. 2007 年 11 月 23 日在海牙订立的《扶养义务法律适用议定书》(《欧盟公报》立法第 331 期第 17 页)；

b. 1973 年 10 月 2 日在海牙订立的《扶养义务法律适用公约》(《荷兰王国条约集》1974 年第 86 号)；或

---

[①] 本章系为家庭法的其他问题预留，待立法时机成熟时再行补上。

c. 1956年10月24日在海牙订立的《儿童抚养义务法律适用公约》(《荷兰王国条约集》1956年第144号)。

## 第八编 公 司

**第117条 [定义]**

本编术语应作如下理解:

a."公司(corporatie)"[①]:系指公司(vennootschap)、社团、合作社、相互保险公司、基金会、其他独立对外运营的机构或组织,以及合营企业;

b."官员":系指并非依其所属机构,而是依公司的准据法与公司的章程或成立协议有权代表公司的个人。

**第118条 [管辖公司的法律]**

若依公司的成立协议或文书,在成立时该公司在据以成立的法律所属国境内有住所、或在没有住所的情况下有对外运营中心,则该公司受该国法律管辖。

**第119条 [适用范围]**

除成立事项外,公司的准据法还特别地适用于如下事项:

a. 法律人格的具备,或享受权利、承担义务、为法律行为以及依法争诉的能力;

b. 公司的内部结构以及与此有关的各类事项;

c. 公司的组织机构与官员代表公司的权能;

d. 董事、监事以及诸如此类的官员对公司的责任;

e. 对于公司的发起人、合伙人、股东、成员、董事、监事以及其他官员作出的对公司有约束力的行为,何人应与公司共同担责的

---

[①] 该定义仅旨在界定国际私法意义上的"公司"。根据该定义,第10卷第八编所称"公司"不必然具有法人格,某些外国企业法上不具有法人格的合伙企业,也为该定义所涵盖。

问题；

  f. 公司的终止。

  **第 120 条**　［章程住所的移转］

  具有法人格的公司将其章程住所①转至另一国的，若原住所地国法与新住所地国法在住所移转之时都承认公司法人格的续存，则其法人格的续存也应得到荷兰法的承认。自住所移转之时起，新住所地国法管辖本卷第 119 条所列各事项，除非依该法原住所地国法仍应适用。

  **第 121 条**　［责任］

  1. 尽管有本卷第 118 条与第 119 条的规定，对于在荷兰境内承担缴税义务、同时受外国法管辖的公司的董事与监事的责任，适用或变通适用第 2 卷第 138 条与第 149 条的规定，前提是该公司在荷兰境内宣告破产。负责荷兰境内运营活动的个人，也应承担与董事同等的责任。

  2. 作出破产宣告的法院有权受理第 1 款下的各项诉求。

  **第 122 条**　［公共秩序］

  1. 公诉院可提请乌特列支地区法院裁定，某一非荷兰法人的公司的目的或活动违反第 2 卷第 20 条下的荷兰公共秩序。

  2. 上述对任一当事方有利或不利的裁定，自裁定作出之日起第 2 天生效。该裁定应由法院书记员安排在《政府公报》上发布。若该公司已在商务登记簿上注册，该裁定也应在簿上载明。

  3. 法院可依申请将该公司荷兰境内的资产托管。第 2 卷第 22 条在此变通适用。

  4. 第 1 款下法院裁定所针对的在荷兰境内的公司资产，由法院指定的一或多个清算人清算。第 2 卷第 23 条与第 24 条在此变通适用。

---

① 章程住所即公司章程所载明的住所。

第123条　[欧盟罗列的恐怖组织]

公司非荷兰法人的,若其被列入《理事会2001年12月27日(欧共体)第2580/2001号关于针对几类人与组织的特定限制性反恐措施的条例》(《欧共体公报》立法第344期)第2条第3款所指的名单中,或被列入《理事会2002年5月27日(欧共体)第881/2002号关于对与奥萨姆·本·拉登、阿尔盖达组织以及塔利班组织有关联的个人与组织采取特定限制性措施、同时废止〈理事会关于禁止向阿富汗输出特定货物与服务、强化禁飞令以及拓宽与阿富汗塔利班组织有关的资金与其他金融资源冻结范围的(欧共体)第467/2001号条例〉的条例》(《欧共体公报》立法第139期)附件1中,或在《理事会2001年12月27日第2001/931号关于实施特定反恐措施的共同立场》(《欧共体公报》立法第344期)的附件中被列入且以星号标记,则该公司为法所不容,不具有法律行为能力。

第124条　[在国外正式注册的公司]

本编不影响《国外正式注册公司法》的规定。

## 第九编　代　　理

第125条　[1978年海牙《代理准据法公约》]

1. 代理的准据法依1978年3月14日在海牙订立的《代理准据法公约》(《荷兰王国条约集》1978年第138号)确定。

2. 上述公约不适用于荷兰境内的保险代理。

## 第十编　物　　权

### 第一章　总　　则

第126条　[国际法律文件]

1. 本编不影响1985年7月1日《信托准据法与承认公约》(《荷兰王国条约集》1985年第141号)以及本卷第十一编的实施。在不损抑该公约及该编规定的前提下,对于受荷兰法支配的、向本卷第142条所指信托的受托人进行的转让行为,若该信托适用外国法,则转让行为不得仅因物的转让旨在作为担保或因缺乏将转让物归入受让人财产的真实意思而被视为无效。

2.《欧洲经济共同体理事会1993年3月15日第93/7号关于返还从成员国领土内非法转移的文物的指令》(《欧共体公报》立法第74期)以及《防止文物非法出口的施行法》不受本编的影响。

## 第二章 有体物的物权关系

**第127条 [有体物]**

1. 除本条第2款和第3款另有规定外,有体物的物权关系,依该物之所在地国法。

2. 已注册的船舶的物权关系,依该船舶的注册地国法,但本卷第160条另有规定的除外。

3. 已注册的航空器,以及在1944年12月7日在芝加哥订立的《国际民用航空公约》(《荷兰王国公报》1947年第H165号)第17条所指的国籍注册机关进行独家注册的航空器的物权关系,依该航空器的注册地国法或获取国籍地国法。

4. 前述各款所指的法律特别决定下列事项:

a. 某物是动产还是不动产;

b. 什么是物的附属物;

c. 某物是否适于转让所有权或设立其他相关权利;

d. 所有权的转让或其他相关权利的设立应满足何种条件;

e. 在物上可以设立哪些权利,以及这些权利的性质与内容;

f. 这些权利产生、变更、移转与消灭的方式及其相互间的关系。

5. 为适用前款之目的,物权的取得、设立、移转、变更或消灭,以必要法律事实的发生时间为准。

6. 前述各款规定变通适用于物权上所设权利的转让与成立。

### 第 128 条　[所有权保留]

1. 保留财产所有权的物权法后果,依该物在交付时的所在地国法。但这不影响保留所有权条款的准据法所规定的债权债务关系。

2. 尽管有第 1 款第 1 句的规定,若某出口物的目的地国法规定所有权保留的效力至款项清偿时终止,则当事各方可协议选择该法作为该物所有权保留物权法后果的准据法。仅当该物已实际运抵指定的目的地国时,该协议方为有效。

3. 旨在境外使用的租赁物,其租赁的物权法后果变通适用前述各款的规定。

### 第 129 条　[留置权]

除本卷第 163 条起始句及 a 项另有规定外,留置权的产生与内容,依主物权关系的准据法。留置权的行使以物之所在地国法允许为限。

### 第 130 条　[物之所在地变更]

依本编所适用的法律而取得或设立的各项权利,即使该物被运至另一国境内,也仍依附于该物上。但这些权利的行使方式,不得与行使权利时该物之所在地国法相抵触。

### 第 131 条　[无处分权人]

无处分权人取得物的法律后果,依取得该物时的物之所在地国法。

### 第 132 条　[非自愿失去占有]

1. 若非自愿地失去了对物的占有,且在失去占有后不能确定该物位于何国境内,则所有权人或其所有权继承人所实施的物权法律行为的法律后果,依失去占有前该物之所在地国法。

2. 在前款所指情况下,若损失已由保险公司承保,则依保险合同准据法决定所有权是否以及以何种方式移转给保险人。

### 第 133 条　[国际运输]

1. 处于运输途中的国际运输合同标的物的物权关系,依目的地国法。

2. 若第 1 款所指的运输系出于履行买卖合同、其他要求转让所运输物品的合同或者设立物上权利的合同，则尽管有第 1 款之规定，在合同中对合同准据法的选择也对所运输物品的物权关系有效。

## 第三章 债权的物权法关系

**第 134 条　[单据债权]**

债权表现为单据的，该债权属于记名债权（vordering op naam）还是不记名债权（vordering aan toonder），依单据所在地国法。

**第 135 条　[记名债权]**

1. 某记名债权是否适于转让或在其上设立权利，依该债权的准据法确定。

2. 记名债权的其他物权关系问题，依据以转让或者设立权利的合同的准据法。该法特别决定下列事项：

　　a. 进行转让或者设立权利的条件；

　　b. 何者有权主张债上的各项权利；

　　c. 债权上可设立哪些权利，以及此类权利的性质与内容；

　　d. 此类权利变更、移转或消灭的方式，以及相互间的关系。

3. 受让人及记名人各自与债务人之间的关系、在何种条件下记名债权的转让或随后所设权利可对抗债务人，以及债务人是否已清偿债务，依债权准据法。

**第 136 条　[不记名债权]**

1. 不记名债权的物权关系，依不记名单据所在地国法。该法的调整对象变通适用本卷第 135 条第 1 款与第 2 款。

2. 受让人和债务人的关系、在何种条件下不记名债权的转让或随后所设权利可对抗债务人，以及债务人是否已清偿债务，依债权准据法。

3. 不记名债权变通适用本卷第 130 条与第 131 条。

## 第四章 股票的物权关系

**第 137 条　[股权证书]**

若依单据载明的发行公司的准据法,该单据为股权证书,则证书所涉股票为记名股还是不记名股,依证书所在地国法。

**第 138 条　[记名股票]**

1. 记名股票的物权关系,依正在发行或已发行该股票的公司的准据法。该法的调整对象变通适用本卷第 135 条第 1 款与第 2 款。

2. 尽管有第 1 款的规定,为促进其股票在受监管的外国证券交易所的交易而采用交易所成立地惯常企业形式运营的荷兰股份有限公司的记名股票,其物权关系可由发行股票的公司选择适用该证券交易所的成立地国法,或适用经该证券交易所同意的、与股票有关的转让或其他物权法律行为可以或者必须实施地国的法律。

3. 第 2 款所指法律选择必须以明示的、当事人能辨明的方式做出。此外,该法律选择须在两种全国性的荷兰日报上公示。

4. 股东与其他权利人各自与公司之间的关系,以及在何种条件下权利的转让或设立可对抗公司,依发行该股票的公司的准据法。

**第 139 条　[不记名股票]**

1. 不记名股票的物权关系,依不记名单据的所在地国法确定。该法的调整对象变通适用本卷第 135 条第 1 款与第 2 款。

2. 股东与其他权利人各自与公司之间的关系,以及在何种条件下权利的转让或设立可对抗公司,依公司的准据法。

3. 不记名股票变通适用本卷第 130 条与第 131 条。

## 第五章　簿记证券(giraal overdraagbare effecten)的物权关系

**第 140 条　[一般规定与特殊规定]**

若股票属于可簿记转让的证券,第四章与本卷第 141 条对该股票物权关系的规定有歧义的,不适用第四章的规定。

**第 141 条　[簿记证券]**

1. 簿记证券的物权关系，依保管该证券的账户所在地国法。
2. 前款所指的法律特别决定下列事项：

a. 在证券上可设立哪些权利，以及这些权利的性质与内容；

b. 转让或设立第 2 款 a 项所指权利的条件；

c. 何者有权主张与证券有关的各项权利；

d. 第 2 款 a 项所指权利的变更、移转以及消灭的方式，以及这些权利相互间的关系；

e. 证券交易的进行。

## 第十一编　信　托

**第 142 条　[定义]**

为本编之目的，以下短语应理解为：

a. "1985 年《海牙信托公约》"：系指 1985 年 7 月 1 日在海牙订立的《信托准据法与承认公约》(《荷兰王国条约集》1985 年第 141 号)

b. "信托"：系指 1985 年《海牙信托公约》第 2 条所界定的信托，其经由意思表示而设立，且有文书为证。

**第 143 条　[登记簿注册]**

某项财产可以在法定登记簿上注册登记的，若其所从属的信托财产构成一项独立资产，则受托人可要求将其名字与受托人身份记录在案，或以其他方式公示信托的存在。

**第 144 条　[公约与国内法的关系]**

荷兰法关于所有权移转、担保权益，以及破产情况下对债权人的保护的规定，不影响 1985 年《海牙信托公约》第 11 条所规定的信托承认的法律效力。

## 第十二编 继 承

**第145条** ［1989年《海牙继承公约》的纳入］

1. 为本编之目的，"1989年《海牙继承公约》"系指1989年8月1日在海牙订立的《被继承人财产继承的准据法公约》(《荷兰王国条约集》1994年第49号)。

2. 继承的准据法依1989年《海牙继承公约》确定。

**第146条** ［立嘱能力］

1. 自然人的立嘱能力依其本国法。

2. 若立嘱人拥有一个以上国家国籍，而在其中一个国家有惯常居所，则视其惯常居所地国法为本国法。立嘱人在所有国籍国中都没有惯常居所的，视经综合考量后与其有最密切联系的国家的法律为其本国法。

**第147条** ［就近原则］

1. 位于境外的部分遗产所在地国的国际私法规则所指引法律的适用，即便损抑了被清算的遗产的受益人权益，对于由其他受益人或第三人依该法取得的财产，也仍应认可。

2. 但是，权益受损人在与获益人清算遗产时，可以要求就受损部分进行抵销。抵销仅能针对遗产范围内的财产进行或通过减轻立嘱人嘱托的债务(last)来完成。

3. 前述各款所称受益人系指继承人、受遗赠人或立嘱人所嘱债务的受益人。

**第148条** ［撤回法律选择的推定］

立嘱人撤回其先前遗嘱的，立嘱人先前对遗产继承准据法的指定也推定被一并撤回。

**第149条** ［遗产管理］

1. 只要立嘱人在荷兰有惯常居所，遗产的清算即依荷兰法进行。特别是，对于1989年《海牙继承公约》所指引的准据法确定的继承人,荷兰法针对其义务以及其排除或限制该义务的条件所作的规定,应予适用。

2. 只要立嘱人在荷兰有惯常居所,遗产的分配即依荷兰法进行,除非参与分配的当事人共同指定另一国的法律。对此应考虑有关财产的所在地国财产法的要求。

**第 150 条　[清算人]**

1. 只要立嘱人在荷兰有惯常居所,遗产清算人的职能与权限即依荷兰法。

2. 对于依《公约》应适用于荷兰境内遗产的继承的法律,经利益关系方的申请法院可以采取措施确保其实施。法院可以要求提供担保。

**第 151 条　[《关于遗嘱形式的冲突法公约》]**

1. 遗嘱形式的准据法,依 1961 年 10 月 5 日在海牙订立的《关于遗嘱形式的冲突法公约》(《荷兰王国条约集》1980 年第 54 号)确定。

2. 不具有其他国籍的荷兰人的口头遗嘱不能在荷兰得到承认,但特殊情况除外。

**第 152 条　[过渡条款]**

1. 本卷第 147 条至 150 条的规定适用于 1996 年 10 月 1 日后去世的人的继承。

2. 立嘱人于 1996 年 10 月 1 日前指定了其继承准据法的,该指定若符合 1989 年《海牙继承公约》第 5 条的要求,即为有效。

3. 继承协议的当事人于 1996 年 10 月 1 日前指定了其继承准据法的,该制定若符合 1989 年《海牙继承公约》第 11 条的要求,即为有效。

4. 在不损抑前述各款的前提下,立嘱人于 1996 年 10 月 1 日前对其财产继承准据法的指定或对该指定的变更,不得仅以该指定其时于法无据(de wet een zodanige aanwijzing toen niet regelde)为由认为该指定无效。

## 第十三编 合同之债

### 第153条 [《罗马 I 条例》]

为本编之目的,"《罗马 I 条例》"系指《欧洲议会与理事会2008年6月17日(欧共体)第593/2008号关于合同之债准据法的条例(罗马 I)》(《欧盟公报》第177期)。

### 第154条 [《罗马 I 条例》的变通适用]

《罗马 I 条例》的规定变通适用于《罗马 I 条例》及有关公约适用范围外的合同之债。

### 第155条 [当事人选法]

在《罗马 I 条例》第7条第3款第2段所提情况下,当事人可依《罗马 I 条例》第3条选择准据法。

### 第156条 [强制保险]

为《罗马 I 条例》第7条第4款b项之目的,针对成员国强制保险的风险而订立的保险合同,适用要求办理强制保险的成员国的法律。

## 第十四编 非合同之债

### 第157条 [《罗马 II 条例》]

为本编之目的,"《罗马 II 条例》"系指《欧洲议会与理事会2007年7月11日(欧共体)第864/2007号关于非合同之债准据法的条例(罗马 II)》(《欧盟公报》第199期)。

### 第158条 [与其他公约的关系]

《罗马 II 条例》不影响以下公约的适用:

a. 1971年5月4日在海牙订立的《交通事故准据法公约》(《荷兰王国条约集》1971年第118号);以及

b. 1973年10月2日在海牙订立的《产品责任准据法公约》

(《荷兰王国条约集》1974年第84号)。

**第159条　[变通适用]**

《罗马II条例》的规定变通适用于《罗马II条例》及有关公约适用范围外的非合同之债,但荷兰公务机关行使职权产生之债适用荷兰法。

## 第十五编　海事法、内河航运法以及航空法的有关规定

**第160条　[收益分配]**

1. 在破产或清算的情况下,若注册船舶的收益在荷兰进行分配,则某一请求权是否以及在何种程度上成立,依该请求权的准据法确定。

2. 前款所提请求权是否具有优先性及其优先范围、次序以及效力,适用破产或清算开始时船舶的注册地国法。但是,在确定请求权的优先顺序时,某一请求权对于担保权的优先性,须以该请求权在荷兰法上同样优先为前提。

3. 若依请求权的准据法其不可从船舶处优先受偿,则不可赋予该请求权以优先性。

4. 第2款与第3款变通适用以确定关涉船舶的请求权可否受偿。

**第161条　[合同外的诉请]**

1. 船舶运营合同的当事人、其雇员、或其他为其代表的人,或者被运或将要被运货物的所有人或利益关系人,若其被诉请对合同以外的事项负责,其可否援引本人或他人在运营合同链中订立的合同,依对合同以外事项所提之诉请的准据法。

2. 但是,对于同一运营合同的双方当事人关系而言,前款所提问题依该合同的准据法。

**第162条　[提单货运]**

1. 就提单货运而言,除签发或由人代为签发提单之人外,他人

是否以及在何种情况下具有提单下承运人的权利义务,以及何者具有提单下与承运人相对的权利义务,依合同约定的卸货港所在地国法,而不论当事人是否在运输合同中选择了准据法。

2. 但是,就标的货物的处置以及装货的地点、方式以及时长而言,第 1 款所提问题应依装货港所在地国法。

### 第 163 条 [留置与调查权]

不论货物运输合同的准据法为何法,卸货港所在地国法适用于如下问题:

a. 承运人是否以及在何种程度上享有货物留置权;以及

b. 承运人或有权向其收领货物之人能否提请司法调查货物交付的情况,以及该举措的后果,以及当货物或其部分有丢失或毁损之嫌时,能否提请司法调查起因,以及该举措的后果。

### 第 164 条 [公海船舶碰撞]

《罗马 II 条例》未涵盖的公海船舶碰撞产生的责任,适用起诉受理地国的法律。若损害系由海运船舶未经碰撞而引发,第一句的规定同样适用。

### 第 165 条 [航空器权利]

1. 1948 年 6 月 19 日在日内瓦订立的《航空器权利的国际承认公约》(《荷兰王国条约集》1952 年第 86 号)所提各项权利,依公约规定的条件承认且具有公约规定的效力。

2. 上述承认不损抑财产强制执行的债权人或强制执行的买方的权益,前提是有关权益的设立或移转系由被执行的当事人在知晓强制执行的情况下经手完成。

# 欧盟理事会2010年12月20日关于在离婚与司法别居的法律适用领域实施强化合作的第1259/2010号(欧盟)条例(罗马Ⅲ)

刘元元\* 译

欧盟理事会：

考虑到《欧盟运作条约》，尤其是其第81条第3款；

考虑到理事会2010年6月12日关于授权在离婚与司法别居的法律适用领域实施强化合作的第2010/405/EU号决定[②]；

考虑到欧盟委员会的建议；

将立法草案传达至国家议会后；

考虑到欧洲议会的意见；

考虑到欧洲经济和社会委员会的意见；

依据特定的立法程序。

鉴于：

（1）欧盟已为自身设定了保持并发展一个自由、安全和正义的区域且在该区域内确保人员自由流动的目标。为逐步创设该区域，欧盟必须就跨境民事司法合作采取相关措施，尤其是当这对内部市

---

\* 武汉大学国际法研究所2010级国际法博士研究生。

② OJ L 189, 22.7.2010, p.12. 欧盟强化合作是指最少9个成员国可以在欧盟结构内建立提前的合作，而不需要其他成员国的参与（译者注）。

场的正常运作必要时。

（2）依据《欧盟运作条约》第81条的规定，上述措施应包括促进成员国冲突规则的可协调性。

（3）欧盟委员会2005年3月14日通过了关于离婚的管辖和法律适用的绿皮书，绿皮书就现行条件下可能产生的问题的解决方案发布了大量的公共咨询意见。

（4）欧盟委员会2006年7月17日提议另行制定一个条例以修正理事会关于婚姻案件的管辖和准据法施行规则的第2201/2003号（欧共体）条例。[①]

（5）2008年6月5日至6月6日在卢森堡召开的会议上，欧盟理事会认为提案未获得一致同意，且不论是当时还是不久的将来均难以达成一致。它确认适用条约的相关条款不能在合理期限内达成提案的目标。

（6）比利时、保加利亚、德国、希腊、西班牙、法国、意大利、拉脱维亚、卢森堡、匈牙利、马耳他、奥地利、葡萄牙、罗马尼亚和斯洛文尼亚陆续向委员会提出请求，表明它们相互间有意在婚姻案件的法律适用领域实施强化合作。希腊于2010年3月3日撤回其请求。

（7）欧盟理事会2010年7月12日通过了关于授权在离婚与司法别居的法律适用领域实施强化合作的第2010/405/EU号决定。

（8）根据《欧盟运作条约》第328条第1款，一旦建立强化合作，在成员国符合授权决定规定的全部参与条件下，其应当对所有成员国开放。除此之外，只要符合框架内已通过的法律，它在任何时间均对成员国开放。委员会和参与强化合作的成员国应确保其促进尽可能多的成员国参与。依据条约规定，本条例应作为整体具有法律约束力且仅直接适用于参加成员国。

---

① 欧盟理事会2003年11月27日关于婚姻案件和父母责任案件的管辖权和判决的承认与执行的第2201/2003（欧共体）号条例。（OJ L 338, 23.12.2003, p.1.）

（9）本条例应在参加成员国离婚与司法别居的法律适用领域创造一个清晰、全面的法律框架,在法律的确定性、可预见性以及灵活性方面为公民提供适当的结果,防止配偶一方为确保案件由他（她）认为对其更有利的特定法律调整而先于另一方申请离婚的情形出现。

（10）本条例的实体范围和制定条款应与第2201/2003号（欧共体）条例相一致,但婚姻的无效宣告除外。

本条例只适用于婚姻关系的解除或松动。依本条例的冲突法规则指定的法律应适用于离婚与司法别居的理由。

先决问题,如法律能力和婚姻的效力,以及离婚或司法别居对财产、姓名、父母责任、扶养义务或其他附属措施的法律效果问题,应由有关参加成员国的冲突规则决定。

（11）为清晰地界定本条例适用的区域范围,应明确参与强化合作的成员国。

（12）本条例应具有普适性,即其统一的冲突法规则指定参加成员国的法律、非参加成员国的法律或非欧盟国家的法律均应该是可能的。

（13）不论受案法院或法庭的性质如何,本条例均应适用。一旦予以适用,法院即应被视为依据第2201/2003号（欧共体）条例获得管辖权。

（14）为允许配偶双方选择与其有紧密联系的准据法,或在未选择的情况下,为使此种法律可以适用于双方间的离婚或司法别居,即使该法律是非参加成员国的法律也应予以适用。在指定另一（欧盟）成员国法律时,由理事会2001年5月28日关于在民商事领域建立司法协助中心的第2001/1470/EC决定①所创立的网络可以协助法院确定外国法的内容。

---

① OJ L 174, 27.6.2001, p.25.

(15)提高公民的流动性要求更多灵活性和更大的法律确定性。为了实现该目标,本条例应通过给予当事人选择适用于其离婚或司法别居的法律的有限可能性,增进当事人在离婚与司法别居领域的意思自治。

(16)配偶双方应允许选择与其有特定联系国家的法律或法院地法作为离婚与司法别居的准据法,但其选择的法律必须符合条约和《欧盟基本权利宪章》认可的基本权利。

(17)在指定准据法之前,有权获得关于国内法、欧盟法及离婚与司法别居程序基本方面的最新信息对配偶双方来说十分重要。为确保能够获得适当、高质的信息,委员会会在依理事会第2001/470/EC决定建立的公共信息网络系统中予以定期更新。

(18)由配偶双方在充分知情的基础上作出选择是本条例的基本原则。配偶双方应清楚认识到其选择准据法的法律效果和社会效果。通过共同协议选择准据法的可能性应无损于配偶双方的权利和平等机会。因此,在双方订立的法律选择协议的法律效果方面,参加成员国的法官应意识到配偶双方知情选择的重要性。

(19)考虑到保证法律确定性以及更好地实现正义,为了便利配偶双方的知情选择和尊重双方的同意,应当对实质有效性和形式有效性规则进行界定。就形式有效性而言,应引入一些保障措施以确保配偶双方清楚其选择的影响。准据法选择协议应至少以书面形式,且由双方注明日期并签字。然而,如订立协议时双方惯常居所地所在的参加成员国规定了其他形式规则,则这些规则应当被遵守。例如,协议被规定在婚姻契约中的参加成员国可能会规定此种其他形式规则。如订立协议时双方惯常居住于不同参加成员国且这些国家规定了不同的形式规则,则符合其中一国的规则即可。如订立协议时只有一方惯常居住于参加成员国且该国规定了其他形式规则,则这些规则应当被遵守。

(20)在法院受理时及其以前,(当事人)均可订立和更改指定准据法的协议。如果法院地法允许的话,当事人甚至可以在诉讼过程中对上述协议进行订立和更改。在这种情况下,只要依法院地法将该准据法的指定在法庭进行记录即可。

(21)在未选择准据法时,为保证法律的确定性、可预见性以及防止配偶一方为确保案件由他(她)认为对其更有利的特定法律调整而先于另一方申请离婚的情形出现,本条例应根据体现配偶双方与相关法律存在紧密联系的连续性连结因素的范围,采用协调统一的冲突法规则。选择这些连结因素的目的在于确保离婚或司法别居的相关诉讼授予配偶双方有密切联系的法律支配。

(22)当本条例将国籍作为适用一国法律的连结因素时,如何处理多重国籍案件应由成员国国内法决定,但其须充分遵守欧盟的基本原则。

(23)如果受理案件的法院为了将司法别居转化为离婚,且双方当事人尚未选择准据法,则适用于司法别居的法律也同样应适用于离婚。这种(法律适用上的)连续性将会提高当事人的可预见性并增加法律的确定性。如果适用于司法别居的法律没有规定司法别居可以转化为离婚的,则离婚应受当事人未选择准据法时应适用的冲突规则支配,但其不应妨碍配偶双方通过本条例的其他规则寻求离婚。

(24)在某些情况下,如当准据法对离婚无规定或准据法基于性别而未给予配偶一方离婚或司法别居的平等权利时,受案法院地的法律仍应予以适用。但其不应有损于公共政策条款。

(25)公共利益的考量应允许成员国的法院在例外情形下可以不适用外国法的规定,如果外国法的适用将明显违背法院地的公共政策。然而,法院不能为了不适用另一国家的法律规定而适用公共政策例外,当这样做将有违《欧盟基本权利宪章》,尤其是其规定禁止所有形式之歧视的第21条时。

(26)本条例所指的受案法院所属的参加成员国没有规定离

婚,应被理解为该成员国的法律中没有离婚制度。在这种情况下,法院无须被迫依本条例宣告离婚。

本条例所指的受案法院所属的参加成员国不认为所涉婚姻在离婚诉讼中有效,除其他的以外,应被理解为该婚姻不存在于该成员国的法律之中。在这种情况下,法院无须被迫依本条例宣告离婚或司法别居。

(27) 因对本条例规定的事项各国和参加成员国有多个法律体系或多套法律规则共存,因此应制定一个条文以明确本条例在这些国家和参加成员国的不同领土单位或不同类人中的适用程度。

(28) 在缺乏指定准据法的规则时,选择其中一方国籍国法的当事人同时也应说明他们协议选择哪个领土单位的法律,以免其所选法律的所属国由多个领土单位组成且各个领土单位在离婚方面均有自身的法律体系或规则。

(29) 鉴于本条例的目标,即在国际婚姻诉讼中增强法律的确定性、可预见性和灵活性,进而促进欧盟内部人员的自由流动,在成员国层面上难以充分实现,而由于本条例的级别和影响在联盟层面上可以更好地实现,因而联盟可以依据《欧盟条约》第 5 条规定的辅助性原则,通过适时实施强化合作的方式采取相关措施。根据《欧盟条约》第 5 条规定的相称性原则,本条例不得超越实现上述目标的必要范围。

(30) 本条例尊重基本权利,遵守《欧盟基本权利宪章》确认的原则,尤其是其第 21 条规定的无歧视原则,即禁止任何基于性别、种族、肤色、民族或社会背景、基因特征、语言、宗教或信仰、政治或任何其他立场、少数民族成员、财产、出身、残疾、年龄或性取向的歧视。参加成员国的法院均应当在遵守这些权利和原则的条件下适用本条例。

特制定本条例:

# 第一章 适用范围、与第 2201/2003 号(欧共体)条例的关系、定义及普遍适用性

## 第一条 适用范围

1. 本条例适用于任何涉及法律冲突情形的离婚与司法别居。
2. 本条例不适用于以下事项,即使其仅作为离婚或司法别居诉讼的先决问题出现:
(a)自然人的法律能力;
(b)婚姻的成立、有效或承认;
(c)婚姻的无效宣告;
(d)配偶双方的姓名;
(e)婚姻财产;
(f)父母责任;
(g)扶养义务;
(h)信托或继承。

## 第二条 与第 2201/2003 号(欧共体)条例的关系

本条例不影响第 2201/2003 号(欧共体)条例的适用。

## 第三条 定义

在本条例中:
1. "参加成员国"是指依据第 2010/405/EU 号决定或依据按照《欧盟运作条约》第 331 条第 1 款第 2 项或第 3 项通过的决定,参与离婚与司法别居法律适用领域强化合作的成员国;
2. "法院"应包括参加成员国所有有权管辖本条例范围内事项的权力机关。

## 第四条 普遍适用性

经本条例指定的法律均应适用,无论其是否为参加成员国的法律。

## 第二章　离婚与司法别居法律适用的统一规则

**第五条　双方当事人选择准据法**

1. 配偶双方可以协议指定以下法律适用于离婚与司法别居：

（a）订立协议时配偶双方惯常居所地国家的法律；或

（b）配偶双方最后惯常居所地国家的法律，只要订立协议时其中一方仍居住于该地；或

（c）订立协议时配偶任意一方的国籍国法；或

（d）法院地法。

2. 在不影响第3款的情况下，指定准据法的协议可以在任何时间订立和更改，但最晚不得迟于法院受理案件时。

3. 如果法院地法有相应规定，配偶双方也可以在诉讼过程中指定准据法。在这种情况下，应依法院地法将该指定记录在案。

**第六条　同意和实质有效性**

1. 法律选择协议或其中任何条款的成立和有效性，应由协议或条款有效时依本条例应适用的法律来决定。

2. 然而，如果从案件情况来看适用第1款规定的法律决定其行为的效力是不合理的，配偶一方可以依法院受理案件时惯常居所地国的法律主张其没有同意。

**第七条　形式有效性**

1. 第5条第1款和第2款所指的协议应以书面形式，且由配偶双方注明日期并签字。任何能对协议提供持续记录的以电子方式进行的通讯应被视为与书面形式等同。

2. 然而，如果订立协议时配偶双方惯常居所地所在的参加成员国的法律对此类协议规定了其他的形式要求，则这些要求应予以适用。

3. 如果订立协议时双方惯常居住于不同的参加成员国且这些国家的法律规定不同的形式要求，则协议在满足任一国家法律的规

定即为形式有效。

4. 如果订立协议时仅有一方惯常居住于参加成员国,且该国就此类协议规定了其他的形式要求,则这些要求应予以适用。

**第八条 当事人未选择时的准据法**

当事人未依第5条的规定选择法律时,离婚与司法别居适用以下国家的法律:

(a)法院受理案件时配偶双方惯常居所地国;或没有时

(b)双方最后惯常居所地国,如果在法院受理时持续居住超过1年,且配偶一方在法院受理案件时仍居住于该国;或没有时

(c)法院受理案件时配偶双方共同的国籍国;或没有时

(d)受案法院地国。

**第九条 司法别居转化为离婚**

1. 当司法别居转化为离婚时,适用于司法别居的法律也应适用于离婚,但双方依第5条另有约定的除外。

2. 然而,如果适用于司法别居的法律未规定司法别居可以转化为离婚的,除非当事人依第5条另外约定,否则应适用第8条的规定。

**第十条 法院地法的适用**

当第5条或第8条规定的准据法对离婚没有规定,或其基于性别未给予配偶一方离婚或司法别居的平等权利时,法院地法应予以适用。

**第十一条 排除反致**

本条例规定适用某一国的法律,系指该国除国际私法规则外现有有效的法律规则。

**第十二条 公共政策**

依本条例指定的法律条款的适用,仅在该适用明显地违背法院地的公共政策时,方可拒绝。

**第十三条　国内法的差异**

如果参加成员国的法律未规定离婚或不认为所涉婚姻在离婚诉讼中有效,则本条例也不应迫使该国法院适用本条例判决离婚。

**第十四条　多法域国家——区际法律冲突**

如一国由多个领土单位组成且各领土单位关于本条例调整之事项有自身特有的法律制度或规则,则:

(a)为依本条例决定准据法之目的,任何指称该国的法律,系指在有关领土单位内有效的法律;

(b)任何指称位于该国的惯常居所地,系某一领土单位内的惯常居所;

(c)任何指称国籍,应系指该国法律所指定的领土单位,或在无相关规定时系指当事人选择的领土单位,或无选择时系指与配偶一方或双方有最密切联系的领土单位。

**第十五条　多法域国家——人际法律冲突**

当一国就本条例调整之事项针对不同类别的人规定了两个或多个法律法律制度或规则时,任何指称该国的法律,应指由该国有效规则决定的法律制度。无此类规则时,则适用与配偶一方或双方有最密切联系的法律制度或规则。

**第十六条　本条例不适用于国内法律冲突**

参加成员国有不同法律制度或多套规则适用于本条例规定的事项时,参加成员国不应被要求适用本条例。

## 第三章　其他条款

**第十七条　由参加成员国提供的信息**

1. 参加成员国应于 2011 年 9 月 21 日前向委员会提供其国内法的规定,关于:

(a)依第 7 条第 2—4 款的规定适用于准据法选择协议的形式要求;以及

(b) 依第 5 条第 3 款的规定指定准据法的可能性。

参加成员国应将这些条款的任何变更告知委员会。

2. 委员会应采取适当措施,尤其是通过欧洲民商事司法协助中心的网站,将按第 1 款获得的所有信息予以公开。

**第十八条  过渡条款**

1. 本条例应仅适用于自 2012 年 6 月 21 日起提起的法律诉讼以及订立的第 5 条中所指的协议。

然而,2012 年 6 月 21 日前订立的法律选择协议只要符合第 6 条、第 7 条的规定也应被认定为有效。

2. 本条例不影响 2012 年 6 月 21 日之前依受案法院所属参加成员国的法律订立的准据法选择协议。

**第十九条  与现有公约的关系**

1. 本条例不影响《欧盟运作条约》第 351 条规定的参加成员国的义务,也不应影响本条例通过时或依《欧盟运作条约》第 331 条第 1 款第 2 项或第 3 项的决定通过时,一个或多个成员国已参加的某些规定离婚或别居法律选择规则的国际公约的适用。

2. 但是,对仅仅在两个或多个参加成员国之间签署的公约而言,如果这些公约涉及本条例调整的事项,则本条例应在这些成员国之间优先适用。

**第二十条  审查条款**

1. 委员会应在 2015 年 12 月 31 日前以及之后每 5 年向欧洲议会、理事会和欧洲经济和社会委员会提交关于本条例适用情况的报告。适当时,该报告应附上对本条例的修改建议。

2. 为此目的,参加成员国应向委员会提交本条例在其法院适用的相关信息。

## 第四章 最后条款

### 第二十一条 生效和适用日期

本条例于《欧洲联盟官方报告》上公布之日起生效。

本条例自 2012 年 6 月 21 日起施行,但第 17 条除外,该条于 2011 年 6 月 21 日起施行。

对于依据《欧盟运作条约》第 331 条第 1 款第 2 项或第 3 项通过的决定参与强化合作的参加成员国而言,本条例于相关决定说明之日起施行。

根据条约规定,本条例在整体上具有约束力且直接适用于参加成员国。

2010 年 12 月 20 日于布鲁塞尔。

欧盟委员会主席<br>
J. SCHAUVLIEGEEN

# 《乌兹别克斯坦共和国民法典》(节录)*
## (1997年文本)

邹国勇** 译

## 第六编 国际私法规范在民事法律关系中的适用

### 第70章 一般规定

**第1158条 涉外民事法律关系准据法的确定**

1. 有外国公民或外国法人参与的民事法律关系或者具有其他涉外因素的民事法律关系,其准据法根据本法典、其他法律、国际条约、经认可的国际惯例以及当事人的协议予以确定。

2. 当事人有关法律选择的协议必须是明示的,或者可从合同条款以及案件的总体情况中推断出来。

3. 如果依照本条第1款规定不能确定应适用的法律,则适用与涉外民事法律关系有最密切联系的法律。

4. 外国法律规范不得仅因某项规范具有公法性质而予以限制

---

\* 《乌兹别克斯坦共和国民法典》(1997年文本)的翻译主要以 Angelika Nußberger 博士的德文译本为主,并参考了 W. E. Butler 的英文译本【资料来源:Kropholler / Krüger / Riering / Samtleben /Siehr（Hrsg.）, *Außereuropäische IPR-Gesetze*, Hamburg / Würzburg, 1999, S. 914-957.】——译者注

\*\* 法学博士、武汉大学 WTO 学院副教授,德国科隆大学国际私法与外国私法研究所访问学者。

适用。

**第1159条 法律识别**

1. 法院或者其他国家机关在对法律概念进行法律识别时,应依照作为法院地国的乌兹别克斯坦共和国法律对其做出解释,但法律另有规定的除外。

2. 如果待识别的法律概念是作为法院地国的乌兹别克斯坦共和国法律中所没有的,或者在乌兹别克斯坦共和国法律中以其他名称表述或具有其他内容,并且采用依照乌兹别克斯坦共和国法律进行解释的方法仍无法确定该法律概念,则可适用外国法对其进行法律识别。

**第1160条 外国法律规范内容的查明**

1. 法院或者其他国家机关在适用外国法律时,应根据该外国对法律规范的官方解释、实践以及学说查明其内容。

2. 为查明外国法律规范的内容,法院或其他国家机关可依照规定的程序请求(乌兹别克斯坦共和国)司法部、其他国家主管机关或机构,包括在国外的类似机关或机构予以协助或解释,或聘请专家。

3. 诉讼参与人有权提交证实其据以提起诉讼请求或抗辩的外国法律规范内容的文件,并以其他方式协助法院或者其他国家机关查明此类法律规范的内容。

4. 即使依据本条规定采取了措施,如果在合理时间内仍不能查明外国法律规范的内容,则适用乌兹别克斯坦共和国法律。

**第1161条 反致以及对第三国法律的转致**

1. 依照本编规定对外国法的任何指引,均指对该外国实体法而非冲突法的指引,但本条另有规定的情形除外。

2. 依照本法典第1168条,第1169条第1、3、5款,第1171条和第1174条适用外国法时,接受对乌兹别克斯坦共和国法律的反致和对第三国法律的转致。

### 第1162条 法律规避的后果

受本法典调整的民事法律关系的参与者的协议和行为,如果旨在规避本编有关准据法的规定而使其法律关系受其他法律支配,则归于无效。在此情况下,适用依照本编规定应予适用的那一国家的法律。

### 第1163条 互惠

1. 法院或其他国家机关适用外国法,并不取决于该外国是否在类似法律关系上适用乌兹别克斯坦共和国法律,但乌兹别克斯坦共和国法律规定应依照互惠原则适用外国法的情形除外。

2. 若外国法的适用取决于互惠关系,在无相反证明时,推定存在互惠。

### 第1164条 公共秩序保留

1. 如果外国法的适用违背乌兹别克斯坦共和国法律体系的基本原则(公共秩序),在此情况下则不适用该外国法。此时,适用乌兹别克斯坦共和国法律。

2. 不得仅因外国的法律、政治和经济制度不同于乌兹别克斯坦共和国的法律、政治和经济制度而拒绝适用该外国的法律。

### 第1165条 强制性规范的适用

1. 本编规定不影响乌兹别克斯坦共和国的强制性规范的效力。不论适用何种法律,相应法律关系均由该强制性规范调整。

2. 在依照本编规定适用任何其他国家的法律时,如果依照该国法律,不论适用何种法律,相应法律关系必须由该国的强制性法律规范调整,则法院可适用该国与该法律关系具有密切联系的强制性法律规范。此时,法院必须考虑此类规范的目的、性质及其适用后果。

### 第1166条 多法律体系国家法律的适用

如果要适用一国法律,而该国具有多个法域或多个其他法律体系,此时依照该国法律确定应适用的法律体系。

**第 1167 条 报复**

对于那些对乌兹别克斯坦共和国公民和法人的权利实行特别限制的国家,乌兹别克斯坦共和国政府可对该国公民和法人的权利进行对等限制(报复)。

## 第 71 章 冲突规范

### 第 1 节 人

**第 1168 条 自然人的属人法**

1. 自然人以其国籍国的法律为属人法。具有两个或多个国籍者,以与其有最密切联系的国家的法律为其属人法。

2. 无国籍人以其长期居住地国法为属人法。

3. 难民以给予其避难的国家的法律为属人法。

**第 1169 条 自然人的权利能力与行为能力**

1. 自然人的权利能力与行为能力,由其属人法确定。

2. 外国公民与无国籍人在乌兹别克斯坦共和国境内享有与乌兹别克斯坦共和国公民同等的民事权利能力,但乌兹别克斯坦共和国法律、缔结或参加的国际条约另有规定的情形除外。

3. 自然人的民事行为能力,如果涉及权利能力以及因致害行为而产生的责任,则由该法律行为完成地或者因致害行为引起的责任发生地所在的国家法律确定。

4. 自然人成为个体经营者并取得相关权利、承担相关义务的能力,依照该自然人以个体经营者资格进行注册地国法确定。若无注册地国,则适用该自然人从事个体经营活动的主要场所地国法律。

5. 宣告自然人为无行为能力人或者限制行为能力人,依照法院地国法。

**第 1170 条 宣告自然人的失踪与死亡**

认定自然人失踪及死亡宣告,依照法院地国法。

#### 第 1171 条　自然人的姓名

自然人的姓名权、姓名的使用及保护,由其属人法确定,但本法典第 19 条第 4 款与第 7 款、第 1179 条以及第 1180 条另有规定的除外。

#### 第 1172 条　乌兹别克斯坦共和国公民在境外进行民事身份登记

在国外生活的乌兹别克斯坦共和国公民,在乌兹别克斯坦共和国的驻外领事机构处进行民事身份登记。此时,适用乌兹别克斯坦共和国的法律。

#### 第 1173 条　对外国机关出具的民事身份证明的承认

由外国主管机关出具的、用以证实在乌兹别克斯坦共和国境外已依照该外国有关乌兹别克斯坦共和国公民、外国公民、无国籍人的法律进行民事身份登记的证书,如经依法认证,则在乌兹别克斯坦共和国承认有效。

#### 第 1174 条　监护和保佐

1. 对未成年人以及无行为能力或限制性行为能力的成年人进行监护与保佐,依照法院地国法予以指定与撤销。

2. 监护人(保佐人)承担监护(保佐)的义务,依照被指定为监护人(保佐人)的人的属人法确定。

3. 监护人(保佐人)与被监护人(被保佐人)之间的法律关系,依照指定监护人(保佐人)的机关所在国法律确定。但是,如果被监护人(被保佐人)在乌兹别克斯坦共和国境内生活,且乌兹别克斯坦共和国法律对其更为有利,则适用乌兹别克斯坦共和国法律。

4. 对在乌兹别克斯坦共和国境外生活的乌兹别克斯坦共和国公民所指定的监护(保佐),只要乌兹别克斯坦共和国主管领事机关对监护(保佐)的指定及其承认不提出任何合法异议,则在乌兹别克斯坦共和国承认有效。

#### 第 1175 条　法人的属人法

法人以其成立地国法为属人法。

**第 1176 条  法人的权利能力**

1. 法人的民事权利能力,依照其属人法确定。

2. 如果外国法人机构或代表实施法律行为地国的法律中没有关于法人机构或代表的代理权限制的规定,则该外国法人不得援引此类限制。

**第 1177 条  对外国法人在乌兹别克斯坦共和国境内的活动进行国家管制**

外国法人可在乌兹别克斯坦共和国境内从事经营活动或者其他受民事法律调整的活动,但乌兹别克斯坦共和国法律对外国法人另有规定的除外。

**第 1178 条  国家参与涉外民事法律关系**

国家参与的涉外民事法律关系,一般适用本节的规定,但法律另外规定的除外。

### 第 2 节  人身非财产权利、知识产权

**第 1179 条  对人身非财产权利的保护**

人身非财产权利,适用据以提出请求保护此类权利的行为或事件的发生地国法律。

**第 1180 条  知识产权**

1. 知识产权,适用该权利被请求保护地国法律。

2. 以知识产权为标的之合同,由依照本编有关合同之债的规则所确定的法律调整。

### 第 3 节  法律行为、代理、时效

**第 1181 条  法律行为的形式**

1. 法律行为的形式,依照行为实施地法律。但是,在外国实施的法律行为,只要其满足了乌兹别克斯坦共和国法律规定的要求,则不得因其未遵守形式规定而被认定为无效。

2. 涉外经济方面的法律行为,只要一方当事人为乌兹别克斯坦共和国的法人或公民,则不论其合同缔结地位于何处,均须采用书面形式。

3. 涉及不动产的法律行为的形式,依照该财产所在地国法律;但是,如果涉及已在乌兹别克斯坦共和国的国家注册机关注册的不动产,则依照乌兹别克斯坦共和国法律。

**第1182条　代理**

代理的形式及有效期,依照代理权授予地国法确定。如果代理已符合乌兹别克斯坦共和国法律规定的要求,则不得因其未遵守形式规定而被认定为无效。

**第1183条　诉讼时效**

1. 诉讼时效,依照适用于相关法律关系的法律确定。

2. 不受时效限制的请求权,只要该法律关系中有一方当事人为乌兹别克斯坦共和国的公民或法人,则依照乌兹别克斯坦共和国法律确定。

### 第4节　物　权

**第1184条　有关物权准据法的一般规定**

1. 不动产与动产的所有权与其他物权,依照该财产之所在地国法律确定,但法律另有规定的除外。

2. 财产属于不动产还是动产以及对财产的其他法律识别,依照该财产之所在地国法确定。

**第1185条　物权的产生与消灭**

1. 物权的产生与消灭,依照物权据以产生或消灭的行为或事件发生时该财产之所在地国法律确定,但乌兹别克斯坦共和国法律另有规定的除外。

2. 物权的产生与消灭,如该财产系某一法律行为之标的,则依照该法律行为的准据法确定,但当事人另有约定的除外。

3. 因占有而取得的财产,其所有权的产生依照占有时效届满时该财产之所在地国法律确定。

**第1186条　交通工具及需经国家注册的其他财产之物权**

交通工具及需经国家注册的其他财产之物权,依照该交通工具或该财产的注册地国法律确定。

**第1187条　处于运输中的动产之物权**

因法律行为而处于运输中的动产的所有权与其他物权,依照该财产的始发地国法律确定,但当事人另有约定的除外。

**第1188条　物权的保护**

1. 所有权与其他物权的保护,依照原告的选择适用财产的所在地国法律或法院地国法。

2. 不动产所有权与其他物权的保护,适用不动产所在地国的法律。就已在乌兹别克斯坦共和国注册的财产而言,适用乌兹别克斯坦共和国法律。

### 第5节　合同之债

**第1189条　合同当事人协议选择法律**

1. 合同由合同当事人协议选择的国家的法律调整,但法律另有规定的除外。

2. 合同当事人既可就整个合同也可就合同的某些部分选择准据法。

3. 合同当事人可以随时,即既可以在订立合同之时,也可以在订立合同之后选择准据法。合同当事人也可随时协议变更合同的准据法。

**第1190条　未选择法律时应适用的法律**

1. 合同当事人未协议选择合同准据法时,适用合同当事人的设立地国法律、住所所在地国法律或者活动重心所在地国法律,具体而言,是指:

（1）买卖合同中的卖方；
（2）赠与合同中的赠与人；
（3）租赁合同中的出租人；
（4）无偿借用合同中的出借人；
（5）加工承揽合同中的承揽人；
（6）运输合同中的运输人；
（7）运输代办合同中的代办人；
（8）借贷合同或者其他信贷合同的债权人；
（9）委托合同中的受托人；
（10）行纪合同中的行纪人；
（11）保管合同中的保管人；
（12）保险合同中的保险人；
（13）担保合同中的担保人；
（14）抵押合同中的抵押债权人；
（15）有关专有权使用的许可证合同中的许可证签发人。

2. 合同当事人未协议选择准据法时，无论本条第1款有何规定，依照下列规定适用法律：

（1）有关不动产的合同，适用该财产所在地国法律；

（2）共同作业合同、建筑合同，适用此类活动的实施地国法律或合同规定的结果完成地国法律；

（3）在拍卖、招标或证券交易期间订立的合同，适用拍卖、招标发生地国法律或交易所所在地国法律。

3. 本条第1、2款未列举的合同，在合同当事人未选择准据法时，适用其实施的履行行为对合同内容具有决定性作用的合同当事人一方的设立地国法律、所在地国法律或者活动重心所在地国法律。

4. 如果无法确定对合同内容具有决定性作用的履行行为，则适用与合同有最密切联系的国家的法律。

**第1191条　成立具有外方参股的法人的合同的准据法**
成立具有外方参股的法人合同,适用该法人的成立地国法。
**第1192条　准据法的适用范围**
1. 依照前述条款应适用于合同的法律,尤其调整下列事项:
(1) 合同的解释;
(2) 合同当事人的权利与义务;
(3) 合同的履行;
(4) 不履行或者不当履行合同的后果;
(5) 合同的终止;
(6) 合同无效(Nichtigkeit)或失效(Unwirksamkeit)的后果;
(7) 与合同相关的债权转让与债务承担。
2. 履行的方式、过程以及不当履行时应采取的措施,在适用准据法之外还应考虑合同的履行地国法律。

### 第6节　非合同之债

**第1193条　因单方行为引起的债务**
因悬赏、无因管理或其他单方行为引起的债务,适用本章第4节的规定。
**第1194条　因造成损害而产生的债务**
1. 因造成损害所生之债而产生的权利与义务,依照据以提起损害赔偿请求的行为或事件的发生地国法律确定。
2. 因在国外造成损害所生之债而产生的权利与义务,如果双方当事人均为同一国家的公民或法人,则依照该国法律确定。
3. 如果根据乌兹别克斯坦共和国法律,据以提起损害赔偿请求的行为或事件不构成违法的,则不得适用外国法。
**第1195条　损害消费者的赔偿责任**
消费者因购买商品、劳动作业或提供的服务而提起的损害赔偿请求权,依照消费者的选择适用:

(1) 消费者的住所地国法律；

(2) 经营者、劳动作业者或者服务提供者的住所地或居所地国法律；

(3) 消费者购买商品地、接收劳动成果地或被提供服务地国法律。

**第1196条　不当得利**

1. 因不当得利所生之债，适用不当得利发生地国法律。

2. 因据以取得或保存财产的依据丧失而发生的不当得利，依照调整这些依据的国家的法律来确定应适用的法律。不当得利的概念，依照乌兹别克斯坦共和国法律确定。

### 第7节　继　　承

**第1197条　继承关系**

只要本法典第1198、1199条未作其他规定，且被继承人未在遗嘱中选择其国籍国法，则继承关系依照被继承人的最后固定住所地国法律确定。

**第1198条　设立和废除遗嘱的能力、设立及废除遗嘱的形式**

只要被继承人未在遗嘱中选择其国籍国法，则被继承人设立或废除遗嘱的能力、设立及废除遗嘱的形式，依照被继承人在设立或废除遗嘱时的固定住所地国法律确定。遗嘱以及遗嘱的废除，只要其形式满足遗嘱做成地、废除地的要求或者符合乌兹别克斯坦共和国法律规定的形式要求，则不得因未遵守形式规定而被认定为无效。

**第1199条　不动产以及需经国家注册机关注册的财产之继承**

不动产的继承，依照该财产所在地国法确定，继承已在乌兹别克斯坦共和国国家注册机关注册的财产，则依照乌兹别克斯坦共和国法律确定。

# 格鲁吉亚关于调整国际私法的法律[*]

邹国勇[**] 译

## 第一章 一般规定

**第1条 适用范围**

与外国法律有关的案件应适用哪一法律,依照本法确定。本法同时含有适用于涉外案件的诉讼法规定。

**第2条 国际条约**

国际条约的规定在适用上优先于本法规定。

**第3条 其他国家法律的查明**

1. 如果为了裁决法律争议或者其他法律事件而必需适用其他国家的法律,法院须采取必要措施,以查明此类法律规范的内容,同时须考虑此类法律规范的官方解释、适用实践以及有关学说。

2. 如依照本条第 1 款所规定的措施仍不能查明外国法的内容

---

[*] 《格鲁吉亚关于调整国际私法的法律》(Georgisches Gesetz zur Regelung des Internationalen Privatrechts)于 1998 年 4 月 29 日通过,公布于 1998 年 5 月 20 日第 121 号《格鲁吉亚共和国官方公报》,自 1998 年 10 月 1 日起施行。本法系根据 M. Mandshgaladze 博士和 S. Gamkrelidze 提供的德文译本【资料来源:Georg Brunner/ KarinSchmid / Klaus Westen (Hrsg.), Wirtschafsrecht der osteuropäischen Staaten, II 3 X】翻译,格鲁吉亚语文本为官方文本。——译者注

[**] 法学博士,武汉大学 WTO 学院副教授,德国科隆大学国际私法与外国私法研究所访问学者。

或者采取该措施要支出不合理的费用,并且各方诉讼当事人均无法举证证明该法律规范的内容、目的及其适用实践,则由法院依照格鲁吉亚法律作出裁决。

**第4条 指引**

1. 如果指引的是其他国家(也包括第三国)的法律体系,则该国的国际私法也应予以适用,前提是这并不违背指引的本意或者该指引不限于适用实体法规定。

2. 如果其他国家的法律反致格鲁吉亚法律,则适用格鲁吉亚的实体法规定。

3. 就当事人可以选择某国法律而言,仅限于选择实体法规定。

**第5条 公共秩序(公共政策)**

其他国家的法律规范,如果其适用的结果将与格鲁吉亚法律的基本原则相抵触,则不得在格鲁吉亚予以适用。

**第6条 强行规范**

如果案件应由强行法律规范调整,则不论应适用的是哪一国家的法律,此类强行法律规范均应得以适用。

**第7条 区域性法律**

如果应适用一国法律,而该国又具有多个区域性法律且未指明应以哪一区域性法律为准,则由该国法律确定应适用哪一区域性法律。若无此种规定,则适用与案件有最密切联系的区域性法律。

## 第二章 格鲁吉亚法院的国际管辖权

**第8条 国际管辖权的原则**

如果被告的住所、所在地或者惯常居所在格鲁吉亚境内,则格鲁吉亚法院具有国际管辖权。

**第9条 国际管辖权的其他情形**

在下列情形下,格鲁吉亚法院也具有国际管辖权:

(1)案件有多个被告,且被告之一的住所、所在地或者惯常居所在格鲁吉亚境内；

(2) 合同义务履行地在格鲁吉亚境内；

(3) 案件涉及的争议系因经营所在地在格鲁吉亚境内的分支机构所致；

(4) 诉讼标的是因侵权行为或者类似于侵权行为的其他行为引起的请求权，并且侵权行为地或者损害结果发生地在格鲁吉亚境内；

(5) 诉讼标的涉及认定父亲身份或者支付抚养费，并且子女或者抚养权利人的住所或者惯常居所在格鲁吉亚境内；

(6) 诉讼标的涉及继承权的认定或者遗产的分配，并且被继承人死亡时其住所或者惯常居所在格鲁吉亚境内或者被继承人的财产在格鲁吉亚境内。

**第 10 条 专属的国际管辖权**

对于下列诉讼，格鲁吉亚法院具有专属的国际管辖权：

(1) 以不动产物权以及不动产的租赁或抵押为标的之诉，且该不动产在格鲁吉亚境内；

(2) 以公司、法人或其机构决议的有效性或者撤销为标的之诉，且该公司或法人的所在地在格鲁吉亚境内；

(3) 以法人在格鲁吉亚法院的公共注册部门或者在其他机构进行注册的有效性为标的之诉；

(4) 以专利、商标或者其他权利的注册有效性为标的之诉，且此类权利在格鲁吉亚注册或被请求注册；

(5) 涉及强制执行措施之诉，且此类措施应在格鲁吉亚予以执行或已被请求执行。

**第 11 条 失踪与死亡宣告**

对于失踪与死亡宣告，在下列情形下，格鲁吉亚法院具有国际管辖权：

(1) 失踪人为格鲁吉亚国民；

(2) 失踪人的最后惯常居所在格鲁吉亚境内;

(3) 对失踪或死亡宣告存在合法利益。

**第 12 条  婚姻事项**

1. 对于下列情形下的婚姻事项,格鲁吉亚法院具有国际管辖权:

(1) 配偶一方为格鲁吉亚国民或在结婚时曾为格鲁吉亚国民;

(2) 被诉的配偶一方的惯常居所在格鲁吉亚境内;

(3) 配偶一方为无国籍人,但在格鲁吉亚境内有惯常居所。

2. 第1款意义上的婚姻事项,系指有关离婚、解除婚姻或宣告婚姻无效、认定婚姻存在或不存在(或者创设婚姻生活)的一种民事程序。

3. 第1款规定的管辖权也扩展适用于离婚的附带后果。

**第 13 条  父母和子女之间的人身关系、出身、承认、异议**

对于有关父母与子女之间的人身关系、亲子关系的认定、父母身份的承认及异议之诉,如果诉讼当事人一方为格鲁吉亚国民或其惯常居所在格鲁吉亚境内,则格鲁吉亚法院具有国际管辖权。

**第 14 条  收养**

在收养事项上,如果收养人双方、进行收养的配偶一方或者被收养的子女为格鲁吉亚国民或者其惯常居所在格鲁吉亚境内,则格鲁吉亚法院具有管辖权。

**第 15 条  对行为能力的限制**

对于限制行为能力之诉,如果诉讼涉及之人为格鲁吉亚国民或者其惯常居所在格鲁吉亚境内,则格鲁吉亚法院具有国际管辖权。

**第 16 条  监护、保佐**

1. 对于设立监护、保佐或类似措施之诉,如果监护人、保佐人或者需要监护或保佐之人为格鲁吉亚国民或者其惯常居所在格鲁吉亚境内,则格鲁吉亚法院具有国际管辖权。

2. 如果保佐人、监护人或者需要监护或保佐之人请求格鲁吉亚法院受理,则格鲁吉亚法院也有管辖权。

**第 17 条 在外国定居的格鲁吉亚国民**

格鲁吉亚法院对在外国定居的格鲁吉亚国民本无管辖权,但如果无法在外国提起诉讼,或者根据案件的整体情况来看,在外国进行诉讼显得不合理,则可由其在格鲁吉亚境内的最后住所地或者惯常居所地法院管辖。

**第 18 条 有关国际管辖权的协议**

1. 即使格鲁吉亚法院依照本法第 8 条、第 9 条和第 10 条规定无管辖权,但当事人仍可协议由格鲁吉亚法院行使国际管辖权。此种协议必须依如下规定订立:

(1)采用书面形式或者具有书面确认的口头形式;或者

(2)在国际商事交往中以符合国际商事惯例的形式订立,而这些国际商事惯例为双方当事人所熟悉的或者对他们来说应该熟悉;

2. 如果被告不提出无管辖权的抗辩,而是出庭应诉,那么在下列情形下,受诉的格鲁吉亚法院具有国际管辖权:

(1)被告由律师代理出庭;或者

(2)法官已告知其具有提出无管辖权抗辩的机会,并且此种告知已被载入审理记录。

3. 如果一方当事人的住所地、所在地或者惯常居所在外国,那么双方当事人可以协议由外国法院行使国际管辖权。第 1 款第 2 句相应适用。

4. 对于第 10—16 条所指之诉讼,协议管辖无效;此类诉讼不适用第 2 款规定。

**第 19 条 外国的未决诉讼**

1. 相同当事人之间就同一请求权提起的诉讼在外国悬而未决时,如果认为外国法院在合理期限内不会做出能在格鲁吉亚得以承认的判决,则格鲁吉亚法院可继续诉讼程序。

2. 一旦一项外国判决已被递交格鲁吉亚法院,且该判决可在格鲁吉亚得以承认，则格鲁吉亚法院应驳回起诉。

**第20条 临时的诉讼保全措施**

在请求临时保全的诉讼中，如果保全措施应在格鲁吉亚执行或者格鲁吉亚法院对主体事项(Hauptsache)具有国际管辖权，则格鲁吉亚法院对该诉讼具有国际管辖权。

## 第三章 人

**第21条 法律面前权利平等**

在同等条件下，外国自然人、法人以及无国籍人在格鲁吉亚与本国人一样具有权利能力和行为能力。但在无互惠的情形下允许有例外，这种例外须由法律做出明确规定。

**第22条 属人法**

1. 如果被指引的是一个人的国籍国法，而该人又具有多个国籍时，则适用与该人具有最密切联系的国籍国法，这种最密切联系尤其体现为其惯常居所或业务活动重心地。

2. 如果一个自然人为无国籍人或者其国籍不明，就其而言，应适用其惯常居所地法。无惯常居所时，适用格鲁吉亚法律。

**第23条 自然人的权利能力和行为能力**

1. 自然人的权利能力和行为能力，适用其国籍国法。该规定也适用于行为能力因结婚而得以扩展的情形。

2. 曾取得的权利能力和行为能力不因获得或丧失作为格鲁吉亚人的法律地位而受影响。

**第24条 法人的权利能力和行为能力**

法人的权利能力和行为能力，适用法人的实际管理总部所在地(effektiver Verwaltungssitz)国法。该规定也相应适用于分支机构。

**第25条 失踪与死亡宣告**

1. 失踪与死亡宣告，适用失踪者或者被宣告死亡者在有其最后生存音讯时的国籍国法。对于无国籍人，适用其惯常居所地国法；

无惯常居所时,适用格鲁吉亚法律。

2. 此时,如果失踪者或者被宣告死亡者为外国国民,如果格鲁吉亚对于失踪与死亡宣告具有合法利益,同样可以依照格鲁吉亚法律宣告死亡。

**第 26 条 姓名**

1. 自然人的姓名,适用其国籍国法。

2. 法人的名称或商号适用其实际管理总部所在地国法。分支机构的名称,同样适用该规定。

## 第四章 法 律 行 为

**第 27 条 效力(Wirksamkeit)**

1. 法律行为的成立和效力或者法律行为的具体规定,依照假设该法律行为或规定有效时应适用的法律确定。

2. 如果情况表明,根据本条第1款所指的法律来确定一个人在缔约谈判时的行为的效力显失公平,则该人可援引其惯常居所地国法来主张其对合同未表示同意。

**第 28 条 代理**

无协议时,法律行为上的代理的准据法依照代理人的营业地国法确定;无营业地时,依照其惯常居所地国法确定。假如与代理人的行为实施地国存在更密切联系,尤其是被代理人或第三人也在该国具有营业地,或者无营业地而在该国有惯常居所时,则适用代理人的行为实施地国法。

**第 29 条 形式**

1. 法律行为的形式有效性,依照适用于法律行为标的本身的准据法所属国法律确定。如果订立合同的双方当事人位于不同国家,只要合同满足其中一国法律所规定的形式要求,则在形式上为有效。

2. 如果合同系由代理人订立,则在适用第1款时以代理人所在国为准。

3. 以不动产上的权利或者不动产使用权为标的之合同，如果根据不动产所在地国法律，不论合同缔结地和合同准据法为何，均应适用该国的强制性形式规定，则适用该强制性形式规定。

4. 据以在物上设立权利或据以享有此种权利的法律行为，只有在满足构成该法律行为的标的之法律关系的准据法所规定的形式要求时，方在形式上为有效。

**第30条　时效**

请求权的时效，依照该请求权本身的准据法所属国的法律确定。

**第31条　对善意的保护**

1. 如果订立合同的双方当事人位于同一国家境内，那么根据该国的实体法规定没有权利能力和行为能力的自然人，只有在另一方当事人于订立合同时知晓或理应知晓其无权利能力和行为能力时，方能根据另一国家的实体法规定援引其无权利能力和行为能力。

2. 法人参与订立合同的，如果另一方合同当事人的营业地或者惯常居所地国法律中没有关于法人机构或代表的代理权限制，且该另一方当事人对此不知晓或理应不知晓时，该法人不得援引此类限制。

## 第五章　物　　权

**第32条　物权**

1. 物权的成立、变更、转让和消灭，适用该物之所在地国法。即使依照本法的其他指引条款和冲突规范应以另一国家的法律为准，但物之所在地国的物权法规定也应予以适用。

2. 如果已在物上设立了权利，当该物进入另一国境内时，则该权利的效力适用该物之进入国法律。

**第 33 条　交通工具、运输中的物**

1. 航空器、水上和铁路交通工具上的权利,适用来源国法律。
2. 运输中的物的权利,适用目的地法。

**第 34 条　无形财产权**

无形财产权,适用无形财产的使用地国法。

## 第六章　债　　权

**第 35 条　法律选择**

1. 合同关系中权利和义务的确定,尤其是合同的解释、履行、消灭以及合同无效或者违约包括事先或事后违约的后果,适用当事人选择的法律。
2. 在订立合同后可以变更法律选择,但不得损害他人权利。
3. 如果法律选择导致与合同有排他性联系的国家的强行规范得不到适用,则该法律选择无效。

**第 36 条　未进行法律选择**

1. 未协议选择合同准据法的,合同适用与其有最密切联系的国家的法律。实施特征性履行行为的一方当事人在订立合同时的惯常居所地国或者实际管理总部所在地国,推定为与合同有最密切联系的国家。
2. 以不动产上的权利或者以使用不动产的权利为标的之合同,推定与不动产所在地国有最密切联系。
3. 货物运输合同,推定与承运人在订立合同时的实际管理总部所在地的国家有最密切联系,前提是装运地、卸载地或者发运人的主要营业所所在地也在该国境内。否则,适用本条第 1 款规定。
4. 保险合同,推定与所承保风险的重心所在地国家有最密切联系。

**第 37 条　债权转让**

1. 对于债权转让,原债权人和新债权人之间的权利义务关系以支配他们之间的合同的法律为准。

2. 适用于所转让的债权的法律,决定债权的可转让性以及债务人对原债权人及新债权人的权利义务。

**第38条 强制性的社会保障规范**

当事人之间的法律选择,如果其致使为保护消费者与雇员不受歧视而制定的强行规范不被适用,则归于无效。该规定尤其适用于有关提供动产的合同、融资合同、劳务或服务合同,前提是这些合同系在受保护者的惯常居所地国或者保护性条款施行地国谈判或订立。

**第39条 共有权**

共有人对共有权利提出的请求权,适用该权利的成立地国法。

**第40条 无因管理**

1. 因管理他人事务而产生的请求权,适用该行为的实施地国法。

2. 因在公海上实施救助而产生的请求权,适用需要救助的船舶的船籍国法。

3. 因清偿他人债务而产生的请求权,适用支配该项债务的法律。

**第41条 不当得利**

1. 因履行给付而产生的不当得利请求权,适用与给付行为有关的法律关系的准据法。

2. 因侵犯他人权利而产生的不当得利请求权,适用侵害发生地国法。

3. 在其他情形下,因不当得利而产生的请求权,适用得利发生地国法。

**第42条 侵权**

1. 损害赔偿责任适用:

(1) 对受害人更有利的法律;

（2）据以产生赔偿责任的事件发生地国法；
（3）受保护的利益被损害地国法。
2. 取代第1款所指法律而应予以适用的是：
（1）赔偿责任人和受害人在损害事件发生时的惯常居所地国法；
（2）对于因不正当竞争而产生的请求权,适用竞争措施所影响的市场所在地国法,但损害仅仅或者主要与某特定竞争参与者的商业利益有关的情况除外。
3. 如果适用于赔偿责任的法律或者保险合同的准据法有规定,受害人可直接向赔偿责任人的保险人主张请求权。

**第43条　法定债务关系的法律选择**

法定债务关系据以产生的事件发生后,当事人可以选择支配该债务关系的法律,但不得影响第三人的权利。

## 第七章　家　庭　法

**第44条　结婚**

1. 结婚的条件,适用各方的国籍国法。
2. 不具备上述条件,且已订婚一方在格鲁吉亚境内有惯常居所的,在下列情形下,适用格鲁吉亚法律：
（1）与格鲁吉亚风俗习惯相比,适用外国法将更为限制婚姻自由；
（2）已订婚一方的以前婚姻构成了重新结婚的障碍；
（3）以前的婚姻已经被在格鲁吉亚做出的或被格鲁吉亚承认的判决所解除；
（4）已订婚者的前配偶已被宣告死亡。
3. 婚姻的形式有效性,依照婚姻缔结地国法。已订婚者一方不是格鲁吉亚国民的,也可在格鲁吉亚按照该人的国籍国法所规定的形式结婚。

**第 45 条　婚姻的效力**

1．婚姻的一般效力,适用：

（1）夫妻双方的国籍国法或者婚姻存续期间最后的国籍国法；否则

（2）夫妻双方的惯常居所地国法或者婚姻存续期间最后的惯常居所地国法；并辅助性地适用

（3）与夫妻双方以其他方式共同有最密切联系的国家的法律。

2．如果夫妻双方没有对婚姻财产关系选择应适用的法律,则第1款规定也适用于婚姻财产关系。这种法律选择是有效的,如果确定婚姻财产关系的法律是：

（1）夫妻一方的国籍国法；

（2）夫妻一方的惯常居所地国法；或者

（3）不动产所在地法。

3．难民也可以选择其新的共同居所地国法用以调整其婚姻财产关系。

4．法律选择必需公证。

**第 46 条　对善意第三人的保护**

夫妻之间的财产关系应适用外国法的,则只有在第三人知晓或理应知晓适用外国法时,才能依照该外国法就法律行为的有效性问题向该第三人提出抗辩。

**第 47 条　解除婚姻**

1．婚姻的解除,依照适用于婚姻的一般效力的法律。

2．依照外国法不能离婚的,如果提出离婚请求的夫妻一方为格鲁吉亚国民或者在结婚时曾是格鲁吉亚国民,则离婚适用格鲁吉亚法律。

**第 48 条　扶养**

1．扶养义务,适用扶养权利人的惯常居所地国的实体法规定。如果扶养权利人依照该法律不能从扶养义务人得到扶养,则适用其共同国籍国的实体法规定。如果扶养权利人依照这两种法律仍不能从扶养义务人得到扶养,则适用格鲁吉亚法律。

2. 对于旁系亲属之间的扶养义务,扶养义务人可以根据其与扶养权利人的共同国籍国的实体法规定对扶养权利人的请求提出抗辩;或者无共同国籍国时,依照扶养义务人的惯常居所地国的实体法规定提出抗辩。

3. 如果格鲁吉亚已做出或者承认了一项离婚判决,则对于已离异的夫妻双方之间的扶养义务适用离婚的准据法。该规定也适用于解除婚姻的其他形式以及夫妻之间的分居问题。

4. 如果扶养权利人和义务人均为格鲁吉亚国民并且义务人的惯常居所在格鲁吉亚境内,则适用格鲁吉亚法律。

5. 适用于扶养义务的法律尤其确定下列事项:

(1) 扶养权利人能否、在什么范围内请求扶养以及请求谁扶养;

(2) 谁有权提起扶养之诉及诉讼时效;

(3) 扶养义务人向公共机构履行偿还义务的范围。

6. 在估算扶养金额时,即使应适用的法律另有规定,也应考虑扶养权利人的需要和扶养义务人的经济状况。

**第49条 父母和子女之间的关系**

父母与子女之间的人身关系和财产关系,包括父母照料问题,适用子女的惯常居所地国法。从保护子女的利益出发,子女的国籍国法也应予以适用。

**第50条 出身**

1. 亲子的出身,适用子女的惯常居所地国法。在与父母任何一方的关系上,出身也可适用该父母一方的国籍国法认定。母亲已婚的,也可适用子女出生时依照第45条规定支配婚姻一般效力的国家法律;如果此前已因死亡解除婚姻,则以婚姻解除时的法律为准。

2. 父母双方彼此间未结婚的,则父亲对母亲因怀孕而产生的义务,适用该母亲的惯常居所地国法。

**第 51 条　对出身的异议**

在符合法律规定的条件时,可依照该法律对子女的出身提出异议。此外,不管怎样,子女一方可依照其惯常居所地国法对子女出身的认定提出异议。

**第 52 条　收养**

收养,适用收养人在进行收养时的国籍国法。由夫妻一方或者双方进行的收养,适用依法支配婚姻一般效力的法律。

**第 53 条　同意**

子女以及将与该子女产生或据以建立亲属关系的人对于出身声明、命名、准正、收养的同意的必要性及其做出,附加适用该子女的国籍国法。从有利于子女的健康出发,必要时可以代之以适用格鲁吉亚法律。

**第 54 条　监护与保佐**

1. 监护、保佐以及以其他形式的人身照顾措施(Personenfürsorge)的设立、内容、变更与终止,适用被监护人或者被保佐人的国籍国法。对于外国国民或者居留于格鲁吉亚的难民,可依照格鲁吉亚法律为其指定监护人、保佐人或其他保护人。

2. 有必要采取照顾措施但不确定谁是该事件的参与人,或者参与人位于另一国家时,则适用对被监护人或者被保佐人最有利的法律。

3. 监护、保佐或者其他的临时照顾措施,适用作出此项指定的国家的法律。

## 第八章　继　承　法

**第 55 条　继承关系**

继承关系,由被继承人死亡时的国籍国法调整。对于无国籍人,则以其最后的惯常居所地法为准;无惯常居所地的,适用格鲁吉亚法律。

**第 56 条　遗嘱的形式**

遗嘱符合下列任何一个国家法律所规定的形式要求的,则在形式上视为有效:

(1) 被继承人死亡时的国籍国;

(2) 被继承人死亡时的惯常居所地国;

(3) 遗嘱所处分的不动产所在地国。

## 第九章　诉讼法规范

**第 57 条　原则**

在民事诉讼程序中,外国国民、法人以及无国籍人在格鲁吉亚境内享有与格鲁吉亚国民和法人同样的法律保护。

**第 58 条　诉讼担保**

1. 原告为其他国家的国民、法人或者为无国籍人,并且其住所、居所或者所在地不在格鲁吉亚共和国境内时,法院可基于被告的申请责令原告在规定的期限内履行适当的诉讼费用担保义务。

2. 在下列情形下,不必履行担保义务:

(1) 原告的国籍国不要求格鲁吉亚共和国的国民或法人提供担保;

(2) 被告不能说明他对要求提供诉讼担保具有正当利益的理由。

3. 法院在审理案件时已告知被告具有请求原告提供诉讼费用担保的权利时,被告必须最迟于口头审理前提出要原告提供诉讼费用担保的申请。

4. 对于被告的诉讼费用担保请求,由法院以命令(Beschluß)的形式做出裁决。期限届满后,如果原告在做出判决前仍不提供担保,则可基于被告的请求以裁定的形式驳回起诉。

**第 59 条 外交使团成员**

驻格鲁吉亚共和国的外交使团成员、其家庭成员以及使团的雇员,根据 1961 年 4 月 18 日《关于外交关系的维也纳公约》规定,在格鲁吉亚享有司法管辖豁免权。即使其派遣国不是该公约的缔约国,也适用该规定。

**第 60 条 领事代表的成员**

驻格鲁吉亚共和国的领事代表成员,包括选任的领事官员,根据 1963 年 4 月 24 日《关于领事关系的维也纳公约》的规定,在格鲁吉亚享有司法管辖豁免权。即使其派遣国不是该公约的缔约国,也适用该规定。

**第 61 条 其他治外法权**

1. 格鲁吉亚的司法管辖权不扩及其他国家的代表及其因官方邀请而居留于格鲁吉亚的陪同人员。

2. 此外,格鲁吉亚的司法管辖权也不扩及根据国际公法的一般规则或者其他法律规定而享有司法豁免权的其他人员。

**第 62 条 请求司法协助**

1. 如果为查明案情、认定事实、送达司法文书或者出于其他原因而有必要在格鲁吉亚共和国境外实施司法行为,则可向其他国家的主管机关请求司法协助。

2. 如果必要的司法行为由格鲁吉亚共和国的外交或领事代表实施,则应向该外交或领事代表提出请求。

3. 司法协助请求应载明请求司法协助的案件名称、请求对象以及为实施司法协助所必需的信息资料。

**第 63 条 提供司法协助**

1. 格鲁吉亚法院应外国法院的请求给予司法协助。

2. 其他国家法院所提出的有关实施具体诉讼行为的司法协助请求,根据格鲁吉亚法律的规定予以处理。

3. 如果司法协助请求未采用格鲁吉亚语作成或者未附具格鲁

吉亚语译本,则该司法协助请求的处理,要以为其利益而实施诉讼行为的那方当事人预付制作经认证的格鲁吉亚语译本所需的费用为条件。

4. 在不违背格鲁吉亚法律原则的范围内,可根据寻求司法协助的法院的请求,适用其他国家的诉讼法规定。

第64条　拒绝司法协助

在下列情况下,拒绝予以司法协助:
(1) 对司法协助请求的处理违背格鲁吉亚法律的基本原则;
(2) 格鲁吉亚法院对于应实施的司法协助行为无管辖权。

第65条　向其他国家送达文书

1. 向其他国家送达文书,应根据有关司法协助的规定。
2. 送达应由接收机关的确认函予以证明。
3. 如果应在其他国家送达,但不能根据有关司法协助的规定进行,可通过附具回执的挂号信方式将应送达的文书送达给对方。根据国际邮政规定,将文书交付邮寄的时刻视为送达时间。

第66条　对送达全权代表的指定

1. 如果一方当事人的住所、居所或者所在地位于格鲁吉亚境外,而且其代理人的住所也不在格鲁吉亚境内,则由法院以命令的形式责令其在适当的期限内指定一名住所在格鲁吉亚境内的人作为送达全权代表。
2. 当事人在该期限内不指定送达全权代表的,则在将文书交付邮局后一个月内所有以挂号信方式进行的送达视为已送达,即使无送达证明亦然。
3. 在第1款所指命令中,应告知当事人根据第2款规定将发生的后果。

第67条　在格鲁吉亚境内送达外国文书

1. 应其他国家法院的请求,文书的送达应根据有关司法协助的规定进行。

2. 如果待送达的文书不是用格鲁吉亚语作成,也未附具经认证的格鲁吉亚语译本,接收人可拒绝接受该文书。此时,应将该请求退回请求送达的法院,并说明拒绝接受。接收人应被告知其有拒绝接受文书的权利。

**第68条 对外国判决的承认**

1. 其他国家法院做出的具有法律上确定效力的判决,在格鲁吉亚得以承认。

2. 在下列情形下,拒绝予以承认:

(1) 案件属于格鲁吉亚法院专属管辖的范围;

(2) 败诉的当事人由于未被送达传票或者其他违反诉讼法的行为而未能在法庭上行使陈述权;

(3) 格鲁吉亚法院已就相同当事人之间的同一诉求做出了具有法律上确定效力的判决或者外国法院就双方当事人之间的同一诉求做出的具有法律上确定效力的判决已被承认;

(4) 根据格鲁吉亚法律,判决做出国法院对案件没有管辖权;

(5) 不存在互惠关系;

(6) 格鲁吉亚法院正在受理相同当事人之间因同一理由提出的诉讼请求;

(7) 法院判决违背格鲁吉亚法律的基本原则。

3. 如果外国判决不涉及财产法上的请求权,并且格鲁吉亚法院根据格鲁吉亚法律无管辖权,则本条第2款第(5)项规定不妨碍对该判决的承认。

4. 如果格鲁吉亚法院正在受理本条第2款第(6)项所指的有关相同当事人之间的法律争议,则可仅在该法律争议审结后对是否承认外国判决做出裁决。

5. 对外国判决的承认,由格鲁吉亚最高法院裁决。

**第69条 对婚姻事项所做判决的承认**

1. 如果夫妻双方在做出判决时均为做出裁决的机关所属国国

民,则该裁决不需要承认。

2. 格鲁吉亚最高法院做出的承认外国判决的宣告具有普遍约束力。

**第70条 外国判决的执行**

1. 其他国家法院作出的民事或劳工判决如果具有执行力,则予以执行。

2. 基于有利害关系的一方当事人(债权人)的请求,作出可执行性的宣告。

3. 对前述请求的裁决,由格鲁吉亚最高法院管辖。

**第71条 执行程序**

1. 执行判决的请求书应附上法院判决的副本及同样经认证的格鲁吉亚语译本。如果请求书未予以说明,法院判决还应含有判决在法律上的确定力以及执行判决的必要性之证明。

2. 在请求程序中,只能审查是否满足第68条规定的条件。

3. 如果债权人和债务人均未请求口头审理,则可不进行口头审理。在送达申请时,应告知债务人有陈述意见的权利。同时应向债务人指出,仅在其要求口头审理时才进行口头审理。

4. 对于请求执行外国法院判决的请求,由法院作出裁定。

**第72条 法院和解和公共文书**

1. 由外国作成的并且根据该国法律具有执行力的法院和解书以及公共文书,可按照第70条和第71条规定的程序请求予以执行。

2. 如果准许该项执行将违背格鲁吉亚法律的基本原则,则可拒绝该申请。

**第73条 上诉**

对一审法院根据本章规定做出的命令或裁决不服的,可依法提起上诉。

## 第十章 最后条款

**第74条 生效**

本法自1998年10月1日起施行。

# 韩德培法学教育理念及其方法研究

郭玉军[*] 王斐斐[**]

一代法学大家韩德培以其数十载的感性积蕴、缜密的理性思维和敏锐的洞察力前瞻性地提出了许多有关法学教育的重要理论和主张。我们在进行系统整理和深入研究的基础上,将之归纳为一套全方位多层次多途径的"1133"法学教育综合理论体系,即"一种理念"——以"学以致用、依法治国、面向世界、创造未来"为法学教育的基本理念导向;"一个系统"——以"系统工程"为法学教育的基本体系定位;"三个并重"——以本科生教育与研究生教育并重、标准化教育与自由化教育并重、封闭式教育与开放式教育并重为法学人才的具体培养模式;"三大方法"——以教学、实践、科研三大层面的求实、改革与创新为法学教育的运作方法。对这一法学教育理论加以详细阐释和系统研究对于完善我国的法学教育、促进中国法学教育的变革和与国际接轨,有着深远的意义。

中国的法学教育正处于社会转型时期,科学技术的迅猛发展、经济全球化的不断深入、国际竞争与合作的日益广泛以及知识经济的巨大冲击都为之提供了前所未有的机遇。然而,传统法学教育模

---

[*] 武汉大学国际法研究所教授、武汉大学艺术法研究中心主任、博士生导师、法学博士。
[**] 武汉大学国际法研究所硕士研究生。

式的不足和不适应性正日益凸显,如教学内容的陈旧滞后、教学方式的单一僵化、实践教学环节的薄弱等问题逐渐突出。社会的转型已对我国法学教育的管理模式及管理体制提出新的挑战。因此,如何把握机遇、迎接挑战、顺应潮流、开拓创新,使法学教育能够与时俱进,从而促进社会主义市场经济发展,推动法治与民主建设,实现社会公平与正义是当代法律教育工作者所面临的重大问题。本文拟在总结研究韩德培法学教育理念及其方法的基础上,为中国的法学教育建言献策。

## 一、与时俱进的法学教育基本理念导向

法学教育理念是通过对法学教育的基本定位、追求目标进行深入思考和总结而形成的一种价值判断,其中蕴含着特定的精神力量和理性期待。法学教育理念指引着法学教育的总体路径选择和发展方向,确定一个战略性的教育理念对于法学教育活动的具体过程和最终结果都有着决定性影响。故而,韩德培提出,要实现真正的法学教育首先就需要树立清晰、科学的教育理念。具体而言,他的教育理念可概括为十六字箴言,即"学以致用、依法治国、面向世界、创造未来":以"学以致用"为根本起点,以"依法治国"为本土指引,以"面向世界"为时代契机,以"创造未来"为前景展望。

(一)以"学以致用"为法学教育的根本基点

在我国思想传统中,"学以致用"观占有极为重要的地位。[1] 法学教育作为现代教育事业的重要组成部分,因其学科分类、职业背景的特殊性,更应当强调"学以致用"。对此,韩德培就曾反复提到

---

[1] 历史上,孔子主张"学而优则仕",孟子也曾说过:"天下之本在国,国之本在家,家之本在身",以致"修身、齐家、治国、平天下"逐渐成为了传统上一切为学之人从事"学问"的内心指引。而将历史的眼光稍稍收敛,亦有明末清初顾炎武辈的"经世致用"观以及清末张之洞辈的"中学为体,西学为用"。可见,"学以致用"的治学思维模式于中华民族而言可谓源远流长。

"法学……基本上是 Practical Science(实用科学),讲究实用,解决社会上大量的各方面的实际问题"[①]。由此可见,法学教育须适应法学学科自身的实用性要求。故而,讲求"学以致用"也就成为了其中应有之义了。事实上,当下强调"学以致用"也极具时代意义。

1. 有利于培养学生积极向上的家国意识和参与观念

韩德培曾指出,志乃心之所向,青年人应当树立远大的理想,并以此指导生活、工作和学习的各个方面。"一个人有了高尚的理想,就像站在最高的地方,眼界就开阔了,就可以看得远,想得深,精神境界就大不一样,他的思想就不像没有理想的人那么猥琐,那么有局限性……","有理想的人,承受力比较强……有理想的人,免疫力也比较强。社会是很复杂的,有来自各方面的诱惑,稍有不慎就可能误入歧途,甚至堕落下去,有崇高理想的人能够拒腐蚀,永不沾"。[②] 具体到现实生活中,这种"有理想"就是要求学生以家国意识为指导,做到学以致用,将法学专业学习与当前社会主义现代化法制建设事业紧密结合起来,力求将来能够以良好的法律学识和素养积极参与到国家事务的管理中去,在实际运作中发挥法律管理社会的功能,为我国的繁荣发展与法制建设作出贡献。在法学教育过程中强调家国意识,有助于增强学生学习的责任感和使命感,提高其克服困难的意志力和忍耐力,这是造就优秀法律人才的思想前提。同时,家国意识的强化使得法律人能站在更高更广阔的视角上看待问题,激发其挑战规则、寻求真理的勇气。正所谓立意高远方能在法学专业学习及社会活动中突破创新、运用自如。

2. 有利于强化学生严谨务实的学习态度和治学精神

学以致用的教育理念对学习态度也会产生两方面的影响:第一,"用"于个体维度之内,即是要求以思考的方式"运用"所学的法

---

[①] 《韩德培文集》(下),武汉大学出版社 2007 年版,第 110 页。
[②] 同上书,第 107 页。

律知识,做到学思并重、学思结合、博专统一。正所谓"学而不思则罔,思而不学则殆",读书既要熟读成诵,又要精于思考。对于从学习、见闻中获得的零碎知识应当通过理性的深湛思考予以加工整理,以构建起自身的知识系统,并在此基础上发挥个体主观能动性,通过怀疑和感悟而有所创见。当然,也不能忽视知识的积累,没有博学多识,而耽于思考,就会流于空泛,专精也会变为狭隘。因此,法学专业学生应当在学习和思考的互动中全面拓宽其法律知识储备的深度和广度。第二,"用"于个体维度之外,即是要求到实践中运用所学的法律知识,彰显法律的社会效用,做到为人民服务。法律作为一门应用型学科,与法律实务密切相关,因而法学教育工作应当始终保持理论与实践的紧密结合、教育与职业的合理衔接,在传授法学理论与知识的同时注重培养法律思维和运用法律分析解决问题的能力,以满足社会对于高素质人才的需求,并力求使法学教育的"产品"能够在实际操作中得到检验。当然,我们也不能忽视极端的功利性"致用"目的带来的危害。智力活动不能止于实用,还要进行必要的学理探索,作出精神上的奉献。

3. 有利于提高学生实践创新的理论水平和运用能力

实践与理论两者之间的辩证关系决定着学生不仅要善于"学",而且要长于"用"。韩德培曾经指出:"……仅仅理论研究还不够,还要用来指导实践……"。[①] 他鼓励学生积极参加一些必要的社会调查,参加国内外学术会议,参与从中央到地方的有关法律法规的起草工作,为国家立法建言献策,提高分析问题解决问题的能力。[②] 这种提倡学以致用的法学教育观要求我们重视研究,提高法学理论水平,因为法学理论具有"向上的兼容性",是人类对法律科学认识的历史积淀和结晶,可以规范学生对法律的理解和对法律的改造。更

---

① 《韩德培文集》(下),武汉大学出版社2007年版,第110页。
② 同上书,第110—111页。

重要的是,源于实践的法学理论,已不仅仅是对实践经验的概括和总结,更是对实践活动、实践经验和实践成果的批判性反思、规范性矫正和理想性引导,是对现实的实质性超越。因此,离开了法学理论的指引,法学实践只会步入"无为有处有还无"的境地,变得毫无方向。在重视研究和法学理论的同时,这种学以致用的法学教育观还要求我们加强实践,培养实际运用能力,因为只有这样才能实现法学教育的基本目标。当然,我们也只有把学习成果运用于实践,在解决实际问题的过程中加深理解,才能真正把握法学理论的真谛。此外,法学实践在解决社会问题的过程中,可以为法学理论的创新提供土壤,进一步促进理论的发展。

(二) 以"依法治国"为法学教育的本土指引

依法治国为法学教育的发展提供了时代机遇,提出了现实挑战。韩德培以其敏锐的洞察力,深刻地认识到"……依法治国,建设社会主义的法治国家……这是新中国的一个重要的建国方略……提出依法治国在我们党的领导人思想上是一个重大的突破,一个飞跃"[1]。因此,法学教育作为传播治国之学的科学活动,应当以依法治国作为本土指引进行系统的改革,从而实现法治国家的宏伟目标。

(三) 以"面向世界"为法学教育的时代契机

经济全球化的不断深入,已是当今世界最为显著的特征。韩德培提出法学教育也应当以"面向世界"为时代契机,着眼未来、放眼世界,树立国际意识和全球意识,坚持兼容并取的宽容心态,古为今用、洋为中用,以一种现实主义的开放态度吸纳与借鉴有益的外来事物。具体而言,法学教育一方面应当合理移植国外先进的法学教育资源并对其进行本土化改造,使之与中国的实际国情相结合,从中国民族性格、价值取向、风俗习惯、政治结构等层面上寻找到适宜

---

[1] 韩德培:《我与武大法律学科建设》,载《法学评论》2000年第3期,第30页。

的生长点;另一方面也要注重本土教育资源的国际化利用,使传统法学教育的制度、理念和方法能顺应时代要求,并为此对其进行适应性改革,将中国的法学教育真正"国际化",从而发挥其在新的历史背景下应有的积极作用。

1. 教育模式的合理借鉴

就法学教育本身而言,应当注重借鉴国外的先进经验以创新我国法学教育模式,吸收他国法学教育理论、技术和形式上的优点来弥补自身之不足,扬长避短。在管理机构的组合形式与课程的体系结构等诸多方面应当力求冲破传统的单向、封闭与程式化束缚,积极推动中国法学教育融入全球化浪潮。当然,也不能盲目地生搬硬套国外法学教育的体制与模式,而应当立足于中国国情和本土法律文化传统,进行自主选择和审慎处理,努力建成有中国特色的社会主义法学教育体系。

2. 教学过程的外向发展

在具体的教育过程中,要致力于在法律文化和法律制度层面上扩大学生的知识面,并广泛开展中外学术合作和法律文化交流,注重调整法律人才的素质与知识结构,强调增强包括国际法规则和国际惯例在内的国际法律知识的学习,以及培养学生运用法律知识分析、处理复杂多变的具体涉外关系的国际法律实践能力,以适应经济全球化的现实需求,从而为国家储备国际化外向型法律人才。对此,韩德培就提出了一些具体措施加以落实,如加强教师与学生的外语水平培训,提高其阅读外语专业书籍的能力。他常说,"作为研究生,每个人至少要掌握一门外语"[①],"一个人懂一门外语,等于在面孔上多长了一只眼睛。如果连一门外语都不懂,那么知识的领域和范围就会受到很大的局限。"[②] 他还十分强调双语课程的设置,注

---

① 《韩德培文集》(下),武汉大学出版社2007年版,第112页。
② 同上。

重外文图书资料的建设,不断提醒人们,"目前法学界普遍感到,图书资料不够……应尽力设法加以解决。"[①]对于深化与国外法学教育机构的互动,鼓励人才进行国外交流和培训学习,韩德培更是不遗余力。

3. 教学内容的开放求新

对于法学教育的具体内容,韩德培特别强调应当提高对国际新形势、新问题的敏感度和关注度。伊拉克战争发生后不久,他就曾针对这场战争的非法性问题与学生进行过详细探讨和分析,引导他们运用所学法律知识为自己的观点寻找理论依据并进行科学论证。[②] 同时,他也十分注重引导学生以多样化的视角来审视分析问题,提出独特的观点和主张,以培养其学术创新精神。[③] 另外,对于外空法、全球金融监管机制、气候变化、海洋法、能源边界等国际前

---

[①] 韩德培:《让法学更进一步繁荣》,载《学习与实践》1984 年第 1 期,第 40 页。

[②] 郭玉军、车英、李洁:《韩德培法律思想研究》,载《武汉大学学报(哲学社会科学版)》2007 年第 3 期,第 316 页。

[③] 他认为虽然伊拉克战争违背了《联合国宪章》和国际法基本原则,是对一个主权国家实行非法的武力攻击;英美鼓吹的"预防性自卫"的做法是错误的,是当今国际社会霸权主义和强权政治的集中反映。这场战争是二战以来对现行国际法律秩序最严重的践踏,使国际法陷入了重重危机;联合国遭遇了严峻的挑战,其"信用"缺失很可能会掀起世界各国之间新一轮的军备竞赛。但是,应当看到,现代国际法也正是在传统国际法的危机中建立起来的,因而对于伊拉克战争以及国际社会的现状不必过于悲观,而应当以积极的态度面对现行国际法体制和规范,在国际合作的基础上总结国际社会的实践经验,从而寻求解决问题的有效途径,使国际法在新的历史时期得以全面发展和完善。

沿热点问题,他都曾与学生进行过专题性的深入讨论与交流。①

(四)以"创造未来"为法学教育的前景展望

法学教育应当顺应时代的要求,迎接机遇、挑战未来。对此,韩德培深有所感,他以"科技"、"可持续"、"知识经济"为关键词,构筑我们所需要的法学教育制度与模式,希望通过新型法律人才的培养来创造未来。

1. 科教兴国与法学教育

韩德培在改革开放初期就曾指出我国因对法学不重视,从而缺乏法学人才。他曾感叹,"在有些比较小的国家,诸如印度尼西亚、菲律宾等,也有相当出色的环境法学者。可是,我们中国这么大的国家,环境法方面的人才,特别是比较高级的人才屈指可数……"②尽管现在国家对人才的重视程度在不断提高,但是,科技的日新月异,决定着人才素质的培养需要系统的教育工程。法学教育亦是如此,并且其发展与科技之间是存在着密切的联系。一方面,法学教育应当以科技为工具。关注科学技术发展的新特点与新趋势,利用科技力量创新法学教育模式和手段,充实法学教育方法论体系;另

---

① 他认为,建设"和谐外空"离不开外空法的有力保障,但同时现行的外空法还不足以有效防止外空武器化和外空军备竞赛,国际社会需要在不影响现有外空法律框架的前提下,共同讨论制订新的法律法规。面对国际金融危机的严重冲击,他认为在积极运用经济、行政等手段有效应对的同时,应当高度重视运用法律手段,充分发挥法治在应对危机中的作用。通过加强有关防范金融风险方面的制度建设,适时将应对国际金融危机冲击的政策措施转化为法律制度,以更好的规范全球金融市场。气候变化问题是目前最大的国际热点问题,对此,他指出联合国气候变化框架公约和京都议定书是国际合作应对气候变化的基本框架和法律基础,凝聚了国际社会的共识,是各国的行动指南。应对气候变化长期合作行动的"共同愿景",就是要加强公约的全面、有效和持续实施,实现公约的最终目标。在海洋法方面,他特别提到了大陆架划界问题。他认为应科学合理地划分国家管辖海域和国家管辖范围以外海域,既让沿海国充分行使对其陆地领土全部自然延伸的大陆架的主权权利和管辖权,又应避免侵蚀作为人类共同继承财产的国际海底区域的范围。

② 《怎样做一个合格的环境法研究生》,载《环境法》1986年第4期。此文为讲话记录,系1986年9月15日,武大法学院召开环境法研究所研究生会议时作为名誉院长兼环境法研究所所长韩德培教授的讲话。

一方面,法学教育还需以科技为内容,培养学生发现、分析和解决科技发展所带来的新型法律问题的能力,鼓励其关注边缘学科和交叉学科,从而拓展其视野和知识结构,造就符合时代需要的高水平复合型人才,使法学教育与科技发展速度及其水平相适应。

2. 可持续发展与法学教育

可持续发展已成为国际社会普遍接受和广泛践行的一种新的社会发展观,它是指以人为中心的自然、经济、社会三位一体的复合系统的可持续发展,即"既满足当代人的需求,又不损害子孙万代需求能力的发展",做到功在当代,利在千秋。韩德培指出,"我国现阶段正进行大规模的经济建设,在我们搞经济建设的同时,如果不注意抓好环境保护这个环节……将来可能会给子孙后代造成不堪设想的后果"。[1] 在可持续发展的时代背景下,教育处于核心位置,正如联合国环境与发展大会通过的《21世纪议程》[2]指出的那样:"教育是促进可持续发展和提高人们解决环境与发展问题的能力的关键"。因此,法学教育也应当将可持续发展理念贯穿始终,更新法律人才素质及法学教育对象的发展观念,培养法律人才强烈的社会责任感和使命感,树立其对自然与社会的义务观,进行使其形成公平正义的法律价值观,同时注重充实法学教育内容、完善法学教学课程体系和教学方法,大力发展环境资源法学、人口计划法学和外太空安全法学等可持续发展法学及其教育,将有关可持续发展的新理论融入到法学教育之中,为可持续发展这一全人类跨世纪的宏大系统工程做出贡献。

---

[1] 《韩德培文集》(下),武汉大学出版社2007年版,第104页。
[2] 1992年,在里约热内卢召开了联合国环境与发展会议(UNCED),这次大会通常被称为全球环境峰会,有178个国家和115位政府首脑参加。大会产生了《21世纪议程》(包括112项主题,构成21世纪可持续发展的布局法律约束力的计划)和两个协定(《生物多样性公约》和《全球变暖公约》)。

## 二、系统整合的法学教育基本体系定位

当下,应当将我国法学教育定位为一项基础性的社会系统工程。在社会主义法制现代化背景下,法学教育作为法治系统工程的子系统,应厘清与其他子系统的相互关系,从而构建基础教育、科学研究和实际应用三位一体的协调交叉、综合集成的整体框架体系。在法学教育管理系统内部,我们则应注重体系结构的严密性和健全性,避免漏洞、冲突和矛盾。

就法学教育的内部系统而言,它要求涵盖法律人才培养的整个过程、各个环节和各项制度。这不仅包括法学学科教育,也包括法律职业教育;不仅包括学历教育,也包括非学历教育。此处,法学教育是一个广义上的概念,其主要包括法律学科教育制度、法律职业教育制度、法律职业资格考试制度、法律职业技能培训制度和法律继续教育制度。换言之,以上方面的有机结合就是法学教育的基本概念和内涵重构,就是法律人才的宏观培养,就是一项整体的系统工程。它所培养的法律人才,自然可以满足社会对其在知识、素养和技能上的一体化要求。具体而言,法学教育的系统工程概念具有以下基本特性:

(一)协调统一性

1. 一体化

法律人才的培养过程具有自身的特点,它的全过程包括不同的阶段和不同的环节。由大学法学院(系)开展的法学专业的学历教育,仅仅是法律人才培养全过程的一个起点,是第一个重要阶段和基础,其并非全部,更非终点。实际上,法律职业的特殊化、社会分工的专业化、法律队伍的职业化,决定人才培养必须一体化。这种一体化,就是指法律人才的培养是由所有培养环节共同构成的全部过程的总和。法律人才培养的过程是一个持续性的有机体,是由不同阶段的各项具体制度组成,其中每一阶段都是不可或缺的必备条

件,它们整体构建了法律人才培养的宏观系统或管理体制。具体来说,法学教育是人文素质教育和专业理论教育的统一,是法律学科教育与职业教育的统一,是学历教育与非学历教育的统一、职前教育与职后教育的统一。这四个方面的统一教育、培训、考试等制度必须相互配套、相互协调、合理安排,才能达到一体化的要求和目的。

2. 科学性

法律人才培养过程的设计必须具有科学性、合理性和可操作性。首先,应当注重各个培养阶段的协调与衔接。其次,应注重各个阶段内部设置的科学性。法学学科体系的科学划分是法学教育的重要问题,其关系到生源、师资以及最终的教学成果和质量,因此应当着眼于时代的现实需要和法律学科的规律性进行合理设置。对此,韩德培撰写并发表了有关论著,系统阐述了他关于我国法学学科体系划分的主张,强调法学教育的学科设置应当理顺和规范一级学科,调整和拓宽二级学科,从而构建科学的法学教育学科体系。①

具体而言,其主张有以下几个方面:其一,法学应作为社会科学的一级学科。在国家"学位办"下发征求意见稿后,他力排众议,认为法学应作为一级学科存在,然后再在法学下面划分具体学科和专业,而不应将政治学、社会学、民族学包括在法学学科门类内。其二,法学二级学科的划分应当谨慎为之。首先,"环境法学"与"经济法学"都应作为独立的二级学科,不能按照国家"学位办"的建议稿

---

① 他就法学教育学科体系的相关问题,先后在《法学评论》(1996年第6期)、《国际经济法论丛》(1998年第1卷)上发表了《谈合并学科和设立博士点问题》、《论国际公法、国际私法与国际经济法的合并问题——简评新颁〈授予博士、硕士学位和培养研究生的学科、专业目录〉中有关法学部分的修订问题》等学术论文,指出了我国法学学科分类和设置中的不科学之处,并提出了改革的合理建议。其大部分主张得到了我国教育主管部门的采纳。

中的分类,将环境法包含于经济法学内;其次,国际法学中国际公法、国际私法与国际经济法三个学科应三足鼎立,而不能合并成一个学科。对此,他提到,"从学科体系上着眼,这三个学科都有各不相同的内容,各有自己的科学体系,决不能'眉毛胡子一把抓',把它们混为一谈。尽管它们之间互有联系,甚至还有一些重叠之处,但它们仍然是各自独立的不相隶属的专门学科。这三个学科的内容都很丰富,尤其近几十年来,它们的内容都正在发展和扩大,增加了不少新的东西。……要把这三个学科硬拼成一个学科,从科学体系上讲,是绝对不可能的,也是不必要的。这种'拓宽'是毫无意义的"[①]是不具备科学性的,未保留科学发展的空间。再次,他认为一些法学二级学科,如法学理论可以称为"法理学",不但包括法学中的各种基本概念,还包括各种法律学说即法律思想。如他认为可将"法律史"改为"法制史",包括中国法制史和外国法制史。至于各种法律学科的历史,则应放在各门法律学科中去讲述。而对于刑法学、民法学、诉讼法学、军事法学,他认为可以独立为二级学科。正是由于他缜密的论证和建议,其观点得到了国家的认同与采用和学者们的赞同与钦佩。

(二) 理论务实性

由法律职业的特殊性及其自身发展历程决定,法学教育的系统工程必须重视理论联系实际,强调法学教育的双重属性和法律人才培养的二元结构。

1. 法学教育的双重属性

法学教育既有理论属性,又有实践属性;其既是一种法律后备人才培养制度,又是一个高素质法律职业团体建立的教育保障制度;其既要为由法官、检察官、警官、律师和法学家等组成的法律职

---

[①] 韩德培:《论国际公法、国际私法与国际经济法的合并问题》,载《国际经济法论丛》第1卷,法律出版社1998年版。

业共同体服务,又要面向全社会输送法律人才,提供法律援助和社会服务,更要为我国实现改革开放,走向国际化服务。法学教育的双重属性决定了这一系统的构建和具体阶段的设置必须兼顾理论性和实践性。

2. 法律人才培养的二元结构

法律人才是建设法治国家的第一资源。法律人才培养的目标不仅仅旨在培养法学研究的理论性人才,更要培养具备职业技能的实务性人才。而法律人才培养的各项制度,其既是教育制度的组成部分,也是司法体制尤其是法律职业制度的重要构件。这并不限于法学专业的学历教育制度,它还包括法律职业教育制度、统一司法考试制度、统一法律职业实务培训制度和法律继续教育制度。正是因为法学教育在法律人才培养方面特有的二元结构,使得这一系统工程应当根据社会主义法制建设体系的现实需求来加以合理建构。

(三) 人才全面性

法学教育系统工程的核心是树立全面发展的法律人才教育理念,视人才全面性为法学教育系统工程的价值追求。我们在法学教育中应处理好的多重关系包括学历与学力、学术型人才与应用型人才、综合素质与职业素质、单向度与多向度、培养目标的统一性与培养模式的多样化等等。具体而言,法学教育担负着对法律人才在做人、方法与做事三大层面上进行综合培养的社会责任,因此法学教育系统工程建设应在以下三方面下功夫。

1. 解决做人问题

所谓做人,就是我们培养出来的人首先必须做一个追求真理、讲求公平正义、具有社会责任感的人,然后才有可能成为一个合格的法律人。因此,法学教育的首要任务即在于教化如何做人。韩德培把有理想、有道德、有文化、有纪律作为我们教育学生做人的基本标准。他曾说,这"四有"看起来很普通,但对学生而言,是有其特定含义的。有理想就是要有"正确的方向,知道怎样安排自己的工作、学习、生活",当然,此处的理想必须是"远大的理想","高尚的理想"。有道德则是指"要认清个人、集体、国家的关系,要正确对待处理好这些关系","必要的时候,应该牺牲个人的利益,服从国家和集体的利益"。有文化,就是需要具备"广阔的社会科学知识和必要的自然科学知识",还要有"深厚的专门业务知识"。有纪律对于法律人来说,不仅要遵守"一般的纪律",更应当"遵守法律","我们学法学的人,不管是哪个专业的,都应成为遵纪守法的模范"[①]。要做到见恶抑恶,扬善敬贤的思想境界。

2. 解决方法问题

所谓法学方法,尤其是法学思维方法是法律人实现自我发展的途径。从方法论的层面看,教育必须解放思想。为了解放思想,探索真理、追求正义,提高创新思维的能力,我们必须使学生掌握多维度科学的思维方法、分析手段、学习途径和研究模式,以新的教育理念培养新型法律人才,以激发每个人的内在潜力。对个体而言,思维方法和思维能力是最重要的,它能使人在求知、做事、与自然和他人共处时事半功倍,为构建和谐社会做出更多的贡献。教育的本质并不在于简单地传授课本知识,它必须肩负起社会责任和历史使命,那就是如何使受教育者成为一个社会的人,一个历史的人。而其中的关键之处即在于能否使他们获得自主思维能动发展的空间。

3. 解决做事问题

所谓做事,即是指法学教育应当引导法律人公平、公正地进行法律执业活动,全面树立法律职业共同体的社会公信力,做到持中不偏。为了达到这一目的,法学教育作为一种专业教育,其所培养的法律人才必须满足法律职业的基本要求。一是必须掌握法学学科基本的知识体系。二是必须具备法律职业的基本素养。其主要包括法律文化、法治信仰、现代司法理念、法律思维、法律语言、法律

---

[①] 《韩德培文集》(下),武汉大学出版社2007年版,第109页。

精神、法律意识、法律伦理等等。三是必须获得法律职业的基本技能,如沟通协商的技能、辩论的技能、起草法律文书的技能、获取和分析处理信息的能力、制定规则的能力、证据审核和有效运用的能力等等。概而言之,法律人才应当集知识复合性、素养综合性和技能多样性于一身。

### 三、多元立体的法律人才培养模式建构

韩德培从微观上建设性地提出了三个具体模式的主张,即本科生教育与研究生教育并重、标准化教育与自由化教育并重、封闭式教育与开放教育并重。这些主张极具理论价值和现实意义,值得我们进行深入研究。

（一）本科生教育与研究生教育并重

法学教育应当重视本科教育,使学生从中获得基本法律理念、法律思维和法律素养方面的专门训练。但法学教育不应止步于此。研究生教育作为继续深造学习的过程,是学生展现自我、实现价值、追求完美的更高平台。此外,就我国社会主义法制建设的现实需要而言,不仅要求社会整体法治意识的普及和增强,从而在全社会构建一种法治文明秩序,同时也需要一大批高层次的精英型法律人才来推动法治社会的专业化、规范化和制度化。因此,必须并重本科生教育即通识型法学教育与研究生教育即精英型法学教育,在抓实抓好本科生教育的同时必须重视研究生教育,从而将法学教育作为一个多层次全方位的整体事业来建设。

1. 本科生教育——通识型法学教育

大学本科短短四年的法学教育无法造就专家学者等高层次的法律人才,其主要目标是为各类与法学相关的领域培养提供"毛坯"人才和大众法律职业者。因此,法学的本科生教育应当是通识型的法律教育,关注对法学专业学生进行"全人生的指导",侧重全面性、基础性和应用性,旨在培养学生的综合素质能力。具体而言,法学

本科教育应当着重从品德、知识和能力三个方面对学生进行教育培养：

（1）以法治人格的塑造为先导

法学教育必须重视法治人格的塑造，做到教书与育人并重。在几十年的教学实践中，韩德培充分认识到长期以来因实用工具主义和法律文本主义价值观的影响，我国的法学教育偏重于灌输现存法律规则体系的真理性知识，而忽视了法律精神的培养、法律信仰的树立和法治人格的塑造。这种价值取向的边缘化容易导致人文素养的缺失和功利主义的蔓延，最终降低法学教育的质量和法律职业共同体的整体水平，进而危害对我国社会主义法制建设事业的稳步发展。因此，他要求法律教育工作者应当积极转变思维，以个体发展为根本出发点，将法治人格的塑造作为法学教育的先导。其中，品德素质特别是司法伦理和职业道德对法学专业的学生显得尤为重要。从法学院（系）毕业的学生中很大一部分将进入国家立法、司法和执法等实务部门，其道德品质的好坏不仅关系到自身的前途命运，并将直接影响到我国社会主义法制建设的进程。那应如何培养学生的道德素质呢？对此，韩德培认为"德育"主要表现为如何处理公私关系，具体而言有四种处理方式，即"大公无私"、"先公后私"、"公私兼顾"、"损公肥私"。他希望学生"无论如何做贤人才好，就是先公后私"。这就必须尽早要求学生树立正确的是非观、荣辱观，坚持社会主义方向，以社会正义为基本价值准则，培养正确的社会服务观念，树立对法律的信仰，维护法律的尊严，做到忠于法律、忠于事实、忠于职守，正确认识"法与权"、"法与情"、"法与言"的关系，做到不以权压法、不以情枉法、不以言代法。此外，在强调法治人格的先导性培养的同时，我们还要注重在教学过程中引导学生内化所学的法律知识，唤醒学生对知识的自我认识，从被动受教型转变为主动互动型，进行自主的、探索的、反思的、发现的学习，通过对所学法律知识的总结提炼，从中领悟法律精神，造就法律信仰，使思维凝结成思想,知识达成于智慧,从而不断升华自身的法治人格,为造就高尚的法律人才打下坚实的基础。

(2) 以基础知识的教授为重点

法学本科教育总体来讲要以基础法律知识和原理的授受为重点,它不仅包括专业基础理论知识,也包括一定的公共基础知识。全面而扎实的法学专业知识,是学生进一步从事法律职业和法学研究的前提,只有真正掌握好法律的基础知识,才能做到又专又深,"做学问就像金字塔一样,基础要扎实"。[1] 离开了法学专业基础素质的教授,意味着从根本上背离了法学教育的核心。基于此,我们必须重视法学核心课程(即法理学、中国法制史、宪法学、民事诉讼法学、刑事诉讼法学、国际法学、国际私法学、国际经济法学、行政法与行政诉讼法学、民法学、商法学、经济法学、知识产权法学、刑法学等)的开设,配备必要的师资,以教研室为单位明确教学任务、设计教学模式、开展教学评估,使学生通过系统的专业课程学习构建自身的核心法律知识结构。近年来我国大专院校增设法学专业的速度惊人,令人喜忧参半。一些院校法学教育的硬件和软件设施难以保证,其中,对于法学基础理论课程的忽视以及师资力量的薄弱表现得尤为突出,应当立即予以加强和整改。在重视法学专业知识的传授的同时,法学教育也必须注重均衡必要的社会科学知识和自然科学知识,关注学科的交叉性和渗透性,有选择性的开设一些选修课程,激发学生的创造性思维,使学生能够做到将各类知识融会贯通,从而建构起自身广泛而全面的知识体系,并从整体上提升其综合素质和文化水平。对之,韩德培曾鼓励学生"应该把视野扩大,多看些其他方面的书:哲学方面的书、经济学方面的书、政治学方面的书,还有文学方面的书,多翻翻,多看看"。[2] 而在知识传授的过程

---

[1] 《韩德培文选》,武汉大学出版社1996年版,第471页。
[2] 《韩德培文集》(下),武汉大学出版社2007年版,第120页。

中,应当注重启发引导以及互动交流与探讨,激发学生对于知识的自主性学习的热情,使得有限的法学本科教育焕发出让学生享用一生的价值。对此,他常教导学生:一个人的生命是有止境的,但知识是无止境的……①这即是要求学生对于知识的主动汲取应当永不满足、永不停顿,始终以较高的标准来进行自我衡量,保持继续探讨、继续追求的积极的学习态度,从而成为具有扎实的法学专业基础知识的法律人才。

(3) 以综合能力的培养为载体

知识经济时代科学技术的综合化导致了产业部门的综合化和政府管理的综合化,这一切相应地都要求人才能力的综合化,单一地依赖某一方面的知识或能力已经不能适应时代和现实的需要。社会对法律人才的要求即是如此。如在美国等发达国家,律师兼医师、律师兼会计师等复合型的两栖人才越来越多、越来越普遍,他们不仅具有良好的专业素质,还具备多学科的知识以及文才、口才、辩才等各方面的能力。韩德培强调,学生要"德、智、体"全面发展,做"一专多能"人才。② 因此,现代的法学本科教育也应当注重对于学生综合能力的多元化基础性培养,将教学与能力培养充分结合起来,为学生将来步入社会、胜任其职业作好必要的准备。对于法学专业学生来说,其必须具备的综合能力主要包括:语言表达能力、逻辑推理能力、书面写作能力、组织社交能力等等,法学本科教育必须通过课程设置的一定倾向(如开设法律写作等课程,使学生了解法律文书的规范格式并锻炼其书面表达能力)、课堂教学方式的适度创新(如引入案例讨论、模拟法庭等教学方式,通过现场口头陈述训练学生的临场心理素质、语言表达能力和逻辑思维能力)以及与社会法律实践的有机结合(如开展法律援助活动,使学生在分析案件、

---

① 《韩德培文集》(下),武汉大学出版社 2007 年版,第 108 页。
② 同上书,第 118 页。

起草文书、开庭辩论等各方面的技能训练得以强化,在毕业后方能较快适应实际的法律操作)来对这些能力加以全面培养。在法律教学中引进综合能力的培养,能够有助于学生对课堂知识的理解、吸收和运用,使得法学教育得以在互动中开展;同时也节省了学生就业后就综合能力进行专门培养的时间,缩短了其适应工作的时间。而且,在法学本科教学中进行综合能力的培养有着良好的环境和氛围,师生之间可以及时地做到学习信息的交流与反馈,有助于教师根据学生的实际接受情况适当调整教学方案;同时学生之间也可以互相学习、互相帮助、取长补短,在校期间利用有限的时间使自己的综合能力能够得到最大程度的提高。

2. 研究生教育——精英型法学教育

研究生教育作为我国法学教育体系中的重要组成部分,主要包括硕士研究生教育和博士研究生教育,它对高素质法律人才的培养起着不可替代的作用。其不仅要为国家立法、司法、法律服务和法律监督等法律部门服务,更要为全社会培养出建设社会主义法治国家所需的各类专才,进而极大地促进社会经济发展和民主法治进程。因此,法学研究生教育可谓为精英型的法学教育。

从宏观来看,可以将法律人才分为两大类,即学术型法律人才和应用型法律人才。前者主要指法学教育工作者和研究机构研究人员,后者主要指法官、检察官、警官、律师、公证人、企业法律顾问等。基于以上法律人才培养的类型化目标,作为精英型教育的法学研究生教育必须兼顾学术教育和职业教育,做到教学、科研、实践三者合一的紧密结合与统一。

3. 本科生教育与研究生教育的互动

虽然法学本科生教育与研究生教育在目标方向和教学任务侧重点有所不同,但法学教育是一项系统的社会工程,具有全程性和整体性,其各个阶段绝不应割裂和孤立,而应当有机结合,并充分利用各自特点和优势,促进法学教育内部的和谐和资源的优化。故而,强调本科生教育与研究生教育间的互动,实现优势互补和相互完善,有利于两者共同进步和提高。如组织本科生和研究生共同开展法学专题讨论、参加学科座谈和竞赛、进行法律服务或实习等,都是双方进行交流和学习的极佳机会。这样做不仅可使本科生强化专业理论知识,也能促使研究生突破惯性思维,找到解决问题的新视角和切入点。而对于本科非法学专业的研究生而言,与法学专业本科生进行交流还可弥补其薄弱的法学基础。同时,本科生与研究生间的互动还有利于双方统筹配合、组织协调等综合能力的提高和团队合作精神的发扬。

(二)标准化教育与自由化教育并重

标准化仅为法学教育质量的静态考量,法学教育还须进行动态管理的提升,因此,法学教育还须兼顾自由化,从而实现人才培养的多样化。

1. 法学教育的基本规格和要求——标准化

目前,我国法学教育虽然发展迅速,但总体状况极不平衡。按办学条件和性质划分,法学院(系)至少可分为七类:一是重点综合性大学;二是专门政法院校;三是财经、师范大学中的法律院(系);四是民族院校中的法律系;五是工科、农科、医科、交通等专门性大学中的法律系;六是党校系统的法学专业;七是地质、外语、林业、计量等专门院校的法律专业等。以上各类虽皆是法学院(系)或法律专业,但师资力量和办学条件良莠不齐,严重影响了我国法学教育的总体水平,不利于法治社会的发展。因此,必须坚持法学教育的标准化,即无论是何种类型的法学院(系),作为法学教育的内在组成部分,其都必须满足一些基本要求。

针对这种情况,韩德培提出了标准化法学教育的三项必要条件:第一,进行标准化教育必须能开设法学专业的核心课程并保证应有的教学课时,设置科学的学分制度。如果说,任何专业都是由一定的课程体系所组成的知识群,那么,核心课程则是该知识群中最基础最关键的部分。无法开设核心课程,法学专业教育体系也就无法设置,更遑论开办法学教育。这是全国法学教育界所达成的共识。第二,进行标准化法学教育应当具有基本的法学教育硬件条件,如法学图书资料、模拟法庭、实验室和相对稳定的毕业实习基地等。第三,进行标准化法学教育应有一定数量的法学专业教师梯队。首先,应对教师的学历水平、职业背景、职称等作出一定的限制要求;当然,也不必过分拘泥,应当强调开明的用人方略,对于优秀教师应大力引进并可根据具体情况予以破格录用和晋升。[①] 其次,应当注意青年教师的培养和扶持工作,并在教师中塑造集体主义意识和奋斗精神。人是事业发展的主体,人的凝聚力、向心力以及拼搏精神都是一个单位事业成败得失的关键,因此,提倡教师培养团结一致、专心教书育人的高尚情怀,有利于法学教育和法治建设。最后,应当保证教师队伍中有一定比例的硕士生导师和博士生导师,从而大力推进高层次的法学教育,以满足法制社会的现实需要。另外,还应当注重法学教师在教学理念和方法上的革新。无论硬件上配备了多么先进的办学条件,离开了法学教师自身知识结构、教育理念的更新创造,法学教育只会陷入陈旧管理体制和模式的泥潭之中。因此,法学教师价值取向的现代化显得尤为关键。价值取向的与时俱进,既可促进法学教育科学的发展,亦可达到社会和谐之功效。以上三点都是保障法学教育质量的最基本条件,必须得到严格贯彻与执行。此外,针对我国教育资源分布不均的情况,对西部及其他不发达地区如新疆少数民族地区,可以适当地进行倾斜性分配师资和其他相关资源。

---

① 肖永平:《韩德培先生的学术思想和学术精神》,载《武大国际法评论》第11卷,第334页。

2. 法学教育的多元追求与选择——自由化
(1) 课程结构设置的立体多元

目前,法学教育专业课程的多元结构设计必须首先符合以下基本要求:① 法学课程设置应具有前瞻性,必须充分反映新时代法学专业的发展趋势,密切关注国际动态与发展,注意对热点问题进行讨论与研究。② 法学课程设置必须体现质量与特色的结合。在有利于提高法律人才培养质量的前提下,充分发挥法学院(系)的教学特色和优势。③ 法学课程设置必须做到办学资源的优化和合理配置,注意避免法学课程设置的重叠,防止教学内容的老化,着重设立重点课程和精品课程,突出课程内容的核心范畴。④ 法学课程设置必须与社会现实需求相协调,表现出较强的实践性,以培养学生的法律技能。当然,也不能过分偏向,造成简单的"对口",而应树立战略性的全局观念,进而与法学教育的培养目标相适应。⑤ 法学课程设计必须做到知识传授与能力培养的平衡,并注意反映法学知识的总体结构,合理设定专业基础课程、核心课程,平衡必修课程与选修课程、公共基础课程与专业课程的比例。

具体而言,可以从以下几方面着手:① 应当注重法学理论和法学方法论课程,合理构建学生法律理论体系,全面提升其法律素养和思维能力,改变以部门法为主体的过分实用主义教学观念。② 应当注重法学专业必修课与选修课的有机结合,在培养学生良好的法律专业基础知识素质的同时,提高他们的学习兴趣,促进其个性的发展,整合并优化其整体知识结构。同时,也要注意法律课程的及时更新,让其适当了解法学领域的最新成果与发展动向。③ 应当做到法学课程的设置与市场经济相接轨,强调民商法、经济法、行政法等部门法在课程设置中的比重,并根据具体教学条件适当开设国际金融法、国际贸易法、WTO 法、欧盟法等相关课程。④ 应当强化法律实践性课程,以调动学生的主动性,增强其对法律知识的感性认识,提升其法律实践技能,同时还有助于培养他们良好的社会交往和活动能力。⑤应当增设一定的文科交叉课程和文理渗透课程。前者如外交学、国际关系史、经济学、管理学、金融货币学、税收学、社会学、政治学、逻辑学、心理学等,后者如自然科学概论、数学、生命科学、计算机科学和数字技术等等。突破学科界限的课程设计,更有利于学生拓展视野、启迪思维。

(2) 课堂教学方法的多元整合

目前,法学课堂教学方法总体上必须体现从单向的灌输式课堂讲授型向启发式课堂互动型的转变。在传统的课堂教学方法下,学生的主动性和参与性明显不足,而僵化的固定模式则对学生的差异状态缺乏适应性。现代的教学理念则应强调启发性和引导性,提高学生的学习热情和参与意识,促进其个体的实质性发展,这就要求教育者整合各种有益的法学课堂教学方法。法学课堂教学在其自身的不断发展过程中产生了多元化方法,如多媒体教学、模拟法庭、实践调查、案例研判、观摩审判、法律诊所等等,①对这些方法进行有机整合,可以使法律课堂教学发挥最大的功能价值。在韩德培多年的指导和栽培下,武汉大学国际私法教研室不断改革传统的教学内容与方法,推陈出新,成绩斐然,受到了学生的好评。②该研究室一些教师编撰的国际私法教材自 2002 年以来,多次获得教育部和司法部授予的优秀教材一等奖等各类奖项。2006 年 10 月,武汉大学国际私法课程被教育部评为国家级精品课程。

早在 1957 年,韩德培就建议出版"判例简报"性质的刊物,认为将法律条文的教授与法院判例结合起来能够使得讲课内容有血有肉、丰富多彩、活泼生动③,有助于培养学生的学习兴趣,促进其理解力和创造力的发展。从我们的经验看来,目前的法学课堂教育基本

---

① 郭玉军、车英、李洁:《韩德培法律思想研究》,载《武汉大学学报(哲学社会科学版)》2007 年第 3 期,第 326 页。

② 同上。

③ 《韩德培文选》,武汉大学出版社 1996 年版,第 95—96 页。

上应做到系统讲授法、课堂讨论法、案例教学法和角色模拟法的结合。无疑,传统的课堂讲授方法有其内在的合理性和特殊优势。教师在教学过程中所发挥的实质性作用仍需得以相当的重视,通过教师系统地讲授教学内容和提示重点概念,并结合精心挑选的配套教材的学习,可以使学生准确理解法学课程中的基本知识要素,认识到各知识要素之间的内在逻辑,从而形成自身的理论知识网络结构。在教师系统讲授或指导学生自学的前提下,可以通过小组或班级讨论的方式促使学生之间的相互学习和交流,弥补思维的局限性。课堂讨论可用于扩大和加深所学理论知识,也可以就某一主要课题或疑难、新兴领域展开专门讨论,或在日常教学中针对具有研究探讨价值的问题组织学生进行课堂演讲。该方法要求学生具有一定的知识准备、理解能力和独立思考能力,可以活跃学生的思维,锻炼其分析概括和语言表达能力,充分发挥学生的主观能动性,并能营造一种自由、活泼的学习氛围,使学生在相互质疑、问难、争论、切磋中共同进步。案例教学法[①]具有将法学专业知识融入法律实际运用的优点,可以加深学生对所学法律知识的理解,培养其逻辑推理和独立处理法律问题的能力。同时,在讨论案例的过程中,教师可以让学生扮演不同角色,分别代表原告、被告、法官、仲裁员、证人等对案情发表自己的看法和意见。这种角色模拟方法有利于向学生揭示真实法律问题的复杂性和解决法律纠纷的程序要求,并极大地促进学生的广泛参与。由于角色扮演者需要充分了解具体案情,站在各自的立场上据理力争,所以这种方法可以增强学生对法律的总体认识,提高学生理解问题、分析问题的能力,培养其听取他人意见的习惯,发展其解决问题的能力和能动的学习态度。

---

① 案例教学法是由哈佛大学法学院院长朗德尔于 1870 年引入法学教育的一种教学方法,其是指在课堂教学中通过引导学生对具体案例进行分析讨论来熟练掌握并运用法律知识。

3. 标准化教育与自由化教育的互动

虽然标准化教育与自由化教育是分别从不同的侧面和角度对我国目前的法学教育的未来走向进行了展望,但同时,我们也应当充分重视法学教育标准化与自由化之间的密切联系,努力实现两者之间的良性互动。标准化,是对法学教育基本规格与模式所提出的要求,是硬性的;自由化,是对法学教育多元选择与追求所提出的要求,是软性的。强调标准化教育与自由化教育的互动,其实质就在于拓展法学教育软硬并举、刚柔并济的整体协调性和统一性。

(三) 封闭式教育与开放式教育并重

韩德培认为法学教育的过程并不能单纯以教师为中心,或是以学生为中心,而应该兼采传统的封闭式教育和现代开放式教育两者之长,实现封闭式教育与开放式教育的相互结合,做到优势互补。其中,所谓的封闭式法学教育,是指一种以教师为中心,以教材为中心,以课堂为中心,以应试为导向的传统教育模式。而开放式法学教育则是指以学生自主学习为中心,采用多元化教育与学习的方法手段,取消和突破对学生学习的种种障碍和限制。

1. 法学教育的主体转变——自主学习的倡导

开放式法学教育要求改变对于教师在教学中主导性的片面强调,突出学生在法律学习过程中的主体性和能动性,发挥其积极性和创造性,引导学生在学习的基础上思考,在思考的基础上创新。法学教育过程中,教师的确起着至关重要的作用,其思想素质、业务水平和综合能力直接影响着法学教育的最终质量,关系到法学专业学生的整体素质。但是,不能因此将教看成教与学这对矛盾统一体中的主要方面,而片面强调教师在教学活动中的主导作用,淡化学生的自身需求和主观能动性。传统法学教育中课堂教学倾向于由教师根据预定的教学方案进行单向的知识灌输,容易忽视学生的接受程度和信息反馈,这种以教师活动为教学主导方面的观念应当改变。现代法学教育过程的特点决定了其教学活动应当更加重视学生个体,在教学中充分调动学生的学习积极性与主动性,激发其求知欲与参与性,采用师生双向交流的引导式教学,对法学教育中的难点、热点、疑点问题进行整合,通过讲授、讨论、辩论、讲演等多种手段促使学生学会解决问题。这种转变的现实根源在于:① 大学法学教育的课堂教学时间有限,大部分时间是由学生自由安排,这种情况下,学生能否完成学习任务直接取决于其是否具有自主学习的积极性和能动性;② 大学法学教育内容具有一定的专业性和理论深度,涉及知识面较广,不易充分掌握。然而教师的课堂讲解带有局限性,因此大量知识需要依靠学生在课后通过主动、积极、独立的学习来获取,以有效地完成学习任务;③ 大学法学教育的"产品"很大一部分要进入社会法律实务操作,他们毕业后不仅要独立从事工作,还必须随着社会的变化、法律的发展不断自我"增值"和"充电"。因此法学教育就必须在学生在校期间注重培养其自主学习的意识和能力,以适应以后的法律职业。

2. 法学教育的拓宽视野——国际交流的强化

法学教育国际化合作的具体有以下七条途径。① 关注国外学术机构,增进交流,加强互动,为学生提供国际化的学习平台。韩德培就曾对海牙国际法学院进行了具体介绍,涉及该机构成立的历史、组织形式、奖学金的获取方式等方面,鼓励学生应当"走出去"[1]。1994年4月,海牙国际私法会议秘书长汉斯·范·鲁在访问武汉大学法学院时就盛赞了他对于中外法学交流作出的杰出贡献。[2] ② 鼓励师生积极参加国际性学术会议与学术交流,以提升学术水平,并把握国际最前沿的学术动态,同时密切关注国际立法和司法实践活动,及时更新法学教育内容。韩德培就曾多次出席如联合国

---

[1] 黄进、肖永平主编:《春风化雨润桃李——纪念韩德培教授》,武汉大学出版社2009年版,第61页。

[2] 黄进、何其生、萧凯:《韩德培教授法学思想研究》,载《法学评论》2000年第1期。

环境法特别会议等国际会议并就会议内容及其立法成果等向法学院师生作了详细报告,收到了良好的效果。③ 大力开展同世界一流大学多方面多层次的合作办学,加大派遣留学生到国外学习的比例和力度,以充分利用国外大学在硬件设施和师资、人才等方面的优势,同时也要注意接受一定数量留学生到中国高校法学院进行学习,从而在国内教学中营造一种国际化的氛围。④ 创造条件、建立联系,增强与国外政府机构、国际组织及跨国大公司或大型律师事务所的合作,有效实施海外实地培训和实习,使学生在真实的国际化实务环境中全方位地锻炼自身能力。⑤ 组织学生积极准备和参加国际法律比赛,如国际模拟法庭大赛、国际商事仲裁模拟仲裁庭辩论赛等,以拓展学生的专业视野,强化其专业能力。⑥ 聘任、引进外国教师与外文原版教材,提高对外文图书资料的利用与研究;适当开设相关的双语课程,并注重法律英语的讲授和讨论以及英文原文的学习。⑦ 促进国外远程教育网和中国远程教育网的合作,充分发挥互联网作用,实现信息与资源共享,以培养国际化的高层次复合型法律人才。

3. 法学教育的时空延展——继续教育的推广

法学教育应当是一种伴随职业生涯的终身教育,而不仅仅是单纯追求学历的法学学科教育。因此,必须强调采用多种教育形式大力开展法学的继续教育与终身教育。所谓法学的继续教育,是指面向法律职业人员及时补充和更新法律专业知识、技能和技术的职业教育和训练,它以全面提高司法工作人员的职业素质为目标。早在20世纪80、90年代,面对当时大量不具备法律专业素质的人员进入法律职业群体的状况,韩德培就已经认识到了继续教育的重要性。他指出,对于法律来说,理论与实践相结合时,法官、检察官、警官、律师等法律工作者,都需要加强对法律的再认识。我们通过继续教育查漏补缺,可以对他们讲解新法,研讨案例,介绍新的法学理论动向,还可以讲解包括对社会、经济、文化、科学技术以及外国司法发展的新动向。① 法学继续教育是大学法学教育体系的延伸和拓展，连接着法学教育与法律职业，使两者得以相互衔接与沟通，使普通法学教育与法律职业教育能够真正相互结合，有效构筑起高等法学教育的纵向结构体系，对于保障法学教育的整体质量以及法律职业的群体素质具有关键性的作用。具体而言，法学继续教育可以采用成人自考、研修班培训班、专题讲座等各种形式。高等法学院校在与法律实务部门进行合作开展法学继续教育的过程中应充分发挥其教育师资、图书和其他设备方面的优势，如目前国内已有一些大学接受实务部门委托举办了法官、检察官、警官、律师培训班。当然，在高校直接设立专门的法学继续教育机构也具有一定的可行性和合理性，如创办律师学院等。另外，法学继续教育可以充分借助社会力量与科技成果，如利用现代远程教育的网络环境等手段来实现法学继续教育的进一步深化和推广。我们还应特别强调法学继续教育必须坚持理论教育与业务培训相结合的原则，不能一味从实用性和目的性出发，过分重视司法技术与技能的培训而忽视理论素养的提升，导致法律实务工作者法学知识结构的缺陷和整体素质的不足，从而给司法审判实践等带来诸多困难，可能造成对日益复杂的新型疑难案件难以把握和认定。

### 4. 封闭式教育与开放式教育的互动

封闭式教育强调的是对我国传统法学教育的适应性改良，重在传承与调整；而开放式教育强调的则是法学教育在新的时代背景下所应作出的现实性回应，重在适应与突破。前者体现了对我国法学教育合理性的坚持，后者体现了对我国法学教育有限性的弥补。因此，理顺封闭式教育与开放式教育之间关系，充分实现两者间的互动，首先就要求我们能够正视我国具体国情和法学教育的现状，并结合国际趋势，准确把握法学教育自身的合理性与有限性；在此基

---

① 《韩德培文选》，武汉大学出版社1996年版，第399—400页。

础上,进一步从横向上对法学教育在教育理念、教学方法、教学内容等各个微观方面进行有针对性的构建和设计;最后,通过封闭式教育所强化的经过改良的法学考试来对法学教育适应时代潮流和实际需要而做出的现实性回应进行审视,通过结果来检验过程的适当性和有效性,以对开放式教育的实践成果进行评价,从而指引法学教育革新的方向和步伐。

**四、科学务实的法学教育方法创新**

君欲善其事,必先利其器。仅有清晰的教育理念、科学的教育定位、适当的教育模式是无法构成系统的法学教育工程。法学教育离不开教育方法的创新。于是,韩德培在法学教育基本理念和模式的指引下,通过对各种社会资源加以系统整合,提出了许多创新性的法学教育方法改革构想,并通过教学、实践、科研相结合的实际方法运作不断丰富和完善其法学教育思想的总体结构,使之在实践中得到广泛应用,收到了良好的实践效果。

**(一)创新教学手段——诊所式法学教育的引入**

韩德培大力提倡和推动诊所式法学教育的引入[①],以实现法学教育手段上的全面创新。诊所式法学教育注重发挥学生的主观能动性,课堂以及教学的每一环节均以学生为主导,教师的作用主要在于引导和帮助学生寻找适合自己的学习方法,促进学生全方位地参与法律教学,发挥其学习的主动性,并使学生真切地体会到课程的理论性和实用性,引发其从多角度思考,分析并解决法律问题。诊所式法学教育采用开放式课堂模式,完全打破传统法学教育课堂教学的局限性,尽可能利用一切法律资源为教学服务,学生的角色既是学生又是教师,通过座谈讨论、角色模拟等方式互相学习,共同

---

① 武汉大学于 2000 年开始引入诊所式法律教育,是我国首批开展诊所式法律教育的 7 所高校之一。

进步。同时,在具体的法律教学方法上,诊所式法学教育结合运用讲授、模拟、角色扮演、案例讨论、观摩、实践、录像、多媒体等手段,整合指导教学、合作教学、反馈教学、评估教学、阅读教学等方式,实现教学方法的多样化和复合化。在具体培养目标上,诊所式法学教育既不忽视理论也不忽视实践,而是将理论培养和实务训练相结合,增强学生的法律思维能力和法律实践能力,全面提高学生综合法律素质。

(二)深化法律实践——民间法律援助机构的建立

韩德培早在20世纪90年代初就开始关注法学教育与法律实践之间的密切关系,积极主张提倡以高校为依托建立向社会提供公益服务的民间法律援助机构[①],希望通过真实案例的处理让学生真正参与社会实际法律应用过程,增强他们的法律实践能力,缩小法学教育与职业培训的距离。这种为需要法律援助的群体提供法律服务和咨询的过程有助于培养学生的服务精神、奉献精神和社会责任感,增强学生的"软实力",也有助于社会矛盾的化解和社会秩序的稳定。此类机构融教学与实践为一体,由法学院(系)三年级以上参与过诊所式法学教育的学生担任法律援助志愿者,在教师指导下开展法制宣传、实地调研,提供法律咨询,参与真实案件的办理。机构的实践教学模式建立在真实的法治环境背景和真实的当事人基础之上,它将法律援助方式的多样性和灵活性借鉴并运用到实践教学中,整合各方资源,利用社会力量发展法学实践课程,开展多层次、全方位、综合性的法学实践教学活动。其中,实案办理使学生通过办案切身感受案件的全部过程和细节,了解并掌握处理具体法律问题的技巧和方法,掌握以经验为基础的学习方法。这样,学生的创新能力、交往与合作能力得以提高,基本的司法伦理教育得以强化,正确的职业伦理道德得以养成,从而为学生将来从事法律职业打下

---

① 武汉大学于1992年成立全国首家弱者权利保护中心。

良好的基础。另一方面,民间法律援助机构也应充分利用社会力量,注重吸纳法律志愿者,开辟多种法律路径和渠道为法律志愿者提供法律培训和进修学习的平台,提高法律志愿者应知应会的基本法律知识和处理现实法律问题的能力。

(三)融合法学研究——研究机构、学术团体及其刊物的配置

韩德培主张教学与科研必须齐头并进,共同发展。因此,他呼吁在高校组建正规的法学研究机构,以致力于法律人才培养和法学学术交流。[①] 如此便可以通过教学与科研的系统配合,为我国社会主义法制建设事业培养和输送大批高质量的法律人才;可以通过各项科研课题的工作,向国家有关部门提供咨询报告和立法建议;可以组织召开一系列全国性会议或国际性会议,把中国的法学介绍给国外,把外国的先进法学制度引入到国内,构建国内外学术交流的桥梁。[②] 另外,他还特别注重充分利用民间资源发展法学研究,积极倡导建立全国性的民间法学学术团体,以促进中国法学教育的整体繁荣。[③] 此类民间法学学术团体可以通过召开年会等方式开展法学教学经验和研究成果的广泛交流,致力于将全国从事法律教学、科研和实际工作的专家、学者紧密团结起来,形成一支高水平的法制建设队伍,以推动中国法学不断进步与发展,为我国社会主义法制现代化建设事业服务。另外,他还强调法学研究机构和学术团体还

---

[①] 通过他的不懈努力,中国高校第一个专门从事国际法研究的学术机构——武汉大学国际法研究所于 1980 年正式成立。随后,1981 年他又推动武汉大学与国家环保局合作组建了当时全国乃至亚洲唯一的环境法研究所。如今这两个研究所都是教育部人文社会科学重点研究基地,其涵盖的学科都是国际级重点学科,在中国法学界相关领域具有举足轻重的地位和影响,体现了在法学研究和教育领域愈久弥坚的实力。

[②] 韩德培:《我与武大法律学科建设》,载《法学评论》2000 年第 3 期。

[③] 在他的积极发起和组织下,中国国际私法研究会(现更名为中国国际私法学会)于 1987 年成立。

应积极创办一些高水平的专业性法学学术刊物①,为法学研究提供全面展示其科研水平与学术成果的平台,介绍法学研究动向,探讨法律热点问题,提供政府决策支持,参与国际立法活动。

## 五、结语

在市场经济和国际化的背景下,中国法学教育面临的挑战甚多。其不仅要为我国培养建设社会主义法治国家所需要的专业化法律人才,而且要面向全社会输送具有社会责任感和正义感的各类高层次法律人才,更要致力于将法律人才推向世界走向未来,让他们在更广阔的国际舞台上有所作为,从而推动我国法制建设的进程,为社会主义经济建设保驾护航,重振大国雄风。但是,我国现行的法学教育仍存在着以理论教学为主的现象,缺乏足够的职业训练;教师知识结构亟待更新,教师和法律职业者之间的人才流动缺乏制度支持;对复合型涉外法律人才的培养不能满足实践的需要。我国法学教育改革可谓是任重而道远。

面对现代社会的挑战,韩德培系统科学的"1133"法学教育理念及方法体系,为我国法学教育改革提供了一条可行路径,已产生极大的影响力和实用效果。在他的法学教育理念指导下,我们相信,我国的法学教育将在培养模式和方法上有所创新,使师资队伍建设、课程体系建设、国际人才建设和传媒教育建设得到进一步发展,并吸收国外先进教学经验,实行双语教学、实践教学和远程教学,做到掌握规则、整合优势、实效运用、参与竞争、均衡利益,通过多途径、多渠道的国际合作办学,使中国法学教育全面走向世界,积极参与国际法学教育体系变革进程,维护发展中国家利益,为法治的发

---

① 1983年,他主持创办了武汉大学《法学评论》,该杂志是国内高校创办最早的法学类杂志之一。
中国国际私法学会于1998年创办了专业性学术刊物《中国国际私法与比较法年刊》,在国内外产生了重大影响。

展和人类社会的进步做出贡献。

韩德培百年诞辰即将来临,每当我们经过法学院看到他的雕像时,仿佛觉得先生就在我们身边。"学高为师,厚德楷模",韩德培作为一位法学教育家,长期孜孜不倦地奋斗在法学教育一线,为中国法学教育事业作出了开创性的、伟大、无私、卓越的贡献,培养了大批高素质、高水平、复合型的优秀法律人才。他科学的法学教育理念及方法,为中国法治建设的宏伟目标而奋斗不息的奉献精神,深刻地影响了一代又一代的法律人,使他们逐步成长为推动中国法律科学发展的中坚力量。他曾多次告诫我们,师者,贵在传道。自己有知识、有造诣还不算好,最好的是把自己的知识和方法传授给其他的人,让他们成为国家的栋梁之才和对社会有用的人。他曾说过,"我还有一个未能实现的梦想。从中央大学的年代开始,我就立志要做一个伟大的法学家,但在20世纪中国政治风云的变幻中……失去太多宝贵的年华,……今天,我希望在我的学生中,或我的学生的学生中,会有中国的奥本海、庞德和狄骥等大法学家产生,他们将为中华民族对全世界的法学发展做出历史性的伟大贡献,他们代表着中国法学的未来和辉煌。"[①]在他90岁寿辰时,他还曾以"鞠躬尽余热、接力有来人"[②]的诗文表达了他对新一代法律人的深切期望。让我们继承和发扬先生的遗愿,在他提出的科学教育理念指引下,锐意进取、努力探索、孜孜追求,获取真理,完成他未竟的事业,使我国法律人才走向国际化,为我国社会主义法制建设乃至全人类的和平与发展做出贡献。

---

① 曾涛:《韩德培先生访谈录》,载黄进、肖永平主编:《春风化雨润桃李——纪念韩德培教授》,武汉大学出版社2009年版,第155页。
② 《韩德培文集》(下),武汉大学出版社2007年版,第361页。

# 2010年中国国际私法学会年会暨《涉外民事关系法律适用法(草案)》研讨会综述

郭玉军[*] 车 英[**]

中国国际私法学会 2010 年年会于 2010 年 9 月 25 日至 26 日在天津市召开。此次年会由中国国际私法学会主办、南开大学大学法学院承办,来自全国各地高等院校、科研单位、全国人大法工委、外交部、仲裁委、律师界、出版界、新闻界以及台湾地区的代表共计 200 余人参加了会议,共收到论文 110 余篇。此次年会是学会自成立以来参会人数和提交论文数量均较多的一次盛会。

本次年会采用了大会发言与小组讨论两种研讨形式。代表们围绕中国《涉外民事关系法律适用法(草案)》、中国国际私法理论与实践问题进行了深刻的发言与讨论。现将会上代表发言、讨论以及代表们所提交的论文的主要观点综述如下:

## 一、《涉外民事关系法律适用法(草案)》评析

2010 年 8 月 28 日我国《涉外民事关系法律适用法(草案)》的颁布标志着我国国际私法立法进程的加快。为此,学会专门邀请全国人大法工委副主任王胜明在大会上做专题报告,介绍有关立法工

---

[*] 武汉大学国际法研究所教授、博士生导师、艺术法研究中心主任。
[**] 《武汉大学学报(哲学社会科学版)》常务副主编,武汉大学新闻与传播学院教授。

作的情况,同时在此次年会上专设一个讨论小组,共进行了五场专题研讨。该专题围绕《涉外民事关系法律适用法(草案)》一般规定、民事主体、婚姻家庭、继承、物权、债权和知识产权七个方面进行了探讨。许多学者积极地参与了讨论和评析,为我国的立法建言献策,场面十分热烈,有破有立,具有建设性。

王胜明副主任在大会报告上首先阐述了制定《涉外民事关系法律适用法(草案)》的"全"、"新"、"简"三字要求。"全"意味着不能有遗漏。"新"意味着不能陈旧,不能保守。"简"意味着篇章结构与条文通俗易懂、简明扼要。他认为在起草《涉外民事关系法律适用法》的过程中,应处理好四个方面的关系:第一,要处理好立足中国实际和借鉴外国经验的关系。第二,要处理好当事人意思自治和对意思自治限制的关系。第三,要处理好确定性和灵活性的关系,适当向确定性倾斜。第四,要处理好法律适用法和单行法律规定的关系。商事领域的法律适用问题是否由单行法来调整更为合适,有待进一步研究。

外交部条法司副司长关键围绕我国国家豁免立法问题以及海牙国际私法会议方面的工作进行了介绍。他指出在国家豁免问题上我们面临很多的问题,我国国家豁免立法已迫在眉睫。海牙国际私法会议目前工作的最新进展主要有涉及:(1)有关扶养义务公约的履约。(2)我国履行《跨国收养公约》的问题,我国有关收养法律适用的规定与公约规定不一致,导致依我国法律收养国际儿童的效力不能够为外国所承认,需要在理论和实践中予以解决。(3)《取证认证公约》是影响力比较广泛的海牙公约之一,目前该公约已经有 96 个缔约国,但我国目前未加入电子附加证明书的实践项目(简称 EAPP)。他呼吁学者对该课题应进行深入的研究。(4)海牙国际私法会议已邀请各国专家成立一个工作组,正在起草关于国际合同准据法选择的不具有法律约束力的示范法。

## （一）总则

中国政法大学齐湘泉教授提出,应将《草案》第2条修改为:"涉外民事关系适用的法律,依照本法确定。其他法律对涉外民事关系的法律适用另有特殊规定的,依照其规定;其他法律对涉外民事关系的规定与本法有抵触的,依据后法优于前法原则,适用本法。"第3条与第4条顺序应调换,因为在当事人协商选择了涉外民事关系应适用法律的情况下,不存在适用最密切联系原则的问题。第3条应当明确该条是对涉外民事法律关系适用的限制性规定还是原则性规定。第4条应当删除"明示"二字,承认默示意思自治。第9条应规定为:"涉外民事关系适用的外国法律是外国的实体法。"华东政法大学丁伟教授认为,《草案》第2条应规定本法与其他法律的关系;第八章附则应增加一条:"本法施行前有关法律适用规定与本法不一致的,按照本法规定。"且应坚持新法优于旧法原则。中山大学谢石松教授认为,第5条应改为:"中华人民共和国法律对涉外民事关系有强制性规定的,应当适用中华人民共和国法律。"

中南财经政法大学刘仁山教授认为:第3条第1款和第2款在逻辑上属于同义反复,第2款被第1款所包含。若将最密切联系原则定为基本原则,建议删除第2款;若将最密切联系原则定为补充性原则,建议删除第1款。第9条中"其法律适用法"最好明确为"该外国的法律适用法",且该外国的法律适用法应当明确是否包括程序法。第11条顺序可调整为:"外国法律的查明,可以由当事人提供。人民法院、仲裁机构或者行政机关可以依职权查明。当事人选择适用外国法律的,由当事人提供。"

武汉大学肖永平教授认为,第4条与第34、39、40、41、43、52条规定重复,建议将第4条修改。第4条中的"依照法律规定"依照何法律规定不明确。应当在附则中加上:"本法生效之日起,《民法通则》第八章、《继承法》第36条等法条废止。"并指出第34条的表述方式应与其他条文一致。

武汉大学宋连斌教授建议第 5 条加上限制语"经考虑法律适用目的和适用后果"。第 6 条应改为"适用外国法律将明显损害中华人民共和国社会公共利益的,适用中华人民共和国法律"。第 11 条应增加一款,港澳法律适用由人民法院、仲裁机构或者行政机关依职权查明。且顺序调整为"外国法律的查明,可以由当事人提供。人民法院、仲裁机构或者行政机关可以依职权查明。当事人选择适用外国法律的,由当事人提供。"第 2 款改为"可以适用中华人民共和国法律。"第 11 条后应增加一条,说明国际条约和国际惯例的关系,国际条约优先适用,没有国际条约的可以适用国际惯例。

清华大学陈卫佐副教授提出,首先在章节的设定上债权应放在第五章,物权和知识产权放第六、七章。指出第 3 条第 1 款规定过于原则、绝对。华东政法大学刘宁元教授认为,港澳台法律适用问题是不可回避的,建议在草案中规定应参照适用国内法,具体"参照"方法可以由最高人民法院进行解释。中国政法大学冯霞副教授认为:《涉港澳台民事关系法律适用法》与《涉外民事关系法律适用法》应该是两个不同的法律,可以用一个特别的法来解决涉港澳台民事关系法律适用的问题。

外交学院刘慧珊教授认为,第 4 条中的"依照法律规定"应当去掉,因为第五条本身的规定已经对扩大意思自治的范围进行了限制;第 9 条中的外国法律应限定为外国实体法;第 53 条应采纳原审稿的规定,即"知识产权的侵权责任应适用权利保护地法律或法院地法律。"

江夏大学屈广清教授认为,冲突规则所指引的准据法未必是最好的准据法;建议增加"此法没有规定的,依本法规定的原则来确定"的条款,如根据本法规定的最密切联系原则、当事人意思自治原则和保护弱者原则等加以确定。

华南师范大学徐锦堂博士认为:我国国际私法立法的指导思想应当是以本土性、明确性、先进性为主调,同时具有国际性、灵活性和可行性。在立法模式上应制定单行的《涉外民事关系法律适用法》和《涉外民事诉讼法》。我国国际私法立法宜规定"当事人意思自治"和"最密切联系"作为涉外民事关系法律适用的基本原则,在属人法上宜采取"组织与私人相区分"的原则,"保护弱者"是具体原则,而不宜认为是法律适用的基本原则。在一般制度方面宜规定"直接适用的法",而无必要规定"先决问题"和"法律规避禁止"。在立法技术上应做到"繁""简"适当、"软""硬"兼备。

费宗祎教授对《中华人民共和国涉外民事关系法律适用法(草案)》作了"短小精悍,言简意赅"的简要评价,指出立法的要害在于冲突规则的几个原则之间的逻辑关系和协调配合,并着重指出"在法定主义下适用某法律显然有失公平的,适用更为适当的法律,此点重要而又有针对性"。

(二) 民事主体

中国政法大学黄进教授提出,中国选择惯常居所地作为主要连结点的理由主要有:第一,属人法,要么适用本国法,要么适用住所地法,要贯穿到底。我国法律应该以惯常居住地法为属人法,在我国《民法通则》中"住所"概念与"经常居住地"概念基本上是一致的,实际上"住所地"就是"经常居住地"。"经常居住地"在认定上更容易些,不需要考察当事人的意愿。第二,海牙公约在属人法领域也以惯常居住地作为连结点。第三,我国涉外民事法律适用法以经常居住地法作为属人法,是一种创新。不能简单认为中国的法制属于大陆法系或是英美法系,中国国际私法立法应吸收两大法系的精华,创造中华法系,采用惯常居所地法有一定的新意。

谢石松教授认为第21条应改为:"自然人无国籍或者国籍不明的,其经常居所地法律为属人法。"第22条应改为:"自然人经常居所地不明的,其现在居所地法律为属人法。刘仁山教授认为将第19条改为:"当事人可以协议选择信托适用的法律;没有协议选择的,适用信托财产所在地法律或者信托关系发生地法律,或者信托的目的地及信托的目的实现地的法律。"最后,建议将第 39 条和第 40 条合为一条。陈卫佐副教授建议删掉第 17 条。因为人格权不是单独类型的涉外民事关系,侵犯人格权在侵权一章里已规定。武汉大学 WTO 学院邹国勇教授认为,关于人格权、代理和信托的规定不宜放在第二章中;第 20、21 和 22 条是关于自然人的相关规定,应该放在第 12、13 和 14 条的后面,以保持逻辑体系上的衔接性;关于自然人的行为能力问题,应首先适用其国籍国法律,其国籍不明的则适用经常居住地法律,经常居住地法律应是国籍国法律的补充。

外交学院刘慧珊教授指出,关于属人法的连结点,是适用本国法还是适用住所地法这一问题。从几次专家建议讨论会来看,曾经一度不提适用本国法,完全是适用惯常居所地法。她认为,还是应优先适用本国法,在没有本国法的情况下,适用惯常居所地法。复旦大学杜涛副教授也提出适用国籍原则符合国际潮流,尤其是在民事权利能力和行为能力方面。在我国是否应当抛弃国籍原则以及是否应当采用惯常居所原则这个问题上,重要的是看我国的历史传统和文化。国籍原则在中国国际私法中的正式确立,迄今已有一个世纪之久。可以认为,国籍原则已经成为中国法律文化的一部分,不应轻易舍弃。在属人法连结点的选择上,学者们尚存在较大分歧。

(三) 婚姻家庭继承

齐湘泉教授提出修改第 34 条为:"法定继承,动产继承适用被继承人死亡时经常居住地法律,不动产法定继承适用不动产所在地法律。"陈卫佐副教授建议将第 27、31、32 条"有利于"改为"最有利于"。第 39、40 条原则上适用物之所在地法律,运输过程中的物适用目的地法律。湖南师范大学蒋新苗教授认为,《草案》第 30 条的规定中,"手续"一词用语过于口语化,不够严谨,建议改为"程序"或"形式要件";删除该条中的"同时"一词;关于收养效力,草案规定适用收养人本国法,而从跨国收养的发展趋势看,倾向于保护被收养人的权益,建议适用被收养人的本国法;"收养的解除"应改为"收养关系的解除"。湖南师范大学欧福永教授认为第26条第2款中,宜增加"当事人双方没有共同居住地又没有共同本国法的,应当适用法院地法"的规定。第31条,应将扶养财产所在地限制为"主要扶养财产所在地"。

厦门大学于飞教授、安徽大学汪金兰教授结合意思自治原则在离婚领域的新发展和欧盟家庭法统一化动向,对我国的婚姻家庭法律选择规则立法提出切实可行的建议。武汉大学郭玉军教授认为各位老师对《草案》有不同认识是正常的,《草案》在具体条文的规定上确实存在一些问题,但基本上来说是可以接受的。郭玉军教授提出应注意两点:一是文字上的修改,如"结婚的手续"最好改为"结婚的形式";二是对一般规定中的最密切联系原则的争议较大,如果一般规定中取消或修改最密切联系原则的规定,要务必注意总则与分则的衔接。

(四) 物权知识产权

外交学院卢松副教授认为,《草案》第39条和第40条规定一般物权内容变更的,可以协议选择法律适用,但是物权内容是法定的,不可选择。他建议应删除第41条。陈卫佐也建议第39、40条原则上采用物之所在地法律,运输过程中的物适用目的地法律。

中山大学副教授王承志认为,《草案》在平衡法律选择的"确定性"和"灵活性"两种价值追求的过程中,从现行法律一贯秉承"确定性"一端滑向了过分追求"灵活性"的一端。且不论第一章将最密切联系原则和当事人意思自治原则同时置于根本性指导原则的地位,其第七章有关知识产权的三个条文中,不仅赋予法官较大的自由裁量权,还较大范围地赋予当事人选择准据法的自由。这种跳跃式的变化,将严重冲击我国涉外司法传统。

(五) 债权

华南师范大学曾二秀教授提出海商法和民用航空法与本法产

生矛盾怎么处理?外国时效问题规定在程序法中,怎么处理?她建议第46和第47条合并。第48条第一句改为"产品责任,适用被侵权人经常居所地法律或者产品取得地法律。"关于不正当竞争和环境污染问题应当另外做出规定,由当事人合意选择应适用的法律不合适。

南京大学宋晓副教授提出,制定涉外债权转让的法律适用规则,面临三条路径选择:适用转让人与受让人根据意思自治原则选择的法律、适用被转让债权的准据法或适用转让人的住所地法。意思自治虽能促进债权转让的商业效率,但不符合确立物权秩序的需要,适用转让人的住所地法过于机械片面。相对来说,适用被转让债权的准据法最能平衡各方当事人的利益,最能满足确立物权秩序的需要,因而应成为我国立法的最终选择,尽管这一系属在某些方面的适用也不尽如人意。

此外,湖南师范大学李双元教授、中国人民大学章尚锦教授、徐国建博士分别在《再论起草我国涉外民事关系法律适用法的几个问题》、《中华人民共和国涉外民事法律适用法(草案)基本问题及条文完善建议》、《对涉外民事关系法律适用法二审稿的意见》中就中国国际私法立法问题提出非常中肯的建议。

**二、中国国际私法的理论与实践**

肖永平教授在《21世纪英国国际私法前沿述要》的发言中指出,目前英国的国际私法发生了很大变化。21世纪英国国际私法的发展有以下几个特点:采用实用主义方法;相对明显的形式主义;法学家发挥重要作用;冲突法具有任意性;强调商事和程序事项以及欧盟法对其有巨大影响。

谢石松教授在《论国际私法中的直接规范和"直接适用的法"》的发言中指出,国际私法中不存在"直接适用的法"。国际私法中的单边间接规范不是所谓的"直接适用的法";经单边间接规范指引的直接规范也不是"直接适用的法";管理性的直接规范更不是国际私法中"直接适用的法"。田晓云教授指出,她更倾向于目前学界的主流观点,即存在"直接适用的法"。

孙南申教授在《证券集团诉讼的域外适用及限制》中提出,美国法院跨境证券诉讼管辖权的确立参照行为标准和效果标准。行为标准引发美国集团诉讼的域外适用,致使美国获得对外管辖权;就效果标准而言,从对外政策和国际礼让的角度考虑,对于发生在国外的行为,法院应谨慎行使管辖权,然而,若立法者有意使相关法律的效力及于国外的行为和交易,法院总会找出理由证明适用本国法的正当性。

大连海事大学王淑敏教授在《〈鹿特丹规则〉排他性选择法院协议》的发言中对《协议选择法院公约》和《鹿特丹规则》两者在确定管辖的原则方面的区别做了评析,指出前者规定所有形式的合同都可以作为协议管辖的依据,而后者第 66 条"对承运人的诉讼"针对批量合同和非批量合同分别采取了不同的立场,批量合同享有广泛的选择权,而非批量合同适用"实际联系原则"。相对而言,《鹿特丹规则》的"排他性法院选择协议"制度尚欠成熟,应充分吸收和借鉴《协议选择法院公约》中的合理成分。

南开大学孙建副教授在《国际私法上公共秩序含义的模糊问题》的发言中指出,国际私法追求的目标是在公平平等的基础上适用国内外法律,而公共秩序保留制度中"公共秩序"所指的"国家利益"的界限,缺少明确的界定,导致含义模糊不清,给法律适用带来了问题。若对公共秩序做过宽的解释,会使国际私法的目标难以实现。

南开大学左海聪教授在《民法典中国际商法法律渊源之条款设计》中提出《民法典》第 4 条第 1 款可以考虑修改为:"涉外民事关系的当事人可以经过协商一致以明示方式选择适用国际惯例等法律规则。……",即在国际惯例之后加上"等法律规则"的表达,以示当事人选择的国际商法渊源,不仅限于国际惯例,还可以是国际条约(包括对当事人本国已生效和尚未生效的条约)、国际法律重述。因为实践中选择这些形式的法律渊源作为准据法的法律适用条款已经并非鲜见。此外,上海海事大学沈秋明教授就海峡两岸海运直航中的法律问题、武汉大学 WTO 学院刘瑛副教授就 CISG 损害赔偿范围实证研究、东北财经大学马得懿副教授就两岸海商法一体化机制实证分析、南开大学向前博士就国际商法:起源、发展及其精神、中国政法大学宣增益教授就航空减排路径之探讨、天津财经大学张川华讲师就主权国家在国际商法发展中的作用等做了精彩发言。

### 三、其他

闭幕式上,南开大学法学院院长左海聪教授发表致辞,他认为中国国际私法学会是一个高度团结,凝聚力强大的专业学术团体。此次大会体现出我国国际私法学界的研究已经到达相当的高度,这为我国国际私法领域的继续研究和整个国际法领域的全面发展奠定了坚实的基础。

中国国际私法学会会长、中国政法大学校长黄进教授在闭幕辞中指出,此次大会是成功、圆满、富有成效的。其中,最大的成效是对《涉外民事关系法律适用法(草案)》进行了深入研讨,这对促进《涉外民事关系法律适用法》的出台起到了积极作用。他还提出:国际私法学界同仁要潜心扎实地做学问,力戒浮躁;要充分利用《涉外民事关系法律适用法》出台的契机,提高国际私法的社会关注度。

本次年会上增选哈尔滨工业大学孙玥教授为常务理事,大连海事大学马明飞博士等 3 人为理事。经学会研究决定,2011 年年会拟定于在云南昆明由云南大学法学院承办。